技能型紧缺人才培养培训工程配套教材·汽车类专业

车载网络应用技术
（第4版）

于万海　主　编

刘建华　孙秀倩　副主编

电子工业出版社
Publishing House of Electronics Industry
北京·BEIJING

内 容 简 介

本书阐述了汽车电子控制单元的组成、匹配和检测，车载网络的基础知识，高速CAN、低速CAN、LIN、MOST等主流网络传输系统的工作原理、特点和应用实例，CAN FD总线和车载以太网技术原理与应用，汽车电子电气架构、控制器、OTA的发展演进，重点介绍车载网络故障的诊断与排除方法，以及检测仪器的使用和分析方法。本书中采用大量的图形、图片、数据表及车型实例，使内容更加通俗易懂。

本书可作为职业本科、高职高专院校汽车相关专业课程的教材，也可作为广大汽车维修技术人员的自学参考书。

未经许可，不得以任何方式复制或抄袭本书之部分或全部内容。
版权所有，侵权必究。

图书在版编目（CIP）数据

车载网络应用技术 / 于万海主编. —4版. —北京：电子工业出版社，2023.8
ISBN 978-7-121-46101-9

Ⅰ.①车… Ⅱ.①于… Ⅲ.①汽车－计算机网络－高等学校－教材 Ⅳ.①U463.67

中国国家版本馆CIP数据核字（2023）第150077号

责任编辑：王艳萍
印　　刷：涿州市京南印刷厂
装　　订：涿州市京南印刷厂
出版发行：电子工业出版社
　　　　　北京市海淀区万寿路173信箱　邮编　100036
开　　本：787×1 092　1/16　印张：14.5　字数：371.2千字
版　　次：2008年7月第1版
　　　　　2023年8月第4版
印　　次：2023年8月第1次印刷
定　　价：49.00元

凡所购买电子工业出版社图书有缺损问题，请向购买书店调换。若书店售缺，请与本社发行部联系，联系及邮购电话：(010) 88254888，88258888。

质量投诉请发邮件至zlts@phei.com.cn，盗版侵权举报请发邮件至dbqq@phei.com.cn。
本书咨询联系方式：(010) 88254574，wangyp@phei.com.cn。

前　言

党的二十大报告指出，教育、科技、人才是全面建设社会主义现代化国家的基础性、战略性支撑。必须坚持科技是第一生产力、人才是第一资源、创新是第一动力，深入实施科教兴国战略、人才强国战略、创新驱动发展战略，开辟发展新领域新赛道，不断塑造发展新动能新优势。

本书编者坚持以全面贯彻党的教育方针，落实立德树人根本任务，培养德智体美劳全面发展的社会主义建设者和接班人为指导思想，深度挖掘"车载网络应用技术"课程的思政育人功效，在内容编写、案例选取、教学编排等方面全面落实"立德树人"的根本任务，在潜移默化中坚定学生理想信念，厚植爱国主义情怀，培养学生敢为人先的创新精神，精益求精的工匠精神。

目前，中国的汽车工业正以前所未有的速度发展，在环保、节能、安全三大前沿领域的科研成果，极大地提高了汽车产品的科技含量。汽车上使用了大量的电子控制系统，这些电子控制系统的核心部件是电子控制单元（ECU），而这些电子控制单元的核心是单片机，它负责信号的采集、运算和控制输出。掌握汽车电子控制单元的组成、原理、匹配和检测方法，有利于提高汽车故障诊断水平。

目前，汽车上采用了十几个甚至几十个电子控制单元，而每个电子控制单元连接着多个传感器和执行器，并且各电子控制单元间也需要进行信息交换。如果每项信息都通过各自独立的数据线进行传输，会导致电子控制单元针脚数增加，整个电控系统的线束和插接件也会增加，最终导致故障率增加。为了简化线路，提高各电子控制单元之间的通信速度，降低故障频率，车载网络传输系统应运而生。车载网络成为汽车电子控制领域的热点，CAN、LIN、MOST等网络传输技术已成为汽车网络传输的关键技术。随着智能网联技术的发展与应用，汽车的电子电气架构越来越复杂，新型总线 CAN FD 和以太网（Ethernet）的应用将越来越广泛。

汽车车载网络系统有其自身的特点，基于网络的控制逻辑复杂且隐蔽，需要不断积累控制逻辑并借助诊断仪进行故障诊断。随着电子技术在汽车上的不断普及，汽车电子电气架构已从单一网络逐步发展为多种网络并存。对于汽车技术人员来说，掌握车载网络传输技术有利于提高汽车检测与故障诊断水平。

本书旨在将车载电子电气架构的发展演进、典型的电子控制单元和车载网络的工作原理、故障诊断与排除方法及检测仪器的使用和分析方法介绍给读者，让更多的汽车电子技术人员掌握检测电子控制单元和车载网络系统的方法。本书通过典型车型实例分析，使读者能够举一反三、触类旁通，切实掌握故障检修的思路、方法和步骤。

本书的编写以内容和结构的先进性与实用性为原则，内容翔实、图文并茂、通俗易懂，可作为高职高专院校汽车相关专业的教材，也可供汽车维修技术人员、汽车生产和科研人员参考。

本书由河北科技工程职业技术大学于万海担任主编，编写第 3、4 章；石家庄铁道大学刘建华担任副主编，编写第 7 章；河北科技工程职业技术大学孙秀倩担任副主编，编写第 5、6 章；河北科技工程职业技术大学李晓伟编写第 1 章，邢台市信都区交通运输局陈海燕编写

第 2 章和附录部分。浙江天煌科技实业有限公司技术总监裘奕晨、沧州运通汽车销售服务有限公司李树斌和河北润浩汽车贸易有限公司张若望为本书提供了实例素材。

  本书在编写过程中,参考了国内外同行的著作和汽车厂家的技术资料,在此谨向所有的作者和厂家表示衷心的感谢。由于编者水平有限及时间仓促,书中难免有不当之处,敬请广大读者批评、指正。

编　者

目 录

第1章 汽车电子控制单元的组成与检测 (1)
1.1 汽车电子控制单元的组成 (1)
- 1.1.1 汽车电子控制技术的发展历程 (1)
- 1.1.2 电控系统的组成 (2)
- 1.1.3 ECU 的基本功能 (3)
- 1.1.4 ECU 的硬件基本构成 (3)
- 1.1.5 ECU 的软件结构 (8)
1.2 汽车电子控制单元的故障检测 (8)
- 1.2.1 汽车电子控制单元的故障特点及万用表检测 (8)
- 1.2.2 汽车电子控制系统的故障自诊断 (10)
- 1.2.3 汽车电子控制单元的编码与匹配 (16)

第2章 车载网络系统综述 (19)
2.1 概述 (19)
- 2.1.1 车载网络的发展史 (19)
- 2.1.2 技术术语 (22)
- 2.1.3 车载网络分类 (27)
- 2.1.4 车载网络协议标准 (27)
2.2 汽车对通信网络的要求及应用 (29)
- 2.2.1 汽车对通信网络的要求 (29)
- 2.2.2 网络系统休眠模式 (30)
- 2.2.3 车载网络系统的应用实例 (31)
2.3 车载网络的故障特点与检修方法 (41)
- 2.3.1 车载网络系统与传统电控系统的不同 (41)
- 2.3.2 车载网络系统的故障特点与分类 (41)
- 2.3.3 车载网络系统故障检修设备及诊断流程 (42)

第3章 高速 CAN 总线系统原理与检修 (44)
3.1 CAN 总线概述 (44)
- 3.1.1 CAN 总线的特点 (45)
- 3.1.2 信息交换 (46)
- 3.1.3 功能元件 (47)
- 3.1.4 CAN 总线的数据传输过程 (50)
- 3.1.5 CAN 总线协议和应用 (54)
- 3.1.6 CAN 总线的链路 (55)
- 3.1.7 CAN 总线的电磁兼容原理 (58)
3.2 高速 CAN 总线及其实例 (59)
- 3.2.1 高速 CAN 总线特点 (59)

3.2.2　高速 CAN 总线系统实例……………………………………………(62)
　3.3　高速 CAN 总线的检测………………………………………………………(66)
　　　3.3.1　高速 CAN 总线的电阻检测……………………………………………(66)
　　　3.3.2　高速 CAN 总线的电压检测……………………………………………(67)
　　　3.3.3　高速 CAN 总线的波形检测……………………………………………(68)
　　　3.3.4　高速 CAN 系统自诊断…………………………………………………(72)
　　　3.3.5　高速 CAN 总线系统故障实例…………………………………………(74)
第 4 章　低速 CAN 总线系统原理与检修…………………………………………(79)
　4.1　低速 CAN 总线特点与实例…………………………………………………(79)
　　　4.1.1　低速 CAN 总线特点……………………………………………………(79)
　　　4.1.2　低速 CAN 总线系统实例………………………………………………(82)
　4.2　低速 CAN 总线的检测………………………………………………………(92)
　　　4.2.1　低速 CAN 总线的电压检测……………………………………………(92)
　　　4.2.2　低速 CAN 总线的波形检测……………………………………………(93)
　　　4.2.3　低速 CAN 系统自诊断…………………………………………………(102)
　　　4.2.4　低速 CAN 总线系统故障实例…………………………………………(105)
第 5 章　LIN 总线系统原理与检修…………………………………………………(107)
　5.1　LIN 总线工作原理……………………………………………………………(107)
　　　5.1.1　LIN 总线简介……………………………………………………………(107)
　　　5.1.2　LIN 总线组成和工作原理………………………………………………(110)
　5.2　LIN 总线应用及故障实例……………………………………………………(114)
　　　5.2.1　LIN 总线在汽车上的应用………………………………………………(114)
　　　5.2.2　LIN 总线故障实例………………………………………………………(116)
第 6 章　MOST 总线系统原理与检修………………………………………………(119)
　6.1　MOST 总线工作原理…………………………………………………………(119)
　　　6.1.1　MOST 总线简介…………………………………………………………(119)
　　　6.1.2　MOST 总线组成和工作原理……………………………………………(122)
　6.2　MOST 总线的检修与故障实例………………………………………………(130)
　　　6.2.1　MOST 总线的诊断………………………………………………………(130)
　　　6.2.2　光导纤维的维修…………………………………………………………(133)
　　　6.2.3　MOST 总线故障实例……………………………………………………(136)
第 7 章　新型总线与电子电气架构…………………………………………………(140)
　7.1　CAN FD 总线技术应用………………………………………………………(140)
　　　7.1.1　CAN FD 总线发展与应用………………………………………………(141)
　　　7.1.2　CAN FD 总线传输………………………………………………………(142)
　　　7.1.3　CAN FD 信号检测………………………………………………………(144)
　7.2　车载以太网（Ethernet）技术应用……………………………………………(147)
　　　7.2.1　车载以太网发展与应用…………………………………………………(147)
　　　7.2.2　车载以太网结构原理……………………………………………………(149)
　　　7.2.3　车载以太网协议架构……………………………………………………(154)

    7.2.4 车载以太网测试 ……………………………………………………………（156）
    7.2.5 车载以太网应用实例 …………………………………………………（157）
  7.3 汽车电子电气架构发展演进 …………………………………………………（160）
    7.3.1 汽车电子电气架构概念 ………………………………………………（160）
    7.3.2 汽车电子电气架构的演进 ……………………………………………（161）
    7.3.3 未来主流电子电气架构拓扑形式 ……………………………………（162）
    7.3.4 汽车控制器的演进 ……………………………………………………（165）
    7.3.5 OTA 的演进 ……………………………………………………………（167）
附录 A 2003 款宝来 1.8L 舒适系统电路 ………………………………………（170）
附录 B 2005 款奥迪 A6 轿车 MMI 系统电路 …………………………………（189）
附录 C CAN 总线系统波形检测工单 ……………………………………………（204）
附录 D 缩略语 ……………………………………………………………………（217）
参考文献 ………………………………………………………………………………（219）

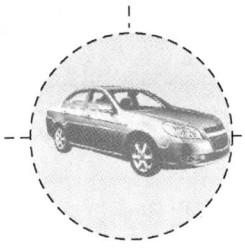

第1章 汽车电子控制单元的组成与检测

1.1 汽车电子控制单元的组成

1.1.1 汽车电子控制技术的发展历程

20 世纪中期，微电子技术迅猛发展，给汽车工业的发展带来了蓬勃生机，可以说汽车电子控制技术的发展是由电子学的发展带动起来的。

20 世纪 50 年代到 70 年代末：主要发展独立性的零部件，利用电子装置改善部分机械部件的性能。1948 年，晶体管问世；1955 年，晶体管收音机开始在汽车上使用；1960 年，硅二极管整流式交流发电机取代了直流发电机；1963 年，有公司使用 IC 调节器，并在汽车上安装晶体管电压调节器和晶体管点火装置，并逐步实现集成化；1970 年，变速器的电子控制装置在汽车上投入使用。

20 世纪 70 年代末到 80 年代中期：主要发展出一些独立系统，汽车电子控制技术开始发展，大规模集成电路得到广泛应用。1973 年，美国通用汽车公司采用 IC 点火装置并逐渐普及；1976 年，美国克莱斯勒公司首先研制出由模拟计算机对发动机点火时刻进行控制的电子点火系统；1977 年，美国通用公司开始采用数字式点火时刻控制系统；1980 年，出现了使用卡尔曼空气流量计的单点喷射式电子控制燃油喷射装置，之后电喷技术逐渐成熟，并开始大规模使用。

20 世纪 80 年代中期到 90 年代末：主要开发出各种车辆整体的电子控制系统，以微处理器为核心的微机控制系统开始在汽车上大规模使用，其技术逐渐成熟和完善，并向智能化发展，进入汽车电子化时代。

2000 年以后：汽车电子控制系统进入智能化和网络化时代。汽车产品大量采用人工智能技术，并利用网络技术进行信息的传递与交换，汽车更加自动化、智能化。

随着汽车电子控制技术的飞速发展，汽车电子设备的成本占汽车总成本的比重越来越大。汽车电子控制系统见表 1-1。

表 1-1 汽车电子控制系统

系 统 类 别	电 子 装 置
动力控制系统	电子点火系统、电子控制燃油喷射系统、废气再循环控制系统、电子控制强制怠速系统、排放控制系统等
安全与底盘电子系统	自动变速器、防滑差速器、动力转向装置、四轮转向装置、制动防抱死装置、驱动防滑系统、巡航控制系统、悬架控制系统、自动安全带、安全气囊、雷达防撞、倒车报警器、防盗系统等

续表

系统类别	电子装置
车身电子系统	电动车窗、电动门锁、电动后视镜、电动天线、自动空调、座位调节系统等
信息与通信系统	电子声音复制系统、声控操作系统、音响、车载计算机、车载电话、交通控制信息系统、电子仪表显示系统、局域网等

电子技术在汽车发动机及整车上的广泛应用，使得汽车在各种工况下始终处于最佳工作状态，各项性能指标都获得较大改善，如燃油消耗降低、动力性能提高、排气污染减少，并大大提高了汽车工作的可靠性、安全性和乘员舒适性。电子技术可使汽车、道路、环境和乘员之间形成一个完整的系统网络，这是采用任何机械方法都无法达到的。

1.1.2 电控系统的组成

汽车电控系统一般包括电子控制单元（ECU，俗称车载电脑、车载计算机等）和外围电路，如图 1-1 所示。汽车电子控制单元是由汽车专用微处理器（MCU）和一些标准或特制集成电路构成的外围电路组成的微小型计算机。外围电路包括输入电路（电源电路和信号电路）和输出电路（控制驱动器的功率放大电路）。

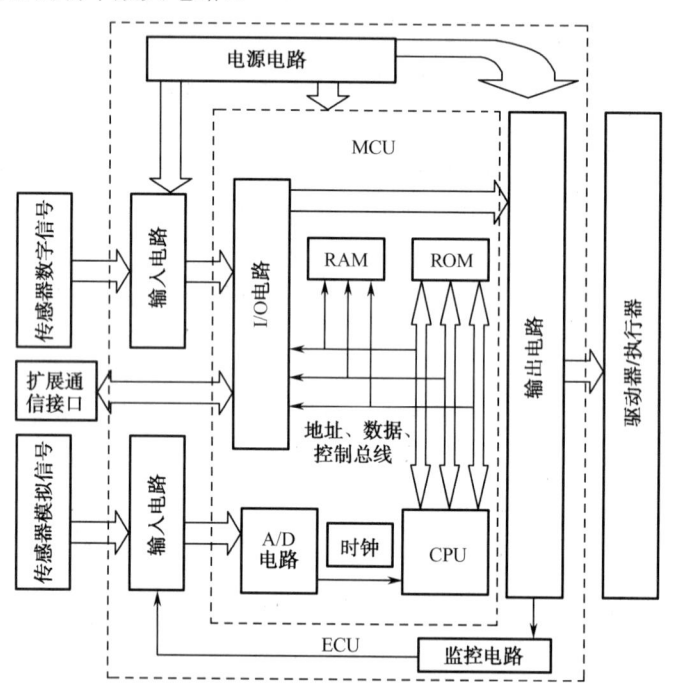

图 1-1 汽车电控系统结构图

若把汽车电子控制系统的工作过程比作人的活动，那么信号传感装置就相当于人的感知器官，感受外界的相关信息；电子控制单元相当于人的大脑，接收信号传感装置收集到的各种信息，分析、处理之后向执行器发出控制命令；执行器就相当于人的手足，做出具体的反应动作。

显然，在整个系统中，电子控制单元是核心部分，是完成系统工作、实现系统功能的关键。

1.1.3　ECU 的基本功能

电子控制单元简称电控单元、控制单元，是一种电子综合控制装置。汽车电控单元的具体名称并不统一，不同的汽车生产厂家采用不同的名称，即使是同一生产厂家，由于生产年代不同，控制的内容不同，其名称也可能不一样。例如美国通用汽车公司称汽车电控单元为 ECM（电子控制组件），而美国福特汽车公司起初称汽车电控单元为 MCU（微处理器），以后又称为 EEC（发动机电子控制装置）。电控单元的中枢是微处理器。

ECU 的作用是按其内部储存的程序对汽车电控系统各传感器输入的信号数据进行运算、处理、分析、判断，然后输出控制指令，驱动有关执行器动作，达到快速、准确、自动控制汽车的目的。其作用主要表现在以下几个方面。

（1）接收传感器等其他装置输入的信息，给传感器提供参考电压（2V、5V、9V 或 12V）。

（2）处理、存储、计算和分析信息数据及故障信息。

（3）根据输入的有关信息求出输出值（指令信号），并且将它与标准值对比，进行故障判断。

（4）把弱信号（指令信号）变为强信号（控制信号）。

（5）当电控系统出现故障时，输出故障信息。

（6）实行学习控制（自我修正输出值）。

现代发动机电控系统中，由于使用了 ECU，信号处理的速度和存储信息的容量都大大提高，因此，可以实现多功能、高精度的集中控制；ECU 不仅用来进行燃油喷射控制，还用来进行点火控制、怠速控制、排放控制、进气控制、增压控制、故障自诊断、失效保护和后备系统启用等。

1.1.4　ECU 的硬件基本构成

ECU 主要由输入电路、微处理器、输出电路及电源电路、备用电路等硬件电路组成。

1．电源电路

电源电路是 ECU 必不可少的部分，如图 1-2 所示。

图 1-2（a）与图 1-2（b）所示为未装步进电机的 ECU 电源控制电路。ECU 的电源有两路，一路来自点火开关控制的主继电器，它是 ECU 的主电源，打开点火开关后，主继电器触点闭合，电源送入 ECU 内部处理电路，使 ECU 进入工作状态；关闭点火开关后，主继电器触点断开，ECU 的工作电源被切断从而停止工作。另一路来自蓄电池，它是 ECU 记忆电路部分的电源。在点火开关关闭、发动机熄火后，该电路仍然保持蓄电池电压，使 ECU 的故障自诊断电路所测得的故障码及其他有关数据可长期保存在 ECU 的存储器内，为故障检修提供依据，该电路称为 ECU 备用电源电路。

图 1-2（c）所示为装有步进电机的 ECU 电源控制电路，图中主继电器由微机控制，以便在点火开关断开时，ECU 能继续接通主继电器约 2s 的时间，使步进电机回到初始位置，这样就可以保证步进电机有一个固定的初始位置。

2．输入电路

输入电路的功能是实现外部传感器与微处理器之间的信息传递，即对传感器输入的信号进行预处理，使输入信号变成微处理器可以接收的信号。传感器输入的信号一般有两类：模拟信号和数字信号，需要分别由相应的电路对它们进行处理。

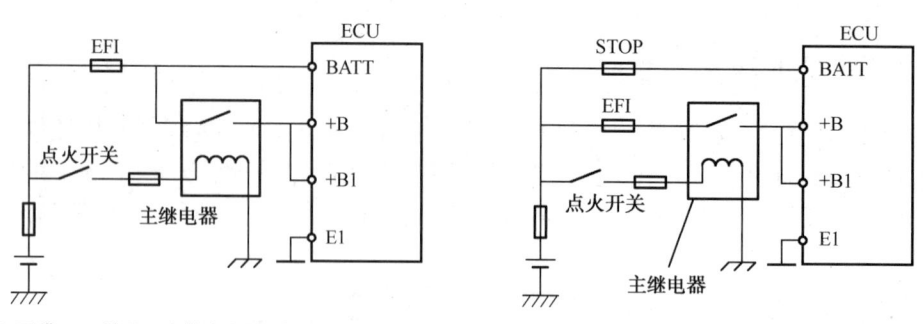

(a) 不带STOP熔丝、未装步进电机的ECU电源控制电路　(b) 带STOP熔丝、未装步进电机的ECU电源控制电路

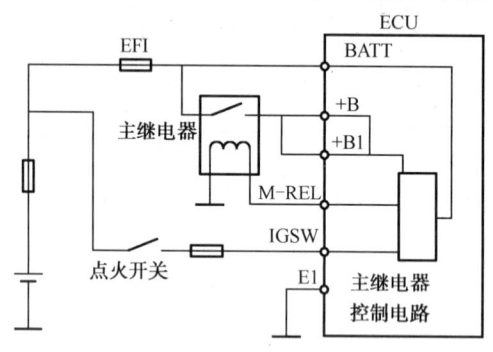

(c) 装有步进电机的ECU电源控制电路

图 1-2　电源电路

（1）模拟量输入通道

空气流量传感器、水温传感器、进气温度传感器、线性输出式节气门位置传感器等向 ECU 提供的就是模拟信号（幅值随时间连续变化的信号），它们经过放大、滤波、A/D 转换等处理后才能被微处理器所接收。模拟量输入通道的任务是把传感器输出的模拟量转换成数字量输入微处理器。模拟量输入通道组成框图如图 1-3 所示，它由信号处理装置、多路选择开关、采样保持器和 A/D 转换器等组成。

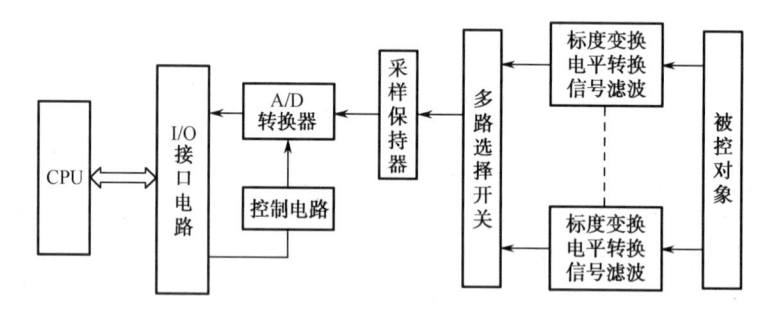

图 1-3　模拟量输入通道组成框图

信号处理装置进行标度变换、电平转换和信号滤波等。传感器测得的物理量经标度变换变成电压信号，但其值很小，通常为 0~40mV，而 A/D 转换器所能处理的电压范围为 5V、10V、±5V 等，故必须进行电平转换再输给 A/D 转换器。电平转换的任务是使传感器输出电压的满量程和 A/D 转换电压的满量程相匹配，这样可提高模拟信号测量系统的精度。

当有多路模拟量输入时，不必为每个模拟量输入都匹配一个 A/D 转换器，可共用一个 A/D 转换器。这时输入通道中要增加一个多路选择开关，使得每一路模拟量输入轮流和 A/D 转换器接通，经 A/D 转换后送入微处理器。

A/D 转换需要一定的时间，随时间变化较快的模拟信号就会产生转换误差。为解决这个问题，可在 A/D 转换器前加采样保持器，以较小的采样时间对快速变化的信号进行采样，采样后保持电压，并对此电压进行 A/D 转换。

（2）数字量输入通道

在汽车电控系统中，传感器采集的还有数字信号，如来自转速传感器的转速信号与上止点参考信号等。它们都是脉冲信号，经过放大、整形之后可直接通过 I/O 接口送入微处理器。例如，磁感应式转速传感器的输出信号随转速变化而变化，因此在发动机转速很低时，电压信号很弱，这就需要将信号放大，并且变成完整的矩形波。因此，要设置放大电路和脉冲信号整形电路。

另外，数字量输入通道要解决电平转换和抗干扰等问题。微处理器只能接收 TTL 电平，所以数字量只有转换成 TTL 电平才能送给微处理器。为了使微处理器获得正确的信息，必须使外电路中的干扰和微处理器相隔离。图 1-4 即为常用的电平转换及光电隔离电路。

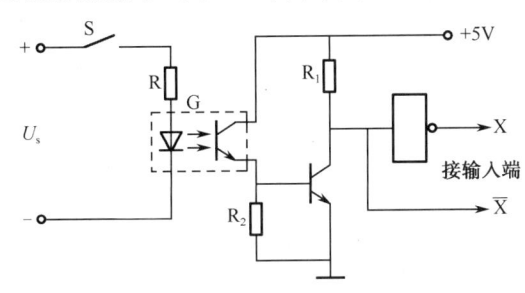

图 1-4　常用的电平转换及光电隔离电路

3．微处理器

微处理器是汽车电控系统的中枢。它的功能是把各种传感器送来的信号进行运算处理，并把处理结果（如燃油喷射指令信号、点火指令信号等）送至输出电路，从而控制执行器。微处理器主要由中央处理器（CPU）、存储器（RAM/ROM）、输入/输出（I/O）接口和总线等组成。

（1）中央处理器

中央处理器是微处理器的核心部件，它的功能是执行程序，完成数据处理任务，并对存储器和 I/O 接口发出指令。

中央处理器由运算器和控制器组成。运算器的作用是加工、处理信息，主要完成各种算术运算、逻辑运算及移位操作等。控制器是微处理器的指挥中心，它的功能是按照人们预先设定的操作步骤控制算术逻辑运算单元、输入/输出接口及存储器等部件步调一致地自动工作。

（2）存储器

存储器是存放信息和运行程序的场所，主要功能是存储程序和数据。车载计算机所用的存储器按功能可分为只读存储器（ROM）和随机存储器（RAM）。

ROM 是只能读出数据的专用存储器，其存储内容一次写入后就不能改变，但可以调出使用。ROM 存储器的内容是永久性的，即使切断电源，其存储的内容也不会丢失，通电后又可立即使用。因此，ROM 适用于存储固定程序和数据，即存放各种永久性的程序和永久性、半永久性的数据，如电子控制汽油喷射系统中的一系列控制程序、喷油特性脉谱及其他特性数据等。

RAM 的主要功能是存储可变数据，如各种输入、输出数据和计算过程中产生的中间数据等，并且可以根据需要随时调出或改变（改写）其中的数据。当电源被切断时，所有存入 RAM 的数据都会消失。为了能较长时间地保存某些数据，如故障码、空燃比学习修正值等，防止点火开关关断时因电源被切断而造成数据丢失，RAM 一般通过专用的后备电路与蓄电池直接连接，这样可以使它不受点火开关的控制。只有当专用电源后备电路断开或蓄电池上的电源线被拔掉时，存入 RAM 的数据才会消失。

（3）输入/输出（I/O）接口

I/O 接口是 CPU 与输入装置（传感器）、输出装置（执行器）间进行信息交换的通道。输入和输出装置一般都要通过 I/O 接口才能与微处理器相连。

（4）总线

总线是传递信息的公共通道。在微处理器中，CPU、存储器与 I/O 接口是通过总线连接起来的，它们之间的信息交换均通过总线进行。

4．输出电路

输出电路是微处理器与执行器之间建立联系的一个装置。它的功能是将微处理器发出的指令信号转变成控制信号，以驱动执行器工作。

执行机构需要的控制信号既有模拟量又有数字量，因而输出通道也分为模拟量输出通道和数字量输出通道。

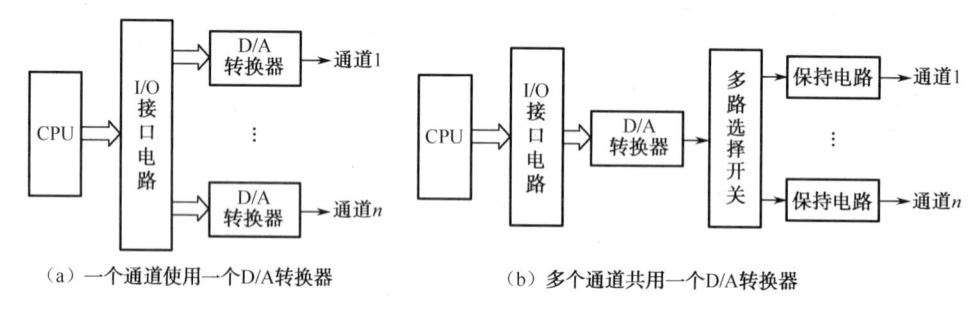

（1）模拟量输出通道

模拟量输出通道的任务是把微处理器的离散的数字量输出变成连续的模拟量输出，以控制执行机构，如图 1-5 所示。

(a) 一个通道使用一个 D/A 转换器

(b) 多个通道共用一个 D/A 转换器

图 1-5 模拟量输出通道

计算机控制系统是按照采样周期工作的，在整个采样周期内输出的控制信号不能中断，以保持连续控制，故模拟量输出通道除了有 D/A 转换器，还必须有保持器，通常采用零阶保持器。零阶保持器把前一时刻的采样值恒定不变地保持到下一个采样时刻。当下一个采样时刻到来时，又转换成新的采样值继续保持。图 1-5（a）为一个通道使用一个 D/A 转换器，所以转换速度快，工作可靠，但成本高。图 1-5（b）为多个通道共用一个 D/A 转换器，各通道有多路选择开关分时切换，故其转换速度慢，可靠性差，适用于通道数量多且对转换速度要求不高的场合。

（2）数字量输出通道

数字量输出通道的任务是将微控制器 I/O 接口输出的数字量转换成执行机构（如继电器、电磁阀、步进电机等）需要的信号。

数字量输出通道有三种形式。

① 由微控制器 I/O 接口直接控制执行机构；

② 通过半导体开关管控制执行机构；

③ 通过继电器控制执行机构。

例如，图 1-6 为控制喷油器的输出电路。由于微处理器输出的指令信号是低电压、小电流的数字信号，不能直接驱动执行器工作，所以需要输出电路将该信号转换成可以驱动执行器工作的控制信号。该电路中，微处理器输出信号控制晶体管导通和截止，从而为喷油器提供具有一定宽度的脉冲驱动信号。

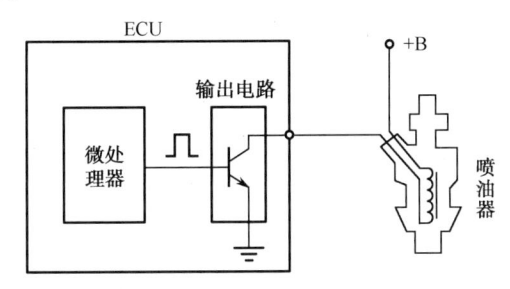

图 1-6 控制喷油器的输出电路

图 1-7 为常用的电磁阀控制电路。当微控制器通过接口输出高电平时，光电耦合器 G 输出为低电平，使 VT$_1$ 截止，VT$_2$ 导通，电磁阀的线圈 J 中有电流流过；当微控制器输出为低电平时，G 输出为高电平，VT$_1$ 导通，VT$_2$ 截止，J 被关断，在 J 关断的瞬间，存储在 J 中的能量由 J 与二极管 VD 构成的回路变成热能而消耗。图 1-7 中，晶体管 VT$_1$、VT$_2$ 实现功率放大，并联在 J 两端的 VD 用来释放线圈断电时产生的反向电压，这种冲击电压对线路的干扰由光电耦合器 G 隔离，防止干扰微控制器正常工作。

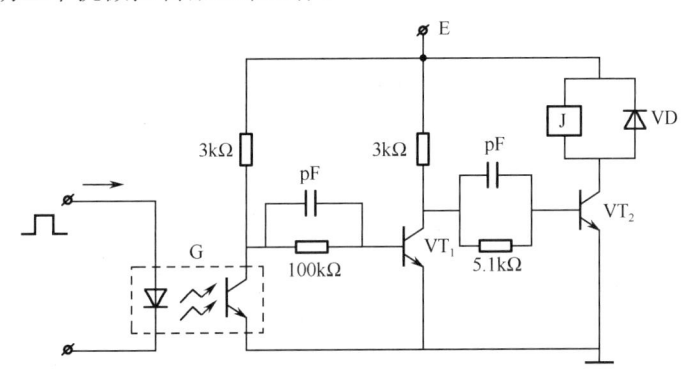

图 1-7 常用的电磁阀控制电路

图 1-8 为三相步进电机的控制示意图。从接口芯片 8355A 的 A 口送出方向信号和脉冲信号，输出的脉冲信号经过光电隔离电路进入环形分配器。每输入一个脉冲信号，环形分配器改变一次输出状态，从而依次接通步进电机的各相绕组，使电机运转。脉冲信号还被送入一个加法计数器的输入端，进行位置累加计数，其结果通过 8355A 的 B 口输入，用于位置监视和步进电机的加减速控制。

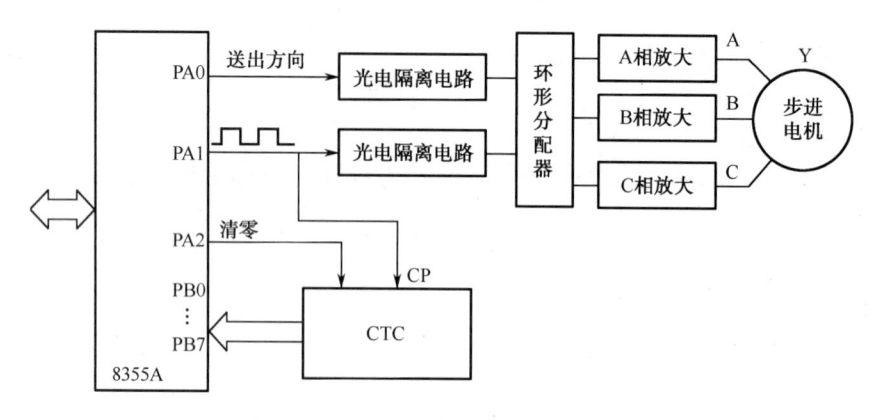

图 1-8　三相步进电机的控制示意图

1.1.5　ECU 的软件结构

ECU 的软件主要分为程序和数据两部分。

1．程序部分

汽车 ECU 的程序部分一般采用汇编语言编写，为了编程、调试、修改和使用方便，一般采用模块化结构，通常有以下几个部分。

① 软件与 ECU 的匹配部分；
② 软件的控制部分；
③ 安全保险部分；
④ 自检及环境测试所需的诊断和通信部分。

2．数据部分

数据可分为固定数据和校正数据两类。

① 固定数据与系统固定特性相关，如控制系统中执行元器件的数量等。
② 校正数据与系统可变特性相关，如汽车发动机和变速器的各种特性，校正数据必须根据控制系统所处的具体车型进行设定。

1.2　汽车电子控制单元的故障检测

1.2.1　汽车电子控制单元的故障特点及万用表检测

1．汽车电子控制单元故障特点

在动手检修汽车电脑板之前，要先对电脑板的控制电路（外电路）进行检查，排除电路中的故障。因为在外电路存在故障的情况下，易造成对电脑板的误修，即使修好了或者换用一块新的电脑板，还会因外电路的故障而再次损坏。

将外电路故障排除后，如果确定是电脑板损坏，可对电脑板进行检修。据统计，有 90% 被损坏的电脑板是可以修复的。实际工作中汽车电子控制单元常见故障如下。

（1）电脑板电源部分故障

这种故障一般是因为旧车充电时进行了以下操作：充电机电压调整过高或极性接反；或充电的同时打开点火开关，甚至起动发动机；或发动机在运转过程中，电池接头松脱造成发电机直接给电脑板供电等。这种情况一般会烧坏大功率稳压二极管等元器件，更换即可，比较容易修复。

（2）输入/输出部分故障

这种故障一般是放大电路元器件被烧毁（有时是电路板上线路被烧断）造成的。

例如，某修理厂在对一台美国雪佛兰轿车翻新烤漆后，发现发动机不能起动，且打开点火开关时间一长，汽油会从排气管、油底壳等处溢出来。

打开点火开关后，发现 6 只喷油器全部处于全开状态，汽油直接从喷油器流入气缸，流满后溢出，检查外电路并未发现问题，可以断定是车载电脑中的输出控制有故障。打开电脑盒，检查发现对喷油器的控制信号进行放大的一个大功率晶体管已经被击穿短路，造成了喷油器通电（处于常开状态）。更换一个相同型号的晶体管并清理、更换发动机汽油后，发动机即可正常运转。

这里需要注意：很多电喷车辆经过烤漆后，再起动时经常会出现各种故障，这是因为经过烤漆后，在汽车内部特别是电路设备内部积聚了高温和热量，且这些热量从内部深处散发出来比较缓慢，而电气设备在高温状态下极易发生故障。因此在烤漆后不要立即将车开出来，而应经过充分的冷却后方可起动，如果时间紧需要腾出烤漆房，可以用人力将车推出来，待其充分冷却后，再起动。

（3）存储器部分故障

存储器（如可清除可编程存储器（EPROM 或 EEPROM））出现问题，可进行更换。先找一个已知良好的带有程序内容的存储器芯片，然后用一个同型号的空白芯片，通过编程器，从原芯片中复制程序，再写入到空白芯片中去，从而复制出新的芯片，再将新的芯片装入电脑板。

这里要注意的是：一般汽车厂家规定最多复制 3~7 次，超过次数后就不能再使用了，也有的厂家通过加密手段使芯片不能复制。对于大众系列的汽车，可用原厂仪器 V.A.G1551 对电脑板进行程序更换，或对空白芯片进行程序写入。

（4）特殊故障

被水浸过的车辆，电脑板往往会被腐蚀，造成元器件引脚断路、黏连或损坏，因此要逐一检查修复或更换元器件。例如，某修理厂接修一辆凯迪拉克轿车，故障现象是：发动机正常运转时如果开闭前照灯或其他电气设备就会出现排气管"放炮"现象，严重时可将排气管炸裂。经检查发现外电路并无问题，怀疑电脑板有故障。打开电脑盒仔细检测，发现有一处搭铁线因腐蚀断路，正是氧传感器的信号屏蔽线通过电脑板内部搭铁的位置，接搭铁断路使屏蔽失效，而造成氧传感器信号受其他电器的干扰，用锡焊接通后，恢复正常。

2. 用电压法检测车载电脑

可用电压法检测即用万用表的电压挡对 ECU 内关键点的电压进行实时测量，以找出故障部位。这些关键点主要是各集成电路的供应电源、线路中连接蓄电池的主电源、受点火开关控制的电源，以及内部经过集成稳压器或调整晶体管输出的稳压电源。一般来讲，电路中的数字电路、微处理器等均工作在 5V 电压下，12V 的蓄电池电压是无法直接加到这些元器件的电源引脚上的，必须由稳压电路为其提供合适的工作电压。稳压电路在降低电压的同时可滤掉脉冲类干扰信号，以避免对数字电路的工作带来影响。

对于这些关键电路的电源来讲，工作期间电压是固定不变的，但是最好在静态下（车辆点火开关打开但未起动）测量。采用数字万用表对 ECU 内的集成电路的供电进行检查，当相关电源电路工作失常时，往往会影响一大片元器件，导致其不能工作。此种方法只需要使用万用表，不需要其他专用仪器，因而简便易行。

3. 用电阻法检测车载电脑

电阻法即利用万用表的欧姆挡，通过检测线路的通与断、阻值的大与小，以及通过对元器件的检测，来判别故障原因和故障部位。此种方法主要用于对元器件和铜箔线路的检测。

（1）对元器件的检测，除了常规的电阻、二极管、晶体管，一些集成电路也可以采用此种方法进行检测。对于集成电路来讲，如果引脚功能结构相同、外电路结构相似，那么正常情况下，其搭铁电阻是十分接近的，因此可以使用数字万用表对其进行正、反向（调换表笔）的测量，然后将测量值进行比较，找出故障点。这种测试方法对于一些找不到芯片资料，而元器件外部连线结构形式相同的集成电路来说是一种很好的测量方法。

（2）铜箔线路开裂、因腐蚀而造成断路也是经常发生的故障。开裂可能是受外力的影响而造成的，而ECU进水是造成铜箔腐蚀断路的主要原因。很多车辆的ECU/ECM/PCM安装于驾驶室的地板下或侧面，踏脚板的旁边，在一些特殊情况下，ECU/ECM/PCM内很容易进水，如果不及时处理，铜箔在水汽的作用下逐渐腐蚀，直至故障完全显现。

在分辨铜箔线路是否断路时，可使用万用表的$R\times 1$挡。若一条铜箔线路很长，弯弯曲曲，为了证实它的两端焊点是相连的，可对其两端点进行电阻值的测量，电阻值为零则说明是同一条线路。

1.2.2 汽车电子控制系统的故障自诊断

1. OBD系统的作用及意义

车载诊断系统（OBD）是指监测排放的自诊断系统，它具有识别可能存在故障的区域的功能，并以故障码的方式将该信息存储在电控单元存储器内。当系统或部件出现故障时，故障指示灯（MI）就会点亮，同时动力总成控制模块（PCM）会将故障信息存储在存储器中，连接诊断工具就可以读取故障码，维修人员根据故障码的提示，就能方便快捷地找出故障所在，在最短的时间内完成车辆的维修。

随着世界各国汽车保有量的不断增加及全球环保意识的加强，汽车污染物排放正受到前所未有的关注，有关排放的法规也越来越严格。在用车检测与维护（I/M）程序在汽车工业发达国家早已实施，这不但降低了在用车的排放水平，同时对汽车排放控制系统也提出了更高的要求，车载诊断系统应运而生。OBD有很多优点，如改善车辆的排放性能、快速对车辆的排放性能进行诊断、改善车辆的维修服务、提示驾驶员注意故障警告、避免车辆的进一步损坏等。

OBD给维修人员、环保部门、车主和车辆制造厂带来极大方便的同时，也提出了更高的要求。

对于维修人员来说，OBD可以提供简单、快捷和有效的方式诊断车辆的问题以辅助维护和修理车辆。在问题扩大前及时进行修理；OBD向维修人员提供了更精确、更及时的故障信息，提高了工作效率。

对于环保部门来说，OBD在环境保护方面做出了很大的贡献。其可以向技术人员提供及时、准确的排放信息，帮助车主更有效地保养车辆，减少了空气污染。

对于车主来说，安装了OBD可以节省时间和费用，当车上的故障指示灯点亮，提示驾驶员有故障时，应进行检查，在小问题变成大问题以前及时进行修理，可以节约维修费用。在维修站进行修理时，安装OBD使得维修人员能更快地发现问题所在，节省了时间。车主在发现故障指示灯点亮时，要尽快到维修部门进行修理，不要对故障指示灯视而不见，使得故障扩大，最终造成排放超标。

2. OBD 的发展史

OBD 最早起源于美国，1985 年立法，1988 年开始实施，称为 OBD-Ⅰ。各大主要汽车制造企业的 OBD 因其发动机管理系统不同而各不相同，均采用自行设计的诊断座及自定义的故障码，每种车系都有自己的一套专用检测工具，这给维修检测带来很大的不便。初期的 OBD 对数据无法进行自检，使得维修后的汽车常达不到原厂的技术要求。

20 世纪 90 年代，一种比 OBD-Ⅰ 更先进的 OBD-Ⅱ 产生了，它实行标准的检测程序，不必使用专用的特殊工具。1994 年美国汽车工程师协会（SAE）制定了一套标准规范，要求各汽车制造企业按照 OBD-Ⅱ 的标准提供统一的诊断模式，做到只要有一台仪器就可通过统一的插座对各种汽车进行检测。为此各大汽车制造企业改变了电控系统的许多方面，在 20 世纪 90 年代末，进入北美市场的汽车都要按照新标准设置车载诊断系统。按照新标准，汽车上的相关连接器、位置、代码都实行标准化，不再各行其是，都有一个通用的标准诊断测试连接器，简称 DLC。

随后，欧共体也要求欧洲各国汽车制造商生产的轿车都配置欧洲电控汽车微机故障诊断系统，即 EOBD，其采用的故障诊断连接插座、故障码、结构单元/系统名称故障码显示都采用 SAE J1962、SAE J2012、SAEJ1930 和 SAE J1978 标准，并根据欧共体 EU-Richtlinie1999/102/EG 条文规定，2001 年欧洲所有新生产的轿车（载重小于 2.5 吨，仅限于汽油发动机）都配置 EOBD；而对于采用柴油发动机的轿车，则要求在 2004 年强制配置 EOBD。配置该系统的目的是监控发动机的废气排放，监控各部件及子系统、汽车底盘、车身附属装置和设备及部件的工作状况，还可用作汽车故障诊断及网络故障诊断。

EOBD 其实起源于 OBD-Ⅱ，OBD-Ⅱ、OBD-Ⅲ（OBD-Ⅱ 的升级版）和 EOBD 的通信协议及监控原理相似，其主要区别如下。

（1）排放限值不同

OBD-Ⅱ 规定设置故障的 CO、HC、NOx 排放限值是 FTP（美国联邦试验规范）规定的各污染物排放指标的 1.5 倍，而 EOBD 规定设置故障的 CO、HC、NOx 排放限值分别是 OBD-Ⅲ 标准规定的 1.4 倍、2.0 倍和 4.0 倍。

（2）内容不同

OBD-Ⅱ：对燃油蒸发排放部分，应该诊断出燃油蒸发排放系统中任何直径大于 0.5mm 的泄漏，而 EOBD 只要求诊断蒸发控制电路部分的故障。

OBD-Ⅱ：当发现故障时，就会点亮故障指示灯提示驾驶员，但是驾驶员会不会接受警告去进行维修就是另一回事了。因此，一种更先进的 OBD-Ⅲ 产生了，这种技术在国外已经有所发展。

OBD-Ⅲ 的主要作用是将汽车的检测、维护和管理合为一体，以满足环境保护的要求。OBD-Ⅲ 会分别进入发动机、变速箱、ABS 等系统的 ECU 中去读取故障码和其他相关数据，并利用小型车载通信系统（如 GPS 导航系统）或无线通信方式将车辆的身份代码、故障码及所在位置等信息自动通告管理部门，管理部门根据该车辆排放问题的等级对其发出指令，包括去哪里维修的建议、解决排放问题的时限等，还可对超出时限的违规车辆发出禁行指令。因此，OBD-Ⅲ 不仅能就车辆排放问题向驾驶员发出警告，还能对违规者进行惩罚。

3. 车载诊断系统的部件监控原理

OBD 是电子控制系统的一部分，它在传统电子控制系统的基础上增加了一些传感器，改进控制策略，完成监控功能。OBD 监测的对象是电控汽车上的各种传感器、电子控制系统自身及各种执行元器件，汽车在行驶过程中监测上述三种对象的输入信息。若某一信号超出了预设值，并且这一现象在一定时间内不消失，则判断这一信号对应的电路或元器件出现故障，并把这一故障以代码的形式存入内部存储器，同时点亮仪表盘上的故障指示灯。

OBD 各个子系统和部件的控制策略大致分为以下几种。

（1）某传感器信号电压的数值超出了可能的范围，或者虽没有超出可能的范围，但出现不应出现的工况，判断为不可信。例如车速为 90km/h、发动机转速为 3000r/min 时，进气歧管绝对压力为 65kPa 时出现 2%的节气门开度，这显然是错误的。

（2）可同时根据几个已判断为无故障的传感器的信号计算出一个物理量，若某传感器的计算结果与此结果不一致，则判断该传感器有故障。例如车速为 90km/h、发动机转速为 3000r/min，进气歧管绝对压力为 65kPa 是准确的，由这三个参数确定的空气流量与空气流量传感器测定值不一致，可判断空气流量传感器有故障。

（3）根据某传感器（如发动机转速传感器、冷却液温度传感器和氧传感器）信号变动所经历的时间和幅度来判断系统是否存在某些方面的故障，如异常的转速波动可判断为缺火故障。

4. 故障应急措施

监控系统监测到故障以后，应当立即停车，排除故障。但是，实际上故障不会正好发生在维修站附近，所以立即停车进行维修是不切实际的，应该采取一系列故障应急措施，想办法将车开到维修站去。故障应急措施分为三种：ECU 本身故障应急措施、ECU 输入部分（传感器）故障应急措施和输出部分（执行器）故障应急措施，此处介绍前两种。

（1）ECU 本身故障应急措施

当电子控制系统 ECU 本身出现故障时，故障诊断系统便触发备用控制电路对汽车进行简单应急控制，使汽车可以开到修理厂进行维修，这种应急功能就称为"跛行回家"。

（2）ECU 输入部分（传感器）故障应急措施

① 信号替代法。当某传感器发生故障时，可用其他传感器的信号代替它。一个典型的例子就是当质量空气流量传感器发生故障时，通常用节气门位置传感器或进气歧管绝对压力传感器代替它，并结合怠速旁通执行器的状况和转速信号计算每循环吸气量。

② 信号设定法。当某传感器发生故障时，其信号就不能作为汽车的控制参数。为了维持汽车的运行，故障诊断系统便从其程序存储器中调出预先设定的经验值，作为该电路的应急输入参数，保证汽车可以继续工作。例如，进气温度传感器发生故障时，可将进气温度设定为 20℃；冷却液温度传感器发生故障时，根据不同的工况设定为不同的数值，如启动时可设为与进气温度值相同。

③ 程序切换法。当因某传感器发生故障而无法实施某一控制项目时，便可放弃这一控制项目而将控制过程转向另一程序。例如氧传感器发生故障时，只能放弃闭环控制；爆震传感器发生故障时，则放弃爆震闭环控制，但要将点火提前角减小一些；EGR 阀销位置传感器发生故障时，则放弃 EGR 闭环控制。

当某一执行元器件出现可能导致其他元器件损坏或严重后果的故障时，安全起见，诊断系统会采取一定的安全措施，自动停止某些功能的执行，这种功能就称为故障保险。例如，某气缸喷油器驱动电路发生故障时，可将该气缸喷油器关闭，停止向该气缸喷油；又如，某气缸点火电路发生故障时，可将该气缸点火器关闭，以防止因缺火而损坏催化器。

5. 故障码

故障码就是在发动机或变速箱等车载电控系统发生故障时，系统控制单元的诊断模块检测到系统部件故障后,将故障信息以代码的形式存储在模块内部的专门区域,如随机存储器 RAM 或保持电流存储器 KAM 中。当汽车维修技术人员在诊断车辆故障时,可以通过人工调取或外接专用诊断仪器的方式从存储器中调取这些代码,通过这些代码所对应的故障信息,维修人员可以较快地排除故障,节省维修时间。

(1) 故障码的组成及类型

故障码一般由 5 位字符组合而成,如 P1362、C1234、B2236 等。第一位是英文字母,是系统代码;第二位是数字,表示是谁定义的故障码;第三位是数字,表示 SAE 定义的故障范围代码,目前只统一了动力系统代码;最后两位数字提供故障信息。故障码的含义如表 1-2 所示。

表 1-2 故障码的含义

位 数	显示的内容	含 义
1	P	发动机和变速器组成的动力传动系统
	B	车身电控系统
	C	汽车底盘电控系统
	U	未定义的其他系统
2	0	SAE 定义检测的故障码
	1	厂家定义检测的故障码
	2	厂家定义检测的故障码
	3	厂家定义检测的故障码
3	0	空气计量或排放辅助控制系统故障
	1	燃油控制或进气测定系统
	2	燃油控制或进气测定系统
	3	点火正时控制系统
	4	废气控制或二次空气喷射
	5	怠速控制系统
	6	车载电脑控制单元
	7	自动变速箱控制系统
4 和 5	01~99	与故障相关的系统元器件名称

(2) 故障码的确定

当故障诊断系统检测到某一个或几个信号超过其设定条件时,ECU 就会确定故障码。一般有以下四种确定方法:

① 域分析法。

当控制电脑接收到的输入信号超出规定的数值范围时,故障诊断系统就确认该输入信号出现故障。例如,水温传感器设计成在正常温度范围 30℃~120℃时,输出电压为 0.3~4.7V;当 ECU 检测到信号小于 0.15V 或大于 4.85V 时,就可判断为水温传感器信号短路、断路或传感器损坏故障。

② 时域分析法。

当控制电脑进行检测,发现某一输入信号在一定时间内没有发生变化或没有达到预定规定次数时,故障诊断系统就确认该输入信号出现故障。例如,氧传感器的信号不仅要求有电压信号,而且电压的变化频率在一定时间内要超过一定的值,小于此值就会产生故障码,表示传感器响应过慢。

③ 功能判定法。

当控制电脑给执行器发出动作指令后，检测相应传感器的输出参数变化，若输出信号没有按照程序规定的参数变化，故障诊断系统就确定该信号出现故障。例如，ECU 发出开启 EGR 阀的指令后，检测进气压力传感器输出信号是否有相应变化以确定 EGR 阀是否动作，如果没有变化就认为 EGR 阀及电路有故障。

④ 逻辑判定法。

控制电脑对两个相互联系的传感器进行数据比较，当发现两个传感器信号间的逻辑关系违反设定条件时，故障诊断系统就确认传感器出现故障。例如，ECU 检测到发动机转速大于 3000rmp，而节气门位置传感器输出信号小于 5%，这种关系是不可能存在的，ECU 就可判断为节气门位置传感器出现故障。

（3）故障码的清除

故障码的清除有 4 种方法：自动清除法、断电源法、外接设备法和触发程序法。

① 自动清除法：在故障已经完全清除后，在点火开关开闭循环 50～80 次以上，且故障没有再次出现时，由控制电脑自动清除存储的故障码。

② 断电源法：利用拔电源的保险丝或拆蓄电池的负极 10s 以上时间的方法，来清除控制电脑中记忆的故障码。这种方法适用于大多数车型，但切断电源同时清除了 ECU 中自适应值或其他系统的记忆，如防盗、音响密码等。

③ 外接设备法：利用外接设备扫描仪，连接好后就可以按照提示自动清除。

④ 触发程序法：按照维修手册中规定的触发方式和规定的程序步骤操作，即可清除。

（4）历史故障码和当前故障码

故障码有历史故障码和当前故障码两种。历史故障码是过去发生但当前没有发生的故障产生的还没有被清除的故障码。当前故障码是正在发生的故障产生的故障码。历史故障码产生的原因有两种：一种是故障已经排除，只是未清除故障码，此故障码被清除后就不会再次产生；另一种是故障并未被清除，只是当前没有发生，此故障码被清除后当故障再次发生时还会出现。当前故障码是确实存在的故障引起的，它属于持续性故障产生的故障码，不会被清除。

当前故障是当前确实存在的故障，比较容易判断。而历史故障比较难以判断，因为它是曾经发生的故障而现在没有，若要重现故障产生的状态，可能需要很长时间，或者需要人为创造可重现故障的条件，如加热、振动等，同时需要较好的设备来捕捉故障出现瞬间各种数据参数的变化。因此，一般先解决当前故障，而历史故障暂时作为故障诊断的参考。

历史故障码和当前故障码可以通过以下方法区别：首先用仪器读取全部故障码，然后清除所有故障码，接着试车，不是原地转动发动机，而是进行路试，某些故障码必须按设计要求进行规定的工况路试才能出现。试车后再次读取故障码，这时存在的就是当前故障码，而以前读到但是现在消失的故障码就是历史故障码。

6．故障码的局限性

虽然故障码能帮助维修人员排除故障，但是并不是有了故障码就能很容易地解决各种故障，而不需要对车辆结构有太多的了解，因为故障码也有局限性。

（1）车载诊断系统不能利用故障码显示出机械系统故障

车载诊断系统一般只能监控电控系统的故障，而对于机械系统则很难发挥作用。当汽车上各总成或机构中各种零件产生大量的自然磨损、变形、老化、损伤、疲劳、腐蚀时，诊断系统很难产生故障码，也不能起到诊断的作用。常见机械系统故障如下。

发动机：配气相位失常、气缸压力下降、空气与燃油供给系统密封不良等。

自动变速器：行星齿轮机构工作失常；液压控制系统堵塞、渗漏，压力不正确；各种阀门工作不良；换挡执行器运动不良；液力变矩器的泵轮、涡轮和锁定离合器出现故障等。

电控执行器：怠速控制阀、喷油器、电动燃油泵等因机械磨损产生的各种功能故障。例如，由于发动机进气管路密封不良、燃油供给系统密封不良，会导致燃油压力过低，产生发动机"喘气"或加速不良故障，这时诊断系统虽能检测出燃油压力过低，但不能确定进气管路和燃油管路何处密封不良。当怠速控制阀由于机械故障导致怠速运转不稳定时，诊断系统也不能检测出怠速控制阀有故障。

（2）故障和故障码与故障现象的不确定关系

当读取到故障码时，故障现象可能非常明显，容易识别，例如某个气缸发生失火故障，发动机怠速时抖动现象明显，节奏快，排气管伴随有明显的"突突"声。但有些传感器有故障时产生故障码，故障现象非常不明显，如出现进气温度传感器故障码，表明进气温度传感器的线路或本身有故障，但是这个故障很难凭直觉发现，会让车主认为OBD监控不可靠。而有时有故障码，却不一定有故障，这主要由外界干扰、维修人员的误操作、虚假故障等所致。存在故障也不一定有故障码，这是因为故障码是由控制电脑的诊断系统定义的，凡不受控制电脑约束的故障点都不会产生故障码。另外，当存在机械故障时，故障现象比较明显，但是诊断系统不一定产生故障码。因此有故障码不一定有故障，没有故障码不一定没有故障。

（3）故障码不能指出故障的具体位置

整个控制系统是由许多子系统（各个传感器、执行器、电源及控制电脑中的各部分电路等）组成的。故障码不是指该传感器或执行器出现故障，而是表示该子系统的信号出现不正常的现象，这种不正常现象则可能出现在组成该子系统的任何一部分（部件、接头、线路或控制电脑）。例如，丰田佳美的故障码22，指水温传感器的故障，其故障范围包括：水温传感器本身故障、水温传感器与ECU之间的线路故障、ECU本身故障而对信号的接收处理失常等。因此，故障码只提供维修的大方向，只是故障的泛指，并不能告诉我们究竟什么地方出现了故障，必须根据相应的技术资料（包括电路图、元器件位置、标准值等），利用可能的其他仪器或万用表进一步进行线路分析与元器件检测，利用专业知识排除故障。

7．冻结帧

冻结帧就是当有故障发生、存储故障码时发动机的运转状态。一旦OBD确定了任何部件或系统的第一个故障，必须将发生故障时发动机的冻结帧存在存储器中，随后如果发生了供油系统或失火故障，先前存储的所有冻结帧必须替换为供油系统或失火状态的冻结帧（储存先发生的）。

冻结帧必须包含的状态信息有：故障码、计算的负荷值（负荷率）、发动机冷却液温度。还可包含以下参数：发动机转速、燃油调整值、燃油压力、车速、空燃比控制系统（开环/闭环、其他）、进气管的空气压力、进气管的空气温度、点火提前角、节气门位置传感器的输出、空燃比、二次空气状态等。利用扫描工具可以读取这些信息，帮助维修人员诊断故障。

8．故障引导功能

故障引导功能的实现需要诊断仪内部存储大量车型数据的支持。由于现代车型的更新变化很快，对维修人员要掌握的车辆技术和车型信息的要求就越来越高。如果这些新的车型信息已经存储在诊断仪中，当维修人员需要某项信息时就可以马上调出来，并且诊断仪可以根据故障记忆的描述，通过自身强大的数据库，帮助维修人员查找故障。当然，诊断仪存储的车辆信息，要根据厂家车型的变化定期进行升级更新。

当执行该功能时，选择了要检测的车型后，诊断仪就会调出该车型的信息，并且把该车型上的所有控制单元检测一遍。检测完毕后，根据检测到的故障记忆，诊断仪就可以指导进行下一步的维修工作，查找故障原因。

1.2.3 汽车电子控制单元的编码与匹配

1. 电控单元的编码

各种车型对应着不同编码的电控单元，编码可视为车载控制电脑的"身份证号码"，其实质是用代码表征汽车的一套功能组合或适用范围。

早期的电控单元编码大多是五位数，如某款奥迪 A6 轿车发动机电控单元的编码为"04002"，前两位数字表示该车适用的国家或排放法规，"04"代表欧盟成员国，"06"代表美国，"08"代表俄罗斯；第三位数字表示驱动装置的类型，"0"代表不带牵引力控制系统的前轮驱动型，"6"代表带牵引力控制的四轮驱动型；第四位数字表示所配变速器的类型，"0"代表 5 挡手动变速器，"5"代表自动变速器；第五位数字表示汽车型号，"2"代表奥迪 A6 轿车。因此，编码"04002"表示该电控单元适用于欧盟、不带牵引力控制系统的前轮驱动型、采用 5 挡手动变速器的奥迪 A6 轿车。

如果电控单元的编码与车型不匹配，就会造成许多不良后果，如换挡冲击、发动机燃烧不良、废气排放超标、油耗增加、机械寿命缩短等。为此，电控单元内设置了可以改变的电控单元编码。通过改变电控单元的编码，可以改变电控单元的存储内容，以此来改变电控单元的工作模式，以适应不同的发动机、变速器、车辆车身或传动系统，也可以适应不同的气候、道路条件和不同国家的交通法规。

电控单元编码在车辆出厂之前已经设定好，但如果电控单元损坏，更换新的电控单元后显示编码不正确或新的电控单元没有编码，就要对新的电控单元进行编码。

通过修改编码还可以实现某些系统功能的个性化设置，如一辆帕萨特 B5 1.8T 轿车，用钥匙一次只能打开驾驶员侧的车门，不能打开其他车门。车主要求改变这种模式，首先将 4 个车门锁上，试着用钥匙开门，只能打开左前门；再向开锁的方向转动一下钥匙，其他几个车门（包括后备箱门）打开了，这说明舒适系统电控单元的编码可能有误。连接 VAG1551 故障诊断仪，进入舒适系统，读取电控单元的编码为"04096"。这一编码表示驾驶员侧车门以外的车门需要二次打开，只有编码为"04097"时才能一次打开所有车门。将舒适系统电控单元的编码改为"04097"后，上述中控模式得到了更改。

所谓编码就是写入或修改电控单元的代码，即利用故障诊断仪和通信传输技术，将软件的有关控制数据输入车载控制电脑的可编程只读存储器（EPROM）中。对于维修环节来说，输入编码实质上就是使电控单元启用以代码为表征的某一程序，以改变电控单元的工作模式（如空调系统由"自动"改为"手动"等）。修改电控单元编码，相当于更换了一台车载控制电脑。

2. ECU 自适应学习

汽车电控单元（ECU）其实就是一台微机，它具有学习和记忆功能，因为在 ECU 内设计有专门的记忆电路。例如，当节气门（或步进电机）脏污后，发动机怠速时节气门的开度（或开启步数）会增大。这是因为节气门脏污后，在相同的开度下进气量会减少，将不足以维持额定的怠速转速，因此节气门的开度需要增大。这说明 ECU 具有学习功能，它不但能够检测元器件工况的变化，而且能够在一定程度上适应这种变化。

电喷发动机是根据占空比信号来控制怠速阀的开度的。但是在整个发动机使用期间，其性能会发生变化，发动机的怠速转速与使用初期的数值已经不一样。在这个过程中，ECU 会在反馈控制的基础上进行学习修正，把怠速转速调整到目标值。当目标怠速达到后，ECU 将其占空比信号存入备用的存储器中，在以后的怠速控制中作为这一工况下控制占空比信号的基准值。

对于某一型号的发动机来说，不同工况的基本燃油喷射持续时间是按照 ECU 可擦除可编程只读存储器中的标准数据执行的。但是在实际运行中，由于发动机进气系统、供油系统等的性能发生变化，造成实际空燃比相对于理论空燃比的偏差不断增大，而氧传感器反馈信号的修正范围是有限度的，超出一定的范围就会造成控制上的困难。为此，ECU 将根据反馈信号修正值的偏离情况设定一个学习修正值，以实现燃油喷射持续时间的总修正。这一学习修正值即使在点火开关断开以后也存储在 EPROM 中（因为蓄电池有一根电源线一直与 ECU 相连）。由于 ECU 具有这种学习功能，所以汽车空燃比的控制实际上是一个渐进的、持续的自适应过程。

总之，ECU 的自适应学习（ADP）功能就是：随着环境条件或车辆结构参数发生不可预计的变化，系统本身能够自行调整或修正参数值，以适应外界条件的变化，使系统保持比较满意的性能。换句话说，汽车的电子控制系统是一种自身具有学习适应能力的控制系统。

3．电控单元的匹配

（1）电控单元匹配的实质

电控单元的匹配包括适配、同步、自适应、电子标定、基本设定、重新配置、重做闪存等。在对控制系统进行检测和维修的过程中，匹配是应用最为广泛的一种操作。

任何控制系统更换电控单元后，都必须进行匹配。匹配电控系统的根本目的：一是使电控单元与被控制元器件之间协调一致；二是使电控单元与相应的电子设备之间互相通信，改写相应的记忆，将几种电子控制设备"撮合"在一起。

如果不进行匹配会产生什么后果呢？例如，脏污的节气门清洗之后若不进行匹配，发动机会出现运转不稳定、怠速偏高或车辆滑行熄火等现象；维修自动变速器后如果不进行匹配，则可能引起换挡冲击、提速困难，甚至缩短自动变速器的使用寿命；更换车身控制模块（BCM）后如果不进行匹配，空调系统可能无法正常工作，表现为用手按住 A/C 开关空调就工作，松开则停止运转。

（2）需要执行匹配的情况

① 清洗节气门或更换节气门组件以后。如果不进行发动机电控单元与节气门控制模块之间的匹配，电控单元与节气门组件之间会出现工作不协调、控制不精确等现象，表现为怠速运转不稳定、怠速偏高或无怠速。

对于性能良好的电子控制系统，在清洗节气门后，即使不进行自适应学习，其怠速转速也能逐步调整并达到正常的范围，只是这个自适应学习的过程不如人工干预的快速和准确。ECU 自适应学习过程时间的长短因车型而异，有的只要几秒就可以完成，有的则需要几分钟甚至几十分钟才能完成，因此有必要加快 ECU 自适应学习的过程，其实质是让 ECU 在较短的时间内适应汽车各种工况的变化。

② 更换发动机 ECU 后。发动机 ECU 需要与节气门组件、自动变速器、电子防盗系统、巡航系统等进行匹配。对电子防盗系统来说，匹配值就是发动机 ECU、电子防盗模块与钥匙

之间相互适应的确认值。

③ 维修自动变速器后。需要进行变速器 ECU 的匹配，这种匹配的实质是变速器电控单元根据驾驶员习惯、行驶条件等自动进行补偿，以求达到比较理想的换挡品质，否则将出现换挡冲击或换挡延迟之类的故障。

④ 断掉电控单元的电源后。由于电控单元记忆的各系统、各工况下的学习修正值已被清除，系统回到了初始状态，此时必须执行 ECU 匹配，否则电控系统的性能会明显变差。

⑤ 更换燃料品种后。有的双燃料汽车（既使用汽油又使用天然气）在天然气用完转换为使用汽油时，出现短暂性能下降现象，表现为怠速不稳、加速不良、油耗增大、排气管冒黑烟等。这些现象是电控单元一时无法适应燃料突然变化的缘故，并非发生了实质性故障。一辆大众捷达前卫轿车，在使用天然气时没有不良反应，但是在天然气用完转换为使用汽油时，出现怠速不稳及排气管冒黑烟现象。用 VAG1552 故障诊断仪检测，显示"节气门开度稍大"。更换进气压力传感器和氧传感器，故障不能排除。据了解，几乎所有的双燃料轿车在天然气用完转换为使用汽油时都会出现类似的现象，并不是电控单元的硬件损坏了，而是 ECU 只能在一定的范围内适应某些参数的变化，如节气门变脏、喷油器轻微堵塞及燃油压力变化等。当发动机燃料由天然气突然转换为汽油时，相当于有关的参数发生了突变，超出了电控单元的调整范围，导致控制上出现偏差，于是出现短暂性能下降的现象。对于这种情况，只要对电控单元进行匹配，清除原来的自适应学习修正值，汽车就可以恢复正常。

⑥ 更换组合仪表后。装备第 3 代电子防盗系统的汽车，由于防盗控制模块与仪表组合集成为一体，所以在更换组合仪表以后，应当执行电子防盗系统的匹配。

综上所述，对于采用电控单元控制的汽车，经过修理和重新装配以后，都需要按照维修手册规定的程序进行电控单元的匹配。

4．电控单元的初始化

电控单元的初始化包括格式化、保养提示归零、转向角度传感器零点平衡等，可以粗略地认为初始化就是"回到电子控制系统的初始状态"，或者说"归零后重新开始计算"。

电子控制系统的初始化，实质上是电控系统硬件受损并修复后的一种恢复性程序。

一般来说，如果汽车电子控制系统发生下列情况之一，应当执行初始化操作程序：①更换或修理了电控单元；②长时间不使用某电器（如座椅加热系统），导致该电器被电源管理系统暂时停用；③传感器、执行器等元器件的性能发生衰变（如电磁阀线圈的热稳定性变坏）；④电子控制系统受到电磁干扰。

常用的初始化操作有以下几种：轮胎压力传感器的初始化、中控门锁系统的初始化、电动天窗自动开闭功能的初始化、转向角度传感器的零点平衡、保养提示的归零等。

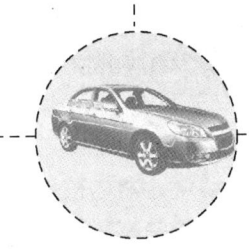

第 2 章

车载网络系统综述

2.1 概述

2.1.1 车载网络的发展史

车用电气控制设备越来越多,从发动机控制到传动系统控制,从行驶、制动、转向系统控制到安全保证系统及仪表报警系统控制,从电源控制到汽车电气系统控制,其设备都集中在驾驶室中。汽车新技术的发展应用与汽车线束急剧增加之间的矛盾相当突出。为解决以上问题,车载网络(也称数据传输总线)应运而生,使得汽车电控系统发生了巨大的变化。至此,车载电控系统经历了中央电脑集中控制、多电脑分散控制和网络控制三个阶段,如图2-1所示。

(a)中央电脑集中控制　　(b)多电脑分散控制

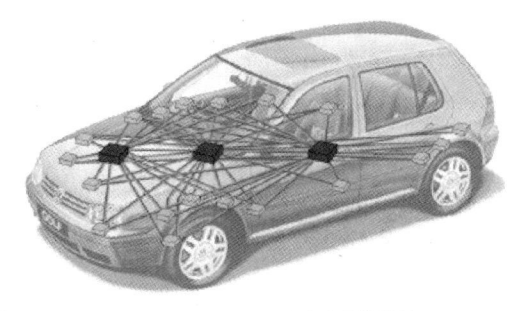

(c)网络控制

图 2-1　车载电控系统的发展

1. 汽车数据传输总线简介

所谓数据传输总线,就是指在一条数据线上传递的信号可以被多个系统共享,从而最大限度地提高系统整体效率，充分利用有限的资源。例如，常见的电脑键盘有 104 位键，可以发出一百多个不同的指令，但键盘与主机之间的数据连接线只有 7 条，键盘正是依靠这 7 条数据连接线上不同的数字电压信号组合（编码信号）来传递按键信息的。如果把这种方式应用在汽车电气系统上，就可以大大简化汽车电路。可以通过不同的编码信号来表示不同的开关动作，信号解码后，根据指令接通或断开对应的用电设备。这样，就能将过去一线一用的专线制改为一线多用制，大大减少了汽车上电线的数目，减小了线束的直径，同时加速了汽车智能化发展。

汽车上传统的信息传递方式是并行数据传输方式，每条信息需由独立的数据线完成，即有几个信号就要有几条信号传输线。例如，宝来轿车发动机电控单元 J220 与自动变速器电控单元 J217 之间就需要 5 条信号传输线，如图 2-2 所示。传递的信号数目越多，就需要越多的信号传输线。采用总线传输方式后，只要 1 条或 2 条传输线即可，如图 2-3 所示。

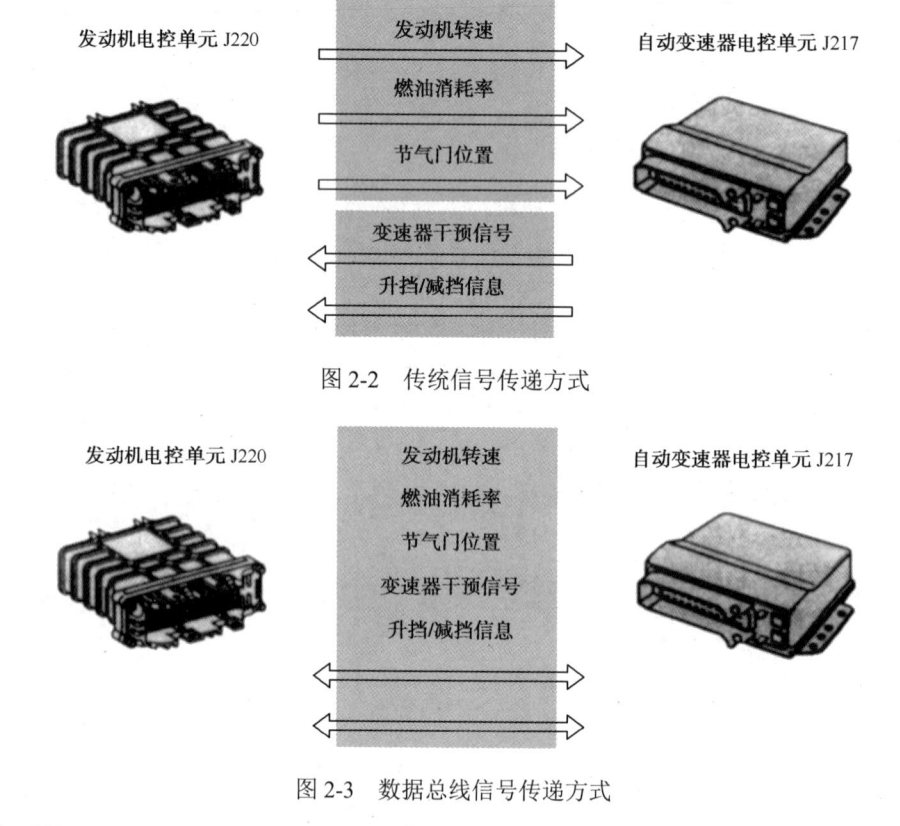

图 2-2　传统信号传递方式

图 2-3　数据总线信号传递方式

总线系统上可并联多个元器件，这就要求整个系统满足以下要求。

① 可靠性高：传输故障（无论是由内部还是外部引起的）应能准确识别出来。

② 使用方便：如果某一控制单元出现故障，其余系统应尽可能保持原有功能，以便进行信息交换。

③ 数据密度大：所有控制单元在任一瞬时的信息状态均相同，这样就使得两个控制单元之间不会有数据偏差。如果系统的某一处有故障，那么总线上所有连接的元器件都会得到通知。

④ 数据传输速度快：连成网络的各元器件之间的数据交换速率必须很快，这样才能满足实时要求。

采用总线传输（多路传输）的优点如下。

① 简化线束：减少重量，降低成本，减小尺寸，减少连接器的数量。如图 2-4 所示，同

一款车同等配置下，可以看出采用车载网络可以大大简化汽车线束。

② 可以进行设备之间的通信，丰富了控制功能。

③ 通过信息共享减少传感器信号的重复数量。如图 2-5 所示，以冷却液温度为例，在传统的汽车电控系统中，会有一个专门的冷却液温度传感器将冷却液温度信号传送给发动机控制模块，用于冷车高怠速、混合气浓度、点火正时和冷却风扇等方面的控制，还会有一个水温感应器将冷却液温度信号发送给仪表控制模块，用于指示冷却液温度。故此，同样是冷却液温度信息，发动机控制模块和仪表控制模块之间却使用了相互独立的两套系统。对于车载网络系统则大相径庭，发动机上只安装一个冷却液温度传感器，该传感器将冷却液温度信息发送给发动机控制模块，发动机控制模块又将该冷却液温度信息传输到数据总线上，供仪表控制模块（IPC）和自动变速器控制模块（TCM）等共享使用。

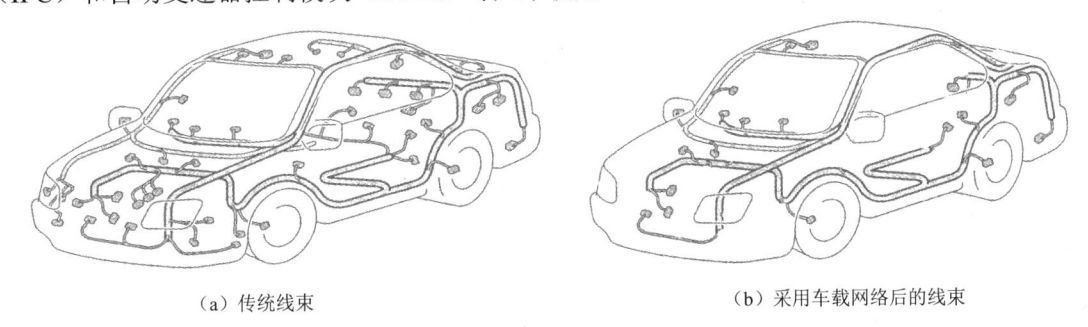

（a）传统线束　　　　　　　　　　　　（b）采用车载网络后的线束

图 2-4　线束对比

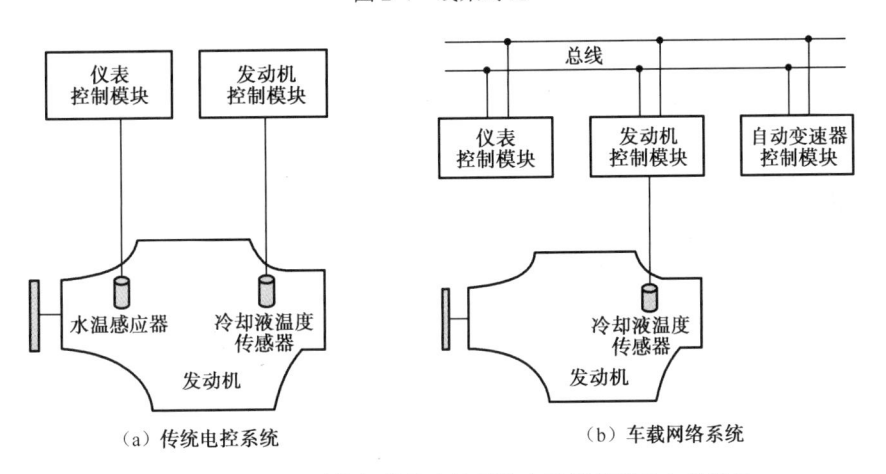

（a）传统电控系统　　　　　　　　　　（b）车载网络系统

图 2-5　车载网络系统与传统电控系统在系统关联性上的差异

2．国内外多路总线传输系统发展简史

早在 1968 年，艾塞库斯就提出了利用单线多路传输信号的构想。

1983 年，丰田公司在世纪牌汽车上采用了应用光缆的车门控制系统。

1986 年，车身系统上就使用了铜线传输媒介网络，并在日产和通用公司汽车的控制系统中得到应用。

20 世纪 80 年代末，博世公司和英特尔公司研制了专门用于汽车电气系统的总线——控制器局域网（CAN）。接着，美国汽车工程师学会提出了 J1850 通信协议规范。

20 世纪 90 年代，由于集成电路技术和电子元器件制造技术的迅速发展，用廉价的单片机作为总线的接口端，采用总线技术布线也逐渐进入了实用化阶段。

随着汽车电子技术的发展，欧洲提出了控制系统的新协议（TTP）。

随着汽车信息系统对网络传输信息量要求的不断提高，先后出现了 D2B 协议和 MOST 协议。

2000 年后，随着车载网络的进一步细分，低端 LIN 网络产生了。

一些公司也对汽车多路总线传输制定了进一步的标准，各大公司还在不断推出新的总线形式及相关标准，具体如表 2-1 所示。几种车载网络的成本及可靠性如图 2-6 所示。

表 2-1 主要车载网络的基本情况

车载网络的名称	概　要	通信速率
CAN	车身/动力传动系统控制用 LAN 协议，可能成为世界标准	1Mb/s
VAN	车身系统控制用 LAN 协议，以法国为中心	1Mb/s
J1850	车身系统控制用 LAN 协议，以美国为中心	41.6kb/s
LIN	车身系统控制用 LAN 协议，低端子系统专用	20kb/s
Byteflight	按用途分类的控制用 LAN 协议，通用时分多路复用，由 BMW 联合 Motorola 等公司开发，应用在安全气囊系统中，采用塑料光纤	10Mb/s
FlexRay	按用途分类的控制用 LAN 协议，能够兼容多种网络拓扑，容错能力更强	5Mb/s
D2B/Optical	音频系统通信协议，将 D2B 作为音频系统总线，采用光通信，由飞利浦公司主导开发	5.6Mb/s
MOST	信息系统通信协议，以欧洲为中心	22.5Mb/s

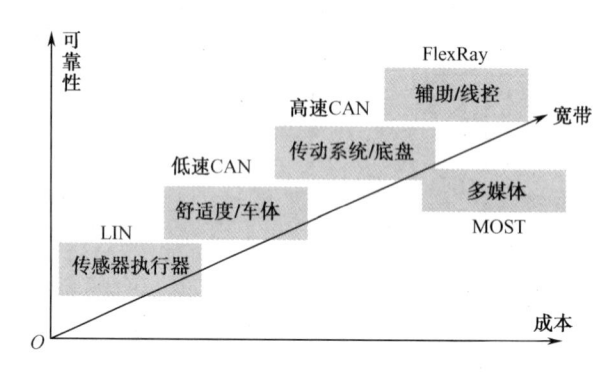

图 2-6 几种车载网络的成本及可靠性

2.1.2 技术术语

1. 模块/节点

模块是一种电子装置，在计算机多路传输系统中的控制单元被称为模块/节点。一般来说，普通传感器是不能作为多路传输系统的模块/节点的，如果传感器想成为一个模块/节点，则该传感器必须具备支持多路传输功能的电控单元，如大众车系的转角传感器。

2. 局域网的拓扑结构

所谓拓扑结构就是指网络的物理连接方式。局域网的常用拓扑结构有三种：星形、环形、总线型。

(1) 星形网络拓扑结构

星形网络即以一台中央处理器的电控单元为主组成的网络，各入网机均与该中央处理器由物理链路直接相连，因此，网上所有的传输信息均需通过该主机转发，其结构如图 2-7 所示。

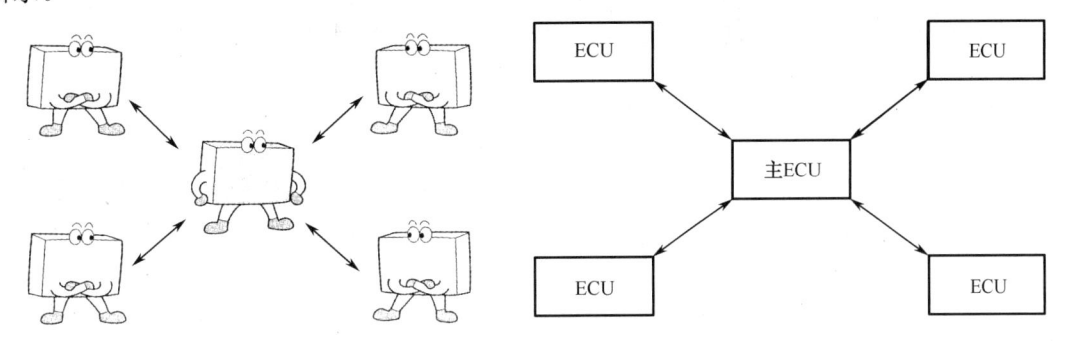

图 2-7 星形网络拓扑结构

(2) 环形网络拓扑结构

环形网络即通过转发器将每台入网计算机接入网络，每台转发器与相邻两台转发器用物理链路相连，所有转发器组成一个拓扑为环的网络系统，如图 2-8 所示。

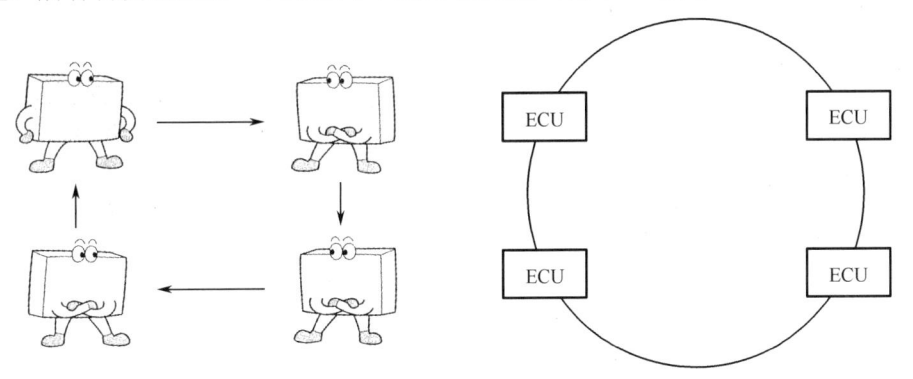

图 2-8 环形网络拓扑结构

环形网络拓扑结构的特点：实时性较强，传输控制机制较简单，一个节点出故障可能会终止全网运行，可靠性较差，网络扩充、调整较为复杂。

(3) 总线型网络拓扑结构

总线型网络即所有入网计算机都通过分接头接入一条载波传输线，如图 2-9 所示。

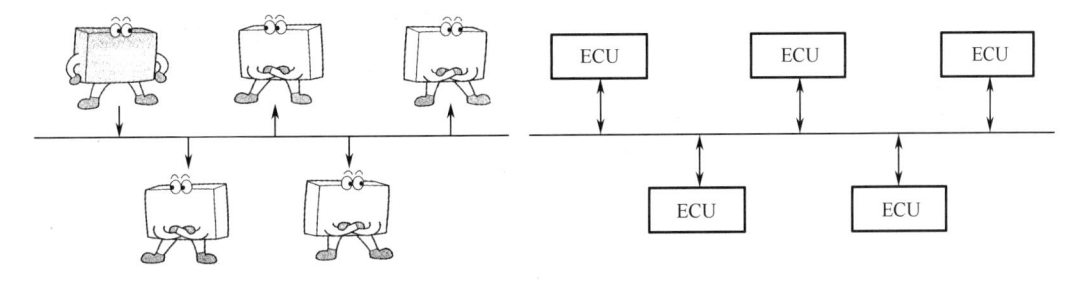

图 2-9 总线型网络拓扑结构

总线型网络拓扑结构的特点：信道利用率较高，但网络延伸距离有限，网络容纳节点数有限（受信道访问机制影响）。它适用于传输距离较短、地域有限的组网环境。目前，车载局域网多采用此种拓扑结构。

3. 链路（传输媒体）

链路指网络信息传输的媒体，分为有线链路和无线链路两种类型。目前车上使用的大多数是有线链路，通常用于局域网传输的媒体有普通导线、双绞线和光纤。

（1）普通导线

单根导线可作为 LIN 网络的传输媒体，适用于低速传输，传输信号电压幅值较高。

（2）双绞线

如图 2-10 所示，双绞线是局域网中最普通的传输媒体，一般用于中速传输，最大传输速率可达 1Mb/s；汽车网络中的 CAN 总线采用双绞线作为传输媒体。

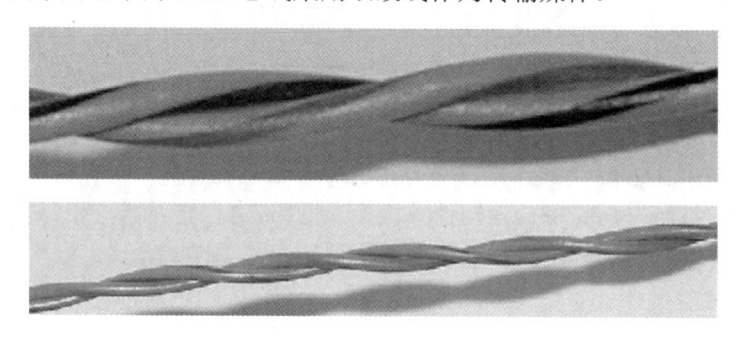

图 2-10 双绞线

（3）光纤

光纤在电磁兼容性等方面有独特的优点：数据传输速率快，传输距离远。在车载网络上，特别是在一些要求传输速率快的车上网络（如车上信息与多媒体网络）中有很好的应用前景。但受到成本和技术的限制，现在使用的并不多。最常用的光纤是塑料光纤和玻璃纤维光纤，在汽车上多用塑料光纤，如图 2-11 所示。

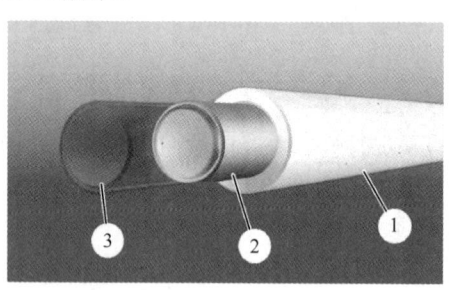

1—包装层；2—黏合层（外壳/包层）；3—光纤。

图 2-11 塑料光纤

与玻璃纤维光纤相比，塑料光纤具有以下优点。

① 光纤横断面较大。

因为光纤横断面较大，所以生产时光纤的定位没有太大的技术问题。

② 对灰尘不是很敏感。

即使非常小心，灰尘也可能落到光纤表面上并由此改变光束的入射/发射功率。对于塑料光纤，细微的污物不一定会导致传输距离故障。

③ 操作简单。

例如，约 1mm 厚的光纤芯操作起来比约 62.5μm 厚的玻璃纤维光纤芯要容易一些。与玻璃纤维光纤芯相比，其操作要简单得多。注意：玻璃纤维易折断，塑料则不易折断。

④ 加工制作。

与玻璃纤维光纤相比，塑料光纤使用甲基丙烯酸甲酯，切割、打磨或熔化相对简单，这样在导线束制造及在进行售后服务维修时具有较大的优势。

4．数据帧

为了可靠地传输数据，通常将原始数据分割成一定长度的数据单元，数据单元即为数据帧。一帧数据内应包括同步信号（起始与终止）、错误控制、流量控制、控制信息、数据信息、寻址信息等。

5．传输协议

传输协议也称通信协议，是控制通信实体间有效完成信息交换的一组约定和规则。换句话说，要想交流成功，通信双方必须"说同样的语言"（如相同的语法规则和语速等）。

（1）协议的三要素

① 语法：确定通信双方之间"如何讲"，即通信信息帧的格式。

② 语义：确定通信双方之间"讲什么"，即通信信息帧的数据和控制信息。

③ 定时规则：确定事件传输的顺序及速度匹配。

（2）协议的功能

① 差错监测和纠正：面向通信传输的协议常使用"应答-重发"和通信校验进行差错的检测和纠正工作。一般来说，协议中对异常情况的处理说明占很大的比重。

② 分块和重装：为符合协议的格式要求，需要对数据进行加工处理。分块操作将大的数据划分成若干小块，如将报文划分成几个子报文组；重装操作则将划分的小块数据重新组合复原，如将几个子报文组还原成报文。

③ 排序：对发送的数据进行编号以标识它们的顺序，通过排序，可以达到按序传递、信息流控制和差错控制等目的。

④ 流量控制：通过限制发送的数据量或速率来防止在信道中出现堵塞现象。

6．传输仲裁

当出现数个使用者同时申请利用总线发送信息时，会发生数据传输冲突，就像同时有两个或多个人想要过独木桥一样。传输仲裁可避免数据传输冲突，保证信息按其重要程度来发送。

7．网关

由于电压电平和电阻配置不同，在不同类型的数据总线之间无法进行直接耦合连接。另外，各种数据总线的传输速率是不同的，决定了它们无法使用相同的信号。这就需要在这两个系统之间完成一个转换。这个转换过程是通过网关（Gateway）来实现的。可以用火车站作为例子来说明网关的原理。如图 2-12 所示，有两列不同行驶速度和不同运行路线的火车，如果乘客需要换车，就必须使两列车能停靠到同一车站。其原理与驱动系统 CAN 总线和舒适/信息系统 CAN 总线两个系统网络的网关功能是相似的。因此，网关的主要任务是使两个功能和速度不同的网络系统之间能进行信息交换。

根据车型的不同，网关可能安装在组合仪表、车上供电控制单元或网关控制单元内。由于通过各种数据传输总线的所有信息都供网关使用，所以网关也可用作诊断接口。现在，很多车型通过数据传输总线和诊断线来完成诊断查询工作，如图 2-13 所示。

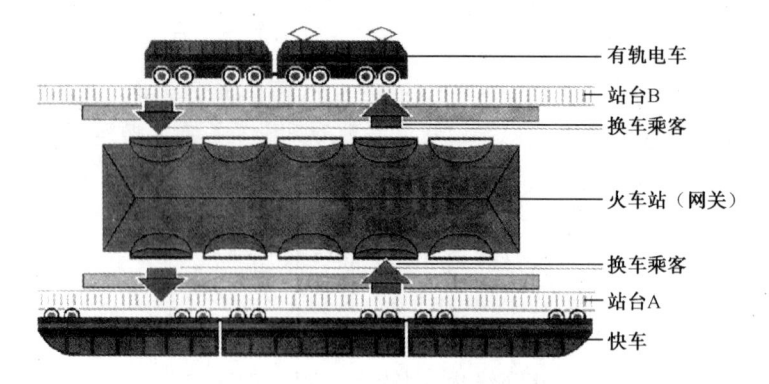

图 2-12 换车示意图

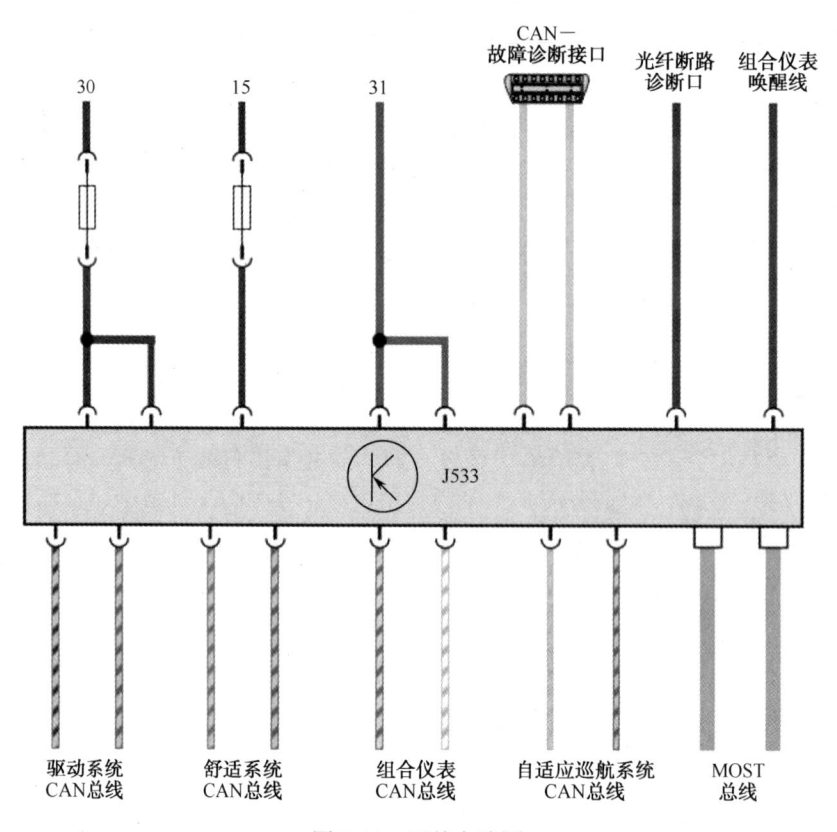

图 2-13 网关电路图

总之，车载网络网关的主要作用如下。

（1）作为诊断网关

在不改变数据的情况下，将驱动系统总线、舒适系统总线、信息系统总线的诊断信息传递到 K 线上。

（2）作为数据网关

使连接在不同数据总线上的控制单元能够交换数据。

另外，网关还具有改变信息优先级的功能。例如车辆发生相撞事故时，气囊控制单元会发出负加速度传感器的信号，这个信号在驱动系统中的优先级是非常高的，但转到舒适系统后，网关调低了它的优先级，因为它在舒适系统中的功能只是打开门和灯。

2.1.3 车载网络分类

众多知名汽车公司早在 20 世纪 80 年代就积极致力于汽车网络技术的研究及应用，迄今已有多种网络标准。目前存在的多种汽车网络标准，其侧重的功能有所不同。

按照系统的信息量、响应速度、可靠性等要求将车载网络系统分为 A 类、B 类、C 类、D 类。

A 类是面向传感器/执行器控制的低速网络，数据传输速率通常小于 20kb/s，主要用于天窗、刮水器、空调、照明等的控制；B 类是面向独立模块间数据共享的中低速网络，传输速率为 30~125kb/s，主要应用于车身电子舒适性模块、仪表显示等系统；C 类是面向实时性控制的中高速网络，传输速率为 125kb/s~1Mb/s，主要用于牵引控制、发动机、自动变速器、ABS 等系统；D 类是面向媒体传输的高速网络，传输速率在 1Mb/s 以上，主要应用于导航、车载音响、车载电话等信息系统。

2.1.4 车载网络协议标准

1．A 类总线标准、协议

A 类网络通信大部分采用 UART 标准。UART 使用起来既简单又经济，但随着技术的发展，预计在今后几年中将会逐步在汽车通信系统中被停止使用。GM 公司所使用的 E&C、Chrysler 公司所使用的 CCD 和 Ford 公司使用的 ACP，现在也已逐步停止使用。Toyota 公司制定的一种通信协议 BEAN，目前仍在其多种车型（Clesior、Aristo、Prius 和 Celica）中应用。

A 类网络目前首选的标准是 LIN。LIN 是用于汽车分布式电控系统的一种新型低成本串行通信系统，它是一种基于 UART 的数据格式、主从结构的单线 12V 的总线通信系统，主要用于智能传感器和执行器的串行通信。

2．B 类总线标准、协议

B 类网络中的国际标准是 CAN 总线。基于 ISO 11519 的容错 CAN 总线标准在欧洲的各种车型中也开始得到广泛使用；ISO 11519-2 的容错低速 2 线 CAN 总线接口标准在轿车中正在得到普遍应用，它的物理层比 ISO 11898 要慢一些，同时成本也高一些，但是它的故障检测能力非常突出。同时，以往广泛适用于美国产车型的 J1850 标准正逐步被基于 CAN 总线的标准和协议所取代。

3．C 类总线标准、协议

欧洲的汽车制造商基本上采用的是高速通信的 CAN 总线标准 ISO 11898，ISO 11898 针对汽车（轿车）电控单元之间的通信，数据传输速率大于 125kb/s，最高达 1Mb/s。而 J1939 标准供货车及拖车、大客车、建筑设备及农业设备使用，是用来支持分布在车辆各个不同位置的电控单元之间实现实时闭环控制功能的高速通信标准，其数据传输速率为 250kb/s。在美国，GM 公司已开始在所有车型上使用其专属的 GMLAN 总线标准，它是一种基于 CAN 的传输速率为 500kb/s 的通信标准。

4．安全总线标准、协议

安全总线主要用于安全气囊系统，连接加速度计、安全传感器等装置，为被动安全提供保障。目前已有一些公司研制出了相关的总线和协议，包括 Delphi 公司的 Safety Bus 和 BMW 公司的 Byteflight 等。

Byteflight 主要以 BMW 公司为中心制定。数据传输速率为 10Mb/s，光纤长达 43m。Byteflight 不仅可以用于安全气囊系统的网络通信，还可用于 X-by-Wire 系统的通信和控制。

BMW 公司在一些车型中采用了一套名为 ISIS 的安全气囊系统,它是由 14 个传感器构成的网络,利用 Byteflight 来连接和收集前座保护气囊、后座保护气囊及膝部保护气囊等安全装置的信号。在紧急情况下,控制电脑能够更快、更准确地决定不同位置的安全气囊的施放范围与时机,发挥最佳保护效果。

5. X-by-Wire 总线标准、协议

X-by-Wire 最初用在飞机控制系统中,由于目前对汽车容错能力和通信系统的高可靠性需求的日益增长,X-by-Wire 开始应用于汽车电子控制领域。在未来的 5~10 年里,X-by-Wire 技术将使传统的汽车机械系统(如刹车和驾驶系统)变成通过高速容错通信总线与高性能 CPU 相连的电气系统。要提供这些系统之间的安全通信,就需要一个高速、容错和时间触发的通信协议。目前,这类总线标准主要有 TTP、Byteflight 和 FlexRay。

BMW、Daimler-Chrysler、Motorola 和 Philips 联合开发和建立了 FlexRay 标准,GM 公司也加入了 FlexRay 联盟,成为其核心成员,共同致力于开发汽车分布式控制系统中高速总线系统的标准。该标准不仅提高了一致性、可靠性、竞争力和效率,还降低了成本。

6. 诊断系统总线标准、协议

故障诊断是现代汽车必不可少的一项功能,使用排放诊断主要是为了满足 OBD-Ⅱ、OBD-Ⅲ或 E-OBD 标准。目前,许多汽车生产厂商都采用 ISO 14230 作为诊断系统的通信标准,它满足 OBD-Ⅱ和 OBD-Ⅲ的要求。在欧洲,以往诊断系统中使用的是 ISO 9141,它是一种基于 UART 的诊断标准,符合 OBD-Ⅱ的要求。美国的 GM、Ford、DC 公司广泛使用 J1850(不含诊断协议)作为符合 OBD-Ⅱ要求的诊断系统的通信标准。但随着 CAN 总线的广泛应用,汽车厂商已经开始使用一种基于 CAN 总线的诊断系统通信标准 ISO 15765,它符合 E-OBD 的系统要求。

目前,汽车的故障诊断主要通过一种专用的诊断通信系统来形成一套较为独立的诊断网络,ISO 9141 和 ISO 14230 就是这类技术中较为成熟的诊断标准。而 ISO 15765 适用于将车用诊断系统在 CAN 总线上加以实现的场合,从而适应了现代汽车网络总线系统的发展趋势。常用的汽车故障诊断协议标准应用情况如表 2-2 所示,汽车故障诊断协议性能比较如表 2-3 所示。

表 2-2 常用的汽车故障诊断协议标准应用情况

名 称	用 户	应用时间	备 注
J2480	GM、Ford、DC	2004 年	美国基于 CAN 的乘用车诊断标准,符合 OBD-Ⅲ的要求
ISO 15765	欧洲	2000 年	欧洲基于 CAN 的诊断标准,符合 E-OBD 的要求
ISO 9141	欧洲	1994 年	基于 UART 的诊断标准,符合 OBD-Ⅱ的要求
ISO 14230	较广泛	2000 年	也称 Keyword2000,符合 OBD-Ⅱ的要求

表 2-3 汽车故障诊断协议性能比较

名 称	ISO 9141	ISO 14230	ISO 15765
介质	单根线	单根线	双绞线
位编码	NRZ	NRZ	NRZ
媒体访问	主/从	主/从	竞争
位速率	<10.4kb/s	5~10.4kb/s	250kb/s
成本	低	低	中

7. 多媒体系统总线标准、协议

高速传输标准主要用于实时的音频和视频通信，如 MP3、DVD 和 CD 等的播放，所使用的传输介质是光纤，这一类里主要有 D2B、MOST 和 IEEE 1394。

D2B 是用于汽车多媒体和通信的分布式网络，通常使用光纤作为传输介质，可连接 CD 播放器、语音控制单元、电话和因特网。D2B 技术已应用于 Mercedes 公司 1999 年款的 S-Class 车型。

Damiler-Chrysler 等公司计划与 BWM 公司一样使用 MOST。MOST 是车辆内 LAN 的接口规格，用于连接车载导航器和无线设备等，数据传输速率为 24Mb/s，其规格主要由德国 Oasis SiliconSystem 公司制定。

8. 无线总线标准、协议

在无线通信方面，采用 Bluetooth 规范，它主要面向下一代汽车应用，如声音系统、信息通信等。目前已有一些公司研制出了基于 Bluetooth 的处理器，如美国德州仪器公司（TI）不久前宣布推出一款新型基于 ROM 的蓝牙基带处理器，可用于通信及娱乐或 PC 外设等方面。

总之，至今仍没有一个通信网络可以完全满足未来汽车的所有成本和性能要求。因此，汽车制造商和 OEM 商仍将继续采用多种协议，以实现未来汽车上的联网信息传递。在表 2-4 中给出了各类典型汽车总线标准、协议特性和参数。

表 2-4 各类典型汽车总线标准、协议特性和参数

类别	A 类	B 类	C 类	诊断	多媒体	X-by-Wire	安全
名称	LIN	ISO 11519-2	ISO 11898（SAE JI939）	ISO 15765	D2B（MOST）	FlexRay	Safety Bus
所属机构	Motorola	ISO/SAE	ISO/TMC-ATA	ISO	Philips	BMW&DC	Delphi
用途	智能传感器	控制，诊断	控制，诊断	诊断	数据流控制	电传控制	气囊
介质	单根线	双绞线	双绞线	双绞线	光纤	双线	双线
传输速率	20kb/s	10~125kb/s	1Mb/s（250kb/s）	250kb/s	12Mb/s（25Mb/s）	5Mb/s	500kb/s
总线最大长度	40m	40m（典型）	40m	40m	无限制	无限制	未定
最大节点数	16	32	30（STP）10（UTP）	32	24	64	64
成本	低	中	中	中	高	中	中

2.2 汽车对通信网络的要求及应用

2.2.1 汽车对通信网络的要求

连接到车载网络的各个 ECU 按需要从总线上接收最新的信息以操纵执行器。例如，匹配发动机转速传感器的 ECU（EFI）将发动机转速数据连续馈送至总线；其他几个需要发动机转速数据的 ECU 只需从总线上接收。对于接收 ECU，它接收到的最新数据为现行数据。在实际实施中，每当 ECU 接收到数据，就将这些数据存储在 RAM 区，并将这些数据按各自的类型赋值，因此，RAM 总有一个更新了的数据复制并存储在其中，再通过对这些数据的应用，使

ECU 获取最新的数据。

汽车内 ECU 之间的数据传输速率是变化的。在一个完善的汽车电子控制系统中，许多动态信息必须与车速同步。为了满足各子系统的实时性要求，有必要对汽车公共数据实行共享，如发动机转速、车轮转速、加速踏板位置等。但每个控制单元对实时性的要求是随数据的更新速率和控制周期不同而不同的。例如，一个 8 缸柴油机运行在转速 2400r/min，则电控单元控制两次喷射的时间间隔为 6.25ms。其中，喷射持续时间为 30°的曲轴转角（2ms），在剩余的 4ms 内需完成转速测量、油量测量、A/D 转换、工况计算、执行器的控制等一系列过程。这就意味着数据发送与接收必须在 1ms 内完成，才能达到发动机电控的实时性要求。

这就要求其数据交换网是基于优先权竞争的模式，且本身具有极高的通信速率，CAN 现场总线正是为满足这些要求而设计的。不同参数应具有不同的通信优先权，表 2-5 列出了几个典型参数允许响应时间。

表 2-5 几个典型参数允许响应时间

典 型 参 数	允许响应时间
发动机喷油量	10ms
发动机转速	300ms
车轮转速	1～100s
进气温度	20s
冷却液温度	1min
燃油温度	10min

2.2.2 网络系统休眠模式

1. 休眠模式的基本概念

休眠模式是指在发动机熄火一段时间后，整车自动进入一种耗电量非常小的状态，因而也称为"低能耗模式"。

一般来说，当锁上车门 35s 以后，或者未锁车门不进行任何操作 10min 以后，系统自动进入休眠模式。车身舒适系统总线和信息系统总线一般都有休眠模式。当网关接收到打开任意车门、发动机盖、后备箱盖或操作遥控器的信号时，数据总线系统将结束休眠模式，系统内所有的控制单元被唤醒。

2. 休眠电流

正常情况下，进入休眠模式时，电流的大小应如表 2-6 所示。其中移交客户前后暗电流允许的最大值有差异是因为在将车辆交给客户前，车辆会被设置为库存模式，以最大限度地降低蓄电池电量的消耗。这一模式可通过一个开关进行切换。当车辆处于库存模式时，会存在以下情况：车门闭锁后，无法通过遥控钥匙解锁车门；收音机中预置电台频率需要重新设定；时钟需要重新设置。这是因为在库存状态下，断开点火开关后，车辆自动切断了部分模块的常电源（如 BCM），以减少用电器的用电量，导致部分功能异常。

在将车辆移交给客户后，库存模式被取消，车辆即可正常使用，断开点火开关后，系统会持续给部分模块供电，保证车辆的一些基础功能。

表 2-6　休眠模式下电流的大小

蓄电池容量		50A·h	60A·h	70A·h	80A·h	计算公式	开关状态
暗电流规定值/mA	移交客户后	最大 16mA	最大 20mA	最大 23mA	最大 26mA	蓄电池容量/3	ON
	移交客户前	最大 8mA	最大 10mA	最大 11mA	最大 13mA	蓄电池容量/6	OFF

3．休眠模式的进入、终止与唤醒

（1）进入休眠模式

当关闭点火开关和其他用电器开关（除车门锁按钮开关外），再关闭驾驶侧车门（目的是消除电动车窗升降控制系统中的点火钥匙拔出定时器信号，同时确认车外灯熄灭），1min 内如果不再操作车门开关、照明灯开关、发动机舱盖开关、收音机开关、尾灯继电器熔丝等，则整车电控系统进入休眠模式。

电控系统进入休眠模式后，对于不需要工作的控制单元，多路数据传输系统将停止其信号传输，以节省蓄电池的电能，但是电子防盗系统仍然需要供电。

（2）终止休眠模式

在休眠模式下，一旦施加人为操作（如开启一侧车门），休眠模式将被终止。

（3）唤醒网络

当接通点火开关时，原来处于休眠状态的 CAN 多路数据传输系统及相关控制单元被唤醒，并立即开始运作。由此可见，唤醒 ECU 的动力来源于蓄电池的电能。也就是说，唤醒电源（信号）来自于点火开关。如果 ECU 因故接收不到唤醒电源，发动机将无法起动。另外，若操作某一个与多路数据传输控制单元相关的开关，则该控制单元被唤醒，其所有的功能被激活。能够唤醒多路数据传输系统的信号装置包括遥控器及上述各开关。接下来，如果再次关闭点火开关，关闭驾驶侧车门或前乘客侧车门，电控系统又将进入休眠模式，如此周而复始。

4．休眠系统实例

雪铁龙轿车的网关（BSI）除了起到 CAN 多路传输系统的指挥员和协调员的"角色"，还控制供电分配和进行电路保护。为此，在 BSI 中装有熔丝，这种熔丝的电能来自于蓄电池和点火开关。为了避免蓄电池因长时间库存而耗尽电能，采用 SH 保险保证 BSI 处于低电能消耗状态。在汽车下线时，BSI 就设置为这个状态，称为"库存模式"；在新车准备出售时，要将 SH 保险设置在"用户模式"。

雪铁龙轿车的网关具有以下 4 种状态。

（1）无效状态：所有由 BSI 控制的输出装置都处于休眠状态。

（2）休眠状态：没有来自 BSM 的+APC 信号。

（3）唤醒状态：所有的功能都被激活，尤其是 CAN I/S 网、CAN 舒适系统网和 CAN 车身网的多路通信。

（4）醒来状态：指从 BSI 进入唤醒状态到 BSI 离开唤醒状态之间的过程。

2.2.3　车载网络系统的应用实例

1．奥迪 A8 轿车的车载网络系统

随着人们对车辆操控性和舒适性要求的提高，车上采用的电子部件越来越多。1994 年第一代奥迪 A8 轿车上 15 个控制单元就可控制该车的所有功能，而 2003 年型的奥迪 A8 轿车使用的控制单元数目就增长了 4 倍。奥迪 A8 轿车的车载网络系统包含了 LIN、CAN、MOST 和 Bluetooth 多种总线传输系统，其车载网络拓扑图如图 2-14 所示。

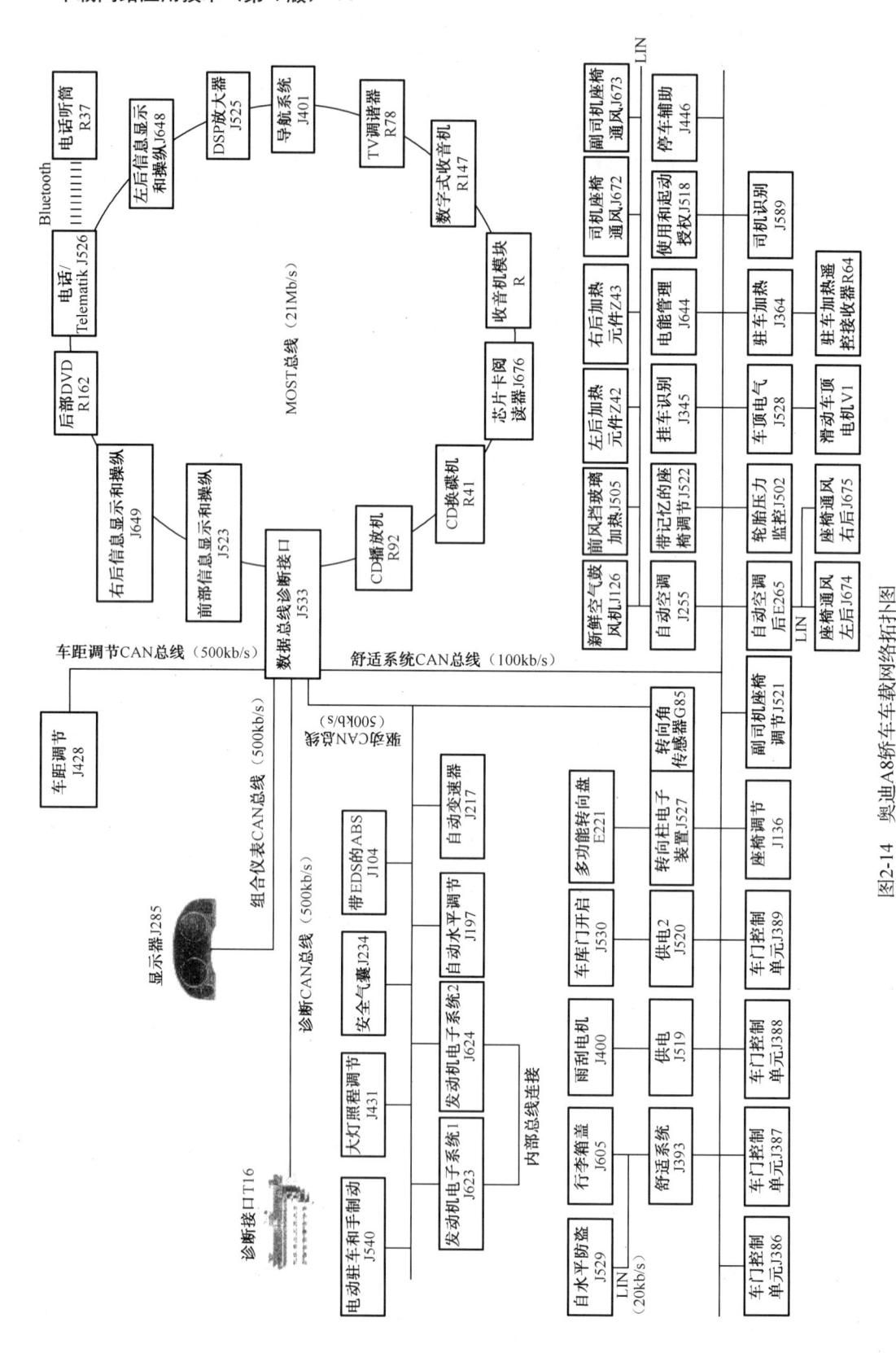

图2-14 奥迪A8轿车车载网络拓扑图

2. BMW E65 车载网络系统

宝马汽车全车采用总线传输网络，共连接 55 个控制电脑（电控单元），涵盖全车的控制系统，如图 2-15 所示，各电控单元简称说明如表 2-7～表 2-11 所示。宝马汽车总线传输网络分为 K-CAN P（车身控制器区域网络外围总线）、K-CAN S（车身控制器区域网络系统总线）、MOST（面向多媒体传输的系统总线）、Byteflight（BMW 安全系统总线）、PT-CAN（动力传动系统总线）五个主传输网络，此外还包含子总线和 D-Bus（诊断总线），各种总线网络的传输速率和总线拓扑结构如表 2-12 所示。

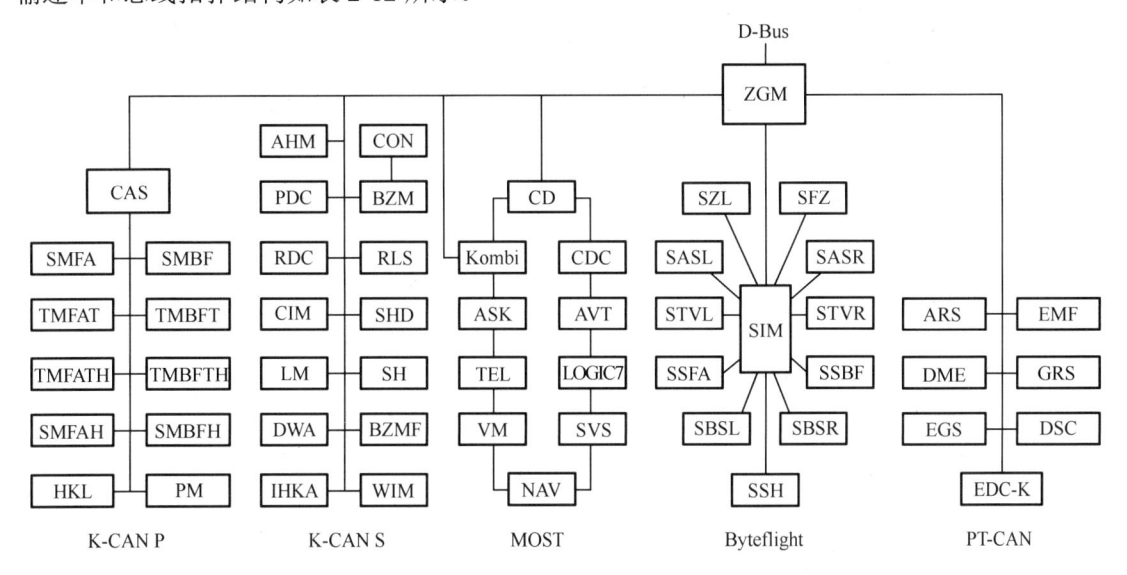

图 2-15 BMW E65 车载网络结构

表 2-7 简称说明（K-CAN P 总线）

简　称	说　明	简　称	说　明
CAS	便捷进入及起动系统	SMFAH	左后座椅模块
HKL	后备箱盖提升机构	TMBFT	前乘客侧车门模块
PM	供电模块	TMBFTH	右后车门模块
SMBF	前乘客侧座椅模块	TMFAT	驾驶员侧车门模块
SMBFH	右后座椅模块	TMFATH	左后车门模块
SMFA	驾驶员侧座椅模块	—	—

表 2-8 简称说明（K-CAN S 总线）

简　称	说　明	简　称	说　明
AHM	挂车模块	IHKA	自动恒温空调
BZM	中央操控中心	LM	灯光模块
BZMF	后中央操控中心	PDC	驻车距离报警系统
DWA	防盗报警系统	RDC	轮胎压力监控
CIM	中央底盘模块	RLS	雨水灯光传感器

简　称	说　明	简　称	说　明
CD	控制显示	SH	停车预热装置
CON	控制按键	SHD	活动天窗
Kombi	组合仪表	WIM	刮水器模块
CAS	便捷进入及起动系统	ZGM	中央网关模块

表 2-9　简称说明（MOST 总线）

简　称	说　明	简　称	说　明
AVT	天线放大器/调谐器	NAV	导航
ASK	音频系统控制器	SVS	语音输入处理系统
CD	控制显示	TEL	电话
CDC	光盘转换匣	LOGIC7	功率放大器
Kombi	组合仪表	VM	视频模块

表 2-10　简称说明（Byteflight 总线）

简　称	说　明	简　称	说　明
SASL	左侧 A 柱卫星式传感器	SSBF	前乘客座椅卫星式传感器
SASR	右侧 A 柱卫星式传感器	SSFA	驾驶员座椅卫星式传感器
SBSL	左侧 B 柱卫星式传感器	STVL	左前车门卫星式传感器
SBSR	右侧 B 柱卫星式传感器	STVR	右前车门卫星式传感器
SFZ	车辆中央卫星式传感器	SZL	转向柱开关中心
SIM	安全信息模块	ZGM	中央网关模块
SSH	后部座椅卫星式传感器	—	—

表 2-11　简称说明（PT-CAN 总线）

简　称	说　明	简　称	说　明
ARS	主动式侧翻稳定装置	EGS	电子变速箱控制系统
DME	数字式发动机电子伺控系统	EMF	电动机械式驻车制动器
DSC	动态稳定控制系统	GRS	偏航角速率传感器
EDC-K	连续式电子减震控制系统	ZGM	中央网关模块

表 2-12　各种总线网络的传输速率和总线拓扑结构

	子总线	K-CAN P	K-CAN S	PT-CAN	MOST 总线	Byteflight	D-Bus 总线
数据传输速率	9.6kb/s	100kb/s	100kb/s	500kb/s	22.5Mb/s	10Mb/s	115kb/s
总线结构	总线型	总线型	总线型	总线型	环形	星形	

（1）K-CAN

K-CAN 应用在车身网络上，主要连接着全车 25 个车身附件的电控单元，如空调控制单元、灯光控制单元等。主要特点为电磁兼容性好，能高速传输数据，可靠性高，采用总线型拓扑结构。

（2）MOST

MOST 采用光纤网络，主要连接全车 10 个多媒体娱乐系统的电控单元，如 CD、收音机等控制单元，能进行连续数字信号（音频和视频数据）传输，能实时传输数据，最高传输速率为 22.5Mb/s，采用环形拓扑结构。

（3）Byteflight

Byteflight 应用在智能安全和集成系统上，是光纤网络，主要连接全车安全系统的 12 个电控单元，如左侧 A 柱卫星控制单元、安全信息模块等控制单元，主要特点是可靠性高，网络上的任何一个控制电脑工作不良都不会影响到其他控制电脑的正常通信，高速数据传输，最高传输速率为 10Mb/s，采用星形拓扑结构。

（4）PT-CAN

PT-CAN 应用在动力和底盘上，主要连接全车 7 个动力和安全的电控单元，如发动机控制单元、动态稳定控制单元等，主要特点为高速通信，最高传输速率为 10Mb/s，采用总线型拓扑结构。

（5）BMW E65 车载网络系统中的网关

BMW E65 的车载网络系统中有三个网关。

① ZGM（中央网关模块）。

ZGM 是整个网络系统的主网关，如图 2-16 所示，主要负责 K-CAN、Byteflight、PT-CAN 和 D-Bus 等不同网络的数据交换传输。

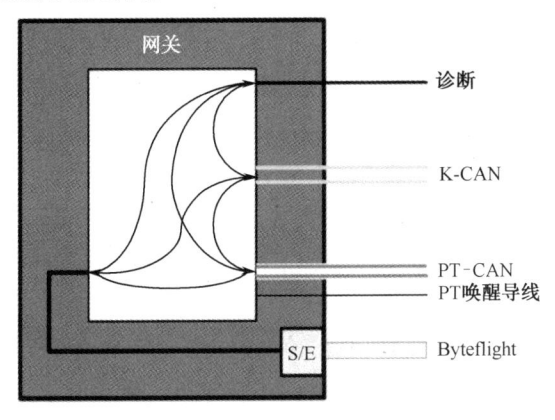

图 2-16 ZGM 内的信号转换

② CAS（便捷进入及起动系统）内的网关。

CAS 内网关负责 K-CAN P 和 K-CAN S 两个网络的数据交换。

③ CD（控制显示）内的网关。

CD 内网关负责 MOST 和 K-CAN S 两个网络的数据交换。

3. 雪铁龙凯旋多路传输系统

雪铁龙凯旋多路传输系统由下述网络构成（如图 2-17 所示）。

① CAN 网，连接动力总成所有的控制单元。

② CAN CAR 网，连接安全系统。

③ CAN CONFORT 网，实现车辆的人/机界面。

④ CAN 诊断插头，可以加载 CAN 网上的某些控制单元软件。

⑤ CAN 诊断网及 K 诊断线，可以进行软件下载、设置及车辆诊断。

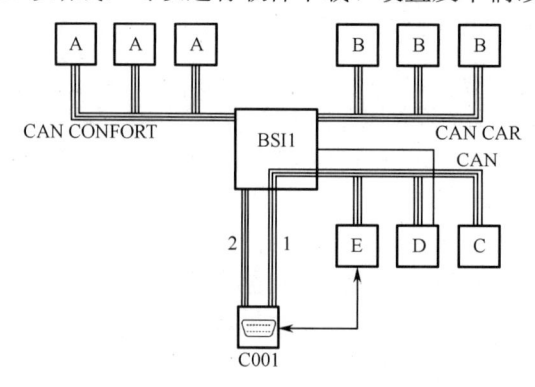

图 2-17 雪铁龙凯旋多路传输系统的组成

图 2-17 中，C001——诊断插头；BSI1——智能控制盒；1——CAN 网（诊断插头）；2——CAN 诊断网；A——CAN CONFORT 网的控制单元；B——CAN CAR 网的控制单元；C——CAN 网的控制单元；D——连接在远程唤醒控制线（RCD）上的 CAN 网的控制单元；E——连接到 K 诊断线上的 CAN 网的控制单元；双向箭头——K 诊断线；三线——多路传输网；单线——远程唤醒控制线（RCD）。

（1）CAN 网

CAN 网连接发动机动力总成的所有控制单元，如制动系统、变速箱控制单元或发动机控制单元，如图 2-18 所示。数据传输速率是 500kb/s（High Speed 高速）。CAN 网是一个"多主"网，在这个网络上，每个控制单元连续地向网络的全体发送信息。每个控制单元处理它所使用的信息。在网上发送信息是定期进行的，除只叙述事件的信息外，CAN 网拥有一个总体接收装置，它可以在最少两个控制单元连在网上时建立通信。发动机控制单元（1320）及智能控制盒（BSI1）是拥有终端电阻的控制单元。为了保证网络交流，发动机控制单元（1320）及智能控制盒（BSI1）必须始终连在网上。CAN 网的主要特性如下。

① 某些控制单元连在远程唤醒控制线（RCD）上，远程唤醒控制线可以提前激活某些控制单元。

② 某些控制单元直接连接到 K 诊断线（简称 K 线）上，可以实现 K 线直接诊断，如表 2-13 所示。

③ 如果一条"CAN 高"导线或一条"CAN 低"导线断路则不能进行网络通信。

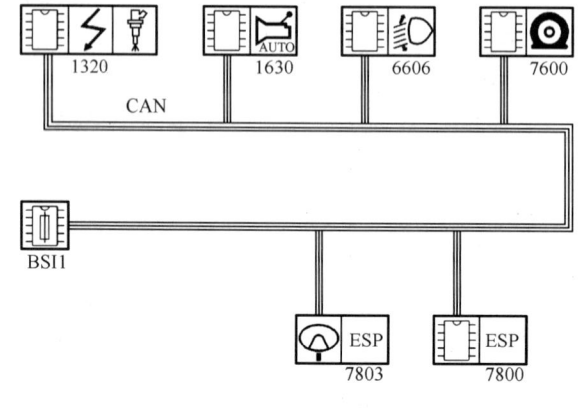

图 2-18 CAN 网

图 2-18 中，BSI1——智能控制盒；1320——发动机控制单元；1630——自动变速箱控制单元；6606——转向灯控制单元；7600——亏气探测控制单元；7800——电子稳定程序控制单元（ESP）；7803——转向盘角度传感器；三线——多路传输网。

表 2-13 CAN 网的 K 线诊断和远程唤醒关系

名　称	连接到 K 线上	连接到远程唤醒控制线（RCD）上
智能控制盒（BSI1）	是	是
发动机控制单元（1320）	是	是
自动变速箱控制单元（1630）	否	否
转向灯控制单元（6606）	否	否
亏气探测控制单元（7600）	否	是
助力转向电泵	否	否
电子稳定程序控制单元（ESP）（7800）	否	否
转向盘角度传感器（7803）	否	否

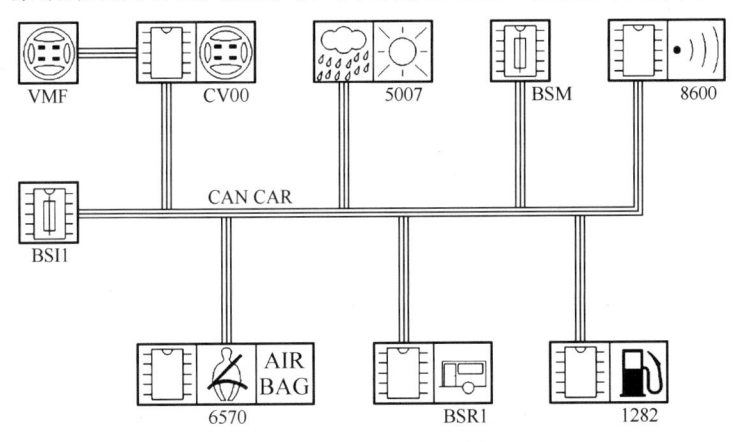

（2）CAN CAR 网

CAN CAR 网连接全部安全部件，如图 2-19 所示。数据传输速率是 125kb/s（低速）。CAN CAR 网上的所有部件都连续地发送信息。CAN CAR 网是一个"多主"网，在这个网络上，每个控制单元都连续地向网上的所有部件发送信息。在网上发送信息是定期进行的，且每个控制单元处理它所使用的信息。网络通信管理及建立"+CAN"电源都是通过智能控制盒（BSI1）实现的。CAN CAR 网的控制单元拥有它们自己的特征且根据情况或者由"+CAN""+BAT"供电，或者由 BSM 提供的"+APC"供电。与 CAN 网不同，"CAN CAR 高"导线或"CAN CAR 低"导线中的一条断路或两者之间短路时，网络会有通信，但会报告故障信息。

图 2-19 CAN CAR 网

图 2-19 中，BSI1——智能控制盒；BSM——发动机伺服控制盒（BSM）；CV00——转向盘下的转换模块；BSR1——牵引伺服盒；VMF——中央固定集控式转向盘；1282——柴油添加剂控制单元（FAP）；5007——雨水/亮度传感器；6570——安全气囊控制单元；8600——防盗报警器控制单元；三线——多路传输网。

（3）CAN CONFORT 网

CAN CONFORT 网可以实现人/机界面，如图 2-20 所示，数据传输速率为 125kb/s（低速)。在整个 CAN CONFORT 网上发送信息是持续的。CAN CONFORT 网是一个"多主"网，在这个网上，每个控制单元持续地向整个网络发送信息。在网上发送信息是定期进行的，且每个控制单元处理它所使用的信息。网络通信管理及建立"+CAN"供电是由智能控制盒（BSI1）来实现的。CAN CONFORT 网的控制单元拥有自己的终端电阻并根据情况由"+CAN""+BAT"或 BSM 提供的"+APC"来供电。与 CAN CAR 网相似，"CAN CONFORT 高"导线或"CAN CONFORT 低"导线中的一条断路或两者之间短路时，网络会有通信，但会报告故障信息。

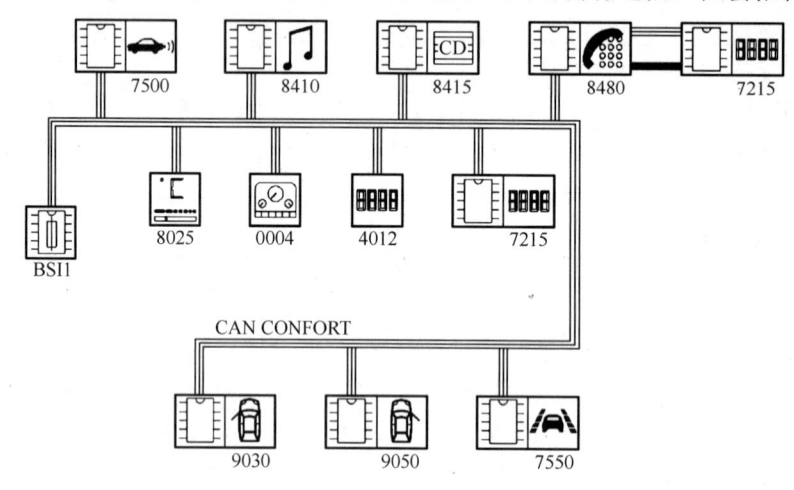

图 2-20 CAN CONFORT 网

图 2-20 中，BSI1——智能控制盒；0004——组合仪表；4012——转速表控制盒；7215——多功能显示屏；7500——驻车雷达控制单元；7550——非主观变道报警控制单元；8025——空调面板；8410——RD4 收放机；8415——CD 换碟机；8480——RT3 通信控制单元；9030——左前门模块；9050——右前门模块；粗线——光纤连接；三线——多路传输网。

（4）诊断插头（C001）

诊断插头（C001）可以连接车辆的售后诊断仪（Proxia）并且可以与车辆的所有控制单元通信，诊断插头的位置和引脚布置如图 2-21 所示，诊断插头的引脚含义如表 2-14 所示，诊断插头的功能电路如图 2-22 所示。

(a) 诊断插头的位置　　　　　　(b) 诊断插头的引脚布置

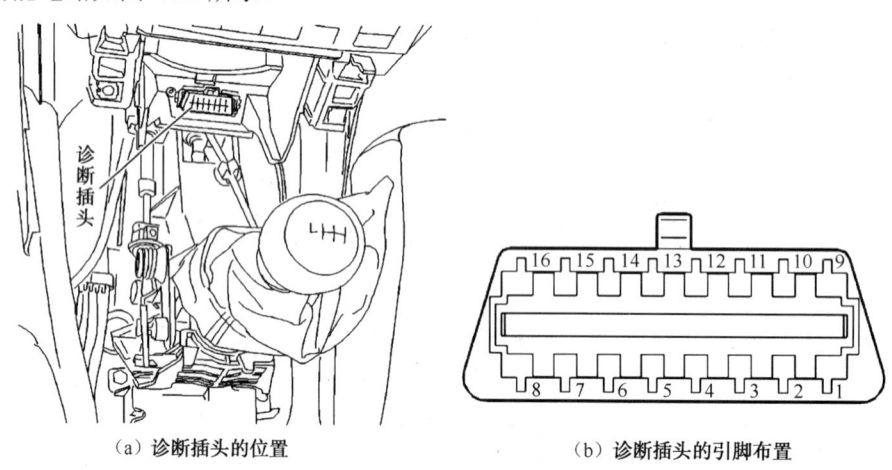

图 2-21　诊断插头的位置和引脚布置

表 2-14 诊断插头的引脚含义

序 号	信 号
1	+APC
2	未连接
3	CAN 诊断（高）
4	检测器接地
5	信号接地
6	CAN（高）
7	发动机控制单元（1320）及自动变速箱（1630，1660）的 K 线
8	CAN 诊断（低）
9	未连接
10	未连接
11	未连接
12	CAN 网的控制单元 K 线
13	其他控制单元 K 线
14	CAN（低）
15	未连接
16	检测器常供电

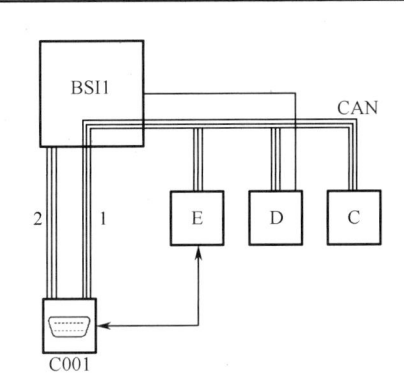

图 2-22 诊断插头的功能电路

图 2-22 中，C001——诊断插头；BSI1——智能控制盒；1——CAN 网（诊断插头）；2——CAN 诊断网；C——CAN 网的控制单元；D——连接在远程唤醒控制线（RCD）上的 CAN 网的控制单元；E——连接到 K 诊断线上的 CAN 网的控制单元；双向箭头——K 诊断线；三线——多路传输网。

① CAN 网（诊断插头）。

CAN 网（诊断插头）的传输速率是 500kb/s。其作用如下。

a. CAN 网（诊断插头）是为了给 CAN 网上的控制单元加载软件而专门加到车辆的多路传输结构上的。CAN 网（诊断插头）可以在几分钟内加载控制单元软件。

b. 报告 EOBD 所需的信息以检查排放信息。CAN 网可以通过标准工具"SCANTOOL"读取发动机控制单元中的信息，并可以符合污染排放的诊断要求。

② CAN 诊断网。

CAN 诊断网的数据传输速率为 500kb/s。CAN 诊断网可以完成以下任务。

a. 进行计算机诊断。

CAN 诊断网可以进行 CAN、CAN CAR 和 CAN CONFORT 网上不同控制单元的诊断。CAN 诊断网替代原来的 K 线并可以在对话阶段及控制单元寻问阶段节省时间。不是所有的控制单元都通过 CAN 诊断网进行诊断，某些 CAN 网控制单元保留与 K 线的连接。

b. 加载。

CAN 诊断网实现 CAN CAR 和 CAN CONFORT 两个网的控制单元及智能控制盒（BSI1）软件的加载。

c. 设置。

CAN 诊断网的设置功能可以让使用者通过 Proxia 诊断仪对系统中的不同部件进行参数设置。

③ K 诊断线。

K 诊断线的传输率为 10400 波特。K 诊断线可以完成以下任务。

a. 诊断没有通过 CAN 诊断网传输的 CAN 网的控制单元故障，主要针对发动机控制单元（1320）。

b. 报告 EOBD 所需的信息以检查排放信息。

（5）智能控制盒

① 智能控制盒的组成。

智能控制盒（BSI1）是多路传输结构系统的核心。智能控制盒是由一个机械界面、一个带微处理器的电子卡及保证下述功能的软件界面组成的。

a. 不同多路传输网之间的通道功能。

b. 线束连接与多路传输连接之间的通道功能。

c. 诊断功能。

d. 从传感器获得信息。

e. 向与 BSI1 相连的部件分配供电并进行供电保护。

f. 管理多路传输连接对话的协议。

② 软件界面。

软件界面初始化 BSI1 的启动，并控制智能控制盒功能协调的微处理器，可以进行 CAN 诊断网给予的不同功能软件的加载。

a. 雨刮、玻璃升降器继电器的控制。

b. 转向灯中央延时。

c. 其他照明灯。

d. CAN、CAN CONFORT、CAN CAR 等不同网络之间的接口。

③ 运行方式。

智能控制盒有四种运行方式。

a. "不工作"方式，BSI1 所控制的所有输出都处于休眠状态。

b. 对应于无"+APC"信号（由发动机伺服控制盒转换的继电器）及"+ACC"信号的"休眠"方式。

c. "唤醒"方式，在这种方式下所有的功能是已激活的，尤其是 CAN、CAN CONFORT

和 CAN CAR 三个多路传输网之间的通信。

d."唤醒期"方式，此运行方式处于 BSI1 应该被唤醒的时刻到 BSI1 处于唤醒状态之间的唤醒阶段。此状态主要包括软件的初始化阶段。

2.3 车载网络的故障特点与检修方法

2.3.1 车载网络系统与传统电控系统的不同

1. 系统关联性的不同

在传统的汽车电控系统中，各系统的控制和功能基本是相互独立的，彼此之间没有必然的联系。但对于车载网络系统而言，由于采用信息共享和分散式控制，汽车上原本的电气总成、元器件等大都向电控模块演变。如果还是用传统方法对这些电气总成或元器件进行测试，不但会发生误判，还有可能对它们造成损坏。

2. 系统控制逻辑的不同

从前面所述系统关联性的不同可以看出，在传统的汽车电控系统中，无论是传感器、执行器还是电控单元之间，普遍遵照电路回路的原则进行连接，所以无论是查阅电路图还是分析电路故障，逻辑性直观易懂；而车载网络系统，由于引入了总线，使得原本需要几条线路或十几条线路才能完成的功能，现在仅需要三四条线路（包括数据总线、电源线、搭铁线等）就可以实现。由此，传统电路直观易懂的特性已不复存在，控制逻辑也不再是一一对应的关系，而往往是一对多的关系。从这一点可以看出，在进行车载总线系统的故障检修前，一定要先搞清楚系统的逻辑控制关系。

2.3.2 车载网络系统的故障特点与分类

1. 车载网络系统的故障特点

车载网络系统所具有的信息共享的功能特点，使得当系统中的某一个模块或某一处线路出现故障时，影响的不仅仅是这一模块或线路本身，还会衍射到其他系统，造成其他系统功能的异常，这是车载网络系统与传统电控系统在故障生成方面最本质的区别。

对于传统的电控系统车辆，故障信息是具体的、单一的、不衍射的（不会生成其他故障信息）。仍以冷却液温度为例，"冷却液温度传感器信号电压过高"这一故障信息就指明了故障只与冷却液温度传感器及线路有关，要么是传感器电阻匝间断路，要么是传感器信号线断路，故障范围非常容易确定。

对于车载网络系统车辆中涉及总线方面故障的，其信息含义比较模糊、单一性差，存在故障衍射效应（在其他系统中也会造成故障信息的出现）。例如，"仪表数据输出错误"这一故障信息所表达的含义，究竟是仪表 ECU 发送信息异常的节点故障还是总线传输故障？不得而知。如果是总线故障，具体部位在哪儿，也无法从故障信息中判断出，而且在其他系统的控制模块中也可能出现与之相关的故障信息。由此，故障究竟由哪个系统引起，就更加扑朔迷离，大大增加了故障排查的难度。

2. 车载网络系统的故障类型

车载网络系统的故障主要包括两个方面：一是总线本身的线路故障（如断路、短路等），称为总线系统的链路故障；二是总线上所连接的各个模块故障（如模块自身故障、模块的供电电源或搭铁线路故障等），称为总线系统的节点故障。有时也将模块的供电电源故障单独划分出来，称为总线系统的电源故障。

2.3.3 车载网络系统故障检修设备及诊断流程

1. 常用检修设备

对于传统汽车电控系统的检修，诊断仪、万用表、试电笔、示波器等是常常使用的诊断设备，如果没有故障信息，万用表常作为最主要的检测工具；但对于车载网络系统，专用诊断仪和示波器则是系统故障检修的最主要工具。这是因为数据总线和各个控制模块的性能好坏直接影响着车辆整个网络系统的运行是否正常。这就需要对数据总线和控制模块间的通信进行测试。测试的方式通常有两种：第一种是利用专用诊断仪对各模块的通信状况进行测试；第二种是通过示波器对总线波形进行测试，来检测总线线路是否正常。因此，在进行车载网络系统故障检修时，不能只强调万用表的重要性而忽视了对专用诊断仪和示波器的利用。

2. 用诊断仪读取故障信息

（1）读取故障码

对于车载网络系统相关故障，电控系统具有自诊断能力，因此诊断车载网络系统相关故障时，应优先使用故障诊断仪读取故障码，获取相关线索。如果其存储的故障信息仅为"与XX控制单元（或模块）无法通信"，可以认为该模块与其他模块的通信是正常的。通过诊断仪与各系统模块间的通信，可以搜集到诸如"哪些模块无法通信、哪些模块中存在故障码"等较为全面的信息。在此基础上，结合车载网络系统的拓扑结构图，仔细分析搜集到的信息与总线及各系统模块间的内在联系，并从中找到真正的故障原因。为此，在这一环节一定要搞清故障码的生成条件，真正领悟故障信息的含义，明确故障信息能引起的后果。

但需要注意的是，数据总线系统故障码信息一般较笼统，单一性差，不明确，如数据总线驱动链没有来自仪表板的信息，仪表板电脑发送是信息异常的节点故障还是传输链路故障。如果是链路故障，具体部位在哪，无法根据故障码信息立刻判断得出。

（2）读取电控系统的数据流

读取电控系统的数据流，是判断车载网络系统故障的一个非常重要的途径。无论有无故障码，阅读控制单元（特别是网关）的网络通信状态数据流都是至关重要的。对于总线通信状态是否正常，可以利用诊断仪来读取数据流中的CAN总线通信状态，观察哪些控制单元与之发生信息交流及工作状态是否正常来判断。如果某控制单元显示"1"，则表示有信息交流；如果显示"0"，则表示无信息交流，原因可能是总线线路断路或没有安装该控制单元。

3. 诊断仪通信故障

在利用诊断仪与各系统模块实时通信、获取信息时，一定要澄清以下问题，并学会对系统的通信状态进行判断和识别。

① 当诊断仪根本无法进入到车辆的某一系统中并与之实现对话时，可以认定此时的状态为无法通信。

② 只要诊断仪能够进入到系统模块中，读取出其内部存储的故障码或数据流信息，就可以认定系统诊断通信正常，但要区分以下3种情况。

  a. 对于单线模式（如K线）可以肯定诊断通信正常。
  b. 对于不具备单线模式的双线式（如CAN线）的诊断系统，也可以肯定诊断通信正常。
  c. 对于具备单线模式的双线式的诊断系统，则存在系统采用单线模式降级运行的可能。

③ 当诊断仪无法与选择的系统模块建立通信时，在数据通信接口 DLC 正常的前提条件下，这种情况表明：

　　a．诊断仪与该系统模块之间的通信线路存在故障。

　　b．该系统模块本身或模块的供电电源、搭铁线路等存在故障。

4．获取并分析车载网络系统的拓扑结构图

　　车载网络系统连接了众多电控模块，少则十几个多则几十个或上百个，这些模块通过一种或多种类型的总线按照一定的结构形式连接在一起，构成了关系错综复杂的车载网络系统拓扑结构。如果不了解各模块、各总线之间的连接方式，就无法知道它们之间的关系，即使读取到了故障信息，也无从下手。因此，正确分析网络系统的拓扑结构是解决这一问题的必要手段。

　　通过拓扑结构，可以很轻松地知道该网络中包含哪几种总线，总线是多主结构还是既有多主结构又有主从结构，在此基础上，就能够确定各模块或节点间的通信关系，再将总线系统的故障信息与总线拓扑结构结合起来加以分析，从中找出可能的故障原因就变得相对容易了。

5．制定故障排查流程

　　在分析故障原因时，圈定的往往是一个范围，是若干个可能的原因，实践中很少能做到一次性准确地锁定真正唯一的原因。因此，在制订维修计划时，应优先遵循"由主至次"的检修原则；如果圈定的各故障原因发生的可能性机会均等，则遵循"由简至繁"的检修原则。

　　通常，对于总线的线路检修和模块检修而言，模块检修相对简单一些。这是因为总线随车辆系统模块的增加而不断延伸，不仅线路的布置比较复杂，而且能用于检测的插接器也很有限；模块则不然，对于模块的检测，主要包括模块外部的电源供给和搭铁线路的检测，除此之外就是更换模块，模块的位置比想检查的总线位置好找得多。因此，车载网络系统的故障检修通常会采用排除法，遵循"先节点（模块）后总线"的检修原则。当然，如果出现诊断仪与所有系统模块都无法通信的情况则另当别论（毕竟所有模块同时坏掉的可能性极小），此时，应分析总线的拓扑结构，观察其中是否存在网关，如果存在网关，则应先查网关及诊断仪与网关之间的通信线路，其次检查模块。

第 3 章
高速 CAN 总线系统原理与检修

3.1 CAN 总线概述

数据传输总线中的数据传递就像举行一个电话会议,一个电话用户(控制单元)将数据"讲"入网络中,其他用户通过网络"接听"这个数据,对这个数据感兴趣的用户就会利用数据,而其他用户则选择忽略,如图 3-1 所示。

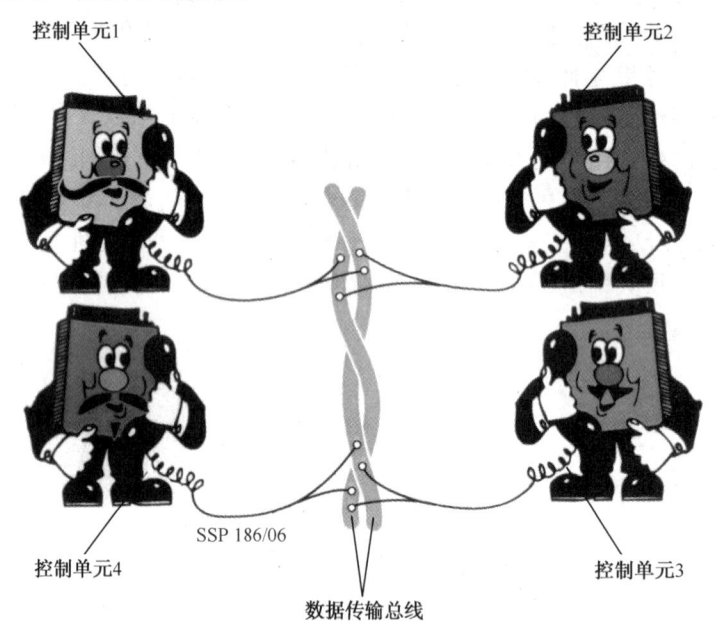

图 3-1 数据传递

数据传输总线是车内电子装置中的一个独立系统,用于在所连接的控制单元之间进行信息交换。由于其自身具有的布置和结构特点,数据传输总线工作时的可靠性很高。

如果数据传输总线系统出现故障,故障就会存入相应的控制单元故障存储器内,可以用诊断仪读出这些故障。控制单元拥有自诊断功能,通过自诊断功能,人们还可识别出与数据传输总线相关的故障。用诊断仪读出数据传输总线故障记录后,即可按这些信息准确地查找故障。控制单元内的故障记录用于初步确定故障,还可用于读出排除故障后的无故障说明。

数据传输总线正常的一个重要前提条件是:车辆在任何工况下均不应有数据传输总线故障

记录。为了能够确定及排除故障，就需要了解数据传输总线上的数据交换基本原理。

基本车载网络系统由多个控制单元组成，这些控制单元通过所谓的收发器并联在总线导线上，所有控制单元的地位均相同，没有哪个控制单元有特权，如图3-2所示。

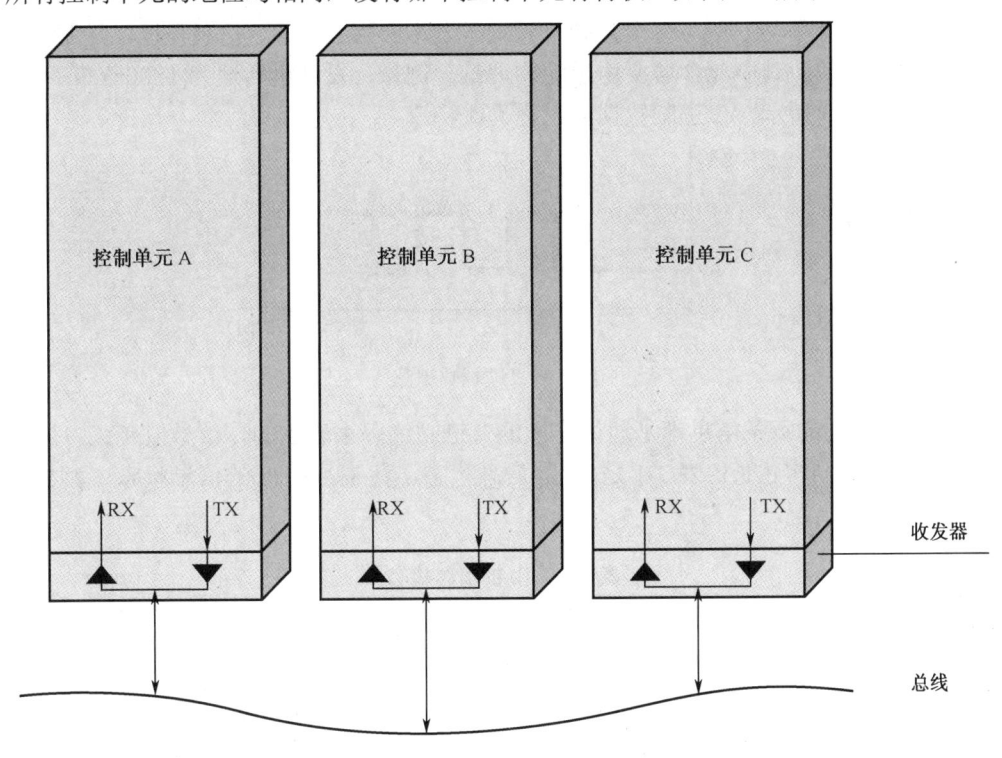

图 3-2 基本车载网络系统的总线连接示意图

3.1.1 CAN 总线的特点

相对于一般的通信总线而言，CAN 总线中运用了全新的设计和技术，其数据传输具有突出的实时性、可靠性和灵活性。其特点主要有以下几点。

（1）具有灵活的通信方式，CAN 为多主工作方式，网络节点不分主从。

（2）CAN 网络的节点信息具有优先级和总线仲裁技术。根据信息优先级的高低可以很快地确定需要发送的信息，从而节省总线仲裁的时间。

（3）CAN 只需要通过报文滤波即可实现点对点、点对多点及全局广播等几种方式的数据传输，从而不需要单独进行报文调度。

（4）CAN 网络采用差分传输技术，最大传输距离可达 10km，此时的传输速率为 5kb/s；最高传输速率达到 1Mb/s，此时最大传输距离为 40m。

（5）目前 CAN 的标准帧节点数可以达到 110 个，扩展帧的节点不受限制。同时，CAN 报文标识符种类较多。

（6）CAN 的数据通信采用短帧格式，每帧信息都有 CRC 校验及其他检测措施。

（7）CAN 总线的通信接口中包含了 CAN 协议的物理层和数据链路层，可以完成对通信数据的帧处理工作。

（8）CAN 具备较为灵活的通信介质，其传输介质可以为同轴电缆、双绞线或光纤。

（9）在传输过程中若发生严重错误，CAN 节点具有自动关闭输出的功能，以保证总线上其他节点的操作不受影响。

3.1.2 信息交换

用于交换的数据称为信息，每个控制单元均可发送和接收信息。信息是以二进制数（一系列 0 和 1）来表示的，其中包含着要传递的物理量。例如，发动机转速为 1800r/min 可表示成 00010101，如图 3-3 所示，二进制数据流也称为比特流。

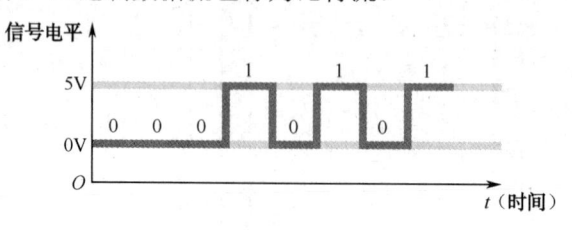

图 3-3 二进制数据流

CAN 总线传递的每条信息都是通过连续的二进制编码来表示的，信号值越大，用二进制编码表示时其信息结构越长。表 3-1 是 1b 的信息状态，表 3-2 是 2b 的信息状态，表 3-3 是 8b 信息表示温度信号情况。

表 3-1 1b 的信息状态

信 号 值	信 息 内 容
1b 信息　　例如：压缩机状态	
0	压缩机断开
1	压缩机连通

表 3-2 2b 的信息状态

信 号 值	信 息 内 容
2b 信息　　例如：中控门锁开关信息状态	
00	开锁
01	安全锁
10	锁车
11	非安全锁

表 3-3 8b 信息表示温度信号情况

二进制数（8b）								十进制数	温度值
0	0	0	0	0	0	0	0	0	0℃
0	0	0	0	0	0	0	1	1	0.5℃
0	0	0	0	0	0	1	0	2	1℃
…								…	…
1	0	0	0	1	0	1	0	138	69℃
…								…	…
1	1	1	1	1	1	1	1	225	127.5℃

在发送过程中，二进制数先被转换成连续的比特流，如发动机转速 1800r/min 被转换成二进制数 00010101。该比特流通过 TX 线（发送线）到达收发器，收发器将比特流转化成相应的电压值，最后这些电压值按时间顺序依次被传送到数据传输总线的导线上。

在接收过程中，这些电压值经收发器又被转换成比特流，再经 RX 线（接收线）传输至控制单元，控制单元将这些二进制连续值转换成信息。例如，00010101 这个数又被转换成 1800r/min，如图 3-4 所示。

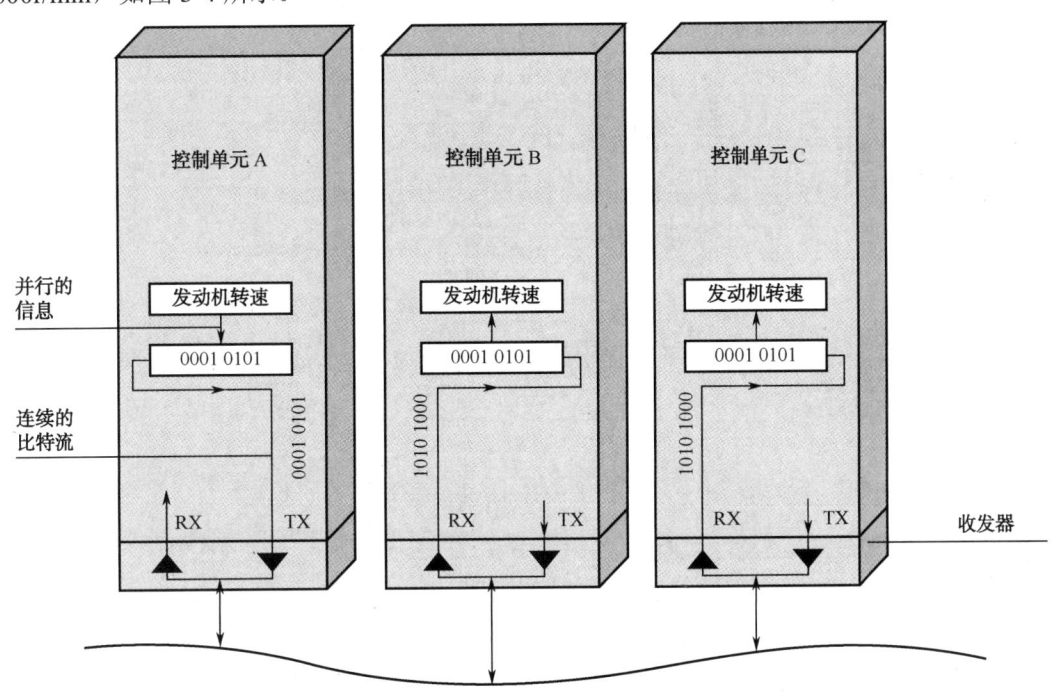

图 3-4　车载网络系统的数据传输

3.1.3　功能元件

1. 控制单元

控制单元接收来自传感器的信号，将其处理后再控制执行元件，同时根据需要将传感器信息通过 CAN 发送给其他控制单元，如图 3-5 所示。控制单元中的重要构件有：微控制器（CPU）、CAN 控制器和 CAN 收发器，另外还有输入/输出存储器和程序存储器。

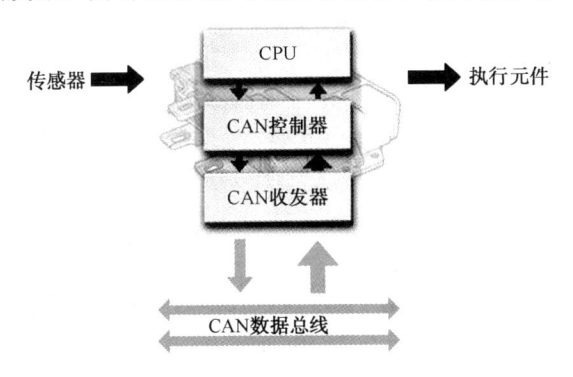

图 3-5　CAN 网络构架示意图

带有 CAN 收发功能的控制单元内部结构如图 3-6 所示。控制单元接收到的传感器数据（如发动机温度或转速）会被定期查询并按顺序存入输入存储器。输入存储器内的传感器数据会经微控制器处理，然后存入输出存储器，执行控制功能。

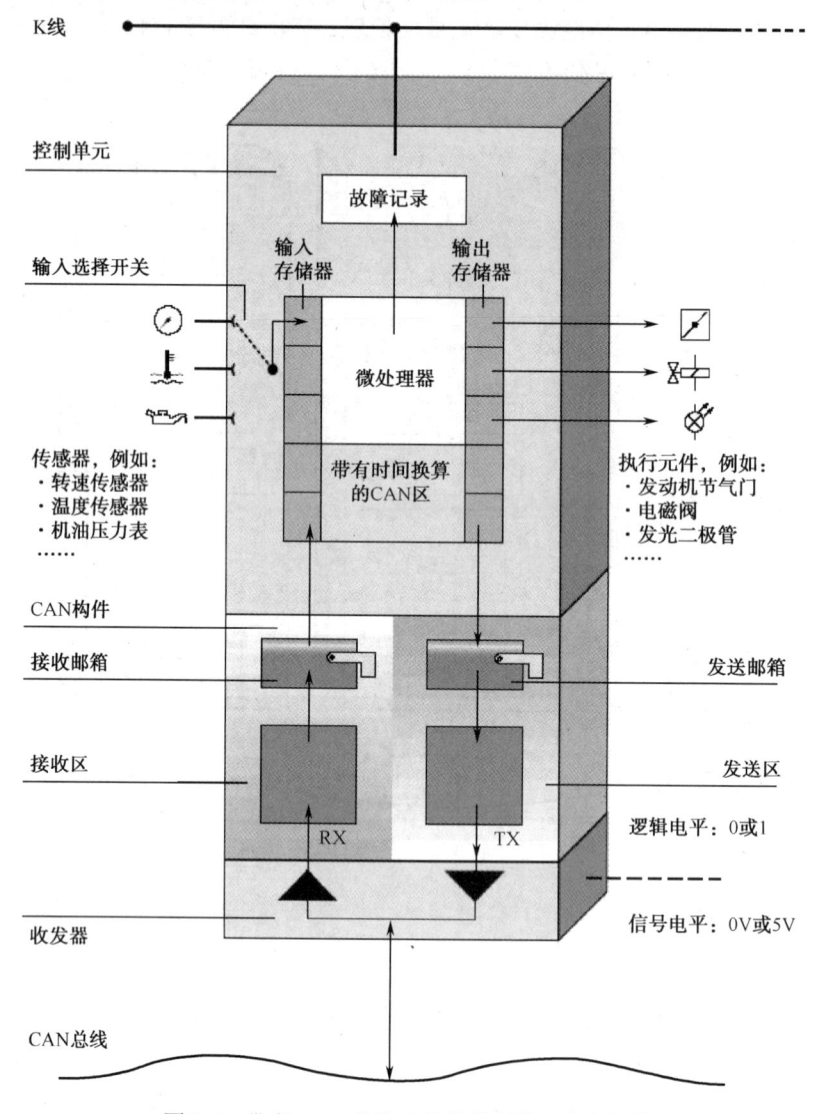

图 3-6 带有 CAN 收发功能的控制单元内部结构

现在，由于控制单元通过 CAN 控制器实现了网络传输，因此，CAN 网络也成为控制单元的输入信息来源。同时，CAN 网络也成为控制单元的信息输出对象。

微控制器按事先规定好的程序来处理输入值，处理后的结果存入相应的输出存储器内，然后到达各个执行元件。为了能够处理数据传输总线信息，各控制单元内还有一个数据传输总线存储区，用于容纳接收到的信息和要发送的信息。

2. 数据传输总线构件

数据传输总线构件用于数据交换，它分为两个区，一个是接收区，一个是发送区，如图 3-6 所示。

数据传输总线构件通过接收邮箱（接收信息存储器）或发送邮箱（发送信息存储器）与控

制单元相连，该构件一般集成在控制单元的微控制器内。

3．收发器

收发器就是一个发送/接收器，其中发送器把数据传输总线构件连续的比特流（逻辑电平）转换成电压值（线路传输电平），这个电压值适合铜导线上的数据传输；接收器则把电压信号转换成连续的比特流，这种比特流适合由 CPU 处理。

收发器通过 TX 线（发送线）或 RX 线（接收线）与数据传输总线构件相连，如图 3-7 所示。RX 线通过一个放大器直接与数据传输总线相连，总是在监听总线信号。

发送器的特点是 TX 线与总线耦合，总线状态的开关示意如图 3-8 所示，这个耦合过程是通过一个断路式集流器电路来实现的。因此，总线导线上就会出现两种状态。

状态 1：截止状态，晶体管截止（开关未闭合）；

无　　源：总线电平=1，电阻高；

状态 0：接通状态，晶体管导通（开关已闭合）；

有　　源：总线电平=0，电阻低。

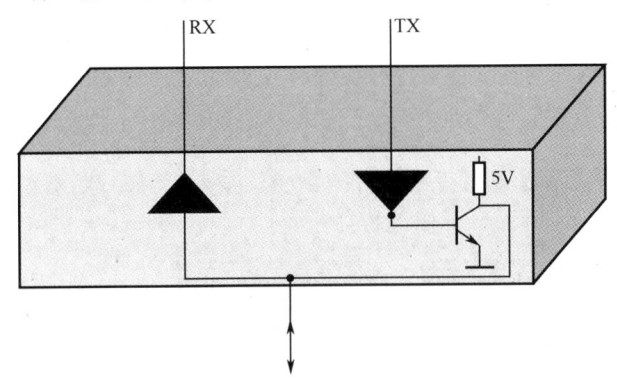

图 3-7　与 TX 线耦合的收发器　　　　图 3-8　总线状态的开关示意

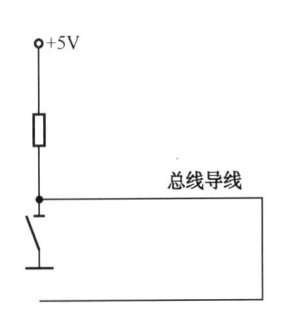

如图 3-9 所示，假设有三个收发器耦合在一根总线导线上，开关未闭合表示处于状态 1（无源），开关已闭合表示处于状态 0（有源）。则收发器 C 有源，收发器 A 和 B 无源。工作过程如下。

（1）如果某一开关已闭合，电阻上就有电流流过，于是总线导线上的电压就为 0V。

（2）如果所有开关均未闭合，那么就没有电流流过，电阻上没有压降，于是总线导线上的电压就为 5V。

按照图 3-9 所示连接方式，三个收发器和总线状态对应关系如表 3-4 所示。

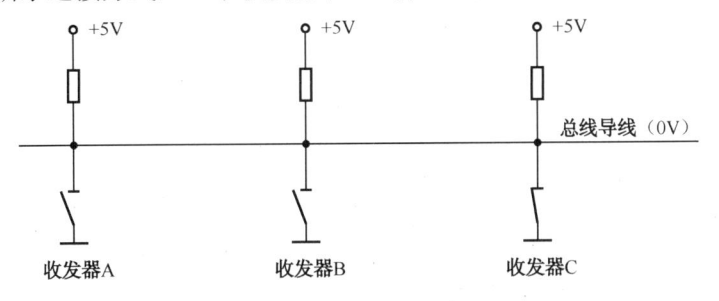

图 3-9　三个收发器耦合在一根总线导线上

表 3-4 三个收发器和总线状态对应关系

收发器 A	收发器 B	收发器 C	总线状态（电压）
1	1	1	1（5V）
1	1	0	0（0V）
1	0	1	0（0V）
1	0	0	0（0V）
0	1	1	0（0V）
0	1	0	0（0V）
0	0	1	0（0V）
0	0	0	0（0V）

因此，如果总线处于状态 1（无源），那么此状态可以由某一个控制单元使用状态 0（有源）来改写。将无源的总线电平称为隐性的，有源的总线电平称为显性的。

3.1.4　CAN 总线的数据传输过程

1．发送过程

下面以转速传感器信息交换过程为例，阐述数据传输的时间顺序及数据传输总线构件与控制单元之间的配合关系，发送过程如图 3-10 所示。工作过程如下。

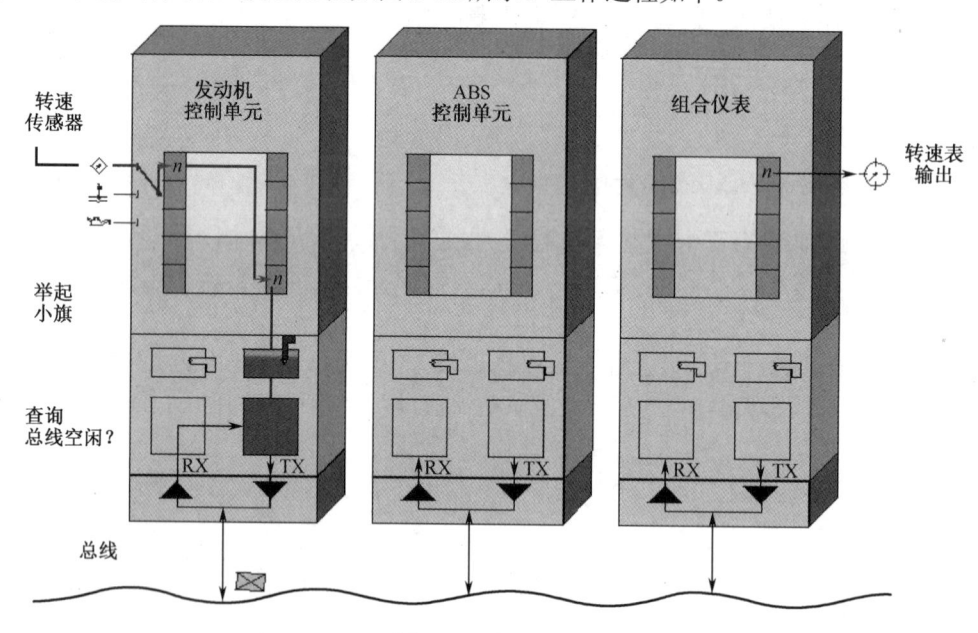

图 3-10　发送过程

（1）发动机控制单元的传感器接收到转速值，该值以固定的周期到达微控制器的输入存储器。由于该转速值还用于其他控制单元，如组合仪表，所以该值应通过数据传输总线来传递。

（2）该转速值被复制到发动机控制单元的发送存储器内。

（3）该信息从发送存储器进入数据传输总线构件的发送邮箱内。如果发送邮箱内有一个实时值，那么该值会由发送特征位（举起的小旗示意有传输任务）显示出来。将发送任务委托给数据传输总线构件，发动机控制单元就完成了此过程中的任务。

（4）发动机转速值按协议被转换成数据传输总线的特殊格式，如图3-11所示。

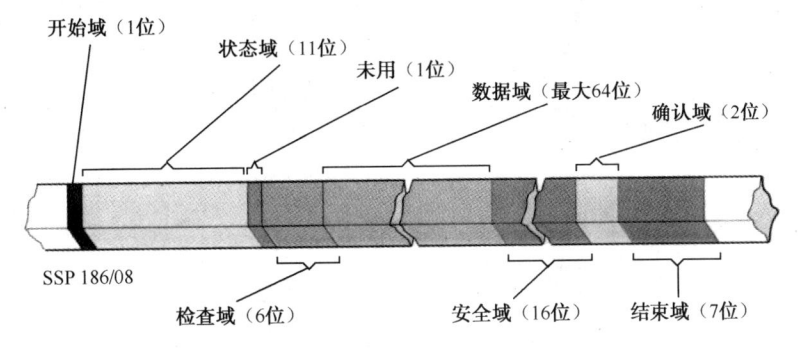

图3-11 数据传输总线信息格式

（5）数据传输总线构件通过RX线来检查总线是否有源（是否正在交换其他信息），如图3-12所示，必要时会等待，直至总线空闲下来。如果总线空闲下来，发动机信息就会被发送出去。

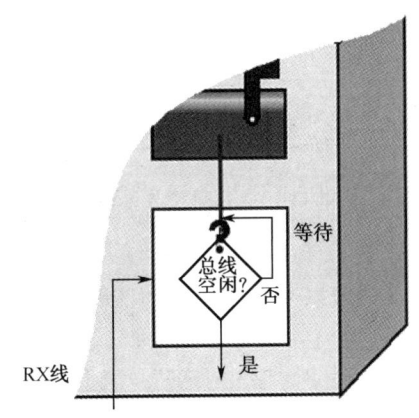

图3-12 总线空闲查询

2．接收过程

信息接收过程分为两步，如图3-13所示。

第一步：检查信息是否正确（在监控层）；

第二步：检查信息是否可用（在接受层）。

（1）信息接收

连接的所有装置都接收发动机控制单元发送的信息，该信息通过RX线到达数据传输总线构件各自的接受层。

（2）信息校验

接收器接收发动机的所有信息，并且在相应的监控层检查这些信息是否正确。这样就可以识别出在某种情况下某一控制单元上出现的局部故障。连接的所有装置都接收发动机控制单元发送的信息，可以通过监控层内的CRC校验和数来确定是否有传递错误。CRC的意思是"循环冗余码校验"。在发送每条信息时，所有数据位会产生并传递一个16位的校验和数。接收器按同样的规则从所有已经接收到的数据位中计算出校验和数，将接收到的校验和数与计算出的校验和数进行比较。如果确定无传递错误，那么连接的所有装置会给发送器一个确认回答，这个回答就是"信息收到符号"(ACK),它位于校验和数后。

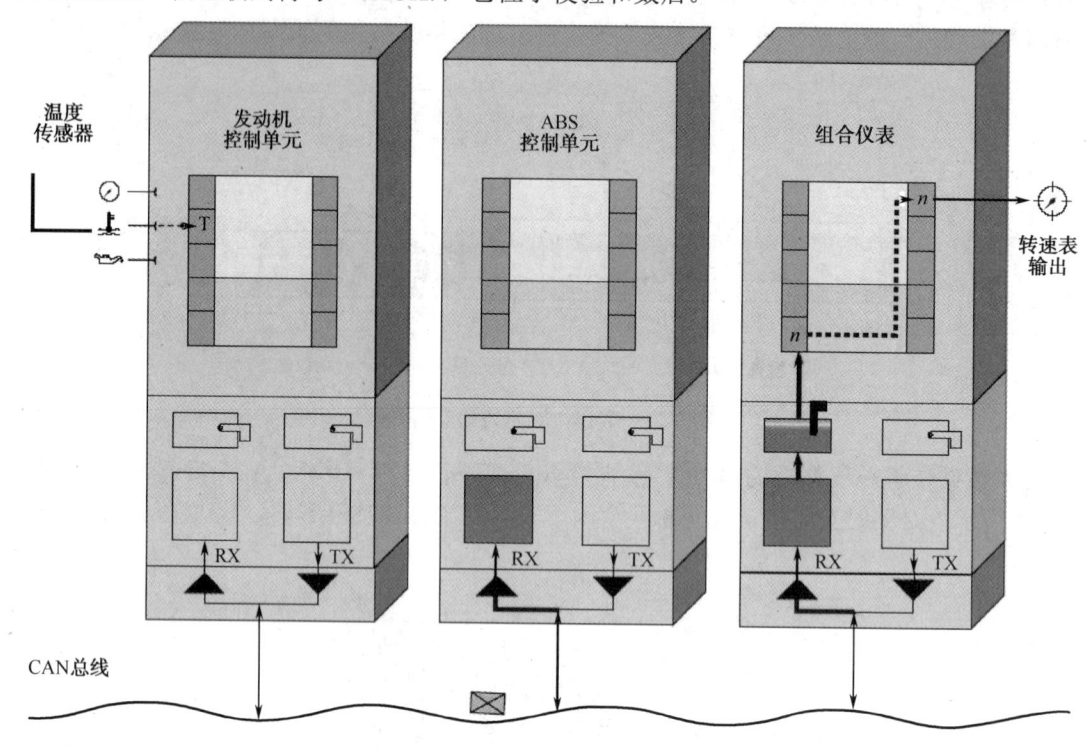

图 3-13　信息接收过程

(3)信息接受

已接收到的正确信息会到达相关数据传输总线构件的接受层。在那里将决定该信息是否用于完成各控制单元的功能。如果不是,该信息就被拒收;如果是,该信息就会进入相应的接收邮箱。控制单元根据接受信号(升起的"接受小旗")就会知道:现在有一个信息(如转速)在排队等待处理,如图 3-14 所示。

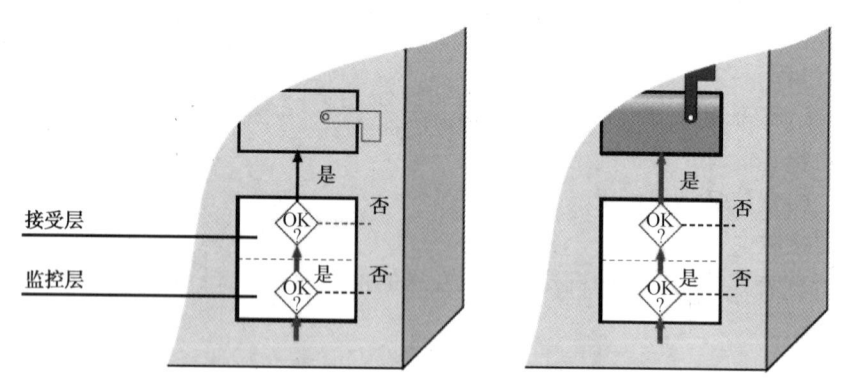

图 3-14　信息接受判断

组合仪表调出该信息并将相应的值复制到它的输入存储器内。至此通过数据传输总线构件发送和接收信息的过程结束。在组合仪表内,转速经微处理器处理后控制转速表显示出来。

3．CAN 总线的传输仲裁

如果多个控制单元同时发送信息，那么数据总线上必然会发生数据冲突，为了避免发生这种情况，数据传输总线采用了如下措施。

（1）每个控制单元在发送信息时都通过发送标识符来识别。

（2）所有的控制单元都通过各自的 RX 线来跟踪总线上的一举一动并获知总线的状态。

（3）每个发送器将 TX 线和 RX 线的状态一位一位地进行比较。

（4）数据传输总线的调整规则：用标识符中位于前部的"0"的个数代表信息的重要程度，从而保证按重要程度来发送信息。

越早出现"1"的控制单元越早退出发送状态，转至接收状态，这种方法称为仲裁。仲裁规则：标识符中的号码越小，该信息越重要。

如图 3-15 所示，如果多个控制单元同时向 CAN 总线发送其数据包，为了避免数据碰撞，必须决定谁最先发送。显性电位"0"越多，说明其优先级别越高。发送隐性电位"1"的控制单元若检测到一个显性电位"0"，那么该控制单元停止发送，转为接收。依照此原理，在图 3-15 中，ABS/EDL 控制单元优先级别最高，在数据总线上优先传输，而自动变速器控制单元发送信号的第二位"1"遇到 ABS/EDL 控制单元的第二位"0"，立即改发送为接收，信息发送失败。同理，发动机控制单元的第三位"1"遇到 ABS/EDL 控制单元的第三位"0"，同样改发送为接收，信息发送也失败。自动变速器控制单元优先级别最低，其优先级别及状态如表 3-5 所示。

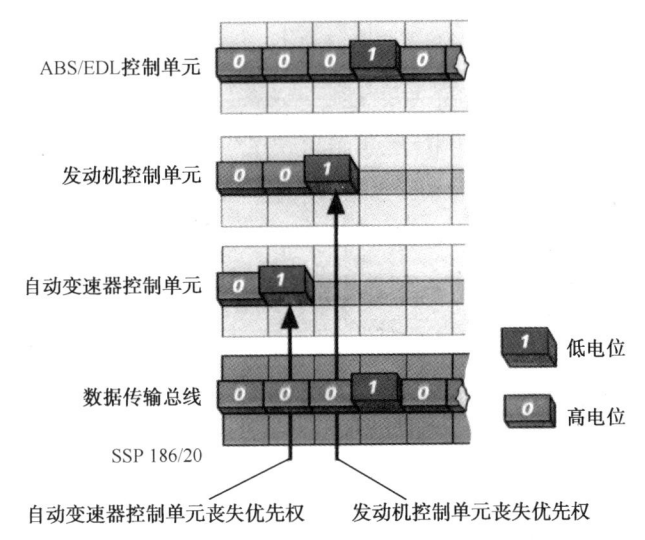

图 3-15 避免数据冲突的仲裁过程

表 3-5 图 3-15 中的优先级别及状态

优 先 级 别	控制单元数据包	状 态 值
1	ABS 制动信息	00010……
2	发动机信息	001……
3	自动变速器信息	01……

3.1.5 CAN 总线协议和应用

1. CAN 总线协议

目前，CAN 总线协议（简称 CAN 协议）的 ISO 标准为 ISO 11898 与 ISO 11519-2，其中 ISO 11898 是高速 CAN 协议标准，ISO 11519-2 是低速 CAN 协议标准。除 ISO 标准外，SAE 等其他组织、团体、企业也对 CAN 协议进行了标准化，如表 3-6 所示。

表 3-6 其他 CAN 协议

名　称	波特率/Bd·s⁻¹	规　格	适 用 领 域
SAE J1939-11	250k	双线式，屏蔽双绞线	卡车、大客车
SAE J1939-12	250k	双线式，屏蔽双绞线 12V 供电	农用机械
SAE J2284	500k	双线式，双绞线（非屏蔽）	汽车（高速、动力、传动系统）
SAE J24111	33.3k，83.3k	单线式	汽车（低速、车身系统）
NMEA-2000	62.5k，125k，250k，500k，1M	双线式，屏蔽双绞线	船舶
DeviceNet	125k，250k，500k	双线式，屏蔽双绞线 24V 供电	工业设备
CANopen	10k，20k，50k，125k，250k，500k，800k，1M	双线式，双绞线 可选（屏蔽、供电）	工业设备
SDS	125k，250k，500k，1M	双线式，屏蔽双绞线 可选（供电）	工业设备

在 ISO 11898、ISO 11519-2 标准中，数据链路层的定义是一样的，但在物理层上有所区别，如图 3-16 所示，具体在后文中详述。

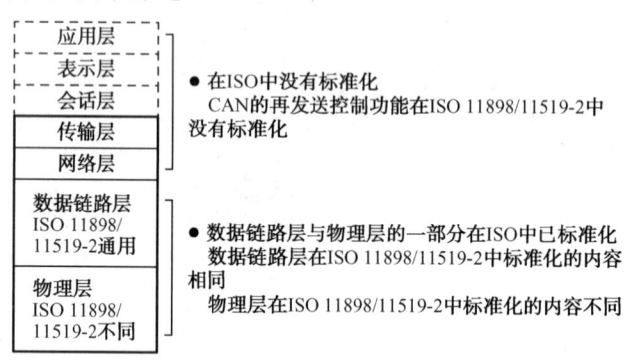

图 3-16 ISO 中已标准化的 CAN 协议

2. CAN 总线的应用

因为汽车上不同电子控制系统及其控制单元对 CAN 总线的传输速率和工作特性要求不同，高速 CAN 总线和低速 CAN 总线在汽车各个系统中的典型应用如表 3-7 所示。

表 3-7　高速 CAN 总线和低速 CAN 总线在汽车各个系统中的典型应用

高速 CAN 总线	低速 CAN 总线
无法通过一条导线传输数据	可以通过一条导线传输数据
驱动 CAN 总线 仪表 CAN 总线 扩展 CAN 总线 诊断 CAN（诊断接口）	舒适 CAN 总线 信息娱乐 CAN 总线

高速 CAN 总线和低速 CAN 总线可通过网关进行数据交换。两种 CAN 总线系统的应用状态区别如下。

（1）高速 CAN 总线通过点火开关切断，或经过短时无载运行后切断。而低速 CAN 总线由 30 号接线柱供电且必须保持随时可用状态。

（2）为了尽可能降低对供电网产生的负荷，在点火开关关闭后，若系统不再需要低速 CAN 总线，低速 CAN 总线就进入"休眠模式"。

（3）低速 CAN 总线在一条数据线短路或一条 CAN 线断路时，可以用另一条线继续工作，这时会自动切换到"单线工作模式"。

3.1.6　CAN 总线的链路

CAN 总线是一种双线式数据总线，各个 CAN 系统的所有控制单元都并联在 CAN 总线上。CAN 总线的两条导线分别叫 CAN-High 线和 CAN-Low 线。两条扭绞在一起的导线称为双绞线，控制单元之间的数据交换就是通过这两条导线来完成的。

1. 双绞线的铰接式连接

对于设备配置相对比较低端的车型，低速 CAN 总线和高速 CAN 总线连接的控制单元相对较少，CAN 双绞线一般采用铰接式连接，即所有相同系统的 CAN-High 线集中铰接为一个中心接点，所有相同系统的 CAN-Low 线集中铰接为一个中心接点，如图 3-17 所示，其在线束中的实物连接如图 3-18 所示。

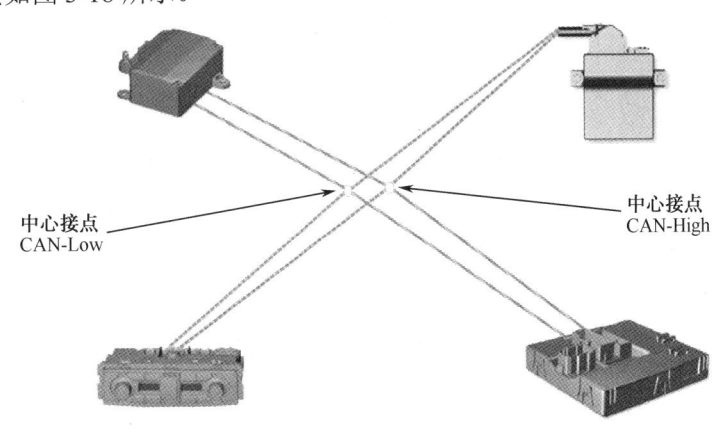

图 3-17　CAN 总线的连接

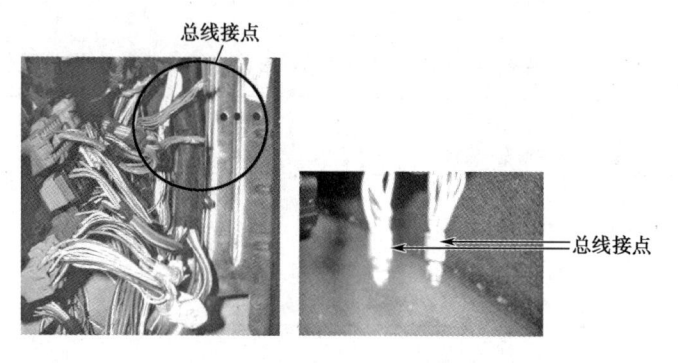

图 3-18　CAN 总线的实物连接

2. 双绞线的插座式连接

对于设备配置相对比较高端的车型，低速 CAN 总线和高速 CAN 总线连接的控制单元比较多，CAN 双绞线一般采用插座式连接，如在奥迪 A8 2003 年款车中采用了两个 CAN 总线插座。插座分别构成了舒适系统 CAN 总线（低速）及驱动系统 CAN 总线（高速）的中心接点。各总线系统下的所有控制单元的 CAN 总线均被连接到插座上，如图 3-19 所示。插座的功能电路如图 3-20 所示。

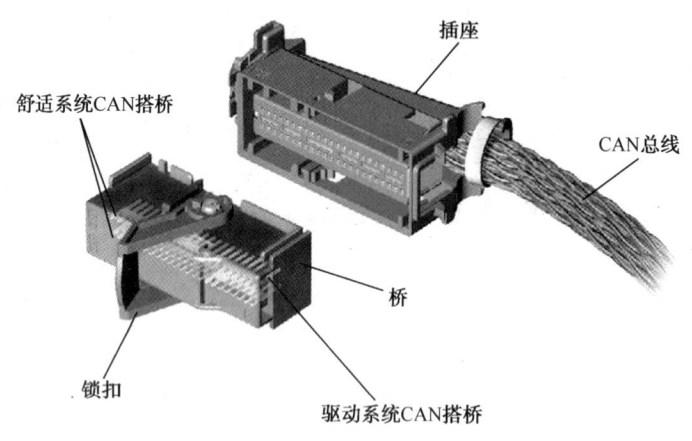

图 3-19　CAN 插座连接结构图

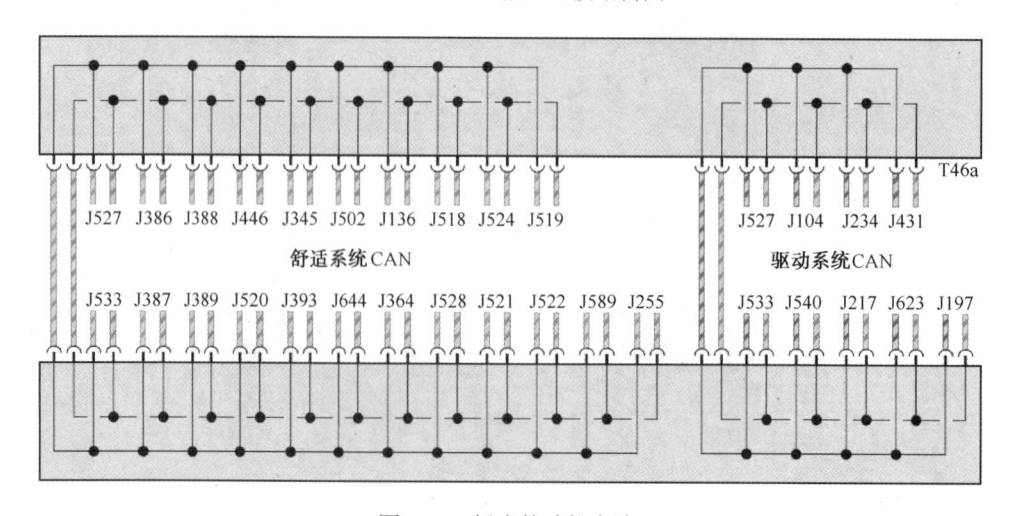

图 3-20　插座的功能电路

图3-20中，J104——配有EDS的ABS控制单元，J136——带有记忆功能的座椅调整控制单元，J197——自动水平调节装置控制单元，J217——自动变速器控制单元，J234——气囊控制单元，J255——自动空调装置控制单元，J345——挂车识别控制单元，J364——辅助加热系统控制单元，J386——车门控制单元（驾驶员侧），J387——车门控制单元（副驾驶员侧），J388——车门控制单元（后座左侧），J389——车门控制单元（后座右侧），J393——舒适系统控制单元，J431——灯光距离调节装置控制单元，J446——辅助停车装置控制单元，J502——轮胎压力检测控制单元，J518——进入和起动许可装置控制单元，J519——电力驱动控制单元，J520——电力驱动控制单元2，J521——带有记忆功能的座椅调节控制单元（副驾驶员侧），J522——带有记忆功能的座椅调节控制单元（后座），J524——信息控制单元、显示器及控制单元（后座），J527——转向柱组合开关模块，J528——顶棚电子部件控制单元，J533——网关，J540——电子停车及手刹控制单元，J589——驾驶员身份识别控制单元，J623——发动机控制单元，J644——能源管理控制单元，T46a——连接插座、46针、黑色，在CAN分离插口的左边。另外，T46b——连接插座、46针、黑色，在CAN分离插口的右边。

驱动系统CAN总线和舒适系统CAN总线以星形方式接入插座中。一个总线系统下的部分控制单元接在右边的插座中，而其他部分则接在左边的插座中。左侧和右侧的插座又通过CAN电缆连接，如图3-21所示，最终将所有的舒适系统CAN总线的控制单元与所有驱动系统CAN总线的控制单元连接在一起。

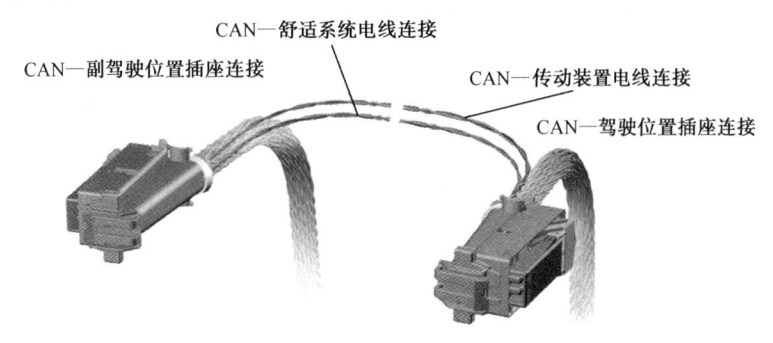

图3-21 奥迪A8上的CAN插座连接

插座被安装在仪表板总成左右两侧的盖板下，如图3-22所示。取下插座时，应该首先将锁止钩打开。

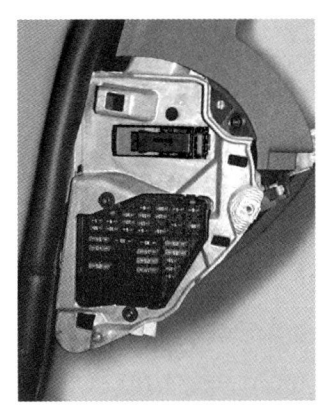

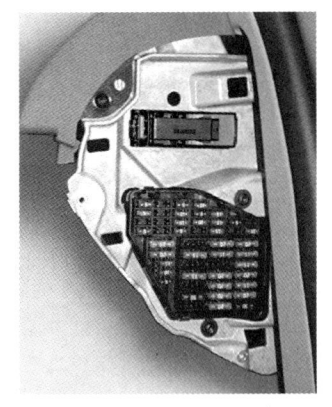

图3-22 插座的位置

3.1.7　CAN 总线的电磁兼容原理

CAN 总线采用双绞线自身校验的结构，既可以防止电磁干扰对传输信息的影响，也可以防止本身对外界产生干扰。系统中采用高、低电平两根数据线，控制器输出的信号同时向两根数据线发送，高、低电平互为镜像。

1．抗干扰

如图 3-23 所示，双绞线保证外界干扰对 CAN 总线的两根数据线的干扰影响基本相同，由于 CAN 收发器利用差动放大器对两路信号进行差动运算，差动运算能够使得外界对 CAN 总线的两根数据线的干扰影响自行运算抵消，如图 3-24 所示，因此消除了来自外界的干扰。

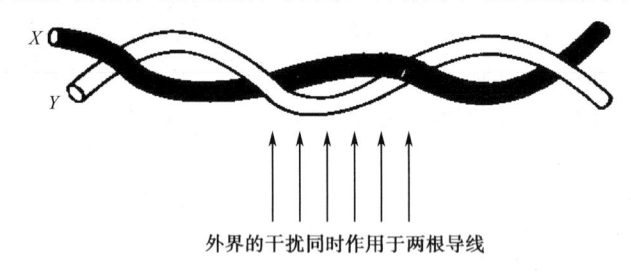

图 3-23　外界干扰作用于 CAN 总线

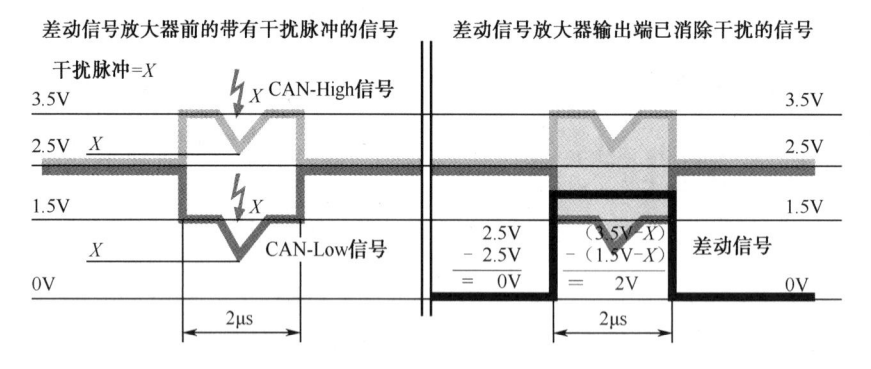

图 3-24　差动放大滤除外界干扰

在图 3-24 中可清楚地看到这种传递的效果。由于 CAN-High 线和 CAN-Low 线是扭绞在一起的，所以干扰脉冲 X 总是有规律地作用在两根线上。由于差动信号放大器总是用 CAN-High 线上的电压（3.5V-X）减去 CAN-Low 线上的电压（1.5V-X），因此在经过差动处理后，（3.5V-X）-（1.5V-X）=2V，差动信号中就不再有干扰脉冲了。

2．不干扰外界

如图 3-25 所示，双绞线保证 CAN 总线的两根数据线与外界任意一点的距离基本相同。由于 CAN 收发器发送到两根数据线上的信号呈镜像关系，因此，CAN-High 线对外辐射和 CAN-Low 线对外辐射具有幅值相同、方向相反的特点。综合以上两点，使得 CAN 总线的两根数据线对外界任意一点的干扰影响可自行运算抵消。

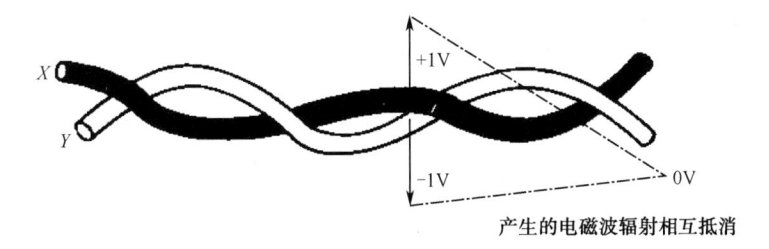

图 3-25 镜像信号抵消本身对外界的干扰

3.2 高速 CAN 总线及其实例

3.2.1 高速 CAN 总线特点

1. 高速 CAN 总线的主要联网控制单元

高速 CAN 总线的主要联网控制单元包括发动机控制单元、ABS 控制单元、ESP 控制单元、变速器控制单元、安全气囊控制单元、组合仪表等，各控制单元通过高速 CAN 总线的 CAN-High 线和 CAN-Low 线来进行数据交换。

2. 高速 CAN 总线的主要特点

（1）数据传输速率为 500kb/s，传递 1bit 所需时间是 0.002ms。
（2）没有数据传输时的基础电压值约为 2.5V，即 $U_{CAN-High}$=2.5V，$U_{CAN-Low}$=2.5V。
（3）线色：CAN-High 线是橙黑色的，CAN-Low 线是橙棕色的。
（4）线径是 0.35mm^2。
（5）驱动总线永远是双绞线工作模式，没有单线工作模式。

3. 高速 CAN 总线上的信号电压和逻辑状态

在静止状态下，这两条导线上作用有相同的预定值，该值称为静电压。对于动力 CAN 总线来说，这个值大约为 2.5V。静电压也称为隐性电压，连接的所有控制单元均可修改它。在显性状态下，CAN-High 线上的电压值会升高一个预定值（显性电压），这个值至少为 1V；而 CAN-Low 线上的电压会降低一个同样的值。于是在动力 CAN 总线上，CAN-High 线处于激活状态，其电压不低于 3.5V（2.5V+1V=3.5V），而 CAN-Low 线上的电压最多可降至 1.5V（2.5V-1V= 1.5V）。因此，在隐性状态下，CAN-High 线与 CAN-Low 线上的电压差为 0V，在显性状态下该差值最低为 2V。高速 CAN 总线上的信号电压变化和逻辑状态如图 3-26 和表 3-8 所示。

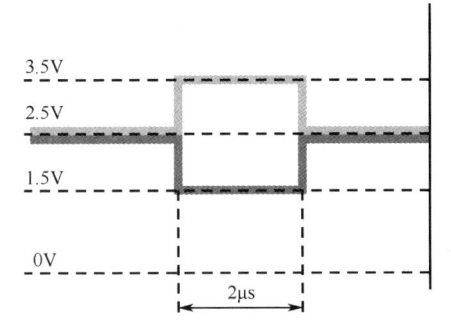

图 3-26 高速 CAN 总线上的信号电压变化

表 3-8　高速 CAN 总线的逻辑状态

电　位	逻辑状态	$U_{\text{CAN-High}}$	$U_{\text{CAN-Low}}$	电 位 差
显性	0	3.8V（3.5V）	1.2V（1.5V）	2.6V（2V）
隐性	1	2.6V（2.5V）	2.4V（2.5V）	0.2V（0V）

4. 高速 CAN 总线的收发器

以高速 CAN 总线使用的 TJA1050 收发器为例，其电路示意图如图 3-27 所示。TXD 端接收 ECU 信号，RXD 端将总线上的信号发回至 ECU。TXD 端无信号时，晶体管 M1、M2 断开，CAN-High 线与 CAN-Low 线上的隐性电压均为参考电压值 2.5V。TXD 端接收到信号后，驱动电路使两个晶体管导通，CAN-High 线上电压上升为 3.5V（显性电压），CAN-Low 线上电压下降为 1.5V（显性电压）。根据电路图，两路信号电压互相影响。若 CAN-Low 线接地，由于 CAN-High 线与 CAN-Low 线通过电阻连接，会导致 CAN-High 线上隐性电压下降。

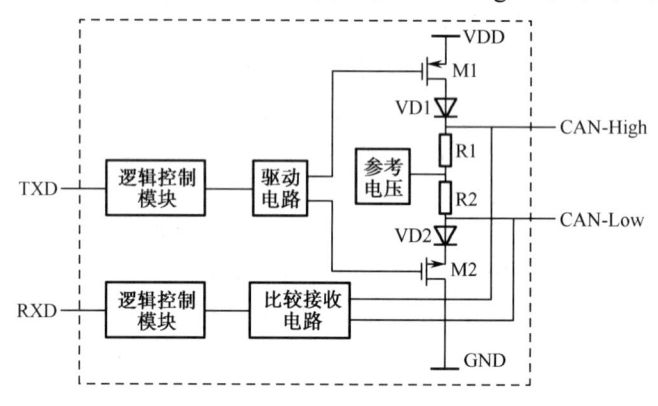

图 3-27　高速 CAN 总线收发器 TJA1050 电路示意图

收发器内的 CAN-High 线和 CAN-Low 线上的信号转换控制单元是通过收发器连接到高速 CAN 总线上的，在这个收发器内有一个接收器，该接收器是安装在接收一侧的差动信号放大器，如图 3-28 所示。

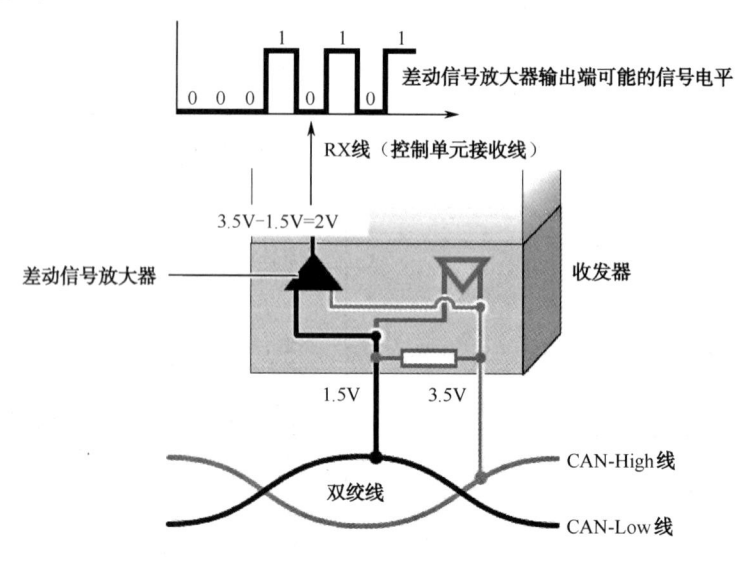

图 3-28　高速 CAN 总线上的差动信号放大器

差动信号放大器用于处理来自 CAN-High 线和 CAN-Low 线的信号，除此以外还负责将转换后的信号传至控制单元的 CAN 接收区。这个转换后的信号称为差动信号放大器的输出电压，如图 3-29 所示。

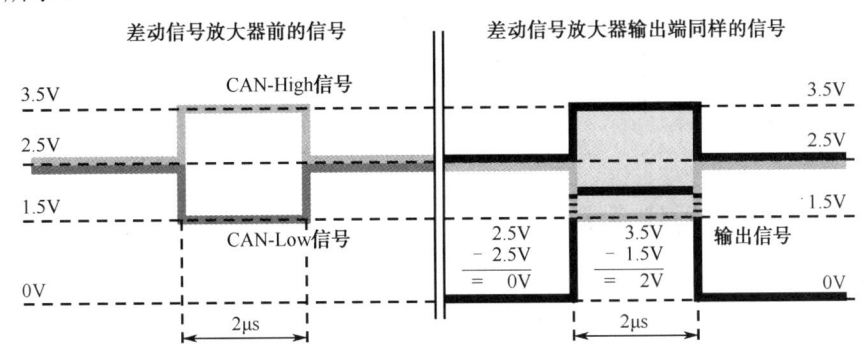

图 3-29　差动信号放大器内的信号处理

用 CAN-High 线上的电压（$U_{CAN\text{-}High}$）减去 CAN-Low 线上的电压（$U_{CAN\text{-}Low}$），就得出了差动信号放大器的输出电压，用这种方法可以消除静电压或其他任何重叠的电压（如干扰）。

5. 高速 CAN 总线上的阻抗匹配

在高速 CAN 总线终端上必须设计终端电阻，用于消除总线传输过程中的信号反射与叠加，吸收信号传输到总线终端的电磁能量，从而避免信号被干扰及相关电子控制单元的解码错误，以提高总线的通信品质及一致性。

在高速 CAN 总线系统中，终端电阻接在 CAN-High 线和 CAN-Low 线之间。标准高速 CAN 总线的原始形式中，在总线的两端接有两个终端电阻，如图 3-30 所示。

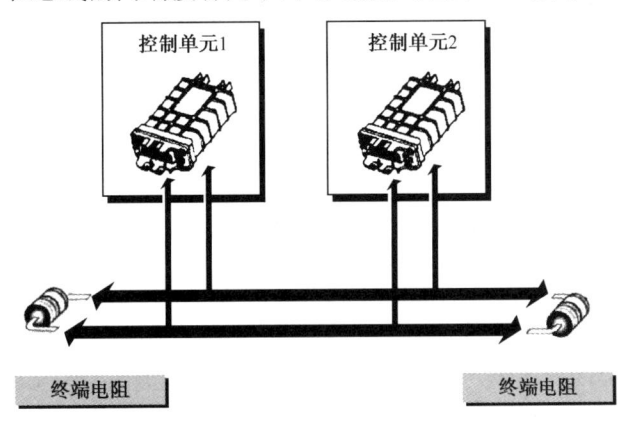

图 3-30　终端电阻布置图

现在一些车型将终端电阻分布在各个控制单元内，其中在发动机控制单元中装有"中央终端电阻"，其他控制单元中安装有大电阻。例如，大众品牌部分车型中设置有两种终端电阻，阻值为 66Ω 和 2.6kΩ，如图 3-31 所示。

高速 CAN 总线系统中 CAN-High 线和 CAN-Low 线之间的总电阻值为 50～70Ω。如果点火开关断开，可以用电阻表测量 CAN-High 线和 CAN-Low 线之间的电阻值。

低速 CAN 总线系统的特点是，控制单元的终端电阻不是在 CAN-High 线和 CAN-Low 线之间，而是在导线与地之间。电源电压断开时，CAN-Low 线上的电阻也断开，因此不能用电阻表进行测量。

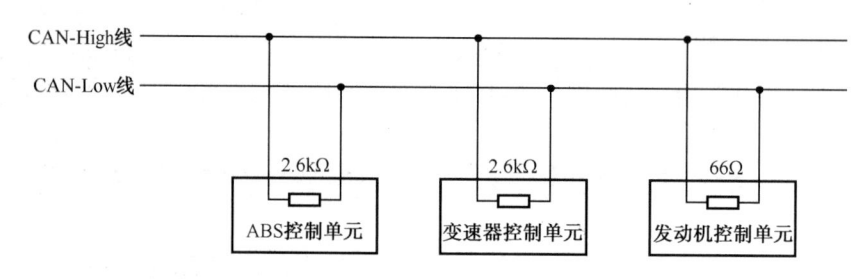

图 3-31 分布式终端电阻布置

3.2.2 高速 CAN 总线系统实例

1. 一汽大众宝来（Bora）轿车动力 CAN 总线系统

（1）动力 CAN 网络的组成

如图 3-32 所示，动力 CAN 网络主要包括：Motronic 控制单元、自动变速器控制单元、ABS/EDL 控制单元、转向角传感器、四轮驱动控制单元、安全气囊控制单元、仪表控制单元（内置网关）。

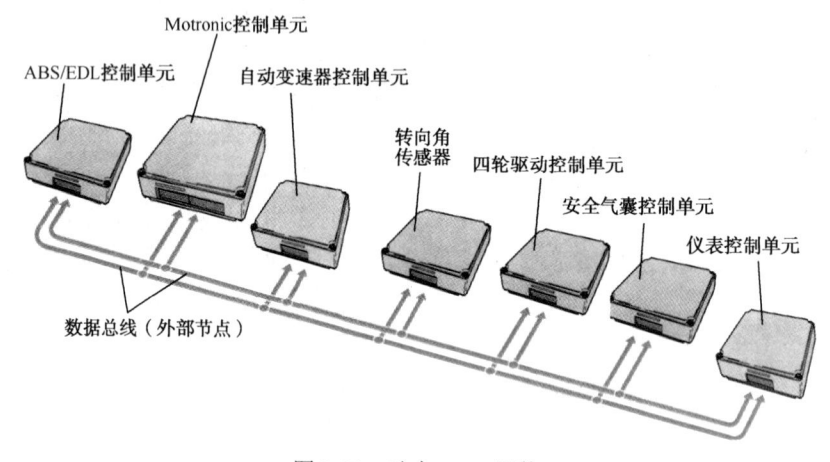

图 3-32 动力 CAN 网络

（2）动力 CAN 网络的电路

宝来轿车动力 CAN 网络的电路图如图 3-33 和图 3-34 所示。

2. 马自达轿车 CAN 总线系统

马自达轿车的 CAN 网络结构基本形式大体相同，分为高速网络 HS-CAN 和中速网络 MS-CAN。因不同年代、不同配置车型的模块（单元）数量和位置不同，CAN 网络结构也会存在差异。早期车型因控制系统较少，仅有高速网络 HS-CAN。下面以当前市场上销售的马自达 6 Atenza（阿特兹）为例进行介绍，其 CAN 总线系统结构示意图如图 3-35 所示。

（1）高速网络 HS-CAN

高速网络 HS-CAN 用于模块（单元）之间的通信，主要包括：PCM（动力控制模块）、雷达装置、DSC HU/CM（动态稳定控制模块）、TCM（变速器控制模块）、FBCM（前车身控制模块）、AFS（自适应前照灯控制模块）、DC-DC 转换器、EPB（电动驻车制动控制模块）、DSM（位置记忆控制模块）、激光传感器、前置遥感摄像头、EPS（电子转向助力控制模块）、SSU（启停单元）、SAS（安全气囊控制模块）、ACU（音响控制装置）、AM（音响放大器）、IC（仪表组）。其接线图如图 3-36 所示。

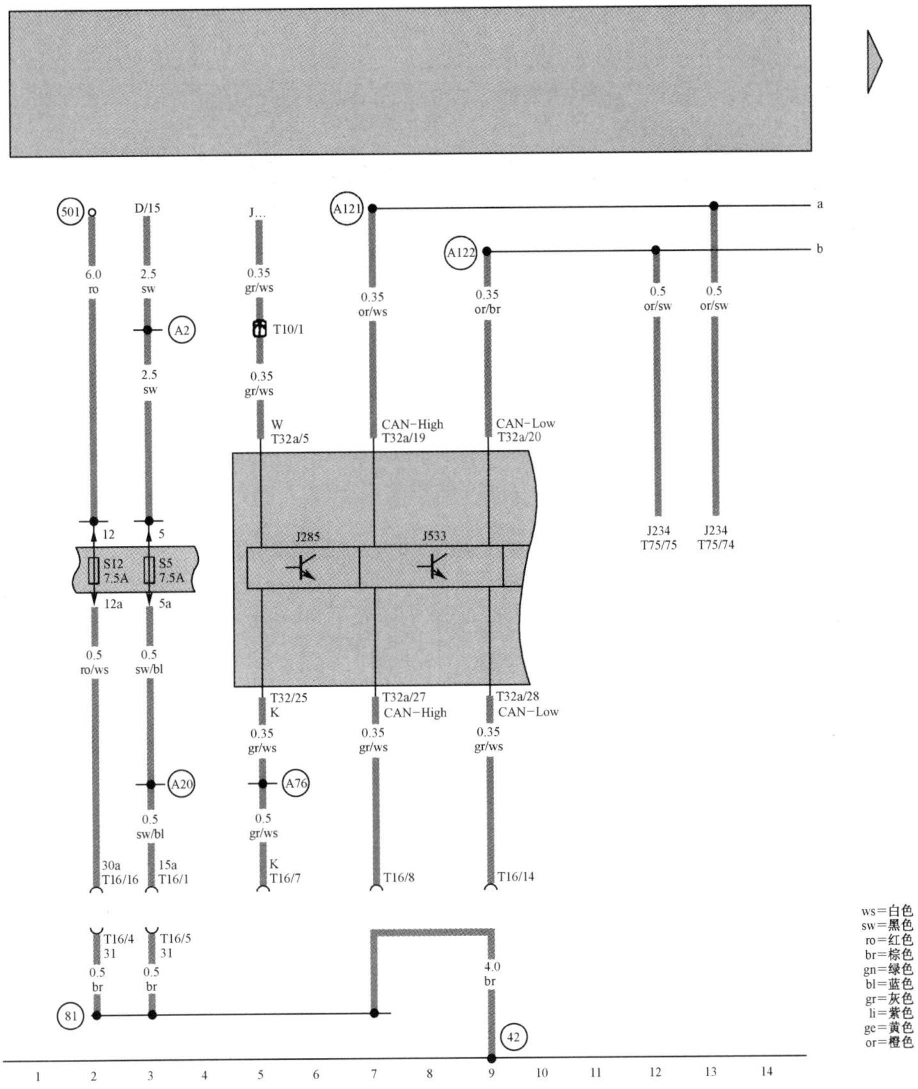

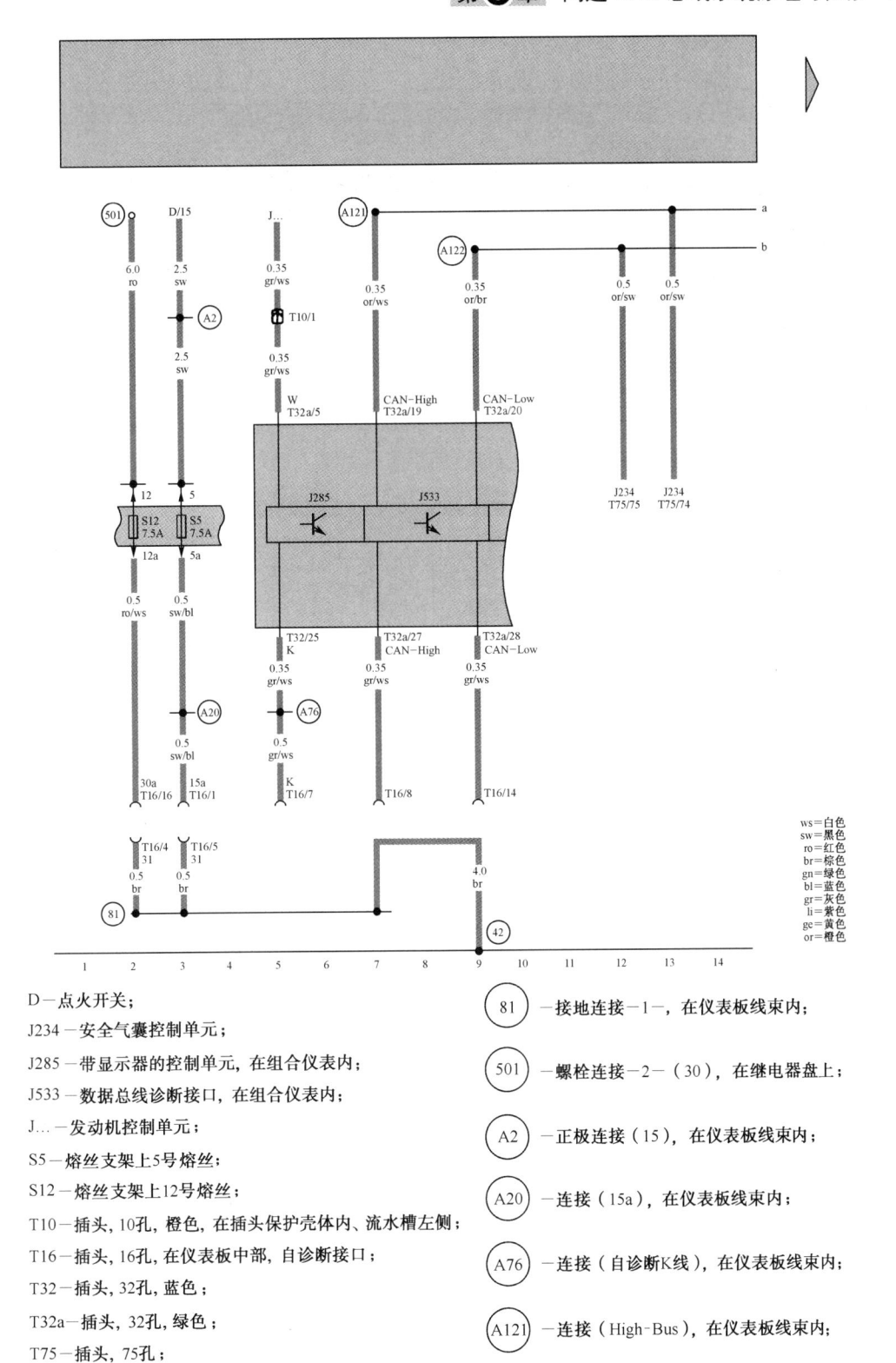

D—点火开关；

J234—安全气囊控制单元；

J285—带显示器的控制单元，在组合仪表内；

J533—数据总线诊断接口，在组合仪表内；

J…—发动机控制单元；

S5—熔丝支架上5号熔丝；

S12—熔丝支架上12号熔丝；

T10—插头，10孔，橙色，在插头保护壳体内、流水槽左侧；

T16—插头，16孔，在仪表板中部，自诊断接口；

T32—插头，32孔，蓝色；

T32a—插头，32孔，绿色；

T75—插头，75孔；

(42)—接地点，在转向柱旁；

(81)—接地连接—1—，在仪表板线束内；

(501)—螺栓连接—2—（30），在继电器盘上；

(A2)—正极连接（15），在仪表板线束内；

(A20)—连接（15a），在仪表板线束内；

(A76)—连接（自诊断K线），在仪表板线束内；

(A121)—连接（High-Bus），在仪表板线束内；

(A122)—连接（Low-Bus），在仪表板线束内

图3-33　宝来轿车动力CAN网络的电路图（1）

```
         a ─┬──────┬─────────┬──────┬─────────┬──────┬────────┬──────────────────┬──── A121
         b ─┼──┬───┼───┬─────┼──┬───┼──┬──────┼──┬───┼──┬─────┼──────┐     ┌─────┼──── A122
            │  │   │   │     │  │   │  │      │  │   │  │     │      │     │     │
           0.5 0.5 0.35 0.35 0.35 0.35 0.5   0.5
           or/br or/sw or/br or/sw or/br or/sw ws   sw
                                                    ┌T10w/3┐   ┌T10w/2┐
                                                   0.5  0.35   0.35  0.5
                                                   or/br or/br or/sw or/sw
```

J104	J104	G85	G85	J492	J492	J217	J220	J220	J217
T47a/15	T47a/11	T6a/2	T6a/3	T8/7	T8/8	T68/3	T80/29	T80/41	T68/25
T47/20	T47/19					T68a/16	T121/58	T121/60	T68a/15
T25/10	T25/11						J248	J248	
							T121/5	T121/7	
							J361	J361	
							T80/29	T80/31	
							T121/40	T121/39	
							J448	J448	
							T80/29	T80/41	
							T121/58	T121/60	

ws—白色
sw—黑色
ro—红色
br—棕色
gn—绿色
bl—蓝色
gr—灰色
li—紫色
ge—黄色
or—橙色

15 16 17 18 19 20 21 22 23 24 25 26 27 28

G85—转向角传感器，在转向柱上；
J104—ABS/带EDL的ABS控制单元；
J217—自动变速器控制单元；
J220—多点喷射控制单元；
J248—柴油直喷控制单元；
J361—Simos控制单元；
J448—4AV/4LV/4MV控制单元；
J492—四轮驱动控制单元，在后桥附近；
T6a—插头，6孔；
T8—插头，8孔；
T10w—插头，10孔，白色，在插头保护壳体内，流水槽左侧；
T25—插头，25孔，在ABS/带EDL的ABS控制单元上；
T47—插头，47孔，在带EDL/ASR/ESP的ABS
　　　控制单元上（2000年7月前）；
T47a—插头，47孔，在ABS/带EDL/ASR/ESP
　　　的ABS控制单元上（2000年8月后）；

T68—插头，68孔，指装有4挡自动变速器的车；
T68a—插头，68孔，指装有5挡自动变速器的车；
T80—插头，80孔；
T121—插头，121孔；
(A121)—连接（High-Bus），在仪表板线束内；
(A122)—连接（Low-Bus），在仪表板线束内

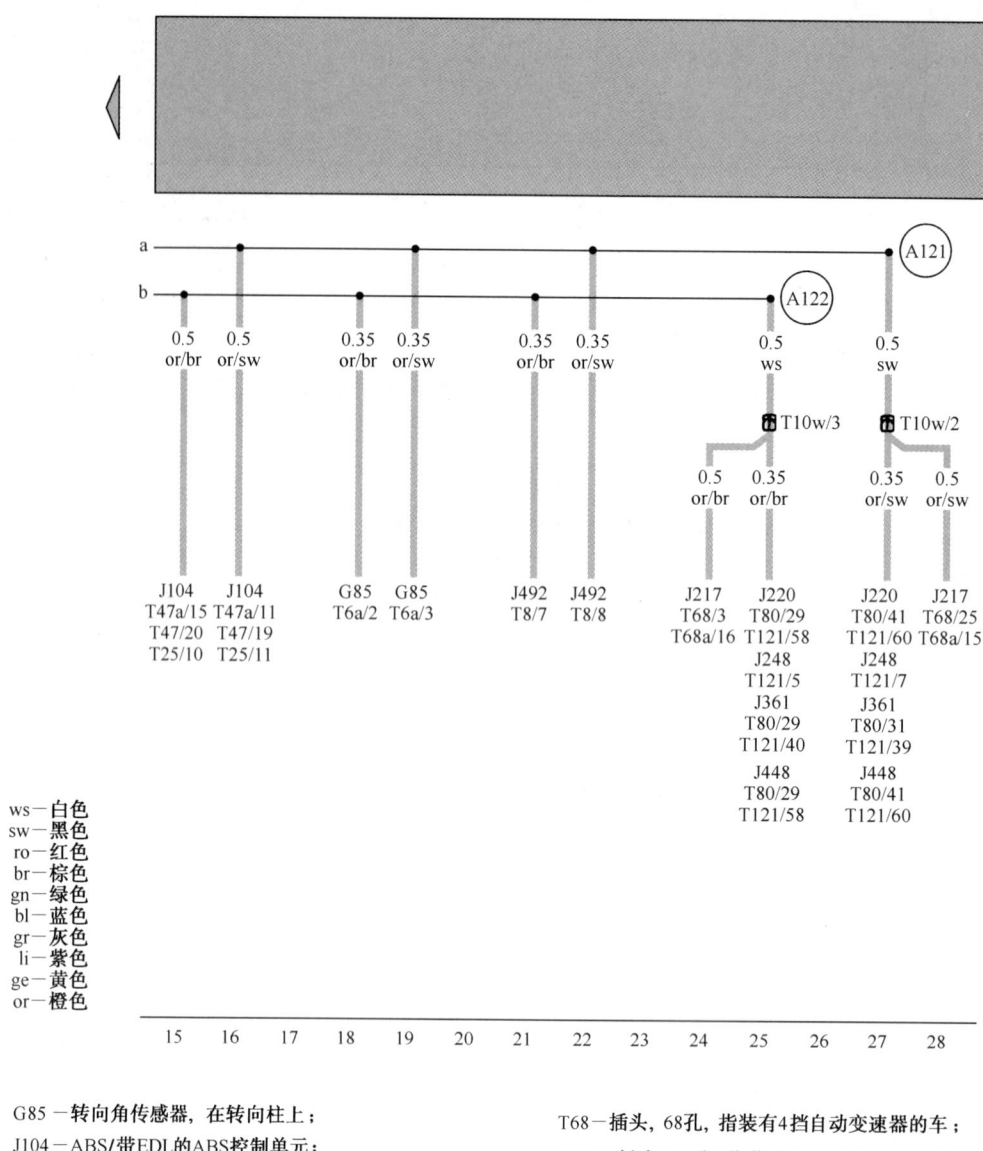

图 3-34　宝来轿车动力 CAN 网络的电路图（2）

第 ❸ 章 高速 CAN 总线系统原理与检修

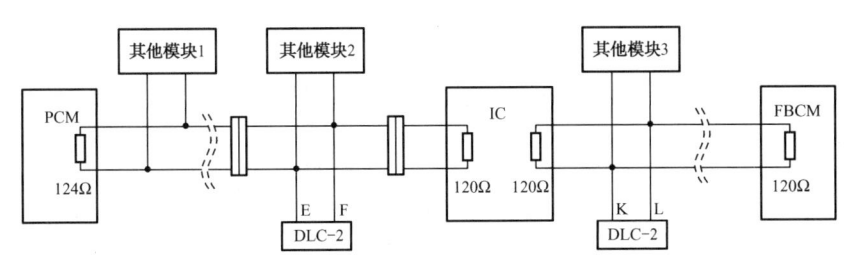

图 3-35　CAN 总线系统结构示意图

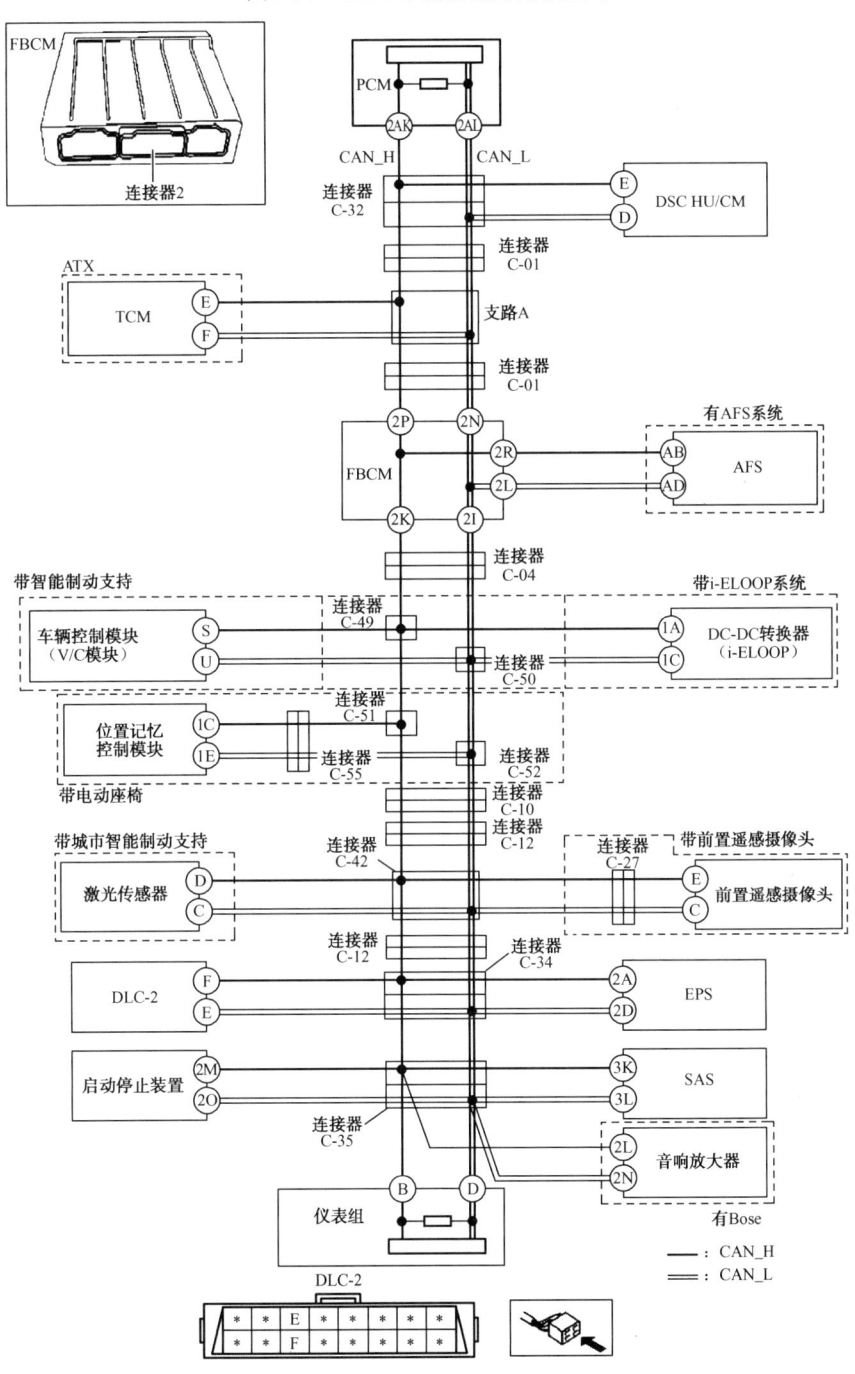

图 3-36　高速网络 HS-CAN 接线图

（2）中速网络 MS-CAN

中速网络 MS-CAN 用于模块（单元）之间的通信，主要包括：IC（仪表组）、泊车辅助装置、EATC（气候控制单元）、RBCM（后车身控制模块）、BSM（盲点监控控制模块）。其接线图如图 3-37 所示。

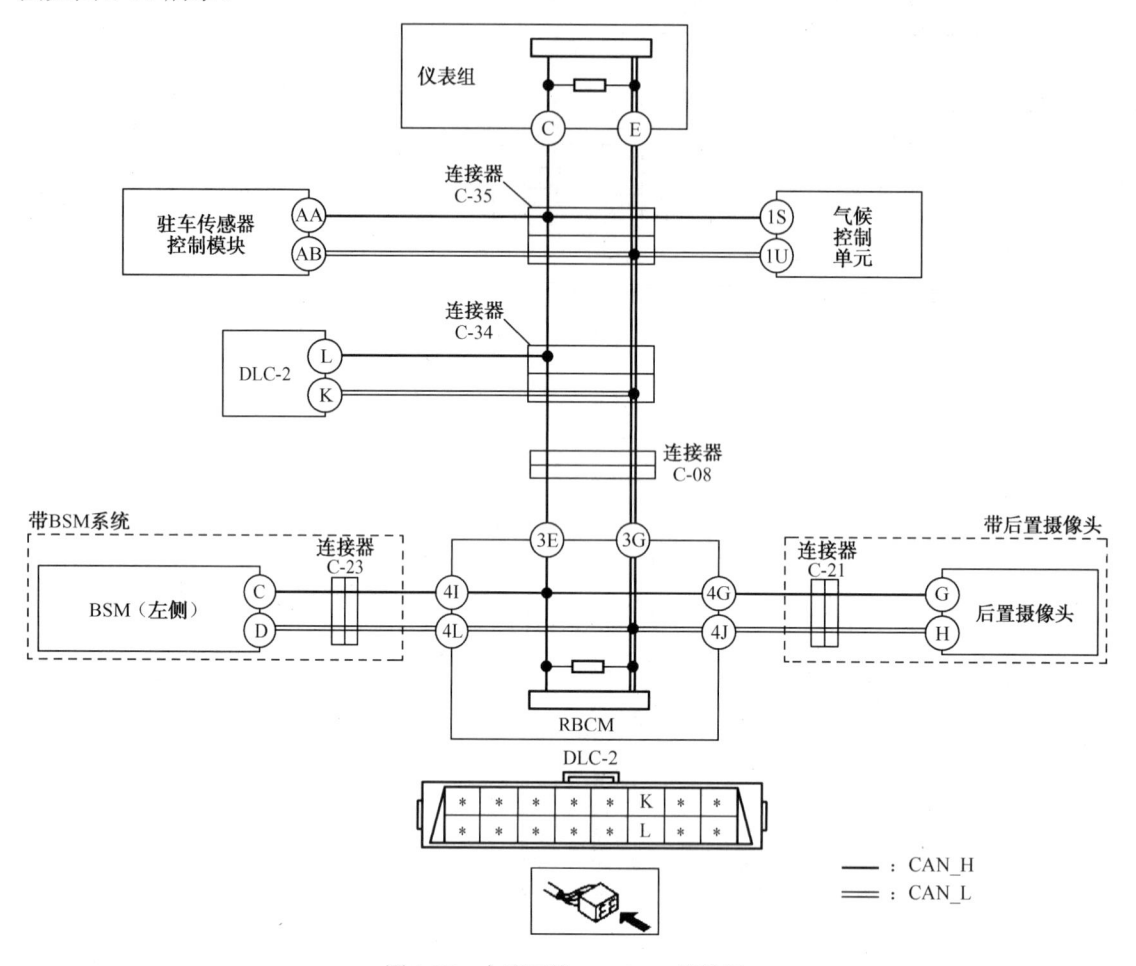

图 3-37 中速网络 MS-CAN 接线图

3.3 高速 CAN 总线的检测

3.3.1 高速 CAN 总线的电阻检测

1. 检测方式

高速 CAN 总线电阻值是否正常，是判断高速 CAN 总线物理导线连接是否良好的重要依据。可在高速 CAN 总线不工作、系统断电的情况下，采用数字万用表测量 CAN-High 线与 CAN-Low 线之间的电阻值，测试连接示意图如图 3-38 所示。

2. 测量值

① 总线物理导线正常测量的电阻值若为 55～65Ω，则说明高速 CAN 总线物理导线连接正常。

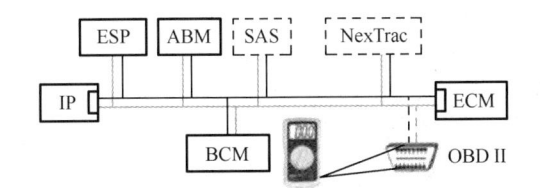

图 3-38 电阻值测试连接示意图

② 总线物理导线断路测量的电阻值若大于 70Ω 且小于 120Ω，则说明高速 CAN 总线物理导线存在断路。

③ 总线物理导线短路测量的电阻值若小于 55Ω，则导线之间存在短路。

④ 若 CAN-High（CAN-Low）物理导线与负极之间的电阻值小于 5Ω，则说明 CAN-High（CAN-Low）物理导线对负极短路。

总线终端电阻丢失，高速 CAN 总线在无终端电阻情况下运行，导致高速 CAN 总线严重故障，总线信号无法正常传输，相关功能丧失。

3.3.2 高速 CAN 总线的电压检测

1. 检测方式

CAN 总线可以采用数字万用表进行电压信号测试，大致判断总线的信号传输是否存在故障，检测方法如图 3-39 所示。

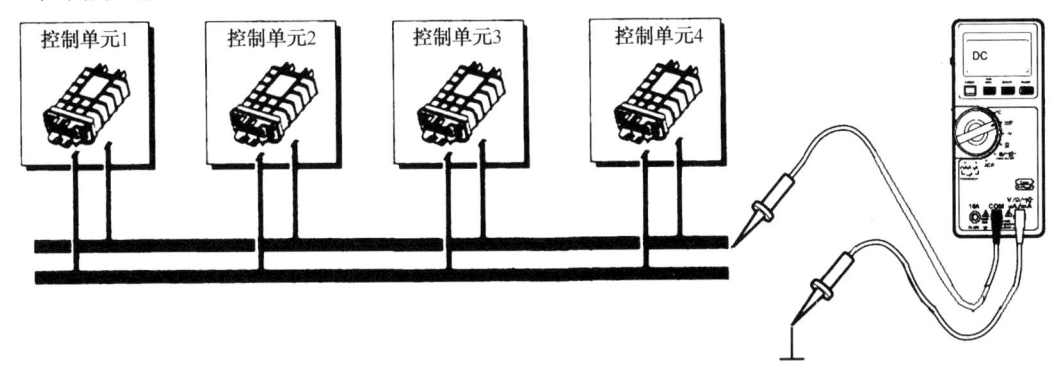

图 3-39 CAN 总线的万用表检测方法

在用数字万用表测量频率信号时，万用表具有分段采集和有效值运算的工作特性，因此，数字万用表的显示值只能反映被测信号的主体电压值，不能显示被测信号的每个细节。由此可见，采用数字万用表测量 CAN 总线的信号电压时，万用表的显示值和 CAN 总线的主体电压值具有对应关系。下面根据动力 CAN 总线和舒适 CAN 总线的信号特点分别分析使用万用表测量时的显示值。

2. 测量值

动力 CAN 总线的信号波形如图 3-40 所示。CAN-High 信号在总线空闲时的电压约为 2.5V，总线上有信号传输时，总线上的电压值在 2.5～3.5V 高频波动，因此 CAN-High 的主体电压值应是 2.5V，万用表的测量值为 2.5～3.5V，大于 2.5V 但靠近 2.5V。

同理，CAN-Low 信号在总线空闲时的电压约为 2.5V，总线上有信号传输时，总线上的电压值在 1.5～2.5V 高频波动，因此 CAN-Low 的主体电压值应是 2.5V，万用表的测量值为 1.5～2.5V，小于 2.5V 但靠近 2.5V。

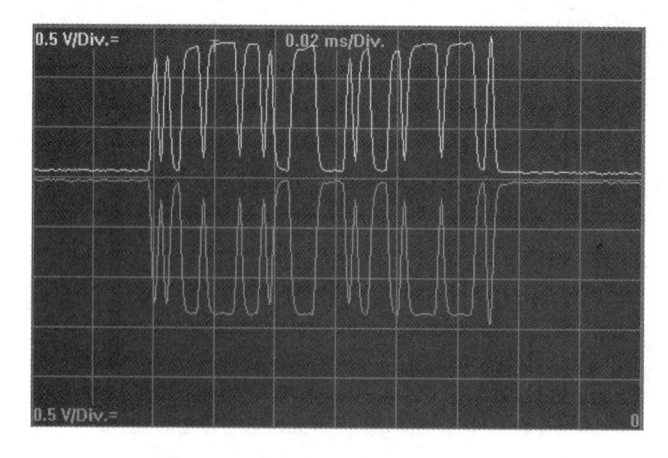

图 3-40　动力 CAN 总线的信号波形

3.3.3　高速 CAN 总线的波形检测

1．正常波形

（1）检测方式

在双通道模式下检测高速 CAN 总线，检测电路连接如图 3-41 所示。

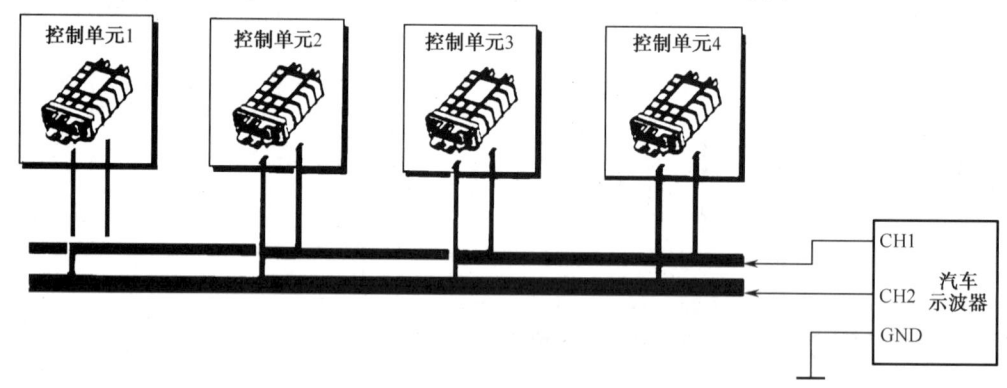

图 3-41　双通道模式下检测电路连接

（2）波形分析

在双通道模式下检测高速 CAN 总线，信号波形如图 3-42 所示。

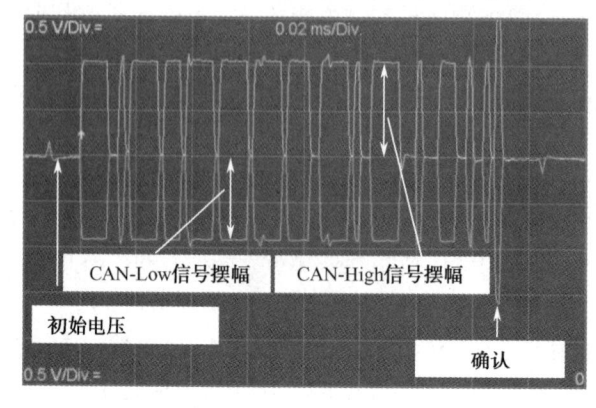

图 3-42　高速 CAN 总线信号波形

2. 高速 CAN 总线的故障波形

当故障存储记录为"动力 CAN 总线故障"时，用示波器进行检测是必要的，可以确定故障点的位置及引发故障的原因。在下面的故障波形分析中，用通道 A 测量 CAN-High 的电压，用通道 B 测量 CAN-Low 的电压。

（1）故障 1 波形：CAN-High 与 CAN-Low 短路（见图 3-43）

电压置于 2.5V。通过插拔动力 CAN 总线上的控制单元可以判断，是控制单元引起的短路还是 CAN-High 和 CAN-Low 线路连接引起的短路。当为线路连接引起的短路时，需要将 CAN 线组（CAN-High 和 CAN-Low）从线节点处依次拔出，同时注意数字示波器的波形。当故障线组被取下后，数字示波器的波形恢复正常。

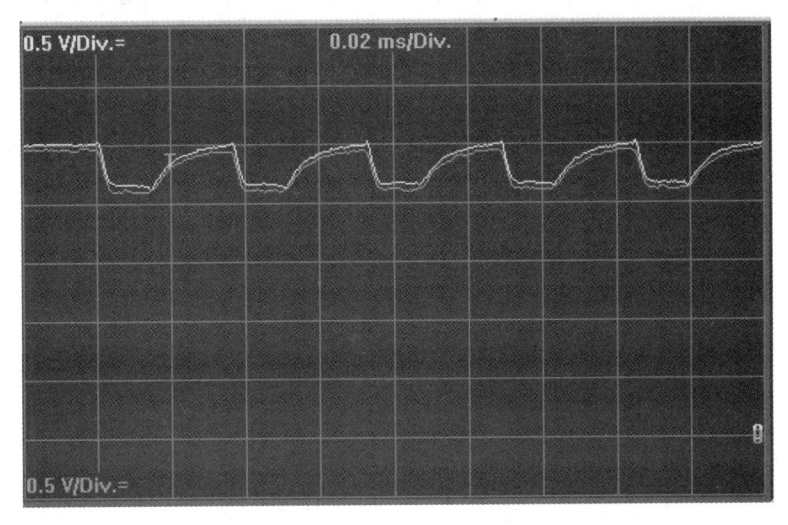

图 3-43　CAN-High 与 CAN-Low 短路故障的波形

（2）故障 2 波形：CAN-High 对正极短路（见图 3-44）

CAN-High 线上的电压置于 12V，CAN-Low 线上的隐性电压也被置于大约 12V。这是由控制单元收发器内的 CAN-High 和 CAN-Low 的内部连接关系引起的。该故障的判断方法与故障 1 相同。

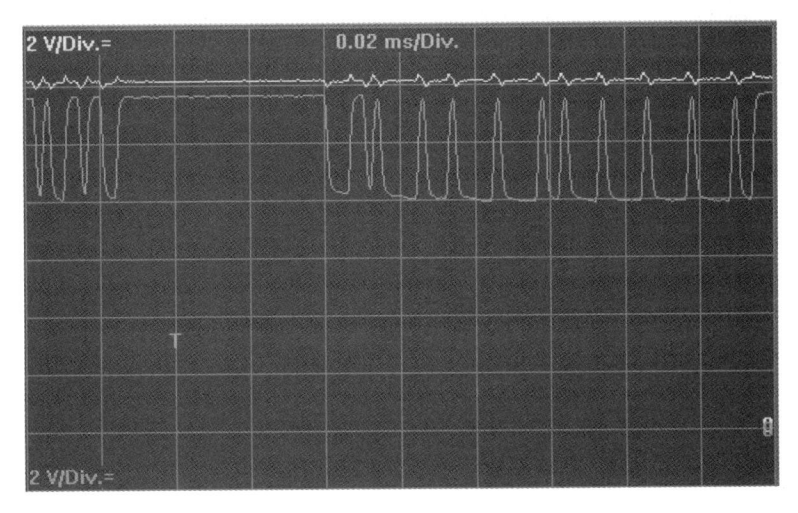

图 3-44　CAN-High 对正极短路故障的波形

（3）故障 3 波形：CAN-High 对地短路（见图 3-45）
CAN-High 线上的电压位于 0V，CAN-Low 线上的电压也位于 0V，可是在 CAN-Low 线上还能看到一小部分的电压变化。该故障的判断方法与故障 1 相同。

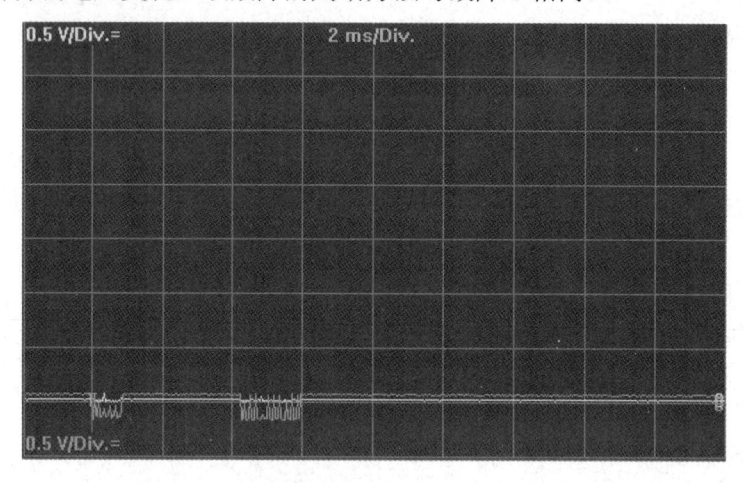

图 3-45　CAN-High 对地短路故障的波形

（4）故障 4 波形：CAN-Low 对地短路（见图 3-46）
CAN-Low 线上的电压大约为 0V，CAN-High 线上的隐性电压也被降至 0V。该故障的判断方法与故障 1 相同。

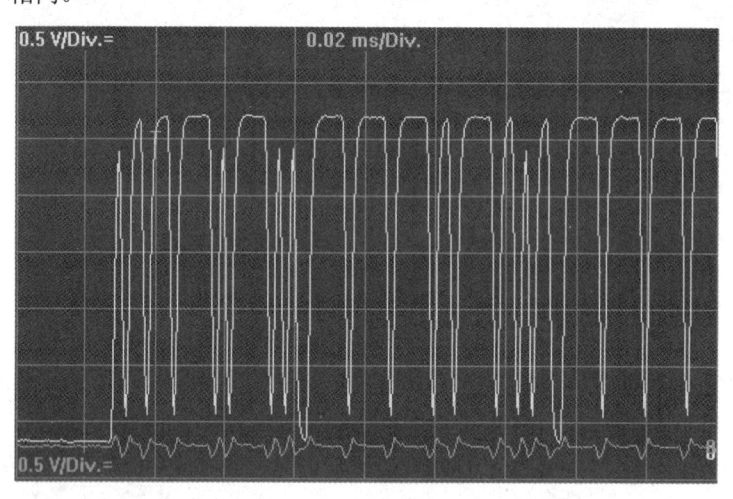

图 3-46　CAN-Low 对地短路故障的波形

（5）故障 5 波形：CAN-Low 对正极短路（见图 3-47）
两条总线电压都约为 12V。该故障的判断方法与故障 1 相同。
（6）故障 6 波形：CAN-High 断路（见图 3-48）
由于电流无法再通过 CAN-Low 线流向中央终端电阻，两条导线电压均接近 1V。如果还有其他控制单元在工作，那么图 3-48 中显示出的电平就会与 CAN-High 线上的正常电压一起变化。
（7）故障 7 波形：CAN-Low 断路（见图 3-49）
由于电流无法再通过 CAN-High 线流向中央终端电阻，两条导线电压均接近 5V。如果还有其他控制单元在工作，那么图 3-49 中显示出的电平就会与 CAN-Low 线上的正常电压一起变化。

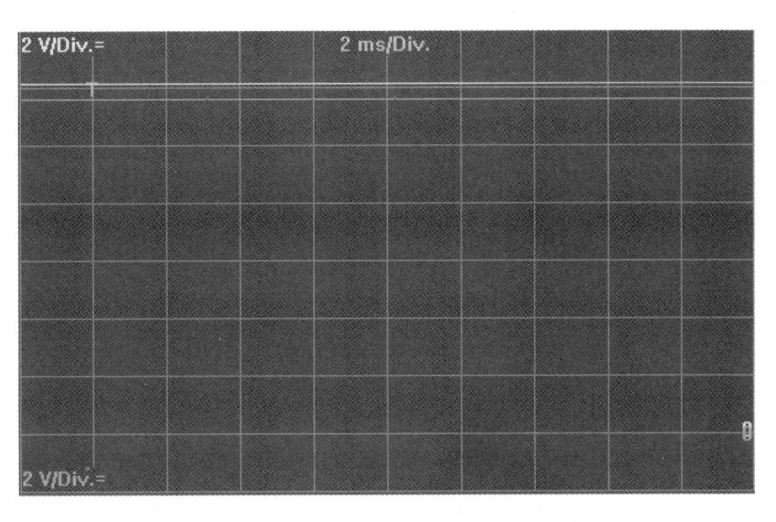

图 3-47　CAN-Low 对正极短路故障的波形

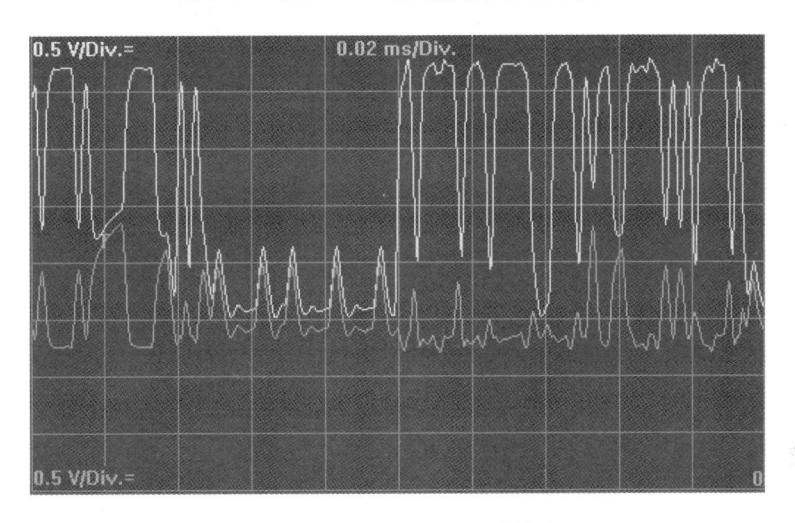

图 3-48　CAN-High 断路故障的波形

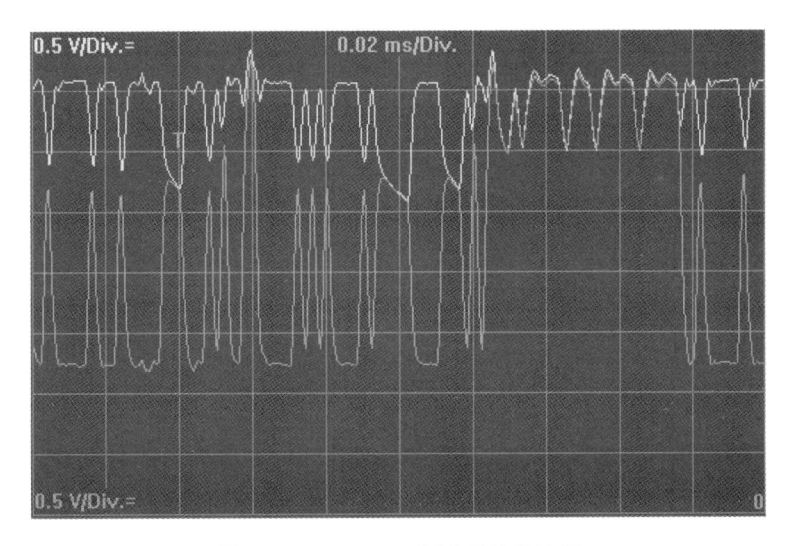

图 3-49　CAN-Low 断路故障的波形

3.3.4 高速 CAN 系统自诊断

1. 高速 CAN 系统的故障码

以大众宝来轿车为例,其高速 CAN 系统的典型故障码如下。

(1) 故障码 01312:数据总线损坏

可能故障:①数据线有故障;②数据总线在"Bus-off"状态。

可能影响:①行驶性能不良(换挡冲击、负荷变化冲击);②无行驶动力控制。

故障排除:①读取数据流;②检查控制单元编码;③按照电路图检查数据总线;④更换损坏的控制单元。

(2) 故障码 01314:发动机控制单元无法通信

可能故障:发动机控制单元通过数据总线的数据接收不正常。

可能影响:①行驶性能不良(换挡冲击、负荷变化冲击);②无行驶动力控制。

故障排除:①读取数据流;②查询发动机控制单元故障存储器并排除故障;③按照电路图检查发动机控制单元的数据总线。

(3) 故障码 01315:变速器控制单元无法通信

可能故障:变速器控制单元通过数据总线的数据接收不正常。

可能影响:①行驶性能不良(换挡冲击、负荷变化冲击);②无行驶动力控制。

故障排除:①读取数据流;②查询变速器控制单元故障存储器并排除故障;③按照电路图检查变速器控制单元的数据总线。

(4) 故障码 01316:ABS 控制单元无法通信

可能故障:ABS 控制单元通过数据总线的数据接收不正常。

可能影响:①行驶性能不良(换挡冲击、负荷变化冲击);②无行驶动力控制。

故障排除:①读取数据流;②查询 ABS 控制单元故障存储器并排除故障;③按照电路图检查 ABS 控制单元的数据总线。

(5) 故障码 01317:组合仪表内控制单元(J285)无法通信

可能故障:①控制单元数据线有故障;②控制单元损坏。

可能影响:①行驶性能不良(换挡冲击、负荷变化冲击);②无行驶动力控制。

故障排除:①读取数据流;②查询与数据总线相连的所有控制单元的故障存储器并排除故障;③按照电路图检查数据总线。

(6) 故障码 01321:安全气囊控制单元(J234)无法通信

可能故障:安全气囊控制单元通过数据总线的数据接收不正常。

可能影响:安全气囊警告灯亮。

故障排除:①读取数据流;②查询安全气囊控制单元的故障存储器并排除故障;③按照电路图检查安全气囊控制单元的数据总线。

(7) 故障码 01324:四轮驱动控制单元(J492)无法通信

可能故障:四轮驱动控制单元通过数据总线的数据接收不正常。

可能影响:①行驶性能不良(换挡冲击、负荷变化冲击);②无行驶动力控制。

故障排除:①读取数据流;②查询四轮驱动控制单元故障存储器并排除故障;③按照电路图检查四轮驱动控制单元的数据总线。

2. 高速 CAN 系统的数据流

通过诊断仪的数据流监测功能可以监测到当前高速 CAN 上的控制单元（模块）通信状态。以大众宝来轿车为例，高速 CAN 系统的典型数据流如下。

（1）数据块显示组 125

根据图 3-50 和表 3-9 所示的数据块显示组 125 中的数据内容，可以监测到发动机控制单元、自动变速器控制单元和 ABS 控制单元的总线状态。

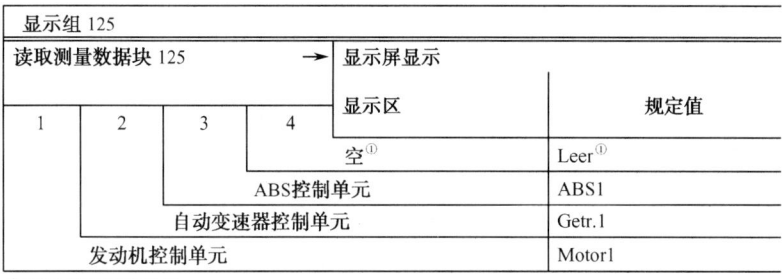

图 3-50 数据块显示组 125

表 3-9 显示组 125 的分析结果

显 示 区	名　称	显 示 内 容	故 障 排 除
1	发动机控制单元	Motor1 = i.o 发动机控制单元通过数据总线的数据接收正常； Motor0 = nicht i.o 发动机控制单元通过数据总线的数据接收不正常	如果数据接收不正常，按电路图检查控制单元的数据总线
2	自动变速器控制单元	Getr.1 = i.o 自动变速器控制单元通过数据总线的数据接收正常； Getr.0 = nicht i.o 自动变速器控制单元通过数据总线的数据接收不正常	
3	ABS 控制单元	ABS1 = i.o ABS 控制单元通过数据总线的数据接收正常； ABS0 = nicht i.o ABS 控制单元通过数据总线的数据接收不正常	

（2）数据块显示组 126

根据图 3-51 和表 3-10 所示的数据块显示组 126 中的数据内容，可以监测到转向角传感器和安全气囊控制单元的总线状态。

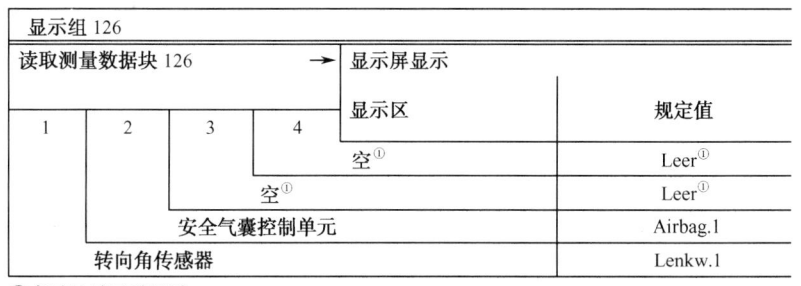

图 3-51 数据块显示组 126

表 3-10　显示组 126 的分析结果

显 示 区	名　　称	显 示 内 容	故 障 排 除
1	转向角传感器	Lenkw.1 = i.o 转向角传感器通过数据总线的数据接收正常； Lenkw.0 = nicht i.o 转向角传感器通过数据总线的数据接收不正常	如果数据接收不正常，按电路图检查控制单元的数据总线
2	安全气囊 控制单元	Airbag.1 = i.o 安全气囊控制单元通过数据总线的数据接收正常； Airbag.0 = nicht i.o 安全气囊控制单元通过数据总线无数据接收	

3.3.5　高速 CAN 总线系统故障实例

1. 故障现象

一辆 2006 年生产的东风日产天籁轿车，用户报修项目为前照灯无法关闭；ABS 指示灯亮；前雾灯无法打开，后雾灯正常；转向灯和警示灯正常；小灯和前照灯不受灯光组合开关控制，常亮，但是仪表各种灯光指示灯正常；同时伴有刮水器电动机不受开关控制，但是喷水正常；车速里程表不工作。

2. 故障诊断

用故障诊断仪 X-431 进入各个系统，读取发动机系统故障码 U1001（CAN 通信线）、ABS 和 BCM 故障码 U1000（CAN 通信线）。查阅维修手册，厂家对这两个故障码的解释都是本控制单元不能与其他控制单元通信，怀疑是 CAN 线路出问题了。

向用户仔细询问故障出现的次数和情形，故障是当天出现的，但是曾经有过晚上在路上颠簸一下就出现灯光自动熄灭的情况，然后自动好了。从用户反映的情况来看，应该是线路导致的问题。结合故障码和用户反映的情况，决定先从 CAN 线路开始检查，CAN 系统电路图如图 3-52～图 3-54 所示。

天籁轿车的前远近光灯、前雾灯、驻车灯、牌照灯、尾灯都是由 BCM 接收到灯光组合开关的请求信号，然后从 39 和 40 脚（如图 3-53 所示），经过 CAN 线传送到发动机室智能电源分配模块的 48 和 49 脚（如图 3-54 所示），由 IPDM E/R 控制相应的灯光点亮的；转向灯和危险警告灯则在 BCM 接收到开关请求信号后直接由 BCM 控制点亮；同时 BCM 通过 CAN 通信线向一体化仪表及 AC 放大器 1 和 11 脚发送信号，仪表点亮各种灯光指示灯。IPDM E/R 根据来自 BCM 的 CAN 信号，对前刮水器电动机进行控制，而前刮水器喷水是由刮水器组合开关直接控制的。

从 BCM 读取各个灯光开关和刮水器组合开关的信号，发现正常，这就证明灯光开关和刮水器组合开关的各种开关信号已经正常传递到了 BCM。从故障现象看，应该是通往 IPDM E/R 的 CAN 线路出了问题或 IPDM E/R 本身有问题。从 CAN 系统电路图可以看出，CAN 线从驾驶舱内出来经过了 E103 插头的 18 和 19 脚，如图 3-54、图 3-55 所示，然后穿过发动机室防火墙从右前翼子板内到达 IPDM E/R 的 E253 插头的 48 和 49 脚。测量 E103 插头的 18 和 19 脚到 IPDM E/R 的 E253 插头的 48 和 49 脚发现，E103 插头的 19 脚到 IPDM E/R 的

E253 插头的 48 脚不通（CAN-High），看来问题就出在这段线路上。拆下右前照灯和右前翼子板，发现该车曾经出过事故，从驾驶室出来的那段线束在事故中被撞断过，在其他修理厂修理时还曾接过一段线，当时 CAN-High 线没有接牢靠，而且 CAN 的双线没有互绞在一起，如图 3-56 所示。而且该段线束正通往 ABS 控制单元插头 E240，这也是 ABS 灯会点亮而车速里程表不工作的原因，ABS 无法将车速信号经过 CAN 通信线路传送到一体化仪表和 AC 放大器。

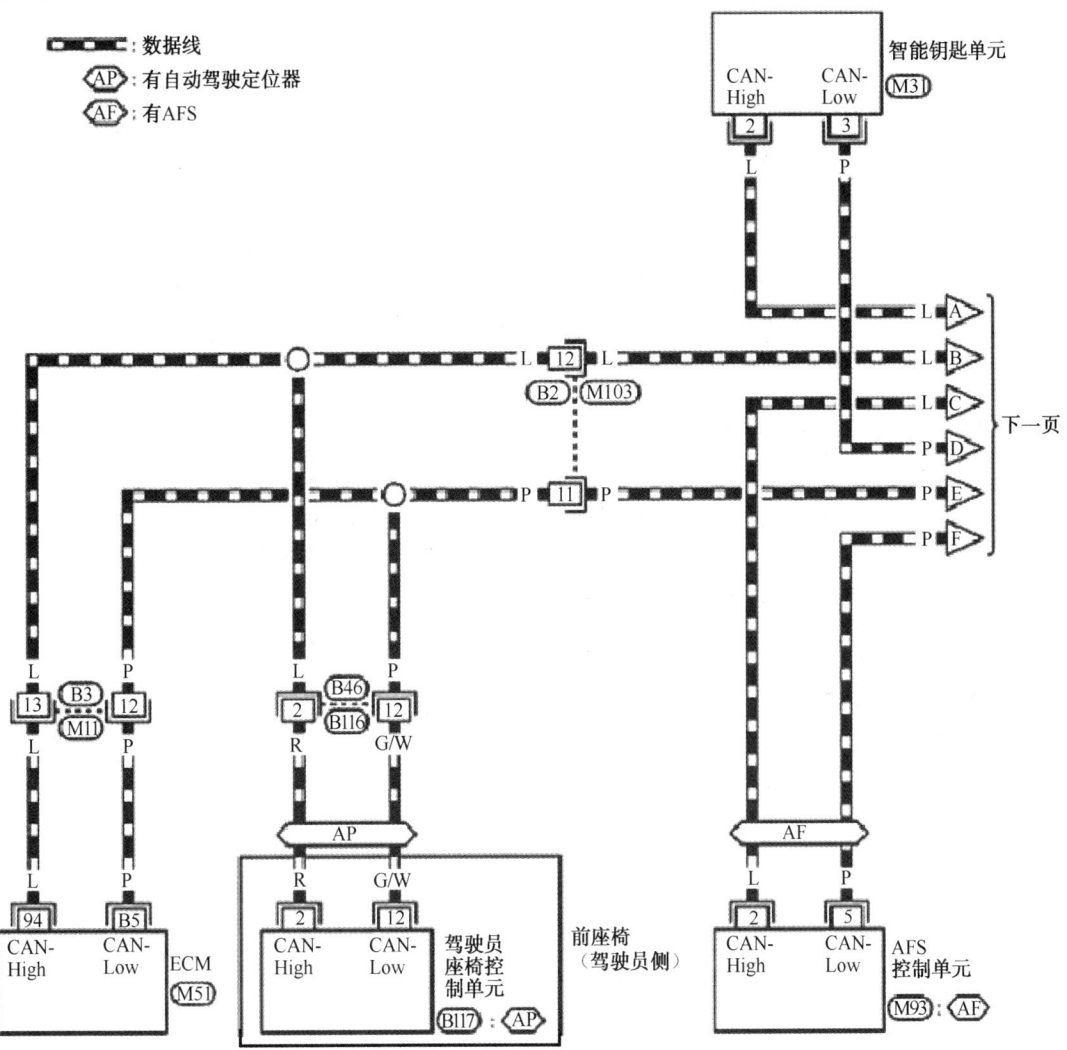

图 3-52　CAN 系统电路图（1）

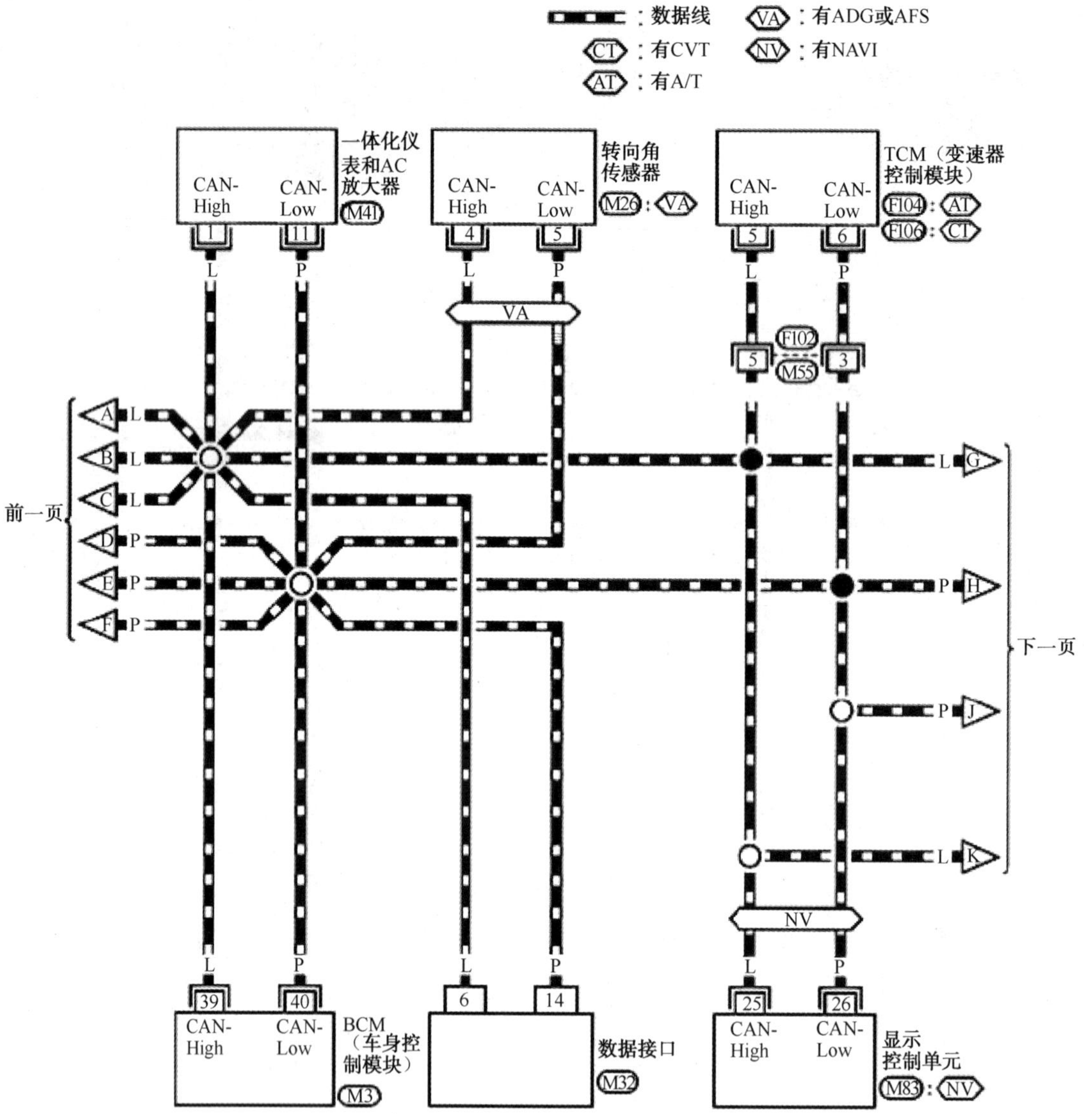

图 3-53 CAN 系统电路图（2）

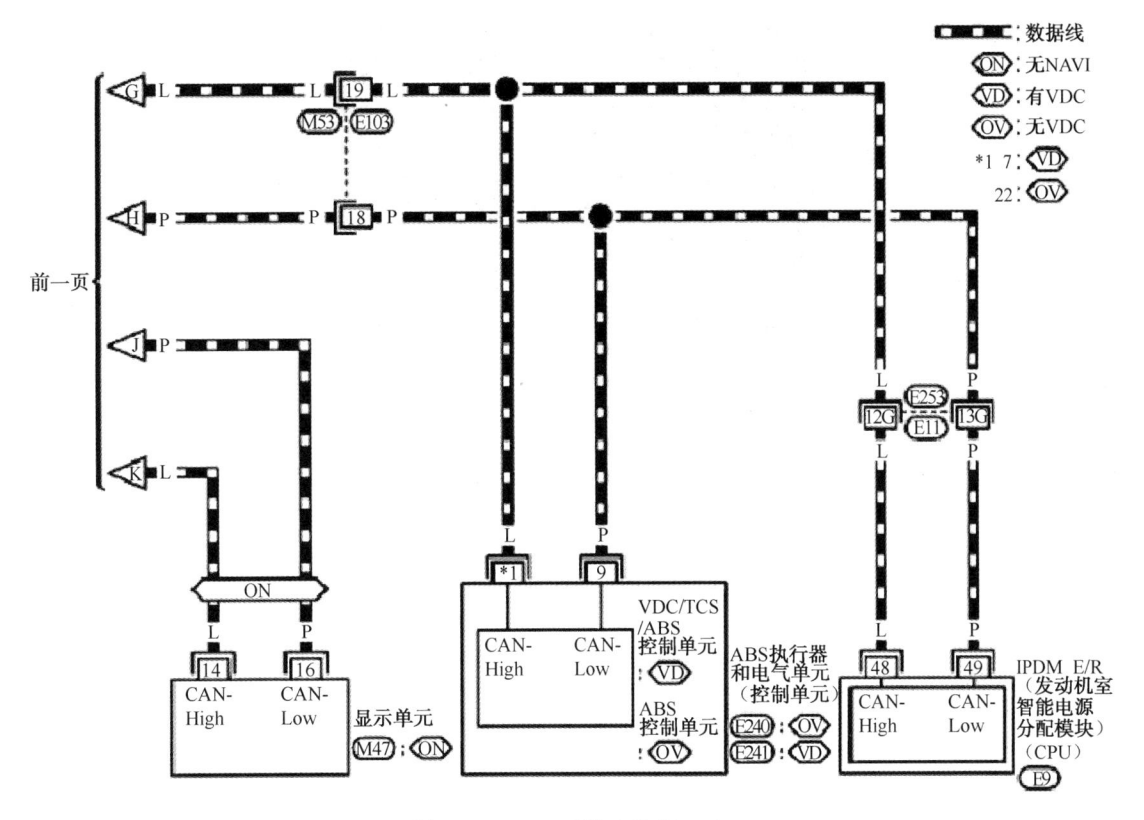

图 3-54　CAN 系统电路图（3）

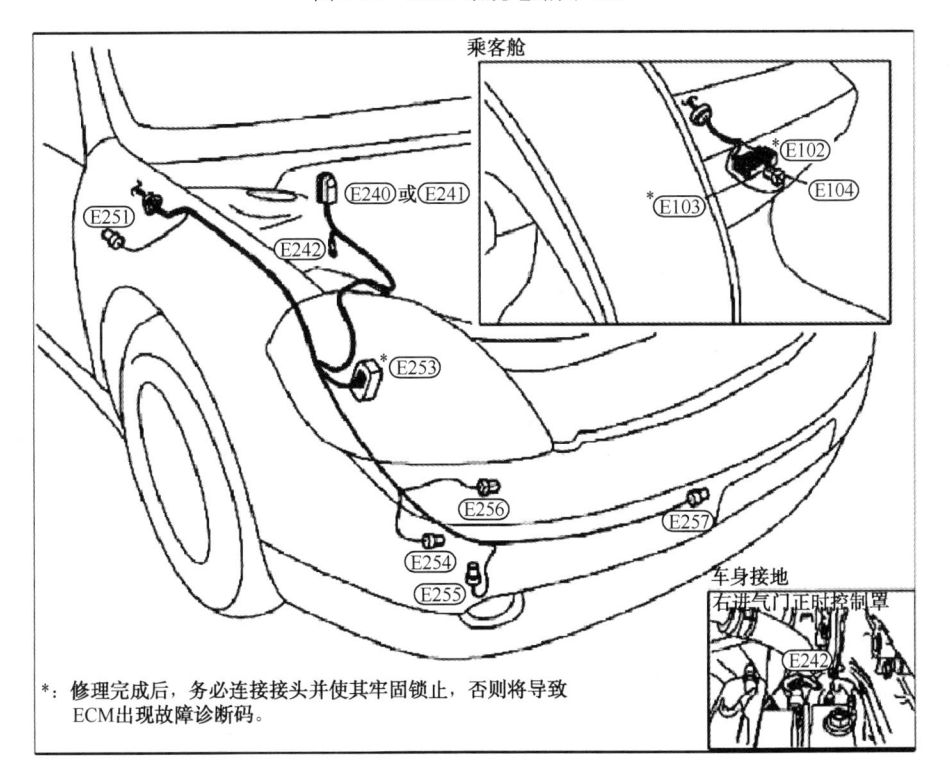

图 3-55　CAN 线束布置示意图

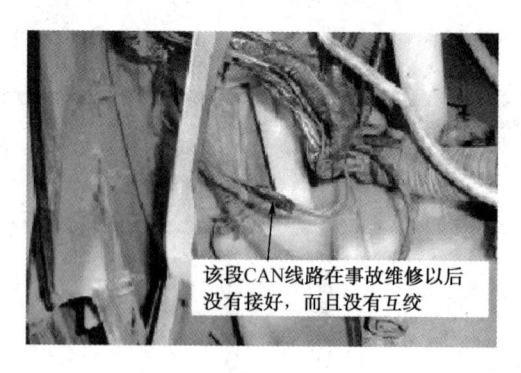

图 3-56　未接好的 CAN 线束

3．故障排除

将 CAN 线重新接好并且互绞再仔细包好，清除故障码后起动车辆，一切恢复正常。

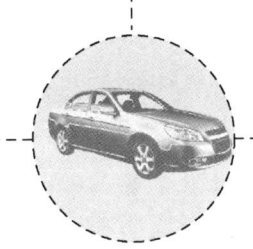

第 4 章

低速 CAN 总线系统原理与检修

4.1 低速 CAN 总线特点与实例

4.1.1 低速 CAN 总线特点

1. 低速 CAN 总线的主要联网控制单元

低速 CAN 总线的主要联网控制单元包括空调控制单元、车门控制单元、舒适控制单元、收音机和导航显示控制单元等，各控制单元通过低速 CAN 总线的 CAN-High 线和 CAN-Low 线来进行数据交换，如车窗升降、车内灯开/关、门锁控制、车辆位置（GPS）等。

低速 CAN 总线的主要特点：

（1）数据传输速率是 100kb/s，传递 1bit 信息所需时间为 0.01ms。

（2）无数据传输时的基础电压值为：CAN-High 线上电压为 0V，CAN-Low 线上电压为 5V（或 12V）。

（3）线色：CAN-High 线是橙绿色的，CAN-Low 线是橙棕色的。

（4）线径：$0.35mm^2$。

（5）CAN 舒适系统总线允许有单线工作模式。在一条数据线短路或一条数据线断路时，可以用另一条线继续工作，这时会自动切换到"单线工况"。

2. 低速 CAN 总线上的信号电压和逻辑状态

低速 CAN 总线抗干扰性强且电流消耗低，与高速 CAN 总线相比有一些不同。

首先，使用了单独的驱动器（功率放大器），这两个 CAN 信号就不再彼此依赖。与高速 CAN 总线不同，低速 CAN 总线的 CAN-High 线和 CAN-Low 线不通过电阻相连。也就是说，CAN-High 线和 CAN-Low 线不再彼此相互影响，而是独立工作。

在隐性状态（静电压）下，CAN-High 信号电压为 0V，显性电压≥3.6V。对于 CAN-Low 信号来说，隐性电压为 5V，显性电压≤1.4V。低速 CAN 总线上的信号电压和逻辑状态如图 4-1 和表 4-1 所示。

3. 低速 CAN 总线的 CAN 收发器

以低速 CAN 总线使用的 TJA1054A 收发器为例，其电路示意图如图 4-2 所示，R1 与 R2 为终端电阻（阻值大于 100Ω）。根据电路图，TXD 无信号时，晶体管均断开，CAN-High 线上的隐性电压为零，CAN-Low 线上的隐性电压为 5V。TXD 接收到信号后，晶体管均导通，电源 VDD 经 M1、D1、R1 到 GND 接地，形成回路，CAN-High 线上电压由于 R1 的存在而上升，CAN-Low

线上电压则下降。CAN-High 线与 CAN-Low 线彼此独立,若 CAN-Low 线接地不会影响 CAN-High 线正常工作,则可确保单线运行。

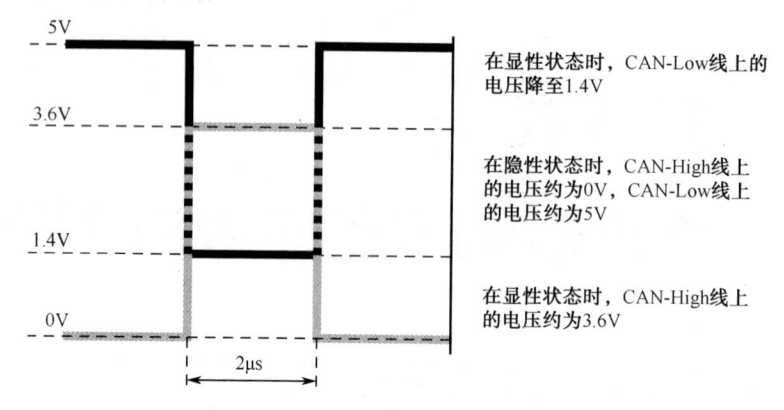

图 4-1 低速 CAN 总线上的信号电压

表 4-1 逻辑状态

电 位	逻辑状态	$U_{\text{CAN-High}}$——对地	$U_{\text{CAN-Low}}$——对地	电 位 差
显性	0	4V (>3.6V)	1V (<1.4V)	3V
隐性	1	0V (<1.4V)	5V (>3.6V)	-5V

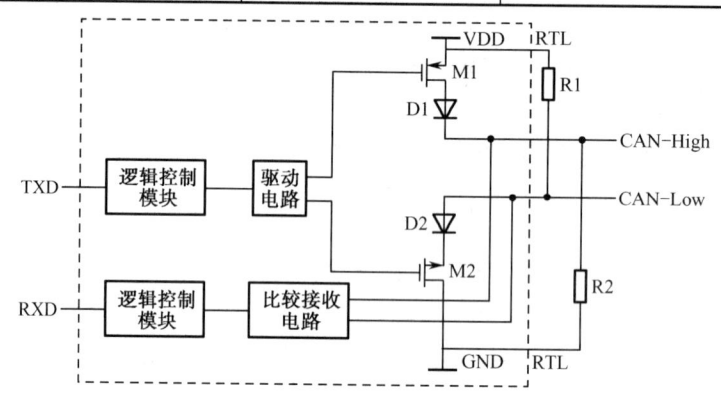

图 4-2 TJA1054A 收发器电路示意图

低速 CAN 总线收发器的结构如图 4-3 所示,其工作原理与高速 CAN 总线收发器基本一样,只是输出信号电压和出现故障时切换到 CAN-High 线或 CAN-Low 线(单线工作模式)的方法不同。另外,CAN-High 线和 CAN-Low 线之间的短路会被识别出来,并且在出现故障时会关闭 CAN-Low 驱动器,在这种情况下,CAN-High 线和 CAN-Low 线上的信号是相同的。

CAN-High 线和 CAN-Low 线上的数据传递由安装在收发器内的故障逻辑电路监控,故障逻辑电路检验两条 CAN 导线上的信号,如果出现故障,如某条 CAN 导线断路,那么故障逻辑电路会识别出该故障,从而使用另一条完好的导线(单线工作模式)。

在正常的工作模式下,使用的是 CAN-High 线上电压"减去" CAN-Low 线上电压所得的信号(差动数据传递),于是在差动信号放大器内相减后,隐性电压为-5V,显性电压为 2.2V,那么隐性电压和显性电压之间的电压变化(电压提升)就提高到≥7.2V。这样就可将干扰对低速 CAN 总线的两条导线的影响降至最低(与高速 CAN 总线一样)。

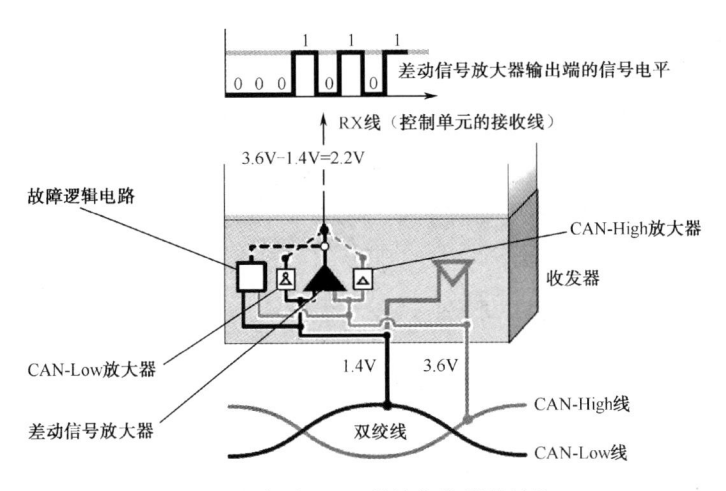

图 4-3　低速 CAN 总线收发器的结构

4．单线工作模式下的低速 CAN 总线

如果因断路、短路或与蓄电池电压相连而导致两条 CAN 导线中的一条不工作了，就会切换到单线工作模式。在单线工作模式下，只使用完好的 CAN 导线中的信号，这样就使得低速 CAN 总线仍可工作。同时，控制单元记录一个故障信息：系统工作在单线模式。

5．低速 CAN 总线的休眠模式

（1）休眠模式

以大众速腾轿车的休眠模式为例，当将点火开关关闭以后，动力总线系统中的某些控制单元仍然需要交换数据，因此在网络内部，用常火（30）正电激活（15）正电，保证在断电以后数据信息能够正常地传递。再激活功能的时间为 10s～15min。当网关监控到舒适和信息娱乐总线系统处于空闲状态时，网关发出休眠指令，进入休眠模式。此时数据总线的电压低位线为 12V，高位线为 0V，如图 4-4 所示。如果动力总线系统处于数据传递过程中，舒适和信息娱乐总线系统是不允许进入休眠状态的。如果舒适总线系统处于数据传递过程中，信息娱乐总线系统也不能进入休眠模式。当某一个信号唤醒相应的总线后，网关会激活其他总线系统。

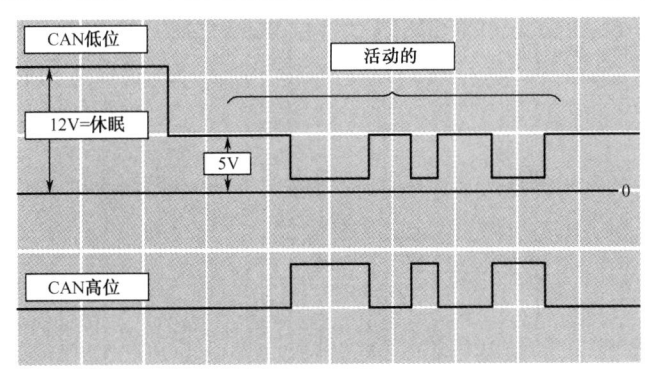

图 4-4　休眠与工作状态下的总线信号

（2）不能休眠的原因

导致舒适总线系统和信息娱乐总线系统无法进入休眠状态的常见原因有以下几方面。

① 多路数据传输系统线束折断。

② 车载电源控制单元（J519）的插接器接触不良。

③ 舒适系统控制单元（J393）发生故障。
④ 车门控制单元有问题。
⑤ 风扇控制单元失常。
⑥ 发动机 ECU 主继电器等继电器工作异常（如触点黏连、非正常吸合）。
⑦ 行李箱灯、杂物箱灯等隐蔽处的照明灯损坏或常亮。
⑧ 导线的绝缘损坏，引起短路。

4.1.2 低速 CAN 总线系统实例

1. 一汽大众宝来（Bora）轿车舒适 CAN 总线系统

（1）舒适 CAN 网络的组成

宝来舒适系统主要包括车外后视镜调节、电动玻璃升降、中央门锁、车内灯、行李箱盖开启装置和背光（开关及仪表）照明等控制功能。这些控制功能的实现都采用了 CAN 总线技术，所以电路图和传统电路有所差别，宝来舒适系统原厂电路见附录 A，下面按宝来舒适系统功能分析工作电路，重点体验 CAN 总线在系统中的作用和基于网络控制系统电路的特点。

（2）舒适 CAN 网络的电路分析

舒适 CAN 网络的电路简图如图 4-5 所示。驾驶员侧车门控制单元、副驾驶员侧车门控制单元、左后车门控制单元和右后车门控制单元分别配有两路常电源，特别注意两路电源的供电对象是有差别的，如 S37 主要负责给玻璃升降装置供电，而 S238 主要负责给门锁电动机和后视镜电动机供电，这一点对于故障诊断很有帮助。

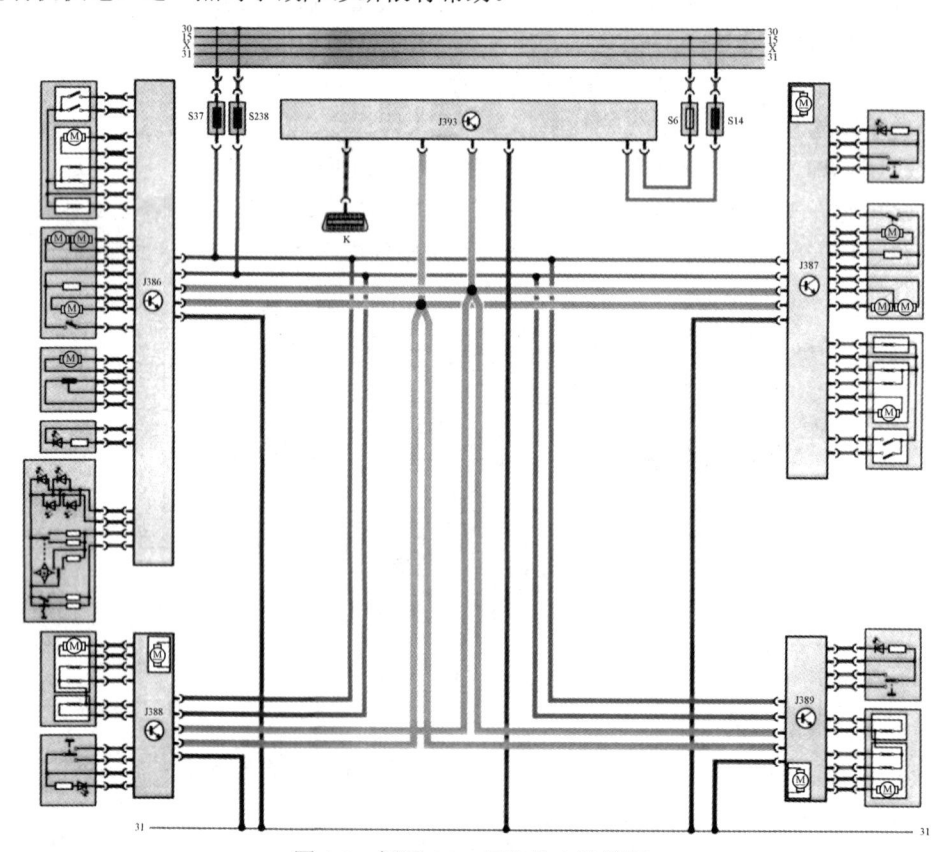

图 4-5 舒适 CAN 网络的电路简图

① 中控门锁电路如图 4-6、图 4-7 所示。

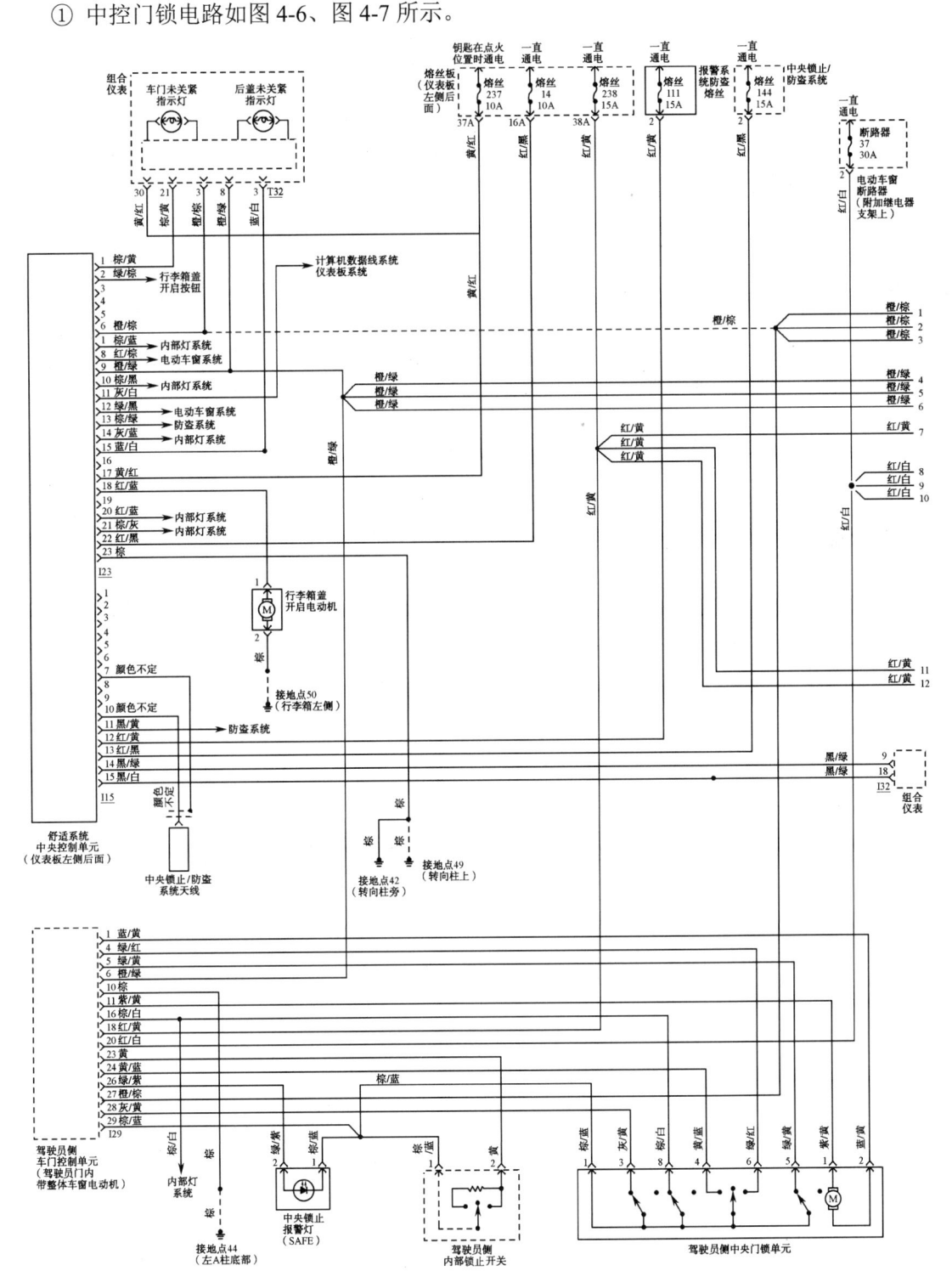

图 4-6 中控门锁电路（一）

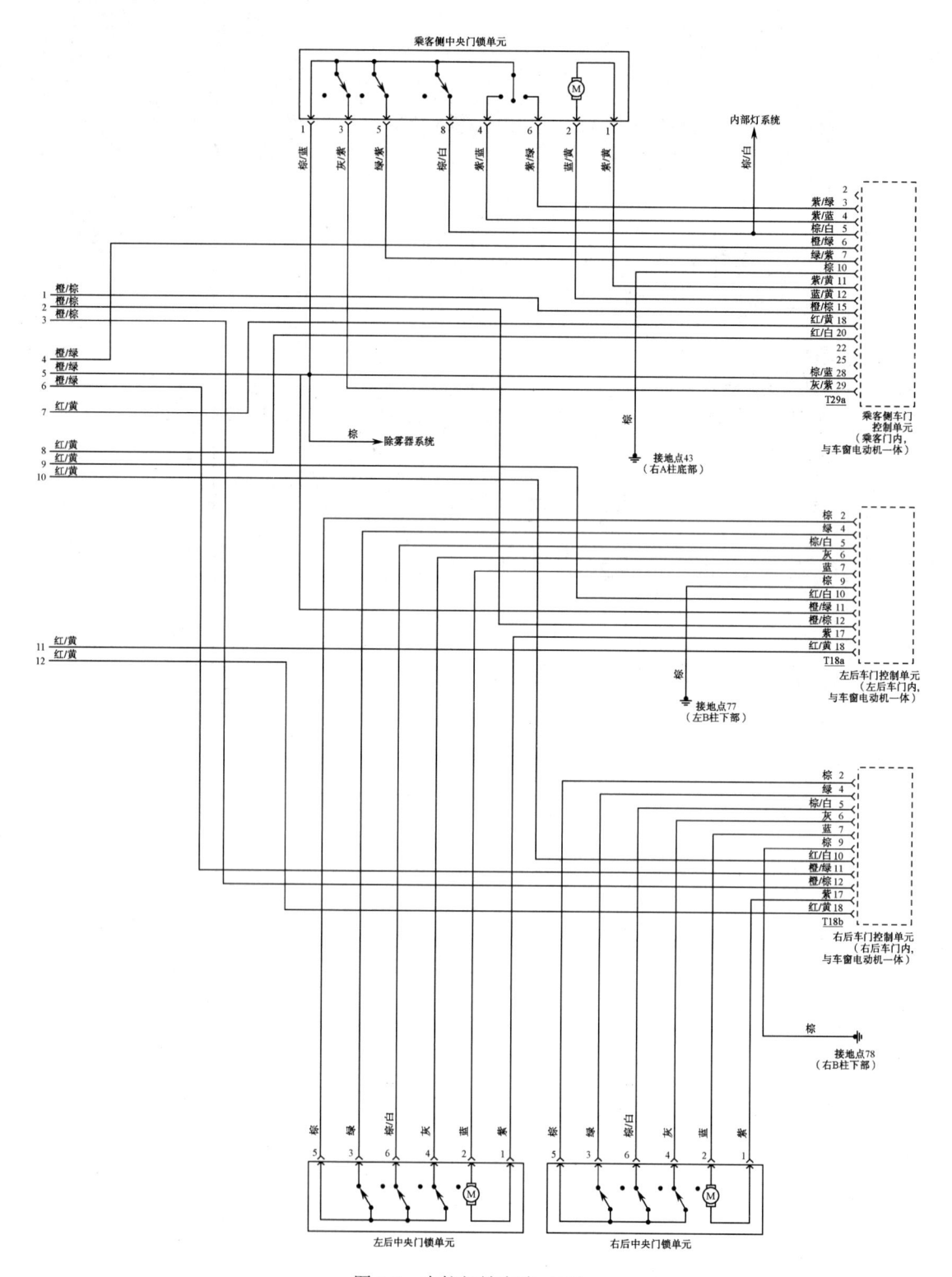

图 4-7 中控门锁电路（二）

② 电动车窗电路如图4-8所示。

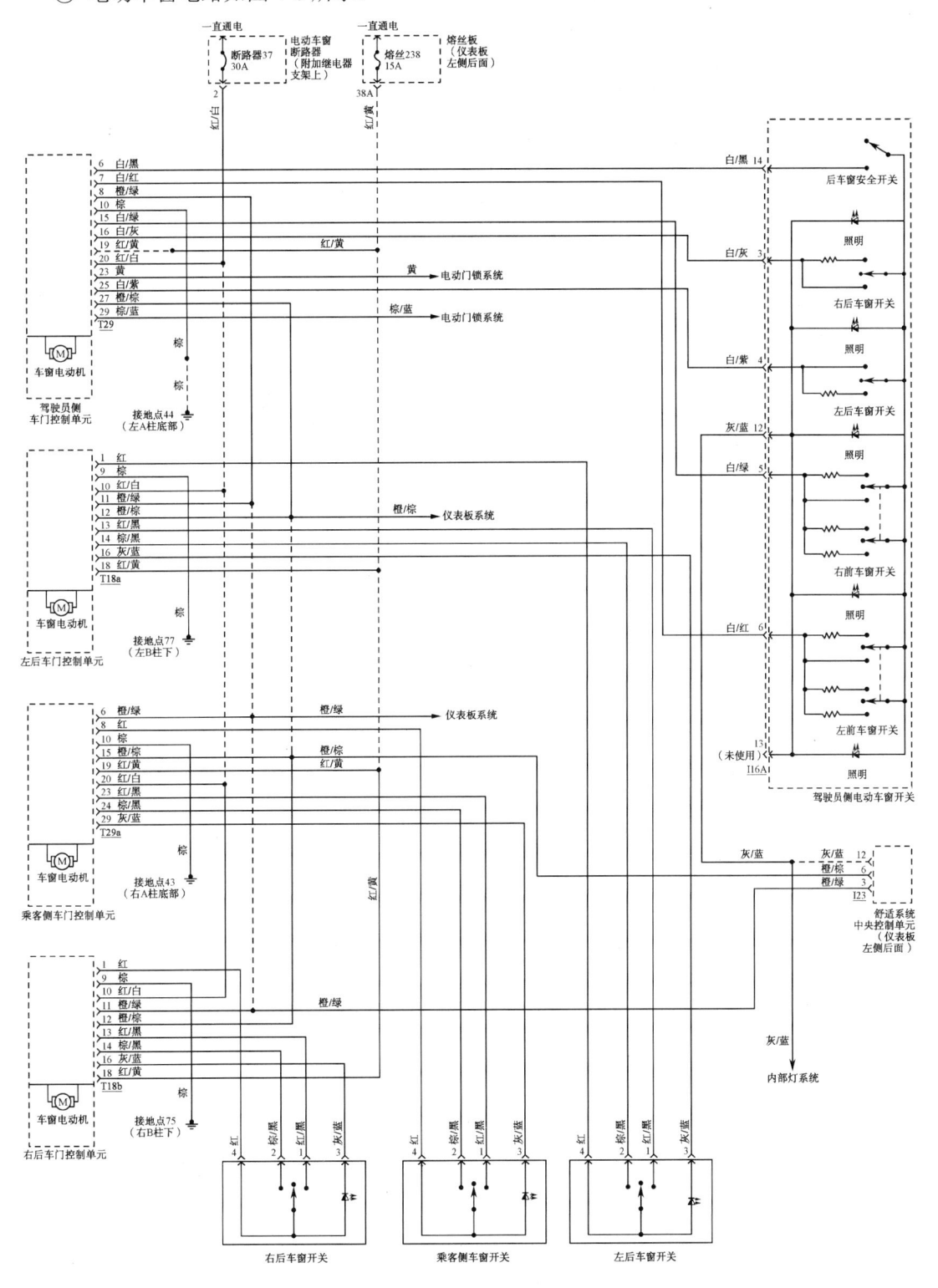

图4-8 电动车窗电路

③ 电动后视镜电路如图4-9所示。

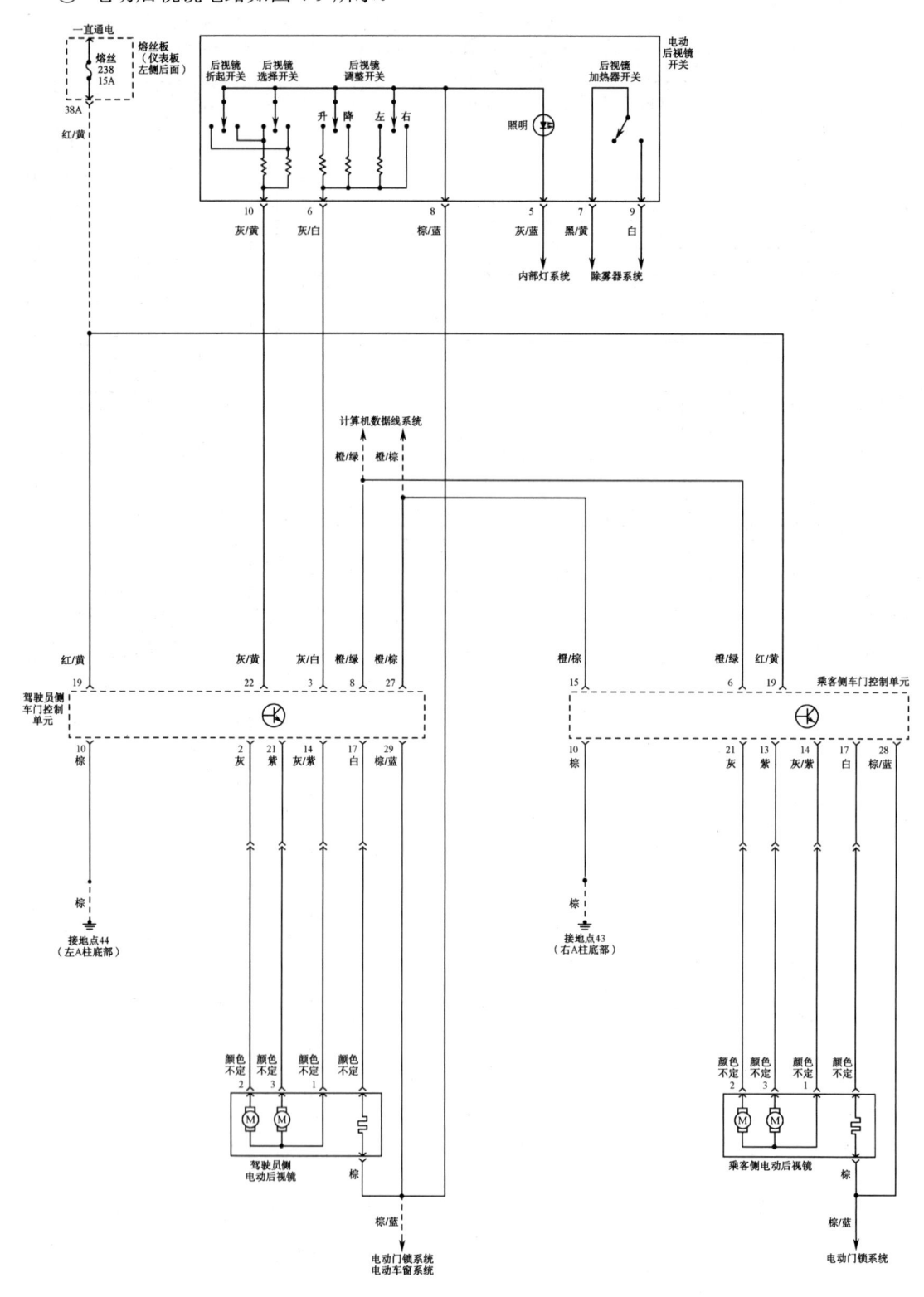

图 4-9 电动后视镜电路

④ 行李箱盖开启电路如图4-10所示。

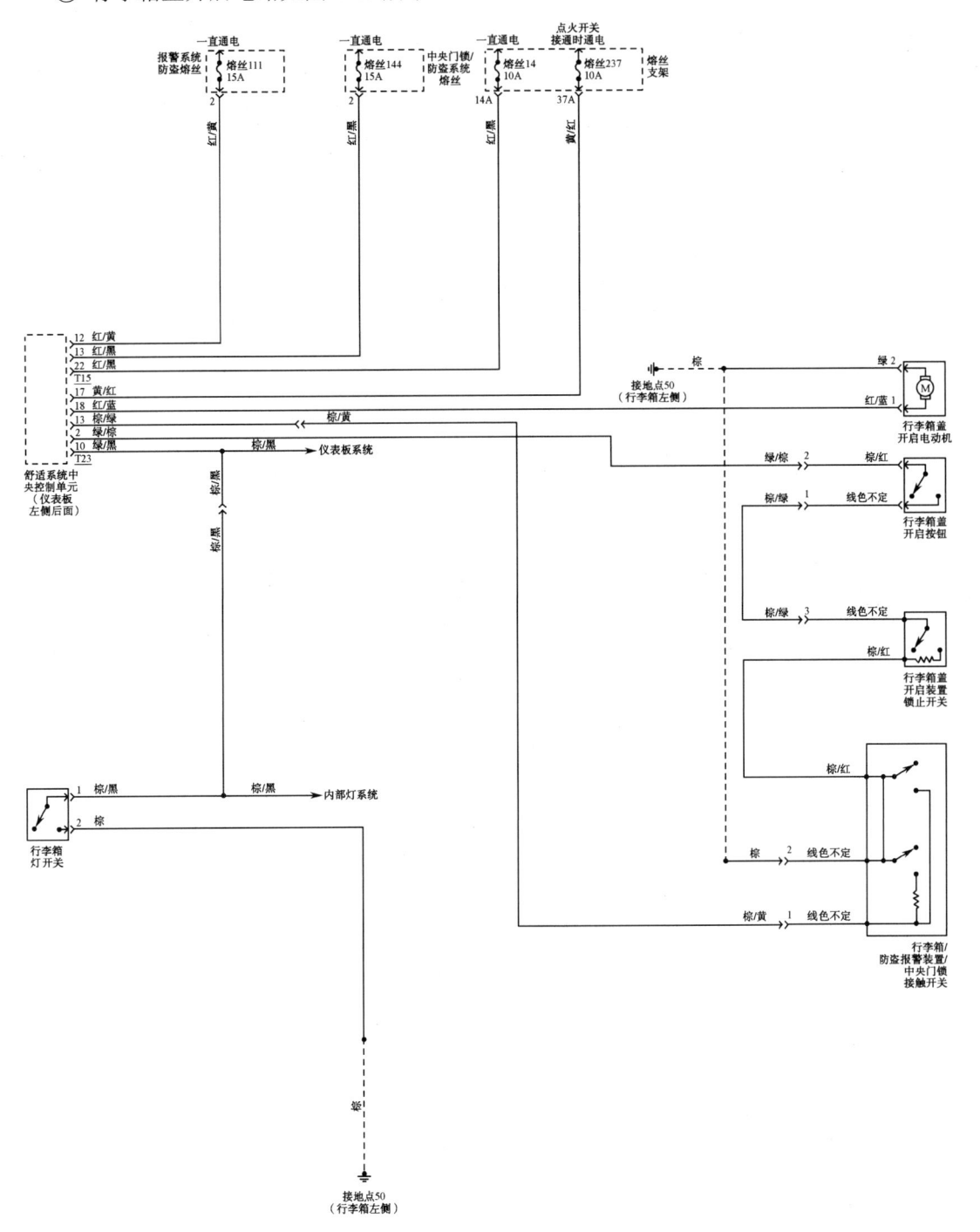

图 4-10　行李箱盖开启电路

⑤ 门控灯电路如图4-11所示。

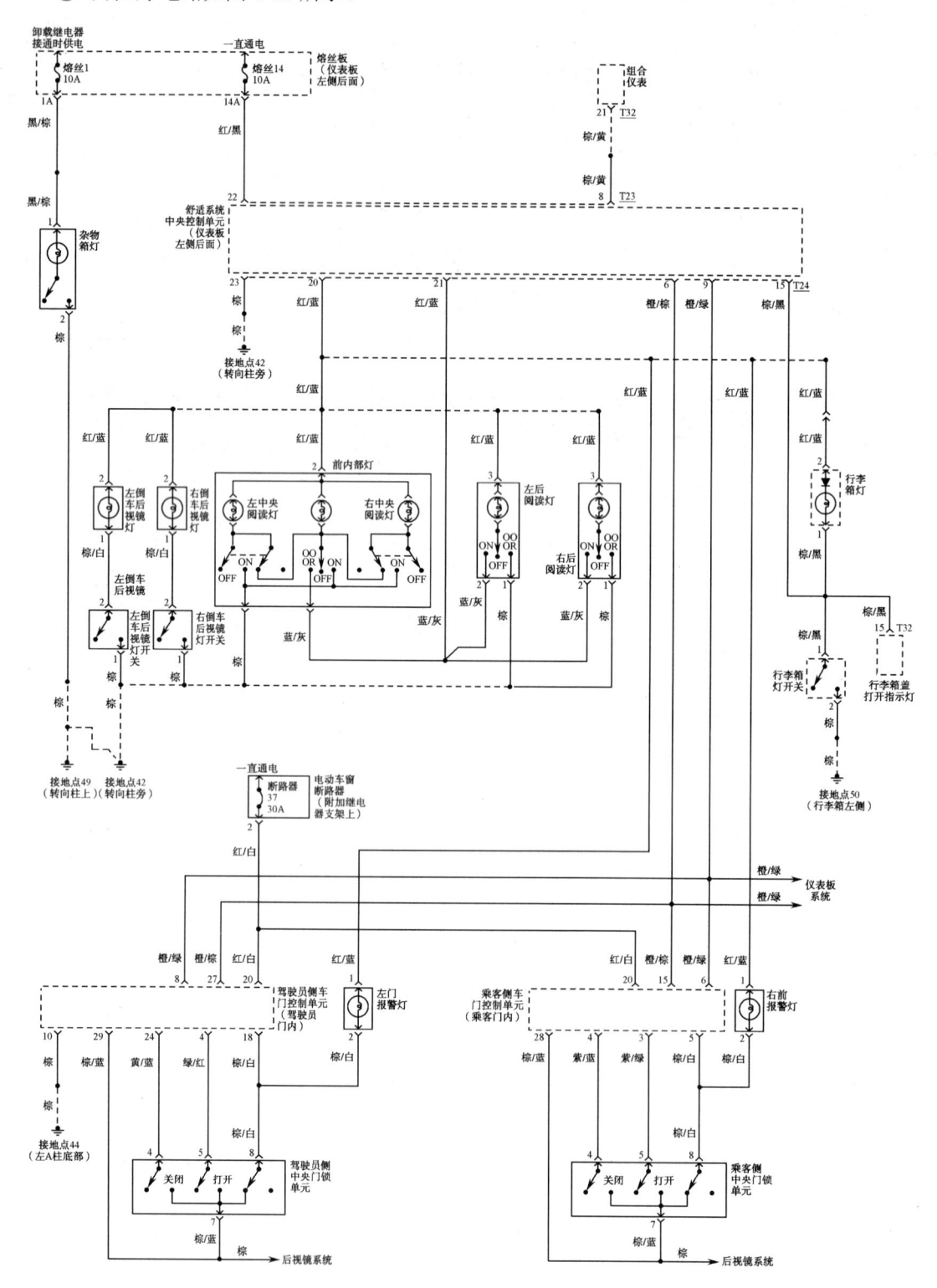

图4-11 门控灯电路

⑥ 背光照明电路如图4-12所示。

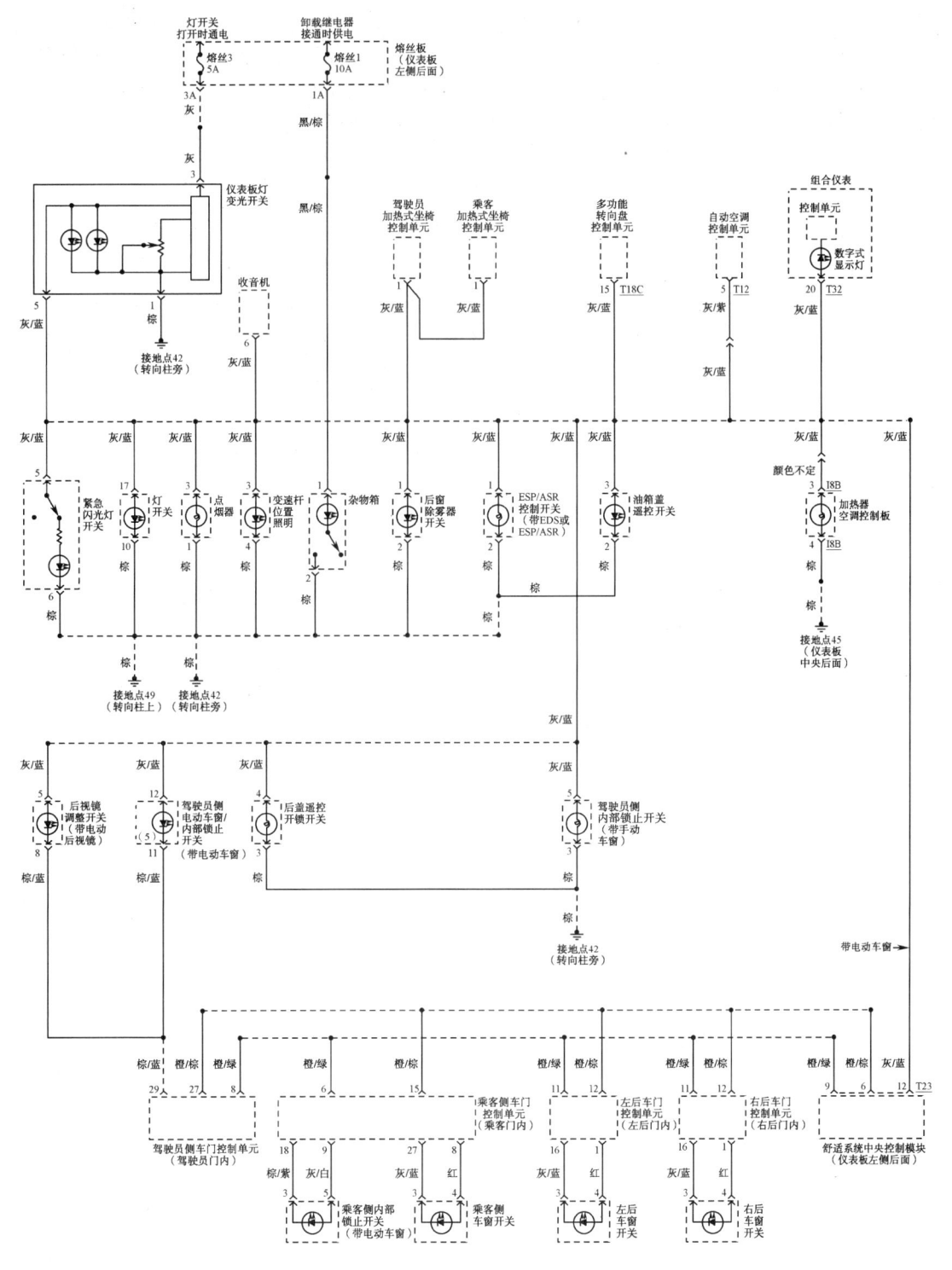

图4-12 背光照明电路

2. 东风雪铁龙轿车的低速 CAN 总线系统

前面简单介绍了东风雪铁龙凯旋多路传输系统的网络构成，主要包括 CAN 网（连接动力系统）、CAN CAR 网（连接安全系统）、CAN CONFORT 网（实现车辆的人/机界面）和 CAN 诊断网（可以执行软件下载、设置及车辆诊断）。在此主要介绍低速 CAN CAR 网和 CAN CONFORT 网的电路。

（1）舒适 CAN（CAN CONFORT）

如图 4-13 所示，传输速率为 125kb/s 的低速容错舒适网 CAN（CAN CONFORT）连接车上为驾驶员和乘客服务的电气设施、电控单元和显示装置控制单元，实现了人机对话界面。CAN CONFORT 是多主控网络，所有控制单元周期性地向整个网络发送主动信息，以分时传送的方式进行网络信息的传递，每个控制单元处理与自己相关的信息。由 BSI 实现网络通信的管理和供电"+CAN"，CAN CONFORT 中的控制单元各自拥有独立的终端电阻，根据配置由"+CAN""+Ubat"或来自发动机室伺服控制单元（BSM）的"+APC"供电。如果"舒适 CAN-High"或"舒适 CAN-Low"两条线路中的一条发生断路、短路（与电源、GND 或另外一条线路），网络还能进行通信，但会记录故障信息。CAN CONFORT 的电路如图 4-14 所示。

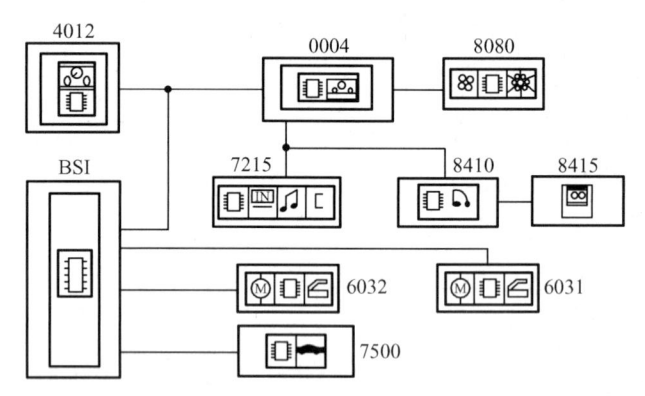

0004—组合仪表；4012—分离式组合仪表（副仪表）；6031—左前车门控制单元；6032—右前车门控制单元；7215—多功能显示屏；7500—停车辅助控制单元；8080—空调控制单元；8410—收音机；8415—多碟 CD 机；BSI—智能控制盒。

图 4-13 舒适网 CAN（CAN CONFORT）的架构

（2）车身 CAN（CAN CAR）

如图 4-15 所示，传输速率为 125kb/s 的低速容错车身 CAN（CAN CAR）连接所有的安全设备，CAN CAR 是多主控网络，所有控制单元周期性地向整个网络发送主动信息，以分时传送的方式进行网络信息的传递，每个控制单元处理与自己相关的信息，由 BSI 实现网络通信的管理和供电"+CAN"。CAN CAR 中的控制单元各自拥有独立的终端电阻，根据配置由"+CAN""+Ubat"或者来自 BSM 的"+APC"供电。如果"车身 CAN-High"或"车身 CAN-Low"两条线路中的一条发生断路、短路（与电源、GND 或另外一条线路）故障时，网络还能通信，但会记录故障信息。CAN CAR 的电路如图 4-16 所示。

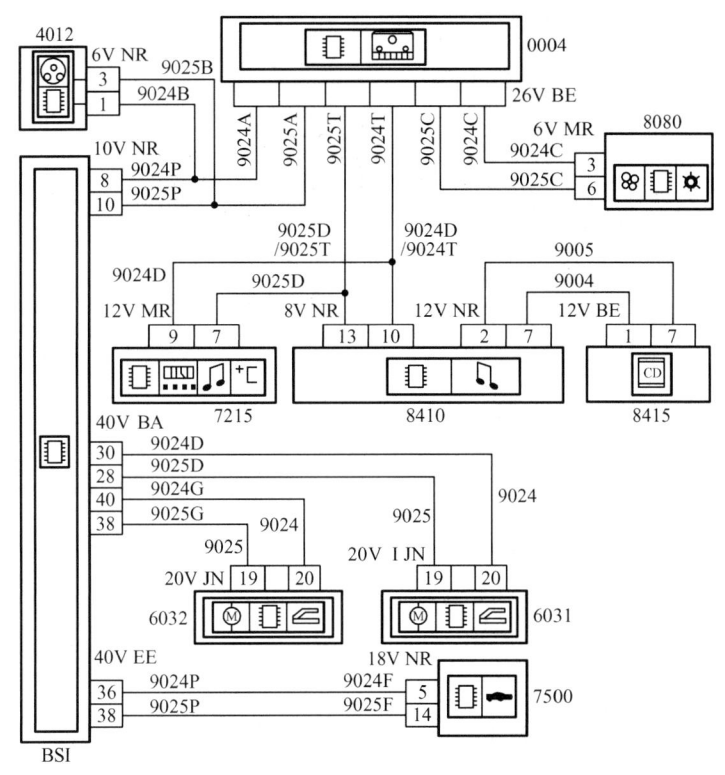

0004—组合仪表；4012—分离式组合仪表（副仪表）；6031—左前车门控制单元；6032—右前车门控制单元；7215—多功能显示屏；7500—停车辅助控制单元；8080—空调控制单元；8410—收音机；8415—多碟CD机；9024（A、B、C、D、G、T、P、F）—CAN-High；9025（A、B、C、D、G、T、P、F）—CAN-Low；BSI—智能控制盒。

图 4-14 CAN CONFORT 的电路

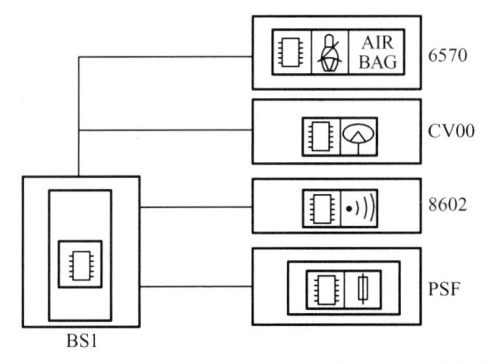

6570—安全气囊控制单元；8602—防盗报警控制单元；BSI—智能控制盒；CV00—转向盘下开关控制单元（COM2003）；PSF—发动机室伺服控制单元（BSM）。

图 4-15 车身 CAN（CAN CAR）的架构

CAN CAR 和 CAN CONFORT 有容错功能，所以当两个子网上的一条线路发生断路、短路（与电源、搭铁或另一根线路）故障时，网络还能正常通信，但是会记录相应的故障信息。

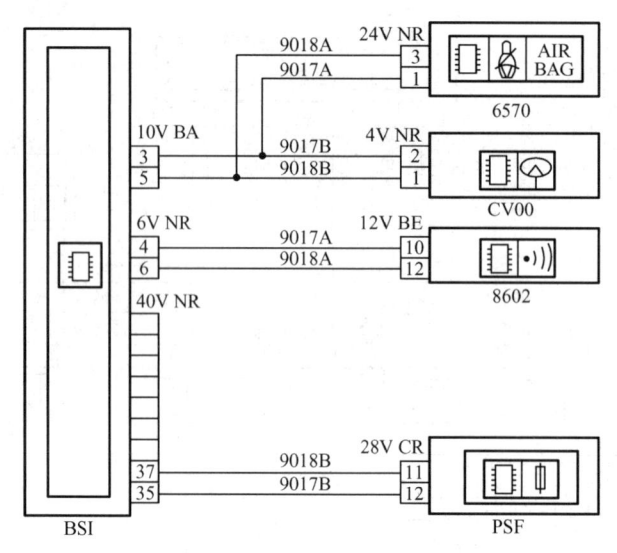

6570—安全气囊控制单元；8602—防盗报警控制单元；BSI—智能控制盒；CV00—转向盘下开关控制单元（COM2003）；PSF—发动机室伺服控制单元（BSM）；9017（A，B）—CAN-High；9018（A，B）—CAN-Low。

图 4-16　CAN CAR 的电路

4.2　低速 CAN 总线的检测

4.2.1　低速 CAN 总线的电压检测

1. 检测方式

CAN 总线可以采用数字万用表进行电压信号测试，大致判断总线的信号传输是否存在故障，检测方法如图 4-17 所示。

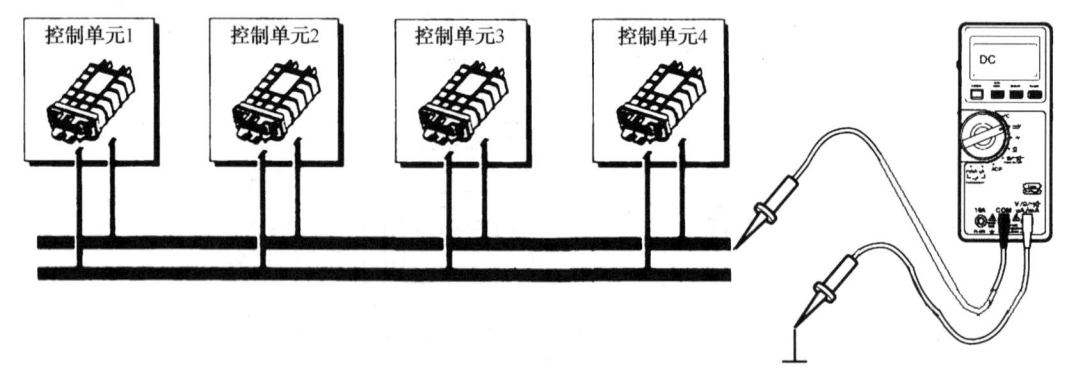

图 4-17　CAN 总线的检测方法

在用数字万用表测量频率信号时，万用表具有分段采集和有效值运算的工作特性，因此，数字万用表的显示值只能反映被测信号的主体电压值，不能显示被测信号的每个细节。由此可见，采用数字万用表测量 CAN 总线的信号电压时，万用表的显示值和 CAN 总线的主体电压值具有对应关系。

2．测量值

舒适 CAN 总线的信号波形如图 4-18 所示。CAN-High 信号在总线空闲时的电压约为 0V，总线上有信号传输时，总线上的电压值在 0～5V 高频波动，因此 CAN-High 信号的主体电压应是 0V，所以万用表的测量值为 0.35V 左右。

同理，CAN-Low 信号在总线空闲时的电压约为 5V，总线上有信号传输时，总线上的电压值在 -5～0V 高频波动，因此 CAN-High 信号的主体电压应是 5V，所以万用表的测量值为 4.65V 左右。

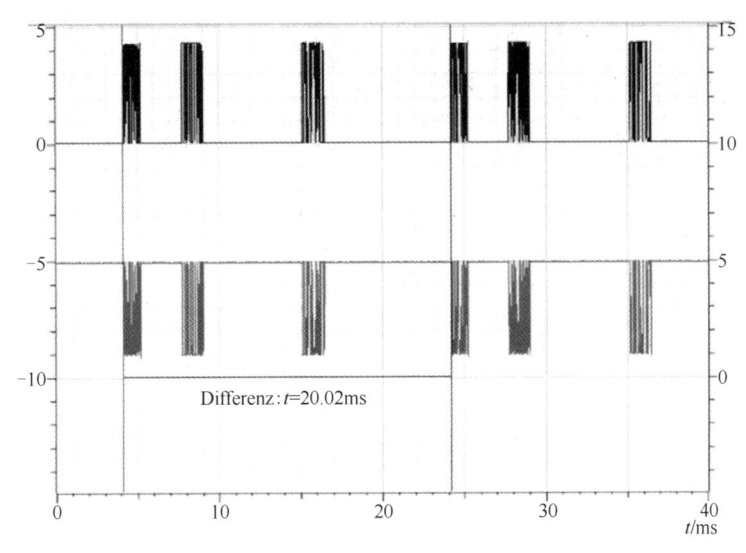

图 4-18　舒适 CAN 总线的信号波形

4.2.2　低速 CAN 总线的波形检测

1．双通道波形检测

（1）检测方式

在双通道模式下检测低速 CAN 总线，检测电路如图 4-19 所示。

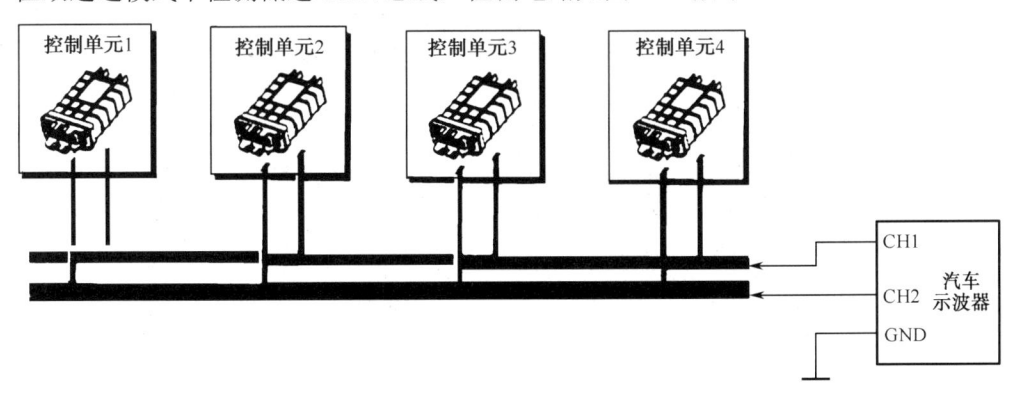

图 4-19　双通道模式下检测电路

（2）波形分析

在双通道模式下检测低速 CAN 总线，信号波形如图 4-20 所示。

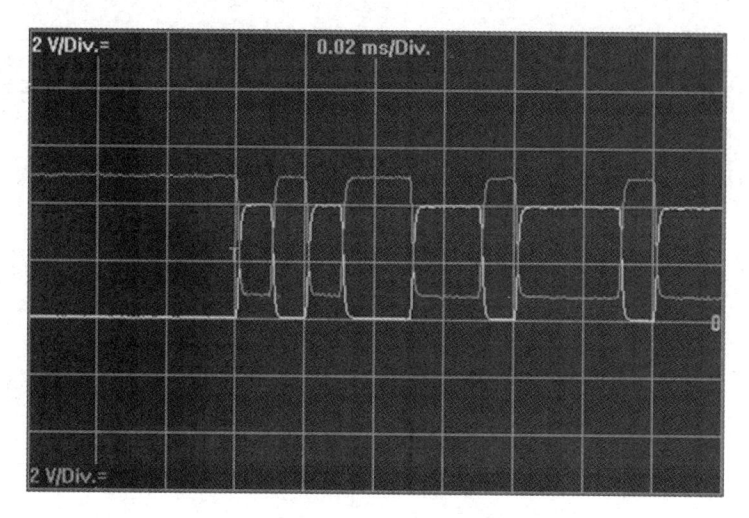

图 4-20　同一零点坐标下的双通道模式下信号波形

　　舒适 CAN 总线的信号电位见表 4-2，电位必须达到最小的规定区域，在示波器屏幕上用虚线给出界限值，如图 4-21 所示。例如，CAN-High 线上的显性电压至少达到 3.6V。如果未达到区域要求范围，控制单元将不能准确地判定电压是逻辑值 0 还是 1。这将导致出现故障存储或单线工作模式。

表 4-2　舒适 CAN 总线的信号电位

电　位	$U_{\text{CAN-High}}$	$U_{\text{CAN-Low}}$	电 位 差
显性	4 V（>3.6 V，蓝线 1）	1 V（<1.4 V，蓝线 4）	3V
隐性	0 V（<1.4 V，蓝线 2）	5 V（>3.6 V，蓝线 3）	−5V

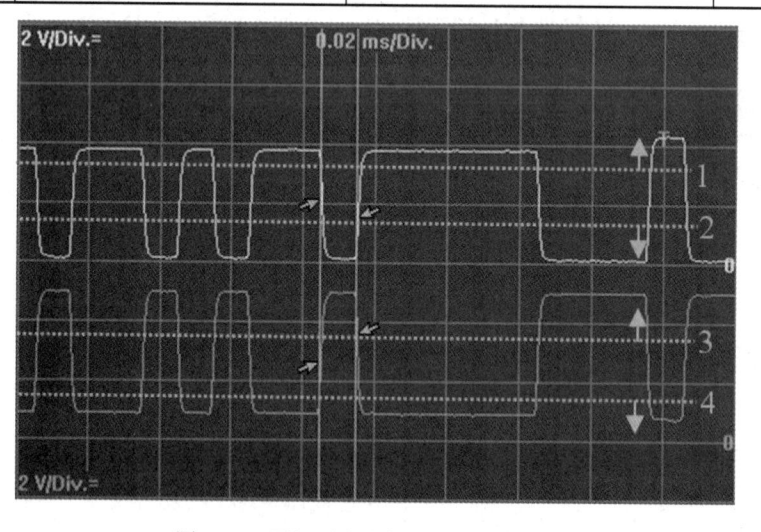

图 4-21　不同零点坐标下的双通道波形

2．单通道波形检测

（1）检测方式

在单通道模式下检测低速 CAN 总线，检测电路如图 4-22 所示。

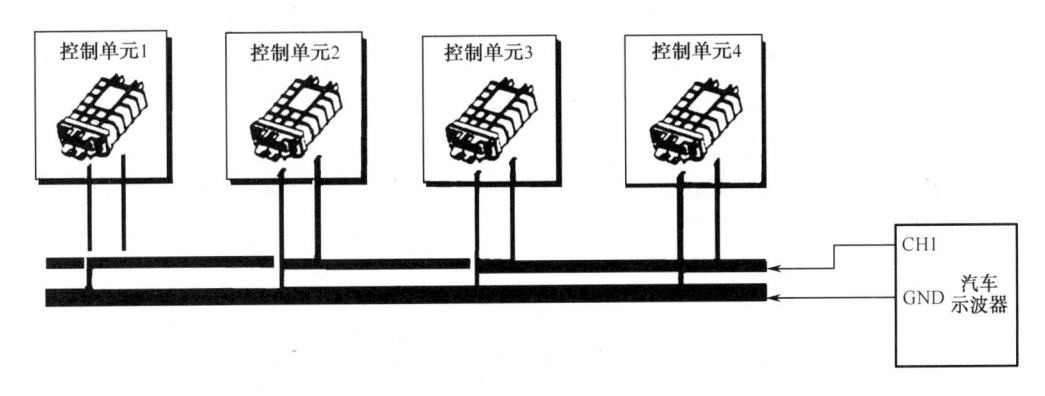

图 4-22　单通道模式下检测电路

(2) 波形分析

在单通道模式下检测低速 CAN 总线，信号波形如图 4-23 所示。

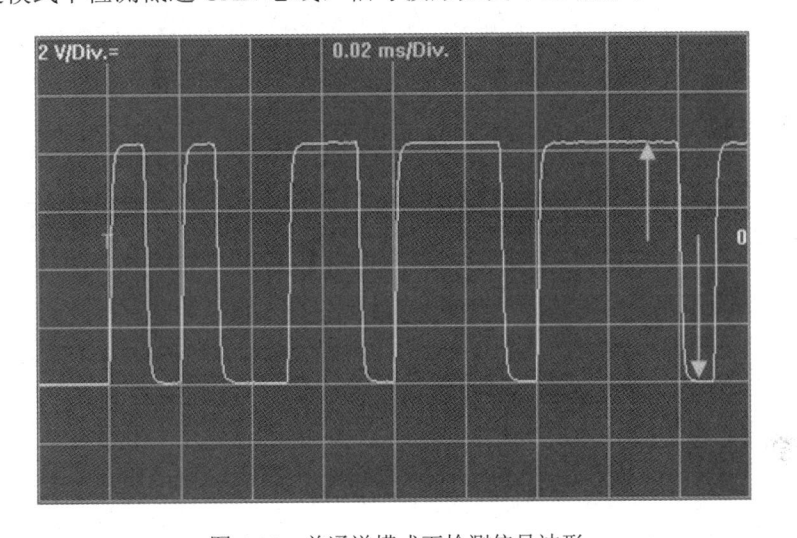

图 4-23　单通道模式下检测信号波形

当用示波器的单通道模式对两个 CAN 信号进行测量时，显示为电压差值，其中显性电压为 3V，隐性电压为-5V。该测量形式不如双通道模式下的测量形式便于故障查询。单线工作模式主要用于快速查看总线是否为激活状态。

3. 低速 CAN 总线的故障波形

当故障存储记录中有"舒适总线故障"时，用数字示波器进行检测可以确定故障点的位置及引发故障的原因。

此外，舒适 CAN 总线和信息 CAN 总线具有单线工作能力。这意味着，在故障存储记录中有"舒适总线单线工作"故障时，可以用数字示波器进行检测，确定两条 CAN 总线中哪一条有故障。

在故障波形分析中，用通道 A 测量 CAN-High 线上的电压，用通道 B 测量 CAN-Low 线上的电压。

(1) 故障 1 波形——CAN-High 与 CAN-Low 之间短路

CAN-High 线和 CAN-Low 线上的电压相同。CAN-High 与 CAN-Low 之间短路影响所有的舒适 CAN 总线和信息 CAN 总线。舒适 CAN 总线或信息 CAN 总线因此单线工作。这意味着，仅有一条线路的电压在起作用，控制单元利用该电压确定传输数据。

在图 4-24 中，数字示波器波形为通道 A 和通道 B 的零线坐标重叠。通过设置，可以看出 CAN-Low 线和 CAN-High 线上的电压是相同的。

在图 4-25 中，波形也为相同信号的，只是将两个通道的零线坐标分开了。

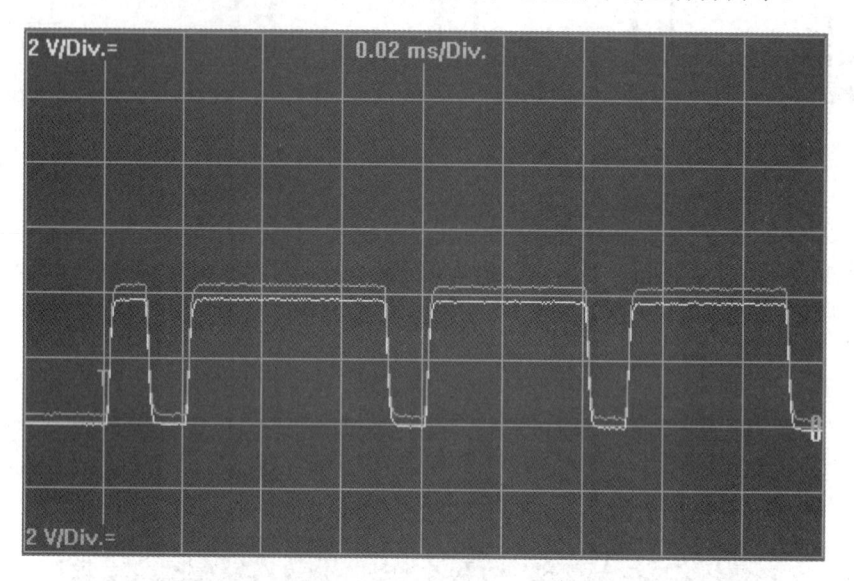

图 4-24　CAN-High 与 CAN-Low 之间短路故障的零线坐标重叠波形

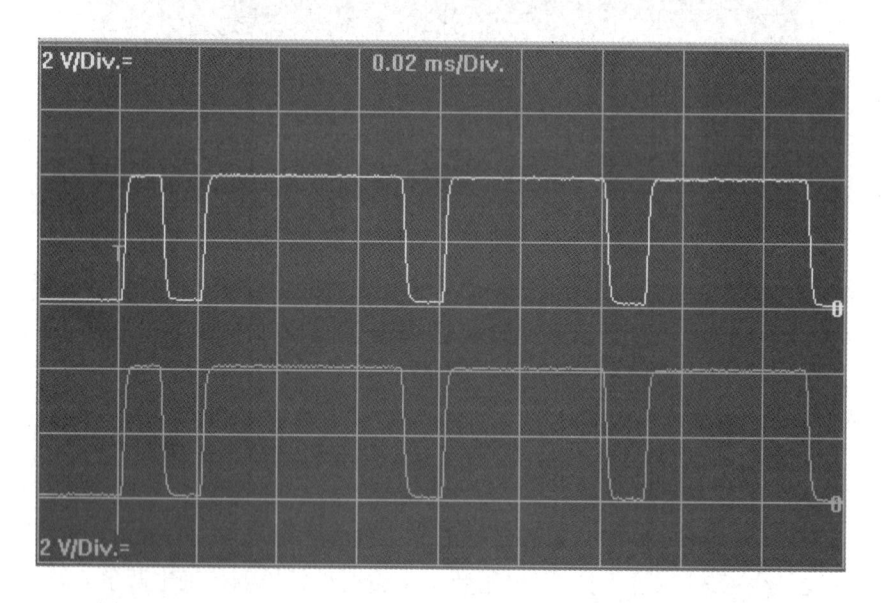

图 4-25　CAN-High 与 CAN-Low 之间短路故障的零线坐标分开波形

（2）故障 2 波形——CAN-High 对地短路（见图 4-26）

CAN-High 线上的电压置于 0V，CAN-Low 线上的电压正常。在该故障情况下，所有舒适 CAN 总线或信息 CAN 总线变为单线工作。人们猜测该故障是由 CAN-High 断路引起的，但是断路的波形与之不同（见故障 7 波形）。

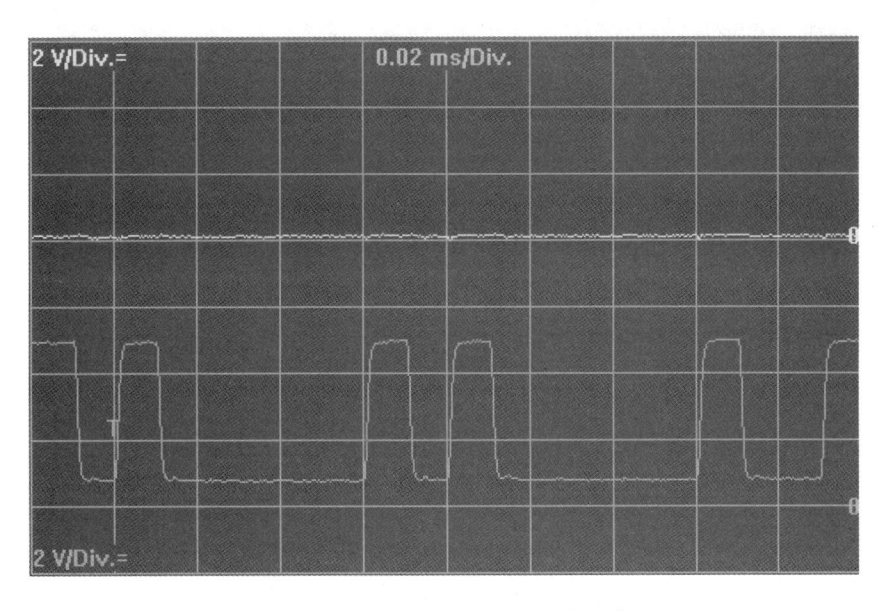

图 4-26　CAN-High 对地短路故障的波形

（3）故障 3 波形——CAN-High 对正极短路（见图 4-27）

CAN-High 线上的电压大约为 12V 或为蓄电池电压。CAN-Low 线上的电压正常。在该故障情况下，所有舒适 CAN 总线或信息 CAN 总线变为单线工作。

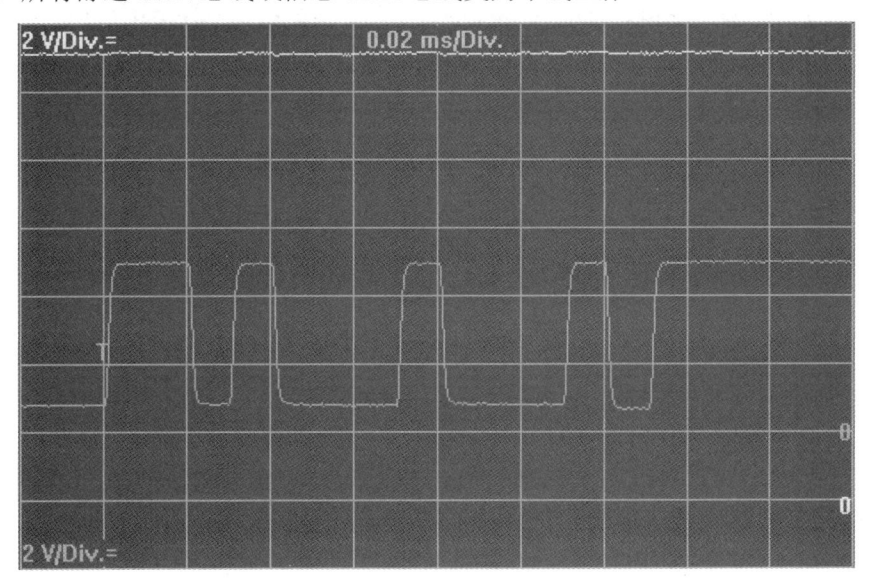

图 4-27　CAN-High 对正极短路故障的波形

（4）故障 4 波形——CAN-Low 对地短路（见图 4-28）

CAN-Low 线上的电压置于 0V，CAN-High 线上的电压正常。在该故障情况下，所有舒适 CAN 总线或信息 CAN 总线变为单线工作。人们猜测该故障是由 CAN-Low 断损引起的，但是断损的波形与之不同（见故障 6 波形）。

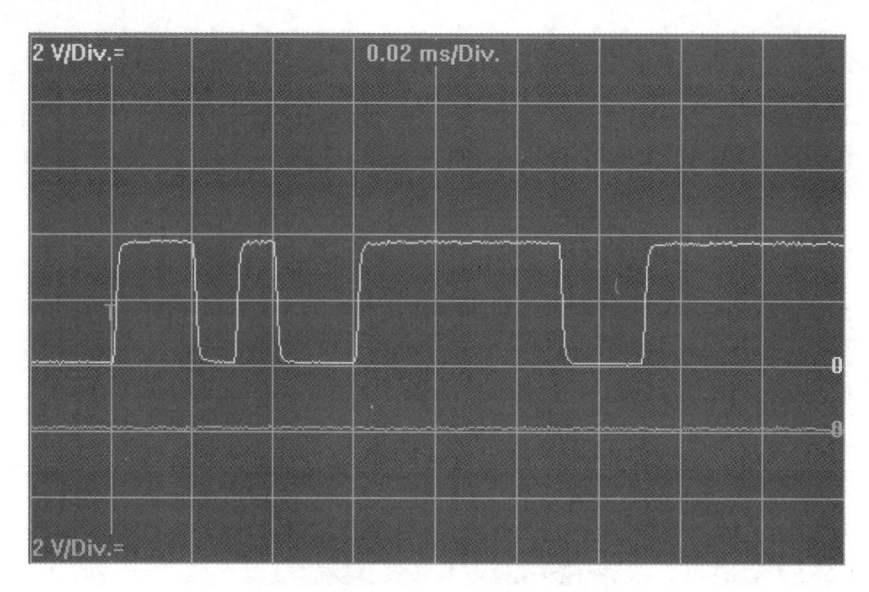

图 4-28　CAN-Low 对地短路故障的波形

（5）故障 5 波形——CAN-Low 对正极短路（见图 4-29）

CAN-Low 线上的电压大约为 12V 或为蓄电池电压。CAN-High 线上的电压正常。在该故障情况下，所有舒适 CAN 总线或信息 CAN 总线变为单线工作。

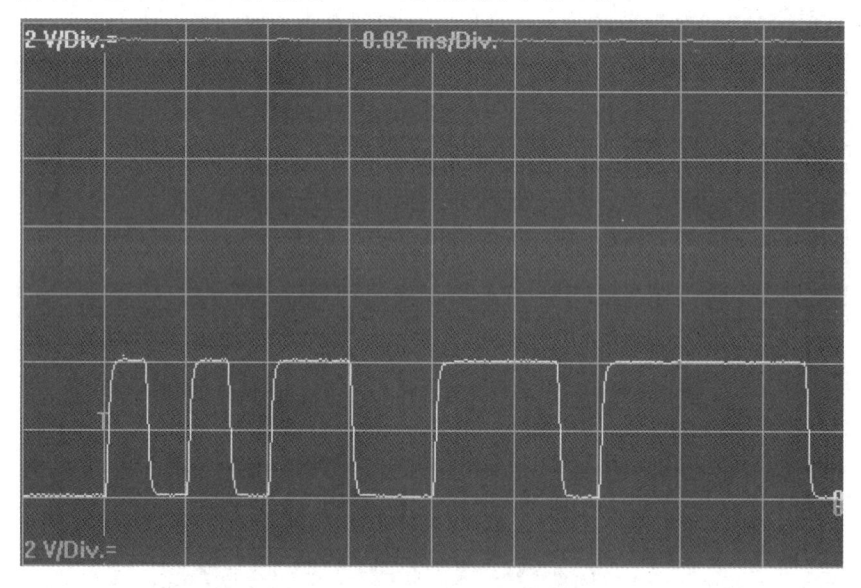

图 4-29　CAN-Low 对正极短路故障的波形

（6）故障 6 波形——CAN-Low 断路

在图 4-30 中，多个控制单元组成的系统发生 CAN-Low 断路故障，检测波形如图 4-31 所示。CAN-High 线上电压正常，在 CAN-Low 线上有 5V 的隐性电压和 1V 显性电压。若一条信息内容被正确地接收，则控制单元发送显性电压。"A"部分是信息的一部分，该信息被一个控制单元发送。在"B"时间点收到正确的信息，则接收控制单元用一个显性电压给予答复。若在"B"时间点收到正确的信息，则所有控制单元同时发送一个显性电压，正因为如此，该比特的电位差要大一些。

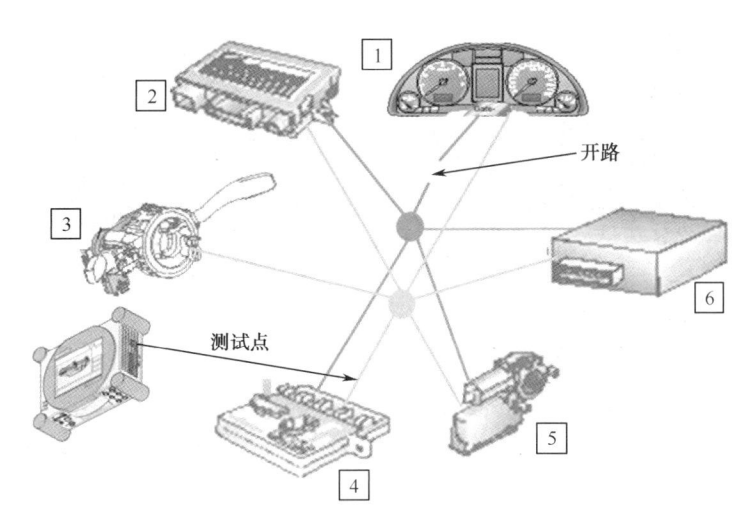

图 4-30　多个控制单元系统的 CAN-Low 断路故障和检测

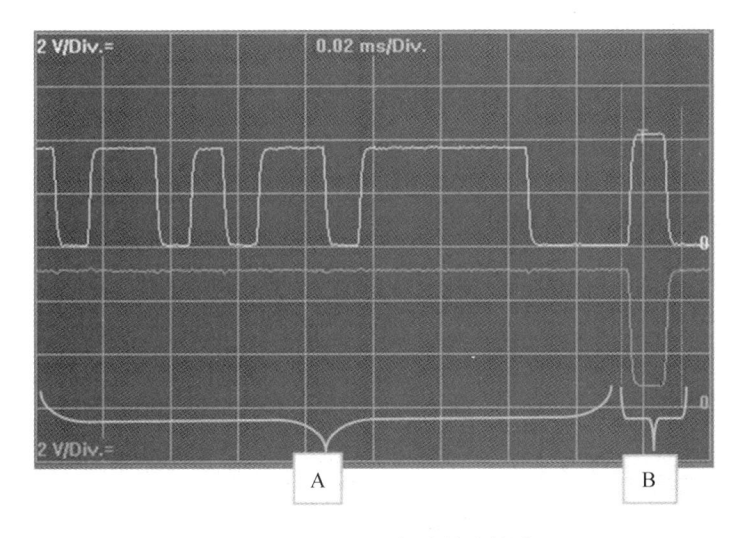

图 4-31　CAN-Low 断路故障的波形

在图 4-32 所示的波形中，用较大的时间/单位值显示同一个故障。这里可以看出来，信息"1"仅在 CAN-High 线上被发送，但是在 CAN-Low 线上的"A"处也给予确认答复。同样信息"2"在 B 处给予答复。信息"3"在两条线上被发送，CAN-Low 线上显示信息"3"的电压。A、B、D 为单线工作，C 为双线工作。

控制单元 1 发送一条信息，因为线路断路，所以其他控制单元仅能够单线接收，如图 4-32 中 1、2 和 4）。对控制单元 4 进行测量，数字示波器显示控制单元 1 的发送为单线工作。控制单元对接收给予确认答复，在数字示波器的两个通道上都有显示（如图 4-32 中的 A、B 和 D 处）。

这说明这些控制单元之间没有线路断路的情况。例如，控制单元 2 发送一条信息，所有控制单元接收该信息，该信息被双线传送（见图 4-32 中数字示波器信息"3"和 C 处），控制单元 1 单线接收。

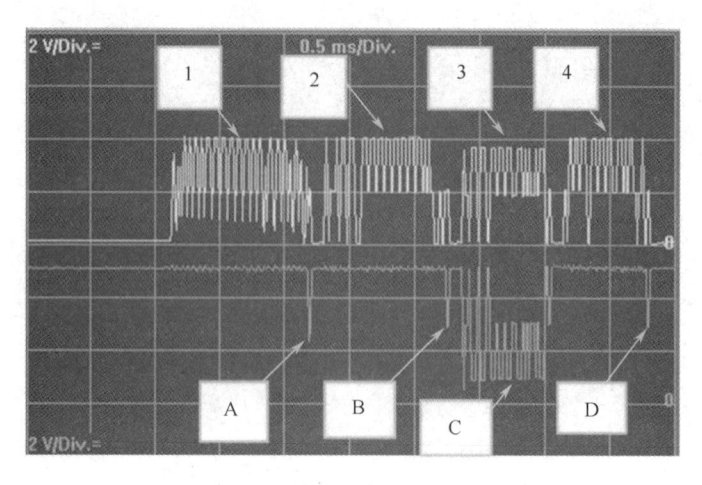

图 4-32 用较大的时间/单位值显示同一个故障

（7）故障 7 波形——CAN-High 断路（见图 4-33）
CAN-High 断路故障波形特点同故障 6 波形类似。

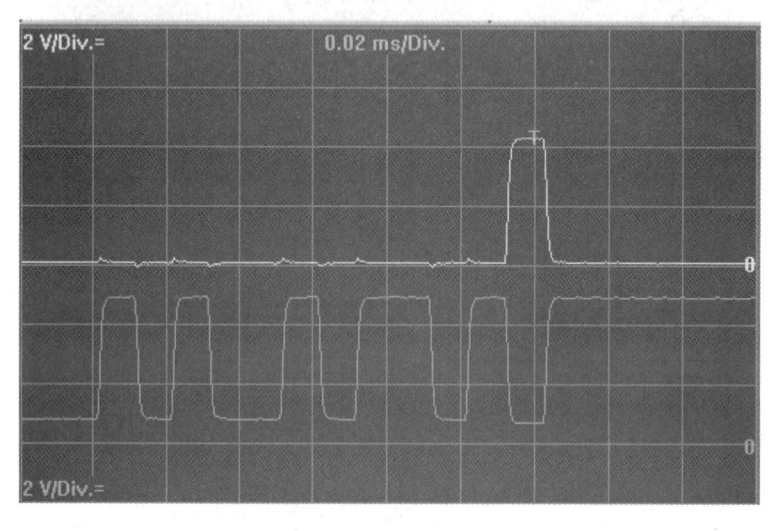

图 4-33 CAN-High 断路故障的波形

前面介绍的短路都是没有电阻连接的直接线路短路，在实际中经常出现由破损的线束导致的短路。破损的线束接地或靠近正极，经常带有潮气，这将使该处产生连接电阻。

（8）故障 8 波形——CAN-High 通过连接电阻对正极短路（见图 4-34）
CAN-High 线上的隐性电压拉向正极方向。从数字示波器波形上可以看出，CAN-High 线上隐性电压大约为 1.8V，正常大约为 0V，1.8V 电压是由连接电阻引起的，电阻越小则隐性电压越大。在没有连接电阻的情况下，该电压值为蓄电池电压。

（9）故障 9 波形——CAN-High 通过连接电阻对地短路（见图 4-35）
CAN-High 线上的显性电压移向接地方向。从数字示波器波形上可以看出，CAN-High 线上显性电压大约为 1V，正常大约为 4V，1V 的电压是受连接电阻影响引起的，电阻越小，则显性电压越小。在没有连接电阻的情况下短路，则该电压为 0V。

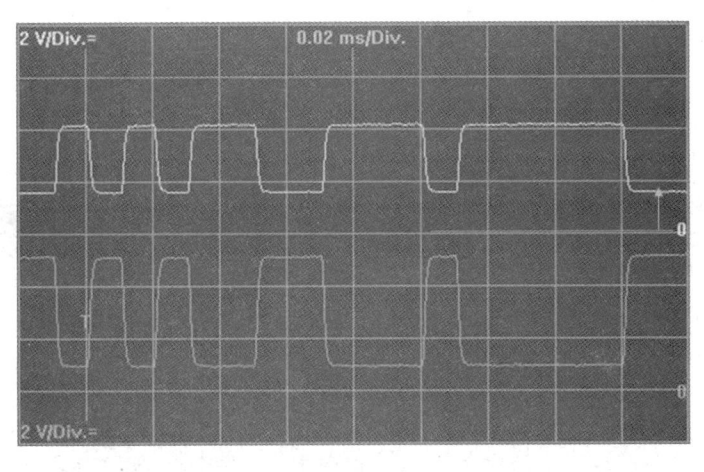

图 4-34　CAN-High 通过连接电阻对正极短路故障的波形

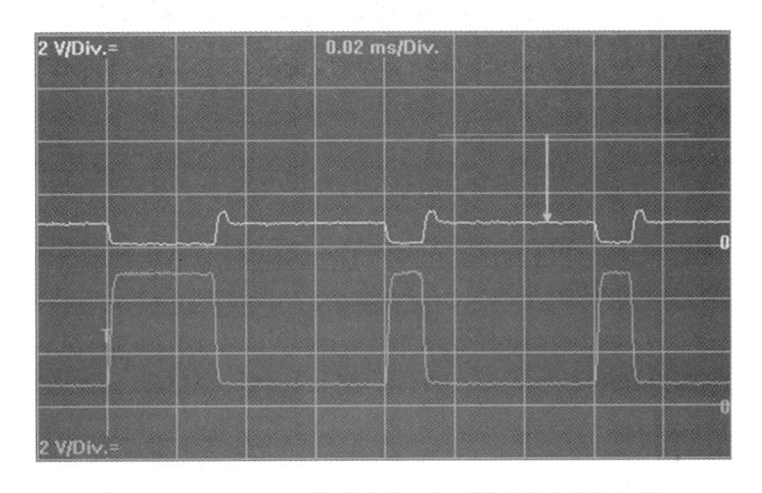

图 4-35　CAN-High 通过连接电阻对地短路故障的波形

（10）故障 10 波形——CAN-Low 通过连接电阻对正极短路（见图 4-36）

CAN-Low 线上的隐性电压拉向正极方向。从数字示波器波形上可以看出，CAN-Low 线上隐性电压大约为 13V，正常大约为 5V，13V 电压是由连接电阻引起的，电阻越小则隐性电压越大。在没有连接电阻的情况下，该电压值为蓄电池电压。

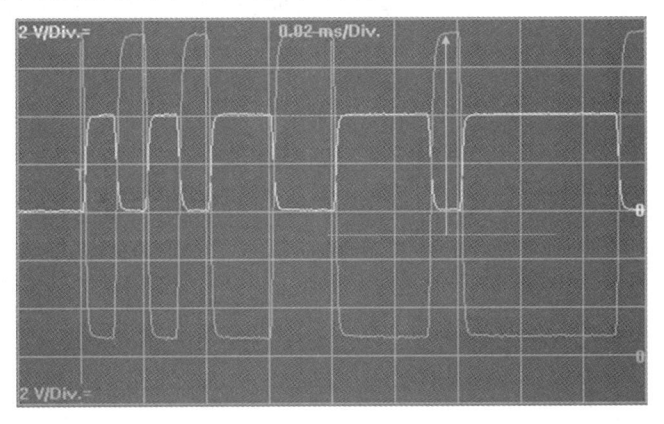

图 4-36　CAN-Low 通过连接电阻对正极短路故障的波形

（11）故障11波形——CAN-Low 通过连接电阻对地短路（见图4-37）
CAN-Low 线上的隐性电压拉向 0V 方向。从数字示波器波形上可以看出，CAN-Low 线上隐性电压大约为 3V，正常大约为 5V，3V 电压是由连接电阻引起的，电阻越小则隐性电压越小。在没有连接电阻的情况下，该电压值位于 0V。

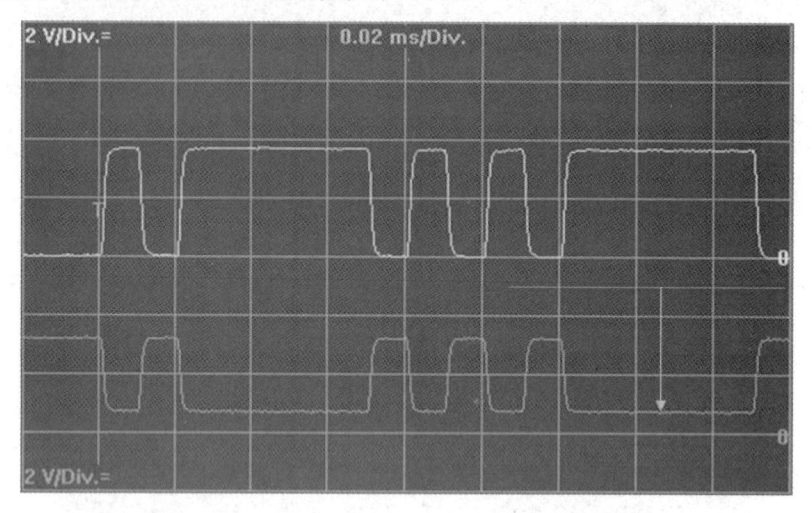

图 4-37 CAN-Low 通过连接电阻对地短路故障的波形

（12）故障12波形——CAN-High 与 CAN-Low 之间通过连接电阻短路（见图4-38）
在短路的情况下，CAN-High 线与 CAN-Low 线上的隐性电压相互靠近。CAN-High 线上的隐性电压大约为 1V，正常值为 0V，CAN-Low 线上的隐性电压大约为 4V，正常值为 5V，CAN-High 线与 CAN-Low 线上的显性电压为正常值。

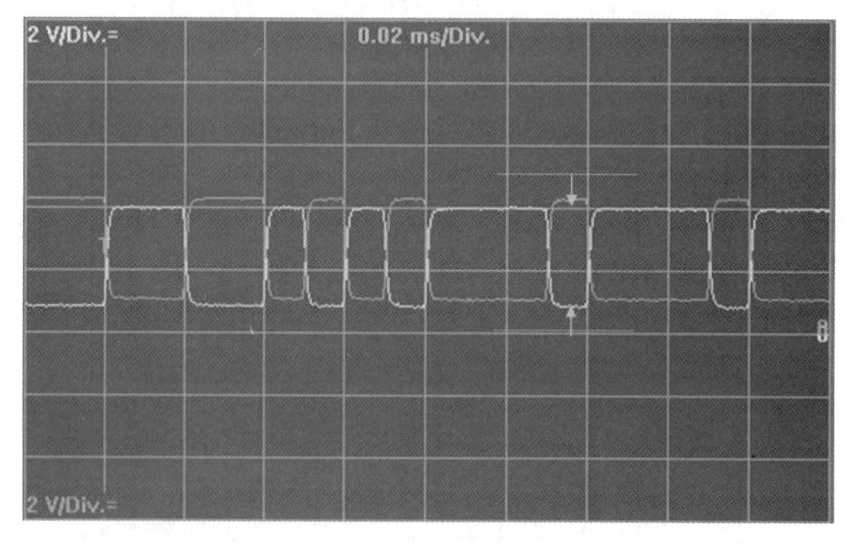

图 4-38 CAN-High 与 CAN-Low 之间通过连接电阻短路故障的波形

4.2.3 低速 CAN 系统自诊断

1. 低速 CAN 系统的故障码

以大众宝来轿车为例，低速 CAN 系统的典型故障码如下。

（1）故障码 01328：舒适系统数据总线故障

如表 4-3 所示为故障码 01328 的可能故障原因和故障排除建议。

表 4-3　故障码 01328 的可能故障原因和故障排除建议

故障码 01328	可能的故障原因	故　障　排　除
舒适系统数据总线故障	导线或插头故障	- 按电路图检查导线和插头。 导线完好，然后： - 拔下所有车门主插头，再依次插好，同时观察测量数据块。 - 更换数据总线阻断的控制单元。 说明：新的故障被存储，这些必须被清除
	控制单元损坏	- 读取数据流：显示组 012，显示区 1，如图 4-39 所示。 - 更换合适的控制单元

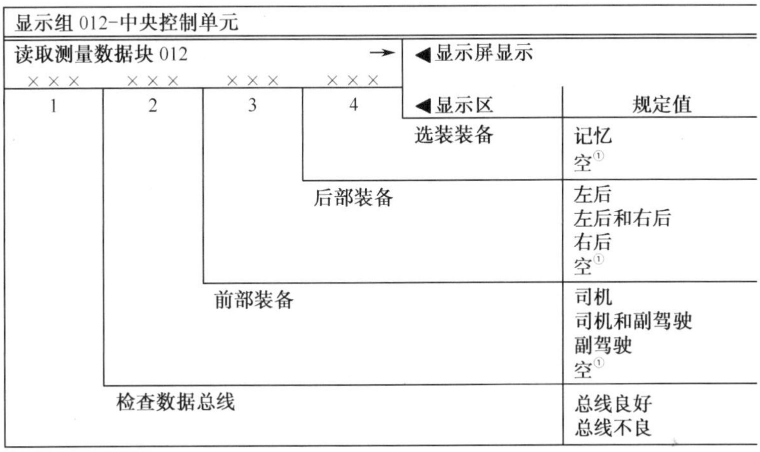

```
显示组 012-中央控制单元
读取测量数据块 012        ◀显示屏显示
  ×××  ×××  ×××  ×××
   1    2    3    4    ◀显示区        规定值
                      选装装备      记忆
                                   空①
                      后部装备      左后
                                   左后和右后
                                   右后
                                   空①
                      前部装备      司机
                                   司机和副驾驶
                                   副驾驶
                                   空①
                      检查数据总线  总线良好
                                   总线不良
```

①空表示显示区空白。

图 4-39　数据块显示组 012

（2）故障码 01329：舒适系统数据总线处于紧急模式

如表 4-4 所示为故障码 01329 的可能故障原因和故障排除建议。

表 4-4　故障码 01329 的可能故障原因和故障排除建议

故障码 01329	可能的故障原因	故　障　排　除
舒适系统数据总线处于紧急模式	导线或插头故障	- 按电路图检查导线和插头。 导线完好，然后： - 拔下所有车门主插头，再依次插好，同时观察测量数据块。 - 更换数据总线阻断的控制单元。 说明：新的故障被存储，这些必须被清除
	控制单元损坏	- 更换合适的控制单元。 - 读取测量数据块；显示组 012，显示区 1

2．低速 CAN 系统的数据流

通过诊断仪的数据流监测功能可以检测到当前低速 CAN 系统上的控制单元（模块）的通信状态，以大众宝来轿车为例，网关中可以查阅到低速 CAN 系统的典型数据流。

(1) 数据块显示组 130

如图 4-40 和表 4-5 所示为数据块显示组 130 中的数据内容,可以监测到当前数据总线的工作状态,同时监测到中央控制单元、驾驶员侧车门控制单元和乘客侧车门控制单元的总线状态。

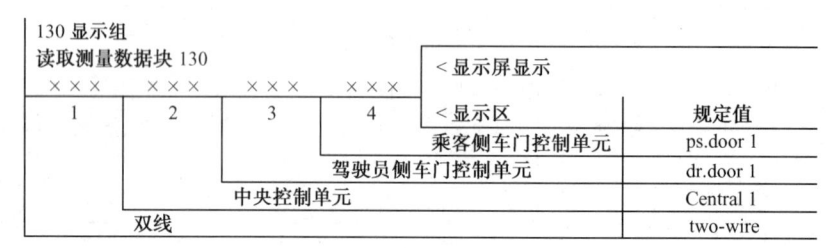

```
130 显示组
读取测量数据块 130
 ×××   ×××   ×××   ×××
  1     2     3     4      <显示屏显示
                           <显示区          规定值
                          乘客侧车门控制单元   ps.door 1
                          驾驶员侧车门控制单元  dr.door 1
                          中央控制单元        Central 1
                          双线             two-wire
```

图 4-40 数据块显示组 130

表 4-5 显示组 130 的分析结果

显示区	名称	显示内容	故障排除
1	单线/双线	two-wire = 正常 两条数据总线均正常 one-wire = 不正常 其中一条数据总线不正常	按电路图检查控制单元数据总线
2	中央控制单元	Central 1 = 正常 中央控制单元通过数据总线的数据接收正常 Central 0 = 不正常 中央控制单元通过数据总线的数据接收不正常	如果数据接收不正常,按电路图检查控制单元的数据总线
3	驾驶员侧车门控制单元	dr. door 1 = 正常 驾驶员侧车门控制单元通过数据总线的数据接收正常 dr. door 0 = 不正常 驾驶员侧车门控制单元通过数据总线的数据接收不正常	
4	乘客侧车门控制单元	ps. door 1 = 正常 乘客侧车门控制单元通过数据总线的数据接收正常 ps. door 0 = 不正常 乘客侧车门控制单元通过数据总线的数据接收不正常	

(2) 数据块显示组 131

如图 4-41 和表 4-6 所示为数据块显示组 131 中的数据内容,可以监测到左后车门控制单元、右后车门控制单元和座椅/后视镜位置控制单元的总线状态。

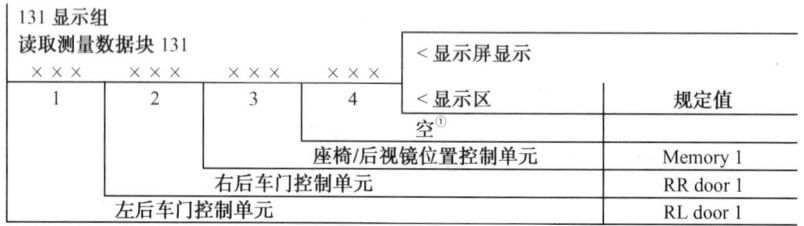

```
131 显示组
读取测量数据块 131
 ×××   ×××   ×××   ×××
  1     2     3     4      <显示屏显示
                           <显示区              规定值
                          空①
                          座椅/后视镜位置控制单元   Memory 1
                          右后车门控制单元        RR door 1
                          左后车门控制单元        RL door 1
```

① "空"表示显示区无显示。

图 4-41 数据块显示组 131

表4-6 显示组131的分析结果

显示区	名 称	显示内容	故障排除
1	左后车门控制单元	RL door 1 = 正常 左后车门控制单元通过数据总线的数据接收正常 RL door 0 = 不正常 左后车门控制单元通过数据总线的数据接收不正常	如果数据接收不正常，则按电路图检查控制单元的数据总线
2	右后车门控制单元	RR door 1 = 正常 右后车门控制单元通过数据总线的数据接收正常 RR door 0 = 不正常 右后车门控制单元通过数据总线的数据接收不正常	
3	座椅/后视镜位置控制单元	Memory 1 = 正常 座椅/后视镜位置控制单元通过数据总线的数据接收正常 Memory 0 = 不正常 座椅/后视镜位置控制单元通过数据总线的数据接收不正常	

（3）数据块显示组132

如图4-42和表4-7所示为数据块显示组132中的数据内容，可以监测到自动空调控制单元的总线状态。

```
132 显示组
读取测量数据块 132
×××   ×××   ×××   ×××            <显示屏显示
  1     2     3     4     <显示区    规定值
                          空
                    自动空调控制单元    Clima 1
              空①
        空①
```
① "空"表示显示区无显示。

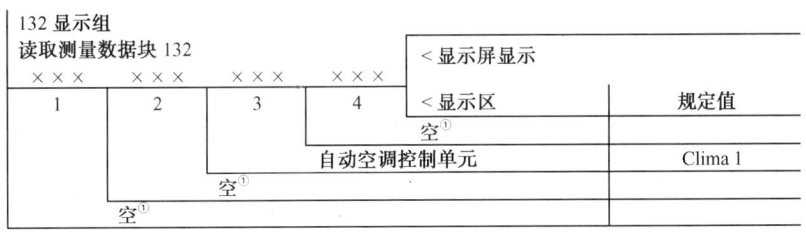

图4-42 数据块显示组132

表4-7 显示组132的分析结果

显示区	名 称	显示内容	故障排除
3	自动空调	Clima 1 = 正常 自动空调控制单元通过数据总线的数据接收正常 Clima 0 = 不正常 自动空调控制单元通过数据总线的数据接收不正常	如果数据接收不正常，则按电路图检查控制单元的数据总线

4.2.4 低速CAN总线系统故障实例

1. 故障现象

一辆奔驰S350，底盘号220、发动机型号272，车主反映此车有漏电现象，停放一晚就无法起动，要跨接电池，或重新充电后才能起动。

2. 故障诊断

对于漏电，要确定是用电设备造成的还是CAN总线没有进入休眠状态造成的，或者是电池自身原因内部漏电造成的。首先检查静态电流消耗是多少，关闭车上所有的用电设备，关闭所有车门并锁好,保持后备箱处于打开状态,同时把后备箱锁模拟锁好,以便在休眠模式下测静态电流。

将带电流钳的万用表卡在电源线上(或将万用表电流挡串联在电池负极线与电池负极头上,再断开电池负极线),按照维修手册要求等20min再记录静态电流数据。查维修手册中的数据,静态电流消耗正常为50mA左右,最大不能超过60mA。经检查,静态电流在1~0.9A变动,静态电流消耗超出正常值范围。

接下来就要通过电源确定发生故障的用电设备,看哪个熔丝支路存在漏电。经过查找,发现拔掉熔丝继电器盒上的62号熔丝后,静态电流恢复到正常水平。查找维修资料,62号熔丝是带组合功能的气动控制单元,简称PSE控制单元。PSE控制单元在后备箱左侧轮罩上方的镶板上,其功能是气动促动中央锁止系统、折合式后座头枕、伺服门锁系统、多仿形座椅控制、遥控开启和锁止后备箱。双压泵被集成到PSE控制单元中以达到气压过量和真空供应。

接下来检查PSE控制单元漏电原因。在正常情况下,关掉点火开关以后,把车门锁好,等一阵PSE控制单元就会进入休眠状态,就不会再有那么大的放电电流。PSE控制单元是否进入休眠状态,要用示波器看它的CAN信号的波形。在前驾驶座椅下找到CAN总线接线座,把示波器连上,调好仪器,看是否有波形。如果系统进入休眠状态,示波器就不会有信号波形,而是一个高电压和一个低电压两个CAN信号。关好所有车门并锁好,等了很长时间CAN总线都没有进入休眠状态。一拔掉PSE控制单元系统就很快进入休眠状态,这就说明这个控制单元不能够进入休眠状态。为什么PSE控制单元不能进入休眠状态?读取PSE控制单元故障码,显示后备箱开关故障。用诊断仪查看数据值,后备箱开关一直在关状态。打开后备箱,按下开关,发现开关有点卡,在按下位置弹不回来,多按几下就弹回来了。这时再去看它的CAN信号波形,等一会儿就进入休眠状态了,此时静态电流为60mA,基本符合标准。由于后备箱开关卡在关闭位置,长时间都有锁后备箱的信号到PSE控制单元,从而PSE控制单元不能进入休眠状态,向CAN总线发送信号。

3. 故障排除

更换后备箱开关,故障排除。

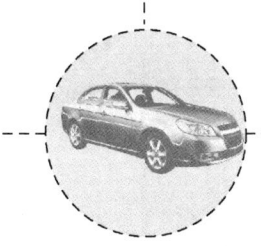

第 5 章

LIN 总线系统原理与检修

5.1 LIN 总线工作原理

5.1.1 LIN 总线简介

1. LIN 总线的概念

LIN 是 Local Interconnect Network 的缩写，Local Interconnect（局域互联）表示所有的控制单元都装在一个有限的空间内（如车顶），所以它也被称为"局域子系统"。LIN 是一种针对某一功能的局部网络系统，主要应用在对精度误差要求不是非常高的部件的控制上，如转向定时速度控制、刮水器控制、车灯控制、后视镜控制、电动车窗控制、电动座椅控制、发电系统控制、空调控制等。如图 5-1 所示为奥迪 A8 中的 LIN 总线单元的舒适系统。

自从 1998 年奥迪、宝马、克莱斯勒、摩托罗拉、博世等公司提出 LIN 总线通信协议以来，A 级网络目前首选的标准是 LIN 总线系统。LIN 总线系统是用于汽车分布式电控系统的一种新型低成本串行通信系统，是主从结构的单线 12V 的总线通信系统，主要用于智能传感器和执行器的串行通信。

LIN 总线标准简化了现有的基于多路的解决方案，同时将减少汽车电子装置的开发、生产和服务费用。它的媒体访问采用单主/多从机制，不需要进行仲裁，在从节点中不需要晶体振荡器就能进行自同步，极大地降低了硬件平台的成本。

2. LIN 总线的特点

LIN 总线的目标是为现有汽车网络（如 CAN 总线）提供辅助功能，因此 LIN 总线是一种辅助的总线网络，在不需要 CAN 总线的带宽和多功能的场合（如智能传感器和制动装置之间的通信）使用 LIN 总线可大大降低成本。LIN 总线的主要特性如下。

① 低成本，基于通用 UART 接口，几乎所有微控制器都具备 LIN 必需的硬件。
② 只需要一根数据传输线。
③ 数据传输速率最高可达 20kb/s。
④ 单主/多从设备模式不需要仲裁机制，通过单主/多从的原则保证系统安全。
⑤ 从节点不需要晶振或陶瓷振荡器就能实现自同步，降低了从设备的硬件成本。
⑥ 保证信号传输的延迟时间。
⑦ 不需要改变 LIN 总线从节点的硬件和软件就可以在网络上增加节点。
⑧ 通常一个 LIN 网络上的节点数目少于 12，共有 64 个标志符。

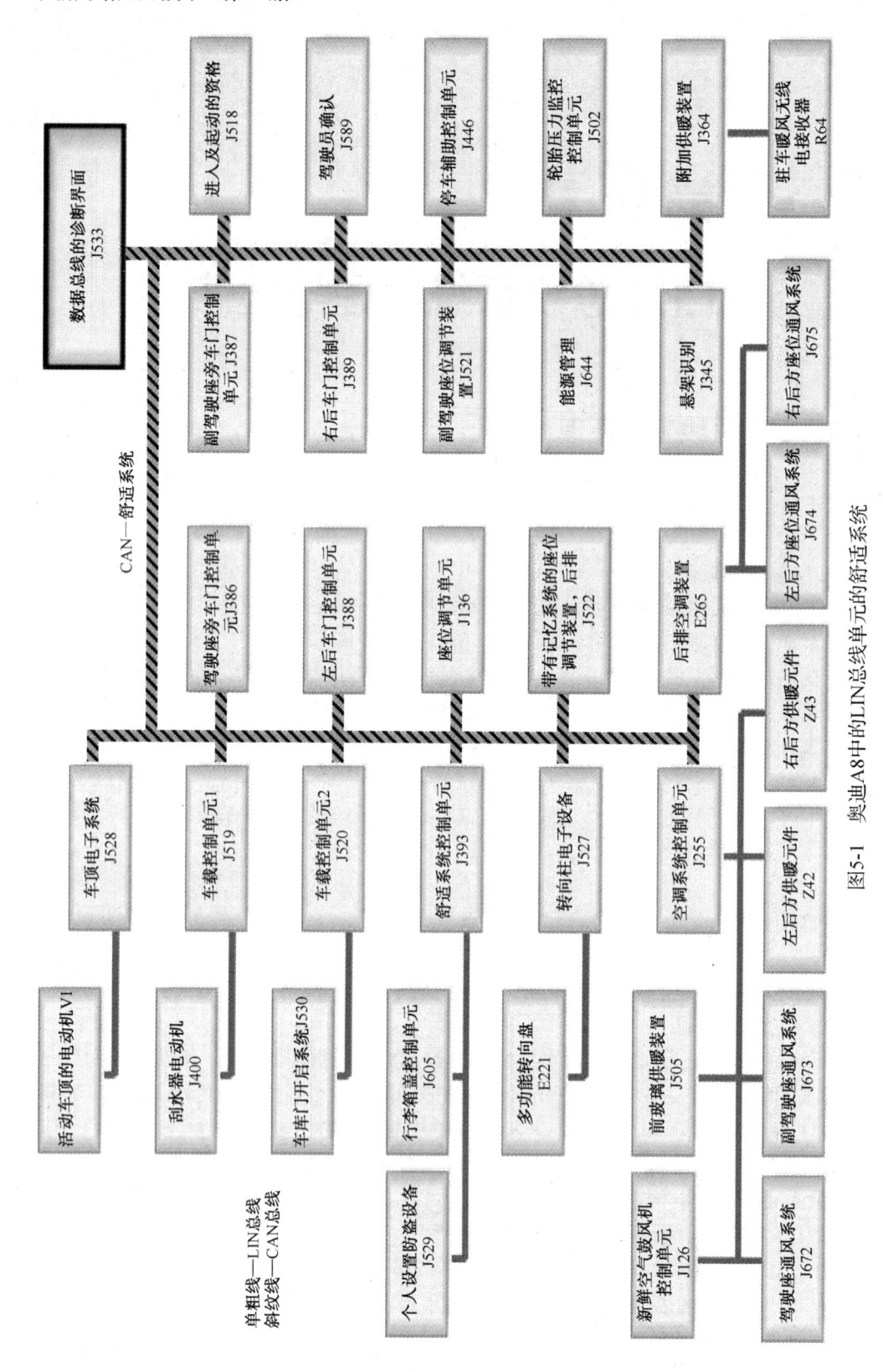

图5-1 奥迪A8中的LIN总线单元的舒适系统

车上各个 LIN 总线系统之间的数据交换是由主控制单元通过 CAN 数据总线实现的。例如，奥迪 A6 轿车 05 空调系统的 LIN 总线子系统，如图 5-2 所示。

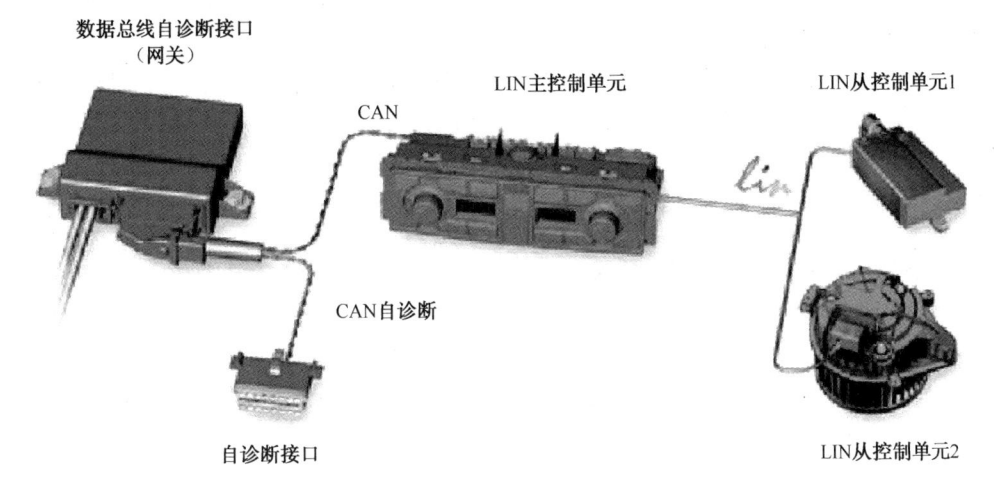

图 5-2　奥迪 A6 轿车 05 空调系统的 LIN 总线子系统

LIN 总线系统是单线式的，底色是紫色，有标志色。该线的横截面积为 $0.35mm^2$，不需要屏蔽。

3．LIN 总线结构

该系统允许一个 LIN 主控制单元最多与 16 个 LIN 从控制单元进行数据交换，如图 5-3 所示。

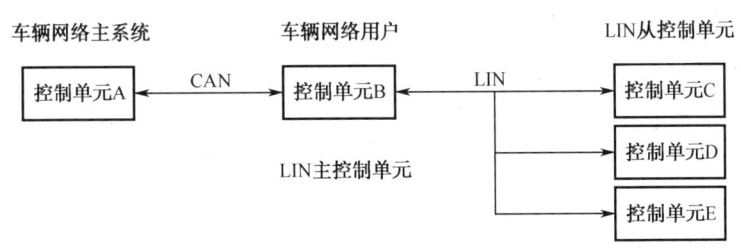

图 5-3　LIN 网络基本结构

4．LIN 总线与 CAN 总线的关系

（1）CAN 总线负责各个 LIN 总线局域网之间的信息共享与资源控制调配

LIN 总线作为一种子总线系统，必须挂靠在主总线即 CAN 总线之下，受其支配，即 LIN 总线里的主控制单元只是 CAN 总线里的一个普通节点，CAN 总线负责各个 LIN 总线局域网之间的信息共享与资源控制调配，LIN 总线则负责管理具体的本局域网内部的几个智能执行器，可以理解为：CAN 总线为管理层，LIN 总线为执行层。

（2）LIN 总线自诊断信息通过 CAN 总线传递

现在汽车都采用复杂的多 ECU 节点网络系统，汽车故障码一般由网关读取。LIN 总线内某个执行器发生故障时，因不能和网关直接相连，执行器的故障码先发送给 LIN 主控制单元，再由 CAN 总线转发该故障码，传送至网关，由诊断仪读取，因此，LIN 总线故障诊断离不开 CAN 总线。

5.1.2 LIN总线组成和工作原理

1. LIN主控制单元

LIN主控制单元连接在CAN总线上，如图5-3所示，它执行LIN总线的主功能。其主要作用如下。

① 监控数据传递和数据传输速率，发送信息标题。

② 该控制单元的软件内已经设定了一个周期，这个周期用于决定何时将哪些信息发送到LIN总线上多少次。

③ 该控制单元在LIN总线与CAN总线之间起"翻译"作用，它是LIN总线系统中唯一与CAN总线相连的控制单元。

④ 通过LIN主控制单元进行LIN系统自诊断。

2. LIN从控制单元

在LIN总线系统内，单个控制单元、传感器及执行元件都可看作LIN从控制单元。传感器内集成有一个电子装置，该装置对测量值进行分析，测量值作为数字信号通过LIN总线传递。有些传感器和执行元件只使用LIN主控制单元插口上的一个引脚。

LIN执行元件都是智能型的电子或机电部件，这些部件通过LIN主控制单元的LIN数字信号接收任务。LIN主控制单元通过集成的传感器来获知执行元件的实际状态，然后就可以进行规定状态和实际状态的对比。LIN从控制单元的特点如下。

① 接收、传递或忽略和从主系统接收到的与信息标题相关的数据。

② 可以通过一个"叫醒"信号叫醒主系统。

③ 检查所接收数据的检查总量。

④ 对所发送数据的检查总量进行计算。

⑤ 和主系统的同步字节保持一致。

⑥ 只能按照主系统的要求和其他子系统进行数据交换。

3. 数据传递过程

在主系统发送相应的信息标题要求LIN子系统发送时，LIN子系统才向LIN总线系统发送数据，所发送的数据可供每个LIN总线参与单元接收。其数据传递流程如图5-4所示。LIN-信息1表示主系统要求子系统1提供数据；LIN-信息2表示主系统要求子系统2提供数据；LIN-信息3表示主系统向子系统发送数据，如向子系统2发送数据。例如，如图5-5所示为奥迪A6轿车05空调系统的LIN子系统框图，其LIN总线数据传递过程如下。

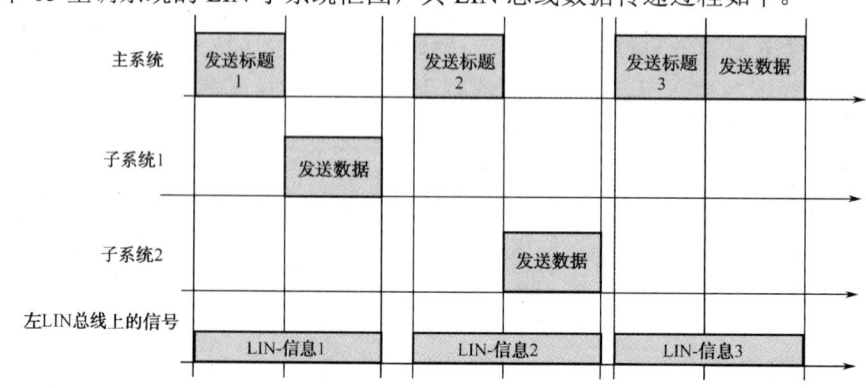

图5-4 LIN总线的数据传递流程

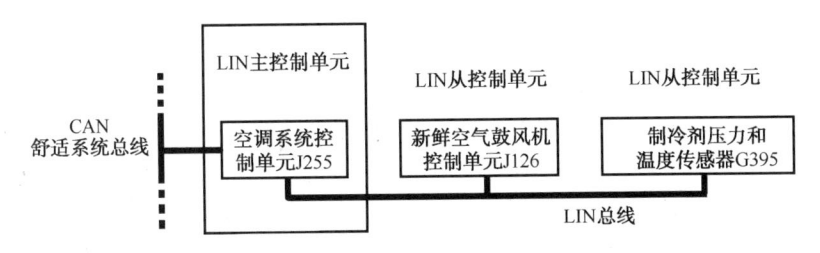

图 5-5　奥迪 A6 轿车 05 空调系统的 LIN 子系统框图

（1）带有子反馈的空调装置 LIN 信息传递流程（如图 5-6 所示）

① 空调装置在 LIN 总线系统上发送信息标题——查询制冷剂温度。

② 传感器 G395 读取信息标题，进行转换，然后将当时的制冷剂温度放到 LIN 总线系统上。

③ 制冷剂温度被空调装置识别。

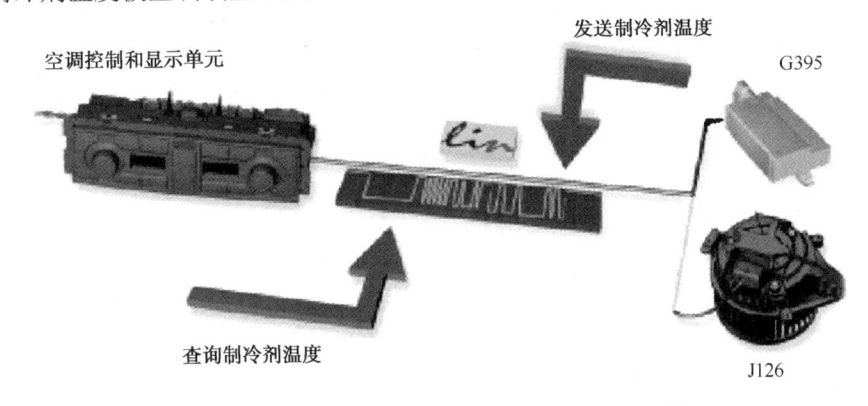

图 5-6　带有子反馈的空调装置 LIN 信息传递流程

（2）带有主反馈的空调装置 LIN 信息传递流程（如图 5-7 所示）

① 空调装置在 LIN 总线系统上发送信息标题——调节鼓风机的等级。

② 所发送的信息标题用于新鲜空气鼓风机等级的调节。

③ 空调装置发送所希望的鼓风机等级。

④ 新鲜空气鼓风机读取信息，控制鼓风机转速。

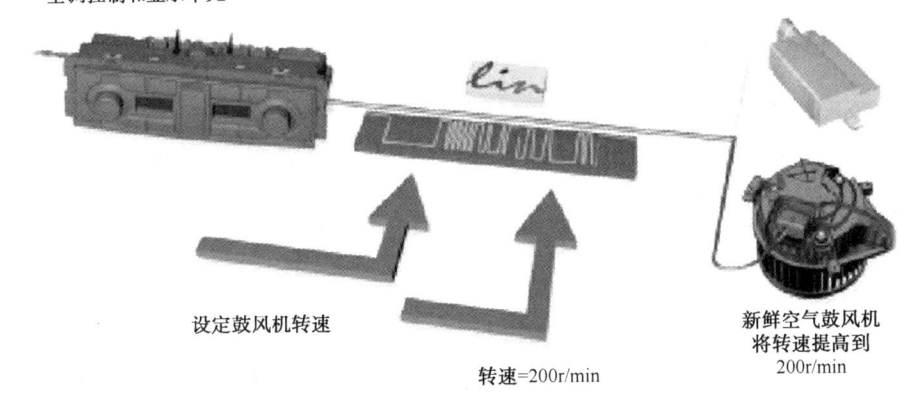

图 5-7　带有主反馈的空调装置 LIN 信息传递流程

4．信号

（1）信号电压

隐性电压：如果无信息发送到 LIN 总线上或发送到 LIN 总线上的是一个隐性信号，那么数据总线导线上的电压就是蓄电池电压。

显性电压：为了将显性信号传到 LIN 总线上，发送控制单元内的收发报机将数据总线导线接地，如图 5-8 所示。

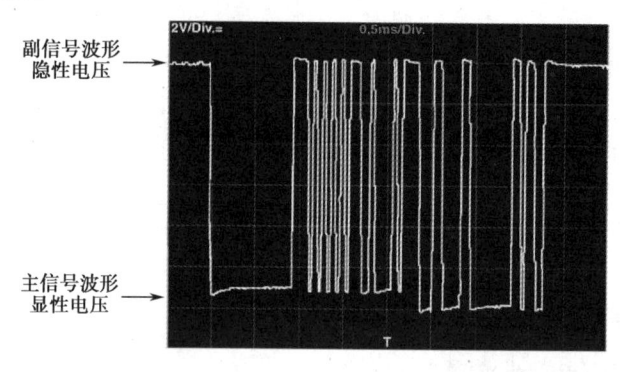

图 5-8　LIN 总线上的信号电压

（2）信号传递安全性

在隐性电压和显性电压的收发中，通过预先设定公差值来保证数据传输的稳定性，发送信号时必须满足隐性电压大于电源电压的 80%、显性电压小于电源电压的 20%，如图 5-9 左侧所示。为了在有干扰辐射的情况下仍能收到有效的信号，允许接收的电压值范围要宽一些，隐性电压大于电源电压的 60%、显性电压小于电源电压的 40%，如图 5-9 右侧所示。通过这种方式确保 LIN 总线信号传递的安全性。

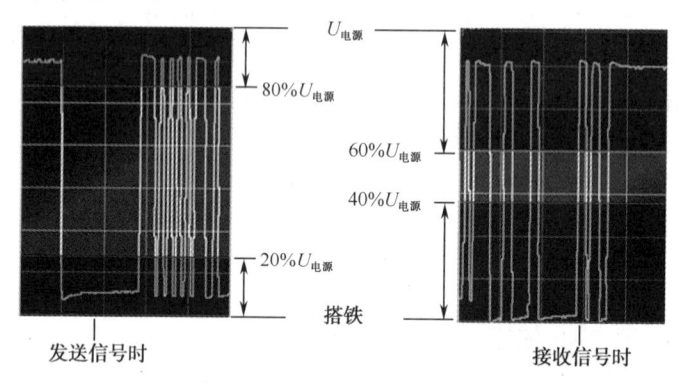

图 5-9　LIN 总线信号传递的电压范围要求

5．信息格式

（1）信息标题格式（如图 5-10 所示）

① 同步暂停区。

同步暂停区的长度至少为 13 位（二进制），以显性电压发送。这 13 位的长度是必需的，这样才能准确地通知所有的 LIN 子控制单元有关信息起始点的情况。其他信息是以最长为 9 位（二进制）显性电压来一个接一个地传递的。同步暂停会连同主波形（Low-Signal，低信号）一起发送并且明确这是一个信息的开始。

② 同步限制区。

同步限制区会连同从属波形（High-Signal，高信号）一起发送，并且表明这是同步暂停的结束。同步限制区至少为 1 位，且为隐性电压。

③ 同步区。

同步区由 01010101 这个二进制位序构成，所有 LIN 子控制单元都通过这个二进制位序来与 LIN 主控制单元进行匹配（同步）。所有控制单元同步对于保证正确的数据交换是非常必要的。如果失去了同步性，那么接收到的信息中的某一位数值就会发生错误，进而导致数据传递错误。

④ 确认区。

确认区的长度为 8 位，前 6 位用于回应信息识别码和信息长度，回应数据区的个数为 0～8；后两位是校验位，用于检查数据传递是否有错误。当出现识别码传递错误时，校验可防止与错误的信息适配。

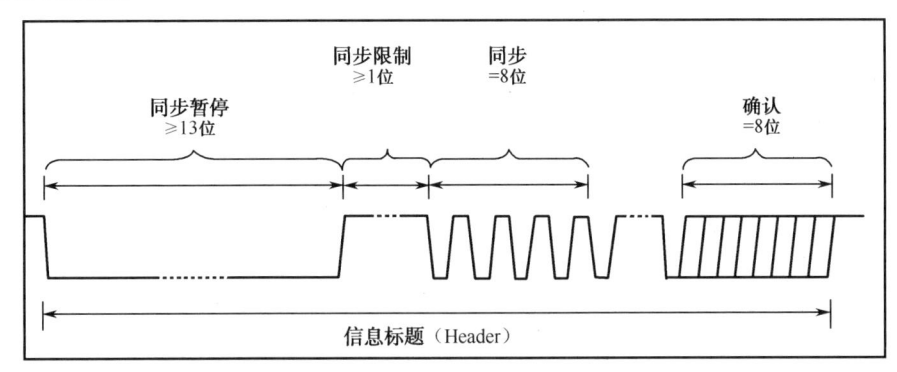

图 5-10　信息标题格式

（2）信息内容格式

在信息内容中，确定的数据领域个数会被传输。每个数据领域都以一个主导初始符开始，紧跟着要传输的数据字节，并以一个从属终止符结束。这样，每个数据领域的长度都为 10 位，同样适用于检查总量，检查总量用于识别传输错误。信息内容格式如图 5-11 所示。

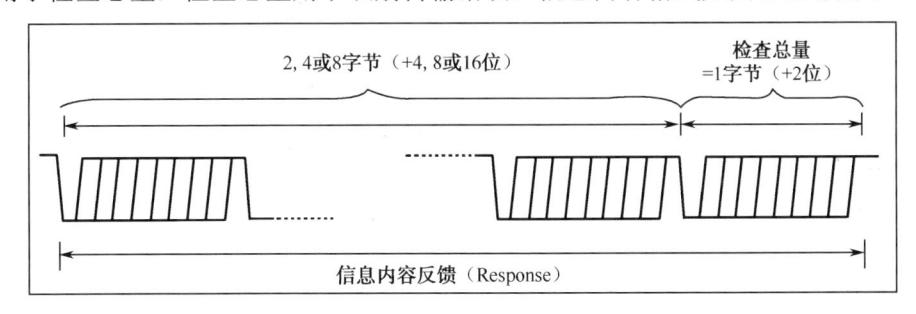

图 5-11　信息内容格式

6. LIN 总线系统的物理结构

LIN 总线系统的物理结构如图 5-12 所示，4 个信号收发两用机中的任何一个都可以接通所属的晶体管，由此将 LIN 总线与负极连接。在这种情况下，会由一个发送器传输一个主导位。如果晶体管都不导通，则 LIN 总线电路上为高电压。

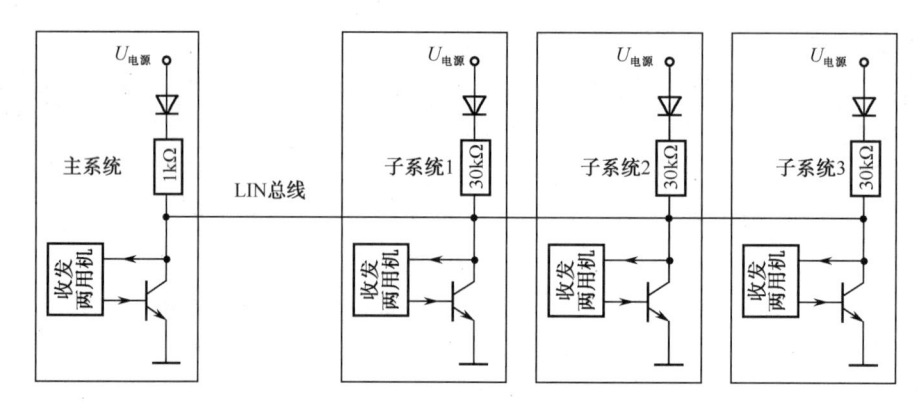

图 5-12　LIN 总线系统的物理结构

5.2　LIN 总线应用及故障实例

5.2.1　LIN 总线在汽车上的应用

1. LIN 总线在汽车上的应用范围

典型的 LIN 总线应用是汽车中的联合装配单元，如湿度传感器、交流发电机等。在 LIN 总线实现的系统中，通常将模拟信号量用数字信号量替换，这将使总线性能得到优化，在以下汽车电子控制系统中使用 LIN 总线来实现将得到非常完美的效果。

（1）车顶：湿度传感器、光敏传感器、信号灯控制、汽车顶篷等。

（2）车门：车窗玻璃、中控锁、车窗玻璃开关、吊窗提手等。

（3）车头：传感器、转向盘、方向控制开关、风窗玻璃上的擦拭装置、方向灯、无线电、空调、座椅、座椅控制电动机、转速传感器等。

2. LIN 总线应用实例

（1）速腾轿车雨刮控制

刮水器操控电路如图 5-13 所示，刮水器操纵信号控制流程如下：

① 驾驶员将刮水器杆放到刮水器间歇位置。

② 转向柱电子设备 J257 读取刮水器杆的实际位置。

③ J257 经由舒适系统 CAN 总线向车载控制单元发送此信息。

④ 车载控制单元 J519 通过 LIN 总线向刮水器电动机 J400 发出指令，运行间歇位置模式。

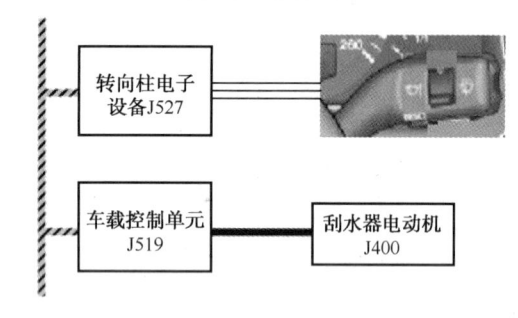

图 5-13　刮水器操控电路

图 5-13 中，单细线——普通导线；单粗线——LIN 总线；斜纹线——CAN 总线。

（2）凯旋轿车随动转向前照灯

东风雪铁龙公司生产的凯旋轿车的随动转向前照灯，其功能是在车身高度发生变化及转向时改变前照灯照射的角度，从而使驾驶员视线范围更有效，提高舒适性和安全性。

如图 5-14 所示为凯旋轿车转向前照灯 LIN 网络原理图，各元件名称如表 5-1 所示。图 5-14 中，粗实线表示网线连接，细实线表示普通电线连接；智能控制盒 BSI1 为网关；发动机控制单元 1320、自动变速器控制单元 1630、ABS 控制单元 7020（或 ESP 控制单元 7800）、转向盘位置传感器 7700 及前照灯控制单元 6606 为 CAN I/S 系统关系网连接，传输速率为 500kb/s；转向盘转换模块 CV00 为 CAN 车身网连接，传输速率为 125kb/s；多功能显示屏 7215、收放机 8410 及组合仪表 0004 为 CAN 舒适网连接，传输速率为 125kb/s；各 CAN 网络通过网关 BSI1 实现信息共享。左前照灯 2610、右前照灯 2615 和前照灯控制单元 6606 为 LIN 网连接及普通电线连接，左前照灯 2610、右前照灯 2615 为从控制单元，前照灯控制单元 6606 为主控制单元。左、右前轮防抱死传感器 7000~7005 与 ABS 控制单元 7020（或 ESP 控制单元 7800）为普通电线连接。

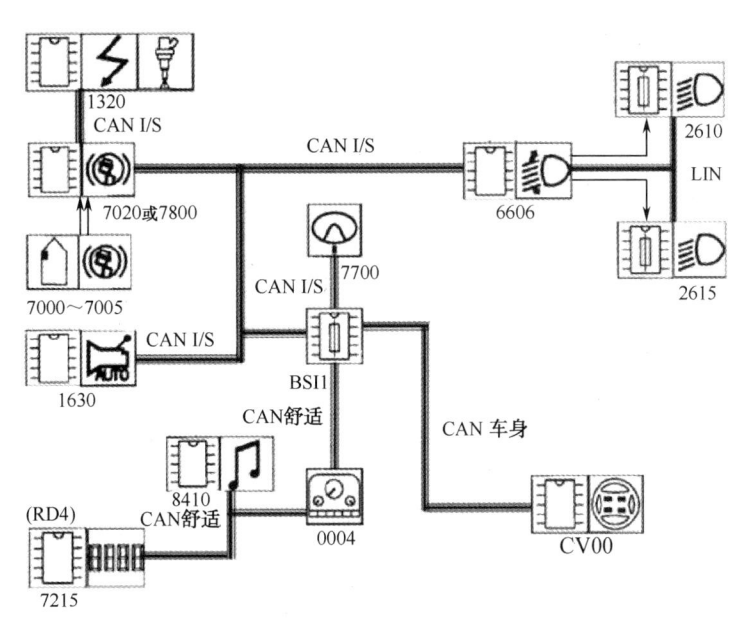

图 5-14 凯旋轿车转向前照灯 LIN 网络原理图

表 5-1 前照灯 LIN 网络系统各元件名称

元 件 编 号	元 件 名 称
BSI1	智能控制盒
CV00	转向盘转换模块
0004	组合仪表
1320	发动机控制单元
1630	自动变速器控制单元
2610	左前照灯
2615	右前照灯
7000~7005	左、右前轮防抱死传感器
7020	ABS 控制单元（或 ESP 控制单元 7800）
7215	多功能显示屏
7700	转向盘位置传感器
6606	前照灯控制单元
8410	收放机

其中，发动机控制单元 1320 提供发动机运转信息，左、右前轮防抱死传感器 7000~7005 通过 ABS 控制单元 7020（或 ESP 控制单元 7800）提供车速信息，自动变速器控制单元 1630 提供挡位信息，转向盘转换模块 CV00 传递驾驶员的各种操纵信息，多功能显示屏 7215、收放机 8410 及组合仪表 0004 提供信号灯指示及前照灯左、右转向矫正功能的关闭与激活的控制信息。

当满足下列条件时，转向前照灯开始正常工作。
① 车速非零。
② 未选择倒挡。
③ 前照灯转向矫正功能被激活。
④ 转向盘转向角超过 15°。

该系统的工作原理：前照灯控制单元 6606 通过 CAN 总线接收来自转向盘位置传感器 7700 的 CAN 报文，将其转变为 LIN 报文，接着通过 LIN 总线向左、右前照灯从控制单元发出报文，如果前照灯主控制单元从 CAN 总线上接收到"大灯左摆"的报文，它会将该报文转变成 LIN 协议，并发送给左、右前照灯从控制单元。从控制单元收到报文，则利用摆动角驱动器使前照灯向左摆动。

此外，前照灯控制单元还处理来自车身高度传感器的信息，并通过普通电线连接控制左、右前照灯上下摆动。

5.2.2 LIN 总线故障实例

1. 控制单元内部短路导致 LIN 总线不能通信

（1）故障现象

一辆 2010 年款奥迪 Q5 车，搭载 2.0TSI 发动机（CDN），行驶里程为 5006 km，前刮水器失灵，天窗打不开，车顶卷帘也不能开启。

（2）故障诊断

接通前风窗玻璃刮水器开关间歇挡，刮片始终快速工作，调节刮水器开关无效；连接诊断仪 VAS 5052A，显示前风窗玻璃后视镜底座上雨量和光照识别传感器（G397）有故障，更换 G397 后前刮水器恢复正常工作，但天窗和车顶卷帘还是打不开。

连接 VAS 5052A，进入舒适系统控制单元（J393），显示"本地数据总线 3 通信故障"。由于该车故障是天窗和车顶卷帘打不开，根据图 5-15，判断"本地数据总线 3"应是 J245（天窗控制单元）、J394（车顶卷帘控制单元）、E284（车库门操作开关）、G578（防盗装置传感器）、G355（温/湿度传感器）这一路到 J393 的 LIN 总线。读数据流 39 组，LIN 总线电平如下：位 0——"空"；位 1——"天窗总线电平错"；位 2——"警报喇叭总线电平错"；位 3——"本地总线 4 电平错"。

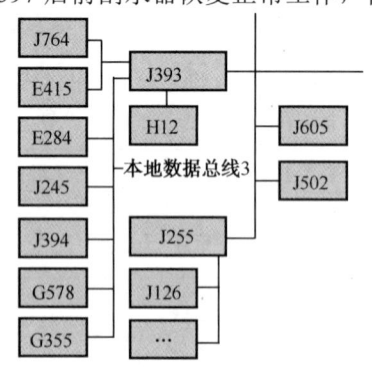

图 5-15 网络拓扑图

图 5-15 中，E284——车库门操作开关；E415——进入及起动开关；G355——温/湿度传感器；G578——防盗装置传感器；H12——报警喇叭；J126——新鲜空气鼓风机控制单元；J245——天窗控制单元；J255——空调系统控制单元；J393——舒适系统控制单元；J394——

车顶卷帘控制单元；J502——轮胎压力监控控制单元；J605——行李箱盖控制单元；J764——电子转向控制器。

从数据流分析，这路 LIN 总线故障有两个可能原因：一是这路 LIN 总线上某控制单元或传感器有故障，导致 LIN 总线无法通信；二是这路 LIN 总线本身有问题，但要报故障的 LIN 总线对搭铁或对正极短路/断路。

J393 与从控制单元（如 J245、J394、G578、G355、E284 等）相连，作为 CAN 总线与 LIN 总线间的网关。J393 根据协议通过总线进行控制，控制何时通过总线发送何种信息并负责处理所有发生的故障，LIN 总线连接了多个从控制单元，当主控制单元发送了正确的 ID 时，从控制单元会接收。当某一从控制单元出现故障时，LIN 总线上的其他从控制单元就被关闭。

现在故障是从 J393 里读取的，数据流也显示天窗总线电平错，但不能认为 J245 或 J393 一定有问题。G397 既然已损坏，应分析其损坏的原因。G397 通过另一路 LIN 总线将信号输送到车载控制单元（J519），由 J519 控制刮水器动作。询问驾驶员得知，上述故障是在汽车装潢店为前风窗玻璃贴膜后出现的。而 G397 与 G355 是装在前风窗玻璃后视镜底座上的，拆下后视镜底座，将 G355 拆下打开，发现 G355 中有进水痕迹，G355 电路板上存在氧化物。

G355 是温/湿度传感器，用于测量空气湿度、传感器周围温度和前风窗玻璃温度。该车具有自动除霜功能，当车内温度较高而车外温度较低、风窗玻璃上结雾时，J393 根据 G355 的信号判断结雾趋势，适时启动除霜功能，以防风窗玻璃上结雾。由于 G355 进水导致内部电路短路，使其无法与 J393 通信，J393 将无法联络 LIN 总线上所有的从控制单元，J245 和 J394 等从控制单元被关闭，所以天窗和车顶卷帘无法工作。

（3）故障排除

G355 外围电路正常，供电和搭铁良好，LIN 总线连接正常。更换一个 G355 价格近千元，于是尝试用棉球粘上酒精清洗电路板及外壳，然后晾干，装回试机，天窗和车顶卷帘启闭正常。

2．线路短路造成 LIN 总线不通信

（1）故障现象

一辆 2006 年出厂的上海大众波罗（POLO）自动挡轿车，采用 BCC 发动机，累计行驶里程约 81000 km，出现右前、右后、左后电动车窗不能升降，左前电动车窗能正常工作的现象。

（2）故障诊断

通过检查发现，操纵驾驶员侧车窗升降开关（E40），驾驶员侧车窗能正常升降；操纵驾驶员侧电动车窗主开关板上的右前车窗升降开关（E81）、右后车窗升降开关（E55）、左后车窗升降开关（E53），车窗均不能升降。分别按动右前、右后、左后车门上的车窗升降开关也不能控制该侧车窗升降。连接诊断仪 VAS 5051B，接通点火开关，单击引导性功能，查询舒适系统控制单元内的故障储存，没有发现故障码；转到自诊断功能，进入 4（舒适系统）查看舒适系统控制单元编码是否正确，编码为 19，正常。该车的车门控制单元采用 LIN 总线控制，其控制原理为：左前车门的控制单元是 LIN 总线主控制单元，右前、右后、左后的车门控制单元是 LIN 总线从控制单元，当按下驾驶员侧主开关板上右前车窗升降开关（E81）时，开关信号传输给驾驶员侧车门控制单元（J386），J386 将开关信号转换为数字信号，通过 LIN 总线传输到右前车门控制单元，右前车门控制单元接收到相应的信号，执行右前电动车窗升降。两个后门车窗的控制原理也是一样的。因为驾驶员侧车窗升降开关（E40）直接将开关信号输送给 J386，J386 接收到开关信号即执行左前车门的电动车窗升降，因此左前车门的电动车窗升降和 LIN 总线没有关系。

经过查阅电路图，4个车门控制单元的电源都是通过S163熔丝供给的。S163熔丝在发动机室内蓄电池熔丝架上，该熔丝还用来给燃油泵继电器、X触点继电器、燃油泵预供电继电器、转向信号灯开关供电。发动机能正常起动，转向信号灯能正常工作，因此可以判定熔丝S163正常；4个车门控制单元的搭铁点在换挡杆前的中央通道上，是公用的搭铁点。怀疑故障是线路内部断路造成的，为了排除这种可能性，拆开右前门内饰板，拔下右前车门控制单元上的8针黑色导线侧连接器，测量其上供电端子（与红/黄色导线相连）、搭铁端子（与棕色导线相连）间的电压，结果约为蓄电池电压，说明供电正常。根据以上分析和测量结果，认为其他3个车门电动车窗不能升降与LIN总线有直接的关系。

　　检查LIN总线的通信是否存在断路。检测J386与右前车门控制单元（J387）导线连接器间的LIN总线（白/紫色）是否导通，结果电阻为无穷大，表明该线路断路。查阅布线图得知J386与J387间的LIN总线（紫/白色）中间有两个线束连接器，分别在左前、右前A柱中部。接下来分段测量该LIN总线，测量J386与左前A柱中部连接器间导线的电阻，趋于无穷大。把左前车门的线束抽出检查，发现LIN总线（紫/白色）已经折断。

　　（3）故障排除

　　修复折断的LIN总线，故障排除。

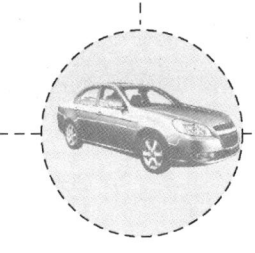

第6章

MOST 总线系统原理与检修

6.1 MOST 总线工作原理

6.1.1 MOST 总线简介

MOST（Media Oriented System Transport）总线系统是一种用于多媒体数据传送的网络系统。MOST 总线采用塑料光纤（POF）作为传输介质。例如在奥迪轿车上，MOST 技术用于信息系统的数据传递，信息系统能提供很多信息及娱乐多媒体服务，如图 6-1 所示。

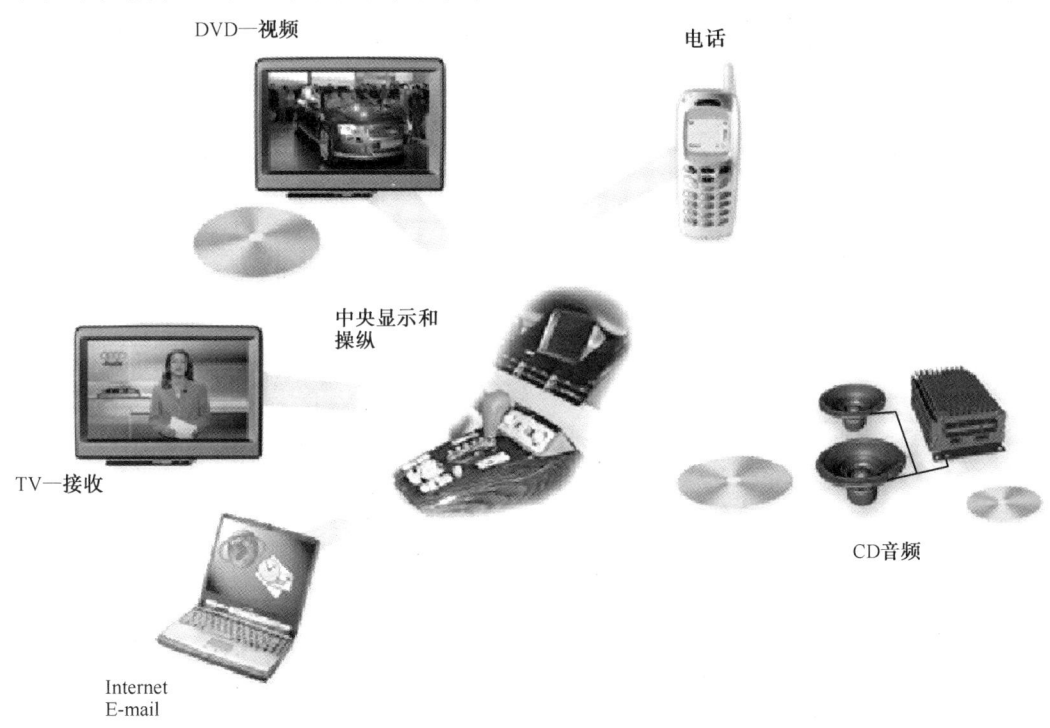

图 6-1 基于 MOST 总线的信息系统

1. 多媒体传输速率

这种光纤数据传输对于实现信息系统的所有功能具有重要意义，因为以前所使用的 CAN 总线系统的传输速率无法满足相应数据量的传送要求。视频和音频所要求的数据传输速率达

Mb/s 级别，如图 6-2 所示。仅仅是带有立体声的数字式电视信号，就需要约 6Mb/s 的数据传输速率。MOST 总线的数据传输速率可达 21.2Mb/s。

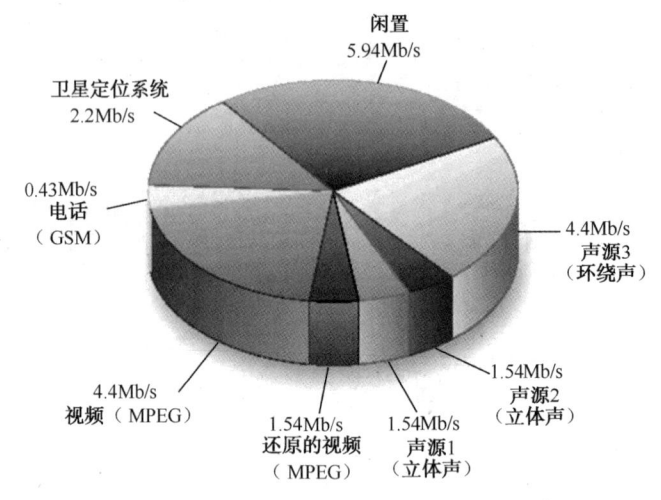

图 6-2 多媒体的传输速率

以前的视频和音频信号只能以模拟方式传送，使得线束的用量很大，如图 6-3 所示。CAN 总线系统的最大数据传输速率为 1Mb/s，因此 CAN 总线只能用来传递控制信号。

在 MOST 总线中，相关部件之间的数据交换是以数字方式进行的。通过光波进行数据传递有导线少且重量轻的优点，另外传输速率也快得多，如图 6-4 所示。

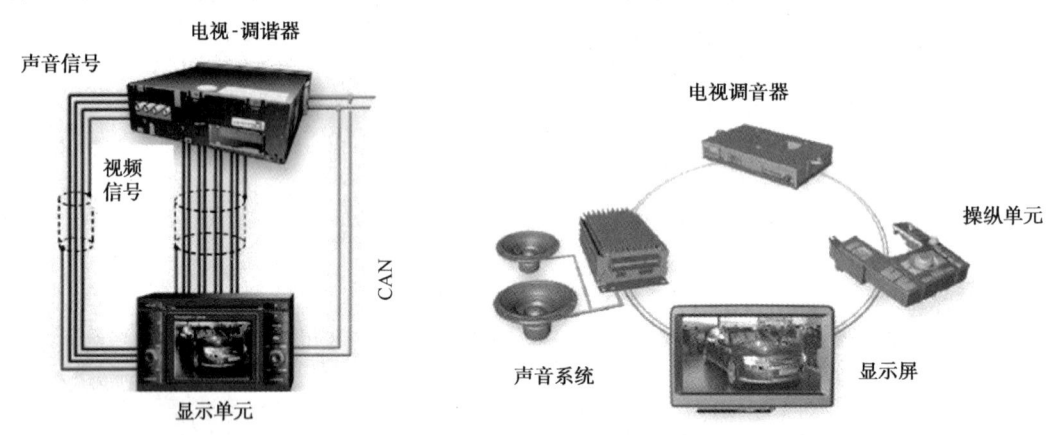

图 6-3 传统多媒体信号传输的解决方案　　　图 6-4 多媒体的 MOST 总线传输

2. MOST 总线的基本特征

MOST 总线网络具有以下基本特征。

（1）抗干扰

MOST 技术规范中提到，MOST 总线理想的物理媒介为光纤。采用光纤作为物理介质，能够在车内的噪声环境中传送高位率的数据，防止数据流遭受电气干扰，消除了数据产生干扰的任何风险，这种干扰在车内电子总线传输的信号中是不可避免的，尤其是在安全成为关键因素的系统中。

（2）质量小

光纤比铜导线要轻许多，作为物理媒介可大大减少车辆总线电缆的质量。

（3）即插即用

MOST 网络支持 64 个节点,这个数量对于日益增加的车载娱乐设备来说并不多,即插即用解决了这个问题,插拔设备的时候,网络配置变化会被自动检测出来,系统重新计算节点的物理位置,进而重新配置网络的信道分配。

3．MOST 总线系统状态

（1）休眠模式

MOST 总线系统的休眠模式如图 6-5 所示。

这时 MOST 总线内没有数据交换,所有装置处于待命状态,只能由系统管理器发出的光启动脉冲来激活,静态电流被降至最小。睡眠模式的激活条件如下。

① MOST 总线上的所有控制单元显示为准备就绪,可切换至睡眠模式。

② 其他总线系统没有通过网关向 MOST 总线提出工作要求。

③ 自诊断未被激活。

在上述条件下,MOST 总线系统可以通过下列方式切换至睡眠模式。

① 在启动蓄电池放电时,蓄电池管理器通过网关进行切换。

② 用故障诊断仪进行传输模式的切换。

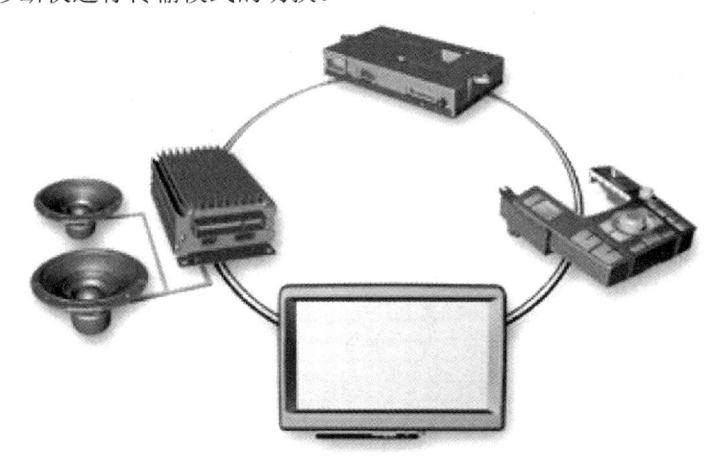

图 6-5　MOST 总线系统的休眠模式

（2）备用（待机）模式

MOST 总线系统的备用（待机）模式如图 6-6 所示。

MOST 总线在备用（待机）模式下无法为用户提供任何服务,给人的感觉就像系统已经关闭了。这时 MOST 总线系统在后台运行,但所有的输出介质（如显示屏、音频放大器等）都不工作或切换至静音状态。这种模式在系统启动及持续运行条件下可以被激活。备用（待机）模式的激活方式如下。

① 由其他总线经网关激活,如驾驶员侧车门打开/关闭时,点火开关接通。

② 可以由总线上的一个控制单元激活,如打入的电话。

（3）通电工作模式

MOST 总线系统的通电工作模式如图 6-7 所示。

控制单元完全激活,MOST 总线上有数据交换,用户可使用所有功能。MOST 总线处在备用（待机）模式下,可以通过以下方式激活通电工作模式。

① 由其他总线通过网关激活。
② 通过用户操作功能选择来激活，如通过多媒体操纵单元激活。

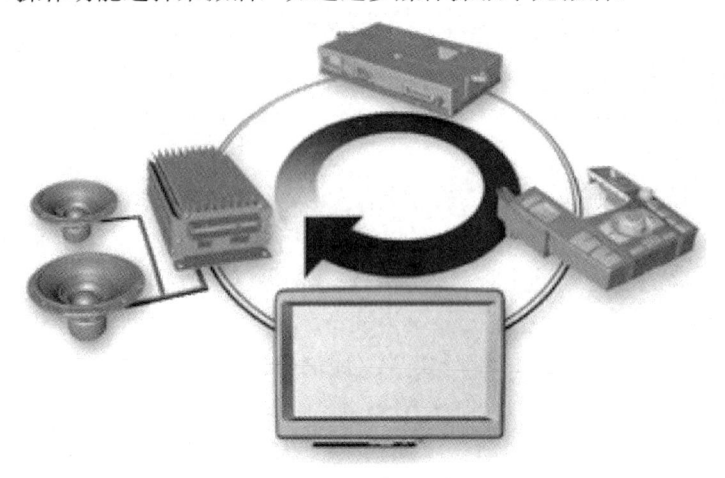

图 6-6　MOST 总线系统的备用（待机）模式

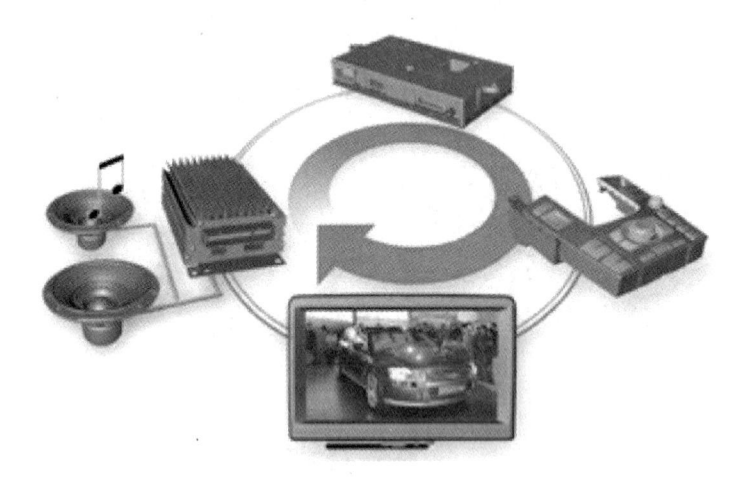

图 6-7　MOST 总线系统的通电工作模式

6.1.2　MOST 总线组成和工作原理

MOST 网络的每个控制单元内都装有一个光电转换器和一个电光转换器，MOST 环形总线的结构为两个控制单元之间以光学方式点对点连接，如图 6-8 所示。

1. 控制单元的结构

MOST 总线控制单元的结构如图 6-9 所示，MOST 总线控制单元主要部件如下。

（1）光导纤维和光导插头

光信号通过光导纤维和光导插头进入控制单元，或传往下一个总线用户。光导插头结构如图 6-10 所示。

（2）电气插头

该插头用于供电、环断裂自诊断及输入/输出信号，如图 6-11 所示。

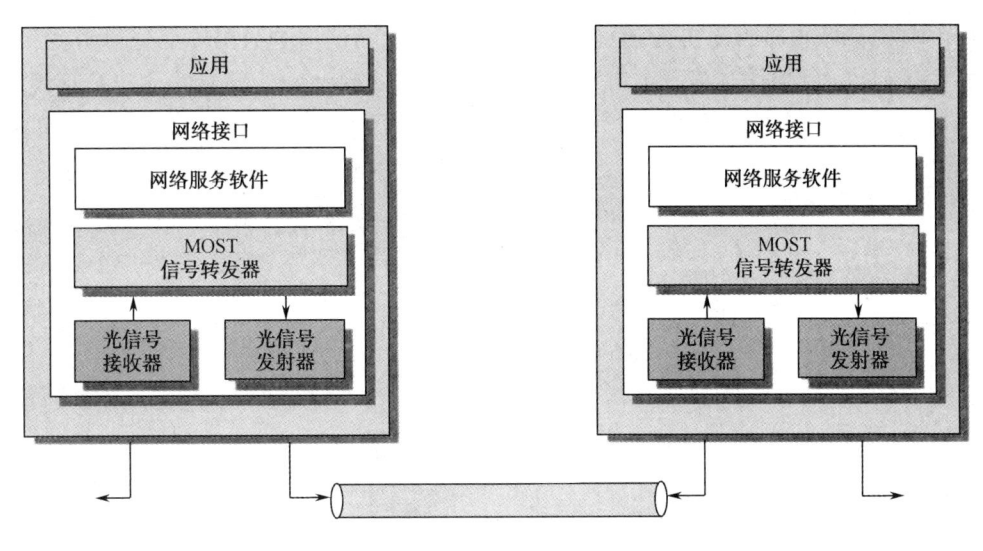

图 6-8　MOST 网络结构

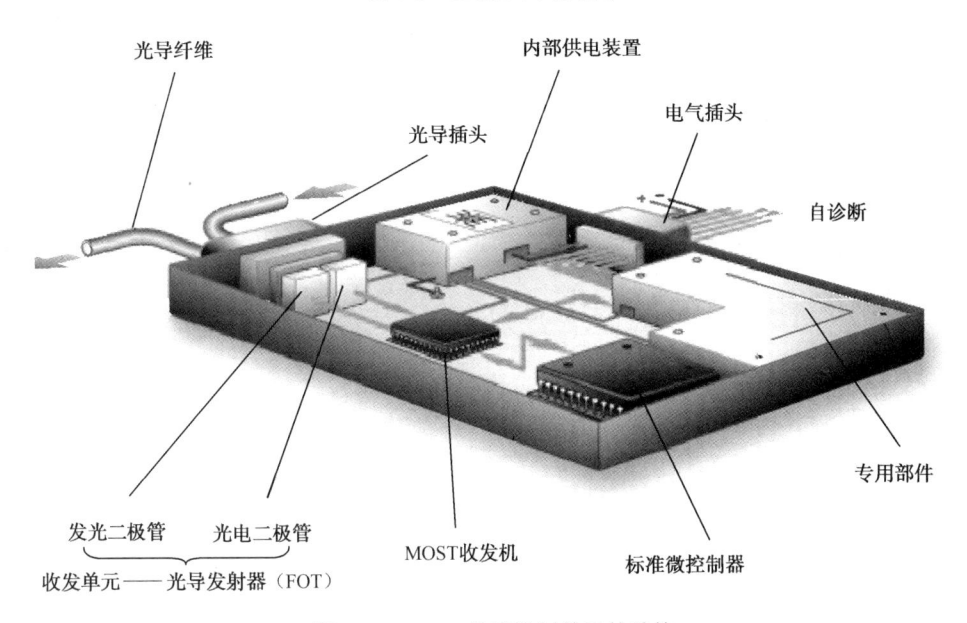

图 6-9　MOST 总线控制单元的结构

（3）内部供电装置

由电气插头送入的电信号再由内部供电装置分送到各个部件。这样就可单独关闭控制单元内某一部件，从而减小了静态电流。

（4）收发单元——光导发射器（FOT）

该装置由一个光电二极管和一个发光二极管构成。到达的光信号由光电二极管转换成电压信号后传至 MOST 收发机。发光二极管的作用是把 MOST 收发机的电压信号转换成光信号，产生的光波波长为 650nm，是可见红光。数据经光波调制后传送，调制后的光经光导纤维传到下一个控制单元。

（5）MOST 收发机

MOST 收发机由发射机和接收机两个部件组成。发射机将要发送的信息作为电压信号传至光导发射器。接收机接收来自光导发射器的电压信号并将所需的数据传至控制单元内的标准微控制器（CPU）。其他控制单元不需要的信息由 MOST 收发机传送，而不是将数据传到 CPU 上，这些信息被原封不动地发至下一个控制单元。

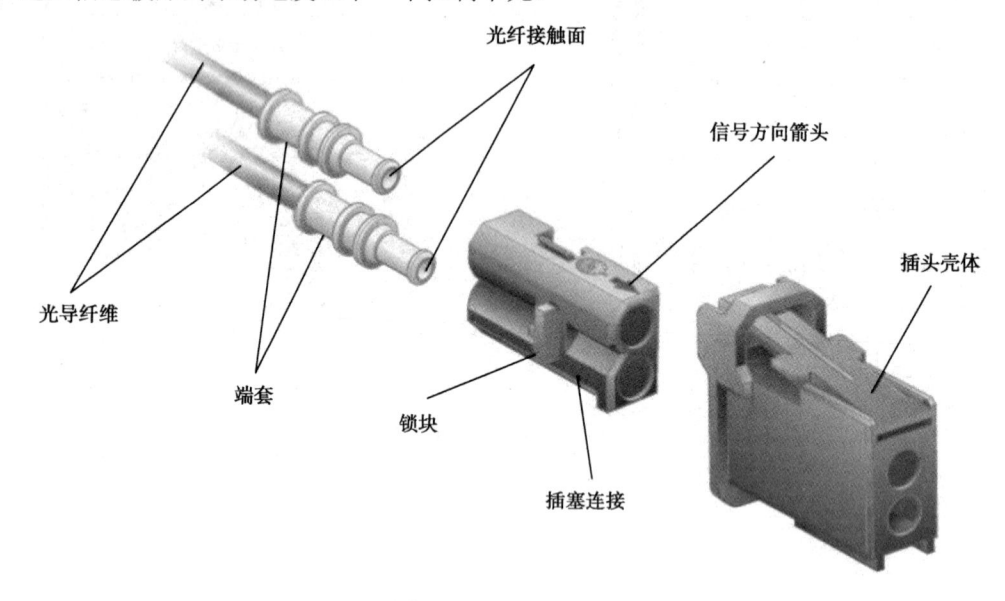

图 6-10　光导插头结构

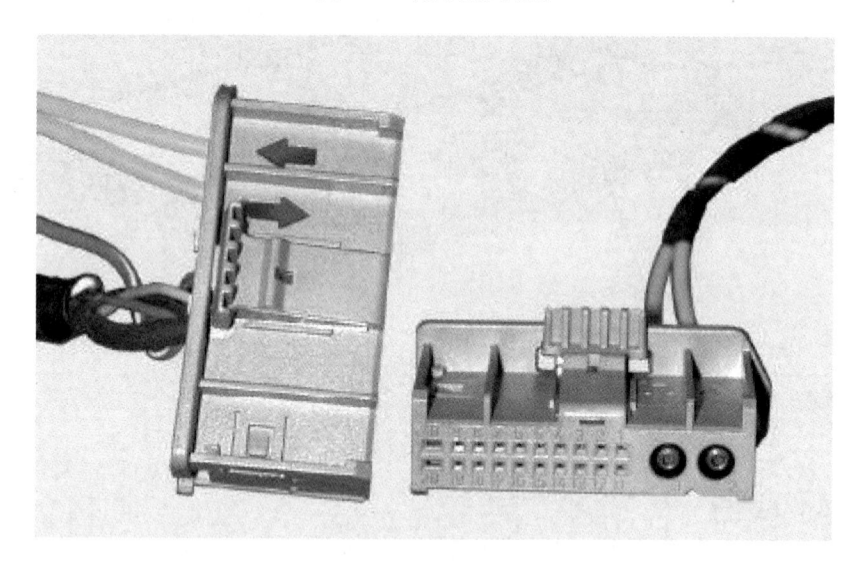

图 6-11　电气插头

（6）标准微控制器（CPU）

标准微控制器（CPU）是控制单元的核心元件，它的内部有一个微处理器，用于操纵控制单元的所有基本功能。

（7）专用部件

这些部件用于控制某些专用功能，如 CD 播放机和收音机调谐器。

2．光电二极管

（1）结构（见图6-12）

光电二极管内有一个PN结，光可以照射到这个PN结上。

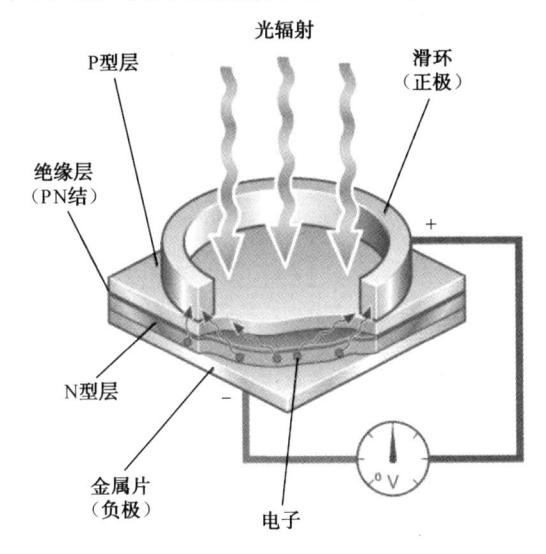

图6-12　光电二极管结构

（2）作用

光电二极管的作用是将光信号转换成电压信号。如果光或红外线辐射照到PN结上，就会产生自由电子和空穴，从而形成一个穿越PN结的电流。也就是说作用到光电二极管上的光越强，流过光电二极管的电流就越大，这个过程称为光电效应。

光电二极管与一个电阻反向串联。如果由于照射光强度增大，流过光电二极管的电流增大，那么电阻上的压降也就增大了，光信号就被转换成电压信号了，如图6-13所示。

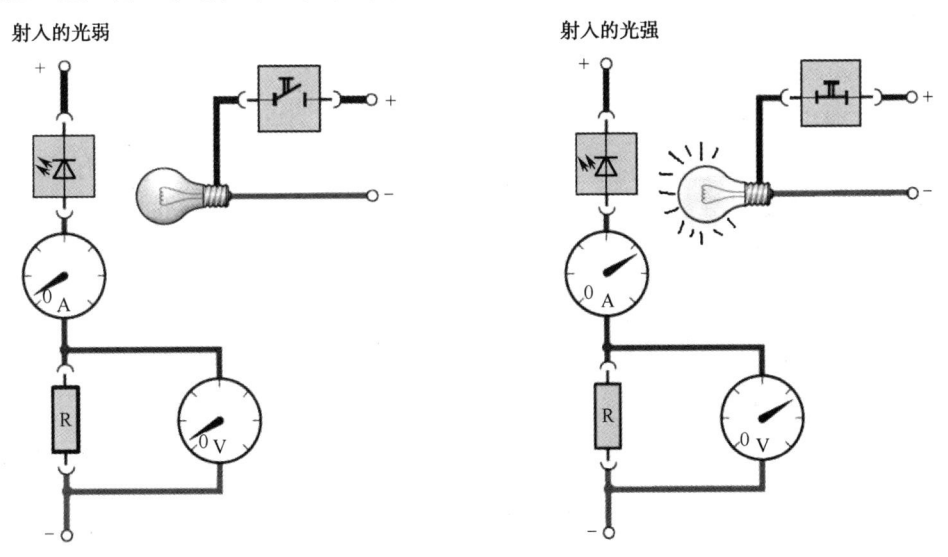

图6-13　光电效应

3．光导纤维

光导纤维的作用是将在某一控制单元发射器内产生的光波传送到另一控制单元的接收器

中，如图 6-14 所示。

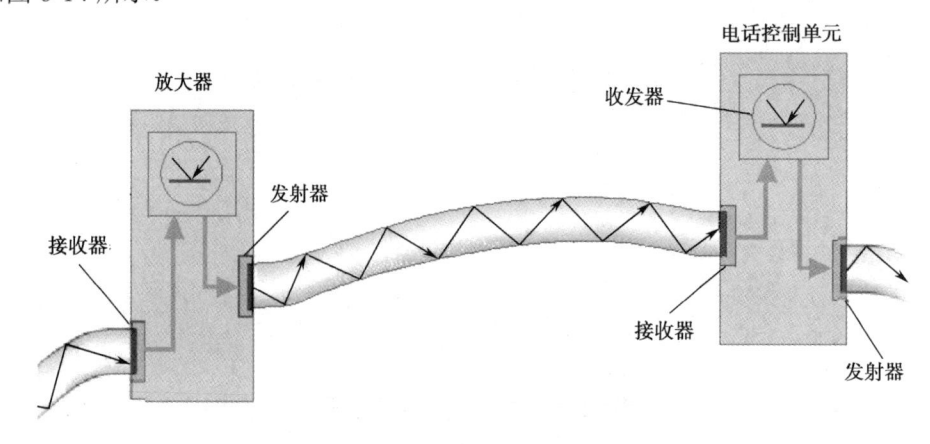

图 6-14　光导纤维内的光波传送

（1）使用光导纤维的注意事项
① 光波是沿直线传播的，且不可弯曲，但光波在光导纤维内必须以弯曲的形式传播。
② 发射器与接收器之间的距离可以达数米。
③ 机械应力作用，如振动等，不应损坏光导纤维。
④ 在车内温度剧烈变化时，应能保证光导纤维的功能。

（2）车载光导纤维的特点
为了传送光信号，光导纤维应该具有如下特点。
① 光波在光导纤维中传送的衰减应较小。
② 光波应能通过弯曲的光导纤维来传送。
③ 光导纤维应是柔性的。
④ 在-40℃～85℃的温度范围内，光导纤维应能保证功能正常。

（3）光导纤维的结构
光导纤维的结构如图 6-15 所示。纤芯是光导纤维的核心部分，是用有机玻璃制成的光导线。纤芯内的光根据全反射原理几乎无损失地传导。反射涂层是由氟聚合物制成的，它包在纤芯周围，对全反射起关键作用。黑色包层是由尼龙制成的，它用来防止外部光照射。彩色包层起到识别、保护及隔温作用。

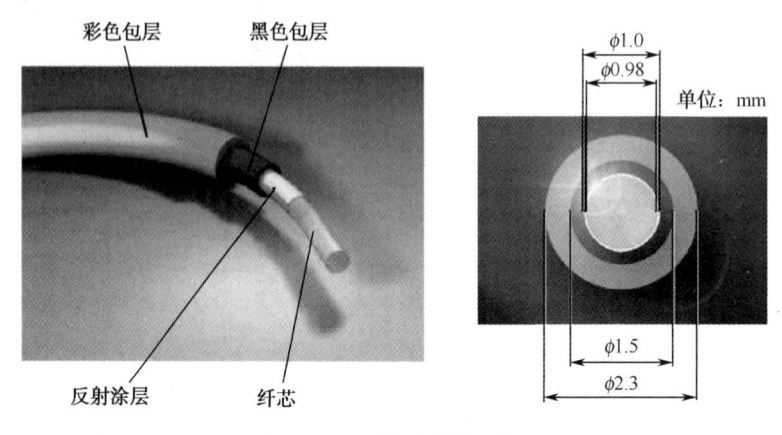

图 6-15　光导纤维的结构

（4）光波在光导纤维中的传送

① 在直的光导纤维中传送。

光导纤维将一部分光波沿直线传送，绝大部分光波按全反射原理在纤芯表面以"之"字形曲线传送，如图6-16所示。

② 在弯的光导纤维中传送。

光波通过全反射在纤芯的涂层界面上反射，从而可以弯曲传送，如图6-17所示。

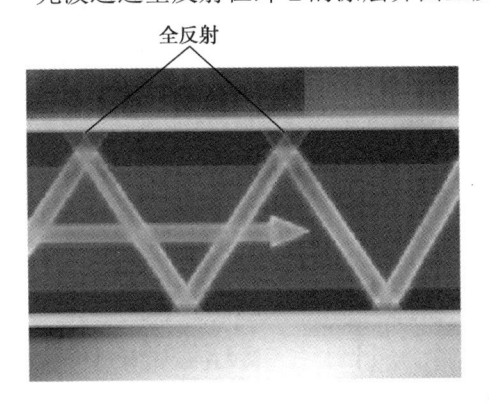

图6-16 光波在直的光导纤维中传送

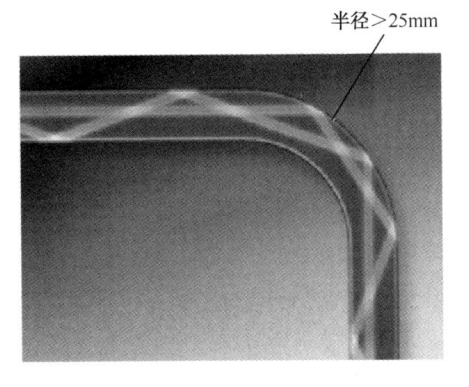

图6-17 光波在弯的光导纤维中传送

③ 全反射。

当一束光以小角度照射到折射率高的材料与折射率低的材料之间的界面上时，光束就会被完全反射，这叫作全反射，如图6-18所示。光导纤维中的纤芯是折射率高的材料，涂层是折射率低的材料，所以全反射发生在纤芯内部。这个效应取决于从内部照射到界面上的光波角度，如果该角度过大，那么光波就会离开纤芯，从而造成较大的损失，光导纤维弯曲或弯折过度时就会出现这种情况。

（5）光纤端面

为了使传输过程中的损失尽量小，光导纤维的端面应光滑、垂直、洁净，因此使用了一种专用的切削工具进行切削，需要注意的是，切削面上的污垢会加大传送损失（衰减）。

光波通过纤芯的端面传送至控制单元的发射器/接收器。在生产光导纤维时，为了将光导纤维固定在插头壳体内，使用了激光焊接的塑料端套或黄铜端套。

4．光纤总线内的信号衰减与原因

（1）光纤总线内的信号衰减

为了能对光导纤维的状态做出评价，需要测量信号衰减的情况。如果在传输过程中光波的功率减小了，就称为衰减，以衰耗常数衡量，衰耗常数（A）用分贝（dB）来表示。分贝不是一个绝对值，它是两个值的比值，因此分贝也没有被定义成专门的物理量。例如，在确定声压和音量时也会用到分贝这个单位。在进行衰减测量时，这个值是对发射功率和接收功率的比值取对数得出的。

公式：　　　衰耗常数（A） = 10lg（发射功率/接收功率）

示例：　　　　　　　　10lg（20W/10W）=3dB

这就是说：对于衰耗常数为3dB的光导纤维来说，光信号会衰减一半。由此可知：衰耗常数越大，信号传送的效果就越差。

如果有几个部件一同传送光信号，那么与串联的电气部件中的电阻相似，各个部件的衰耗常数应加起来成为一个总衰耗常数，如图6-19所示。

注意：由于每个控制单元都会在MOST总线内发送光波，所以两个控制单元之间的总衰耗常数才有意义。

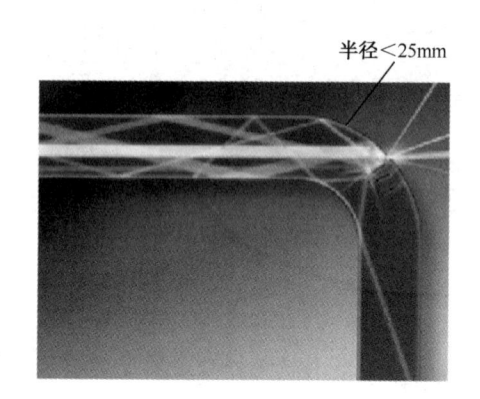

图6-18 全反射

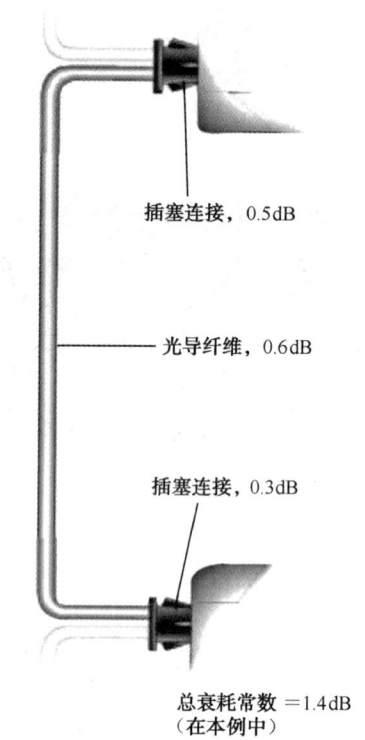

图6-19 光纤总线内的信号衰减

（2）光纤数据总线信号衰减的主要原因（见图6-20）

① 光导纤维的曲率半径过小。

如果光导纤维弯曲（折叠）的半径小于5mm，那么在纤芯的拐点处就会产生模糊（不透明，与折叠的有机玻璃相似）的现象，这时必须更换光导纤维。

② 光导纤维的包层损坏。

③ 端面剐伤。

④ 端面脏污。

⑤ 端面错位（插头壳体碎裂）。

⑥ 端面未对正（角度不对）。

⑦ 光导纤维的端面与控制单元的接触面之间有空隙（插头壳体碎裂或未定位）。

⑧ 端套变形。

5. MOST总线的环形结构

MOST总线的环形结构如图6-21所示。

（1）环形结构

MOST总线系统的一个重要特征就是它的环形结构。控制单元通过光导纤维沿环形方向将数据发送到下一个控制单元。这个过程一直在持续进行，到首先发出数据的控制单元又接收到这些数据为止，这就形成了一个封闭环，如奥迪A6 2005年款MMI（多媒体界面）basic plus系统光纤回路，如图6-22所示。通过数据总线自诊断接口和诊断CAN来对MOST总线进行诊断。

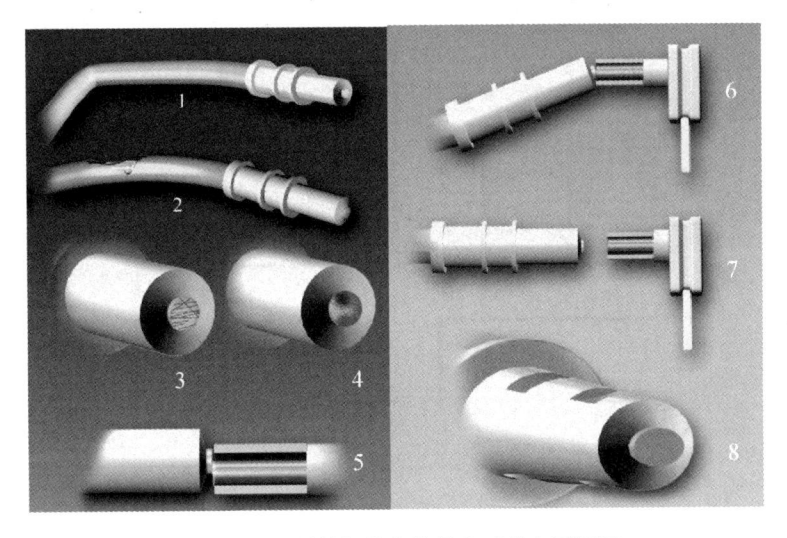

图 6-20　光纤数据总线信号衰减的主要原因

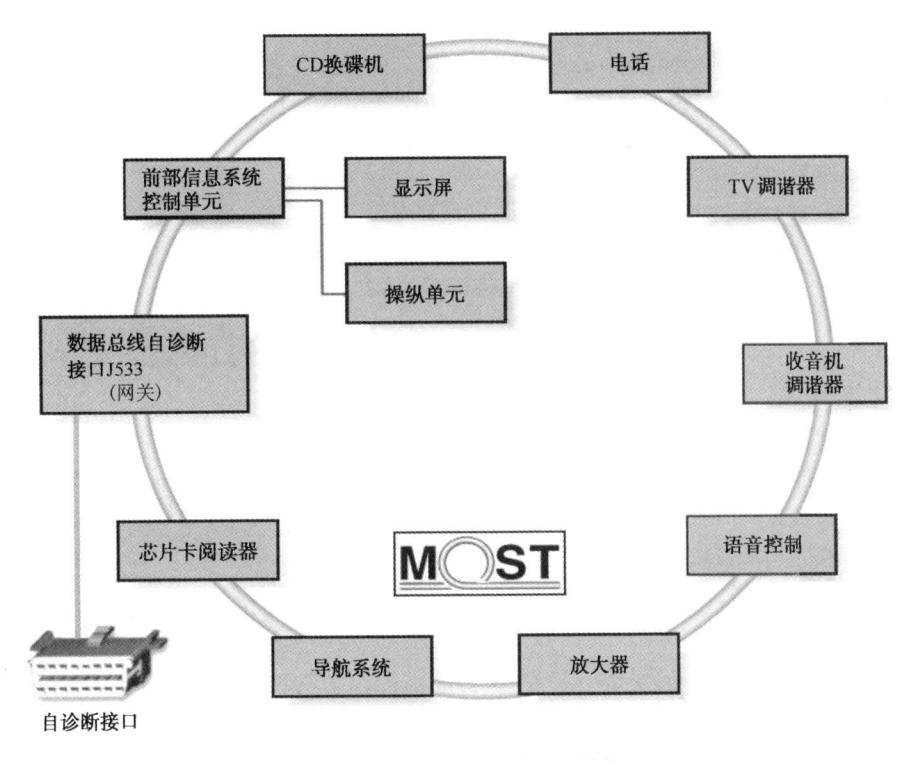

图 6-21　MOST 总线的环形结构

（2）系统管理器

系统管理器与诊断管理器一同负责 MOST 总线内的系统管理。在 2003 年款的奥迪 A8 上，数据总线自诊断接口 J533（网关）起诊断管理器的作用，前部信息系统控制单元 J523 执行系统管理器的功能。系统管理器的作用如下。

① 控制系统状态；
② 发送 MOST 总线信息；
③ 管理传输容量。

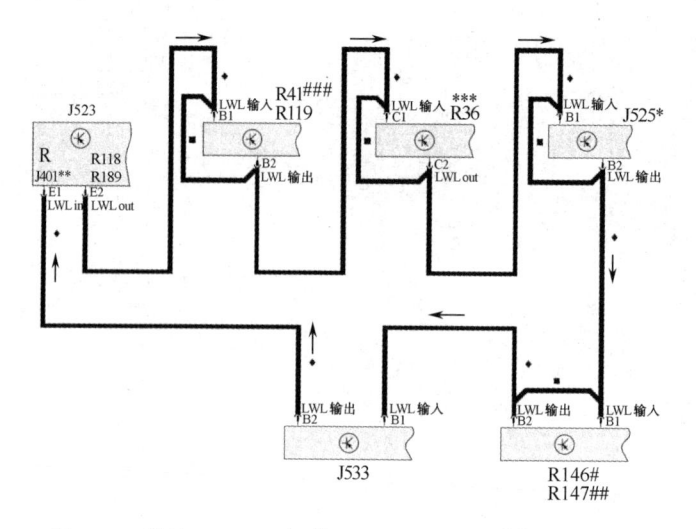

图 6-22　奥迪 A6 2005 年款 MMI basic plus 系统光纤回路

（3）基于光纤传输的车载多媒体系统电路实例

以奥迪 A6 2005 年款 MMI basic plus 系统为例，该系统主要包括多媒体装置操纵单元、数字式收音机、收音机（K 箱）、导航系统、电话、移动电话适配装置、电视调谐器、媒体播放器等核心装置。

6.2　MOST 总线的检修与故障实例

6.2.1　MOST 总线的诊断

1. 诊断管理器

除系统管理器外，MOST 总线上还有一个诊断管理器。该管理器执行环形中断诊断，并将 MOST 总线上的控制单元诊断数据传给诊断控制单元。在奥迪 A8 车上，数据总线自诊断接口 J533 执行自诊断功能。

2. 系统故障

MOST 系统的故障一般有以下几种。

（1）电源性故障

MOST 总线系统的核心部分是含有 IC 芯片的电控模块，其正常的工作电压为 10.5～15 V。若电源提供的工作电压偏离该值，则各电控模块无法正常工作。

（2）传输链路的故障

传输链路出现故障时，通常将导致光信号的衰减，故分析 MOST 总线的故障时，关键是确定光信号衰减的原因。下面为导致光信号衰减的几个主要原因。

① 受热过度。光纤的极限温度一般不超过 85℃，故在进行烤漆或焊接等高温作业时，因漆房或焊炬的温度过高，极易使光纤受损，应格外小心。

② 过度拉伸、弯曲与擦伤。一些技术人员在检查光纤的连接情况时，经常拉扯光纤，这容易造成过度拉伸，使光纤的横截面变小，导致光信号衰减；另外，在敷设光纤时，应该十分小心，因为 MOST 光纤允许的最大曲率半径仅为 50mm。若超过此值，光信号的衰减将成倍增长，从而引发通信错误。若光纤被擦伤，导致封装层损坏，会造成光逃逸，同样会影响信号

的正常传输。

③ 脏物、油污的影响。众所周知，许多维修工人在检修汽车时，双手经常沾满灰尘与油污，如果此时不小心碰触到裸露的光纤末端，那么，脏物或油污便会吸收光，从而造成光衰减。

值得注意的是：光纤一旦损坏，一般只能维修一次，否则光衰减将成倍增加。

（3）控制模块的故障

因为 MOST 总线采用环形网络结构，所以如果系统中某一个控制模块出现故障，将造成整个系统通信中断，即"环形中断"。

（4）系统的软件故障

当系统的传输协议或软件程序为低版本或有缺陷时，也会使系统出现混乱而无法正常工作。

3．环形中断诊断

如果 MOST 总线上出现环形中断，如图 6-23 所示，就无法进行数据传递，产生的影响如下。

① 音频和视频播放终止。

② 无法通过多媒体操纵单元来控制和调整。

③ 诊断管理器的故障存储器中有故障"光纤数据总线断路"。

因此使用诊断线来进行环形中断诊断。诊断线通过中央导线连接器与 MOST 总线上的各个控制单元相连。要想确定环形中断的具体位置，就必须进行环形中断诊断。

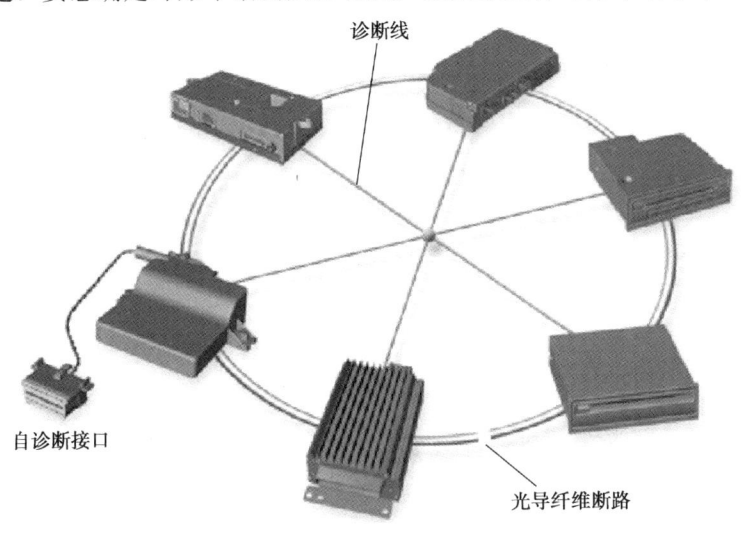

图 6-23 环形中断

环形中断诊断开始后，诊断管理器通过诊断线向各控制单元发送一个脉冲信号。这个脉冲信号使得所有控制单元用光导发射器内的发射单元发出光信号。在此过程中，所有控制单元检查功能如下：自身的供电及其内部的电控功能，从环形总线上的前一个控制单元接收光信号。

MOST 总线上的控制单元在一定时间内会应答，这个时间的长短由控制单元软件来确定。从环形中断诊断开始到控制单元做出应答有一段时间间隔，诊断管理器根据这段时间的长短可以判断出哪一个控制单元已经做出了应答。

环形中断诊断开始后，MOST 总线上的控制单元发送以下两种信息：控制单元电气方面正常，也就是说本控制单元的电控功能正常，如供电情况；控制单元光学方面正常，也就是说本控制单元的光电二极管接收到环形总线上位于其前面的控制单元发出的光信号。

诊断管理器通过这些信息可以识别：系统是否有电气故障，哪两个控制单元之间的光导数据传递中断了。

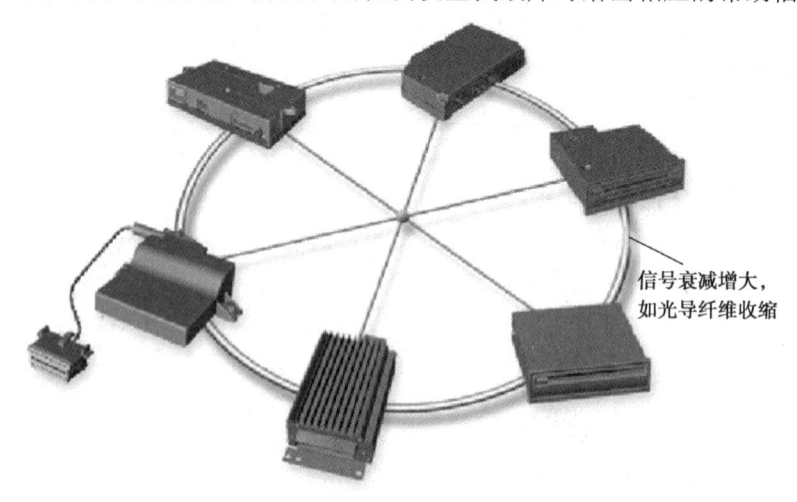

4. 信号衰减增大的环形中断诊断

环形中断诊断只能用于判定数据传递是否中断。诊断管理器执行元件诊断还有一项功能，就是通过降低光功率来进行环形中断诊断，用于识别增大的信号衰减。通过降低光功率来进行环形中断诊断，其过程与上述过程是相同的，如图 6-24 所示。但有一点是不同的，即控制单元接通光导发射器内的发光二极管时有 3dB 的衰减，也就是说光功率降低了一半。如果光导纤维信号衰减增大，那么到达接收器的光信号就会非常弱，接收器会报告"光学故障"，于是诊断管理器就可以识别出故障点，并且在用检测仪查找故障时给出相应的帮助信息。

图 6-24　信号衰减增大的环形中断诊断

5. 利用光学备用控制单元 VAS 6186 进行 MOST 总线测试

光学备用控制单元 VAS 6186 实物图如图 6-25 所示，如果一个 MOST 控制单元被认为出现了故障，就可以用光学备用控制单元 VAS 6186 替换这个出现故障的控制单元，如图 6-26 所示。如果 MOST 回路这时再次正常工作，那么故障就出在拔出来的控制单元上。

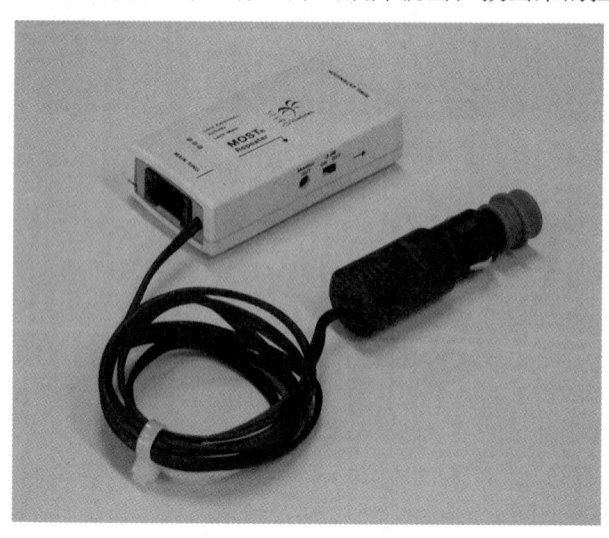

图 6-25　光学备用控制单元 VAS 6186 实物图

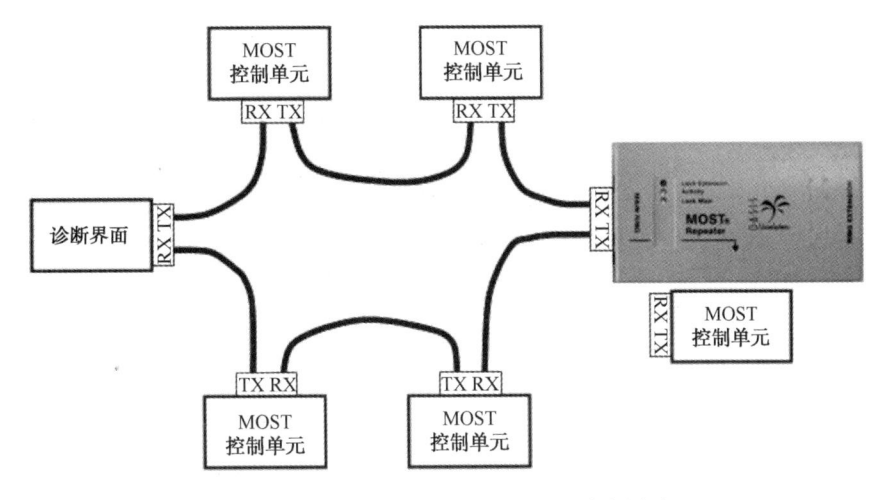

图 6-26 用 VAS 6186 进行 MOST 总线测试

6.2.2 光导纤维的维修

1. 光导纤维的维护

（1）光导纤维的防弯折装置

在敷设光导纤维时，安装了防弯折装置（波形管），用以保证最小 25mm 的曲率半径，如图 6-27 所示。

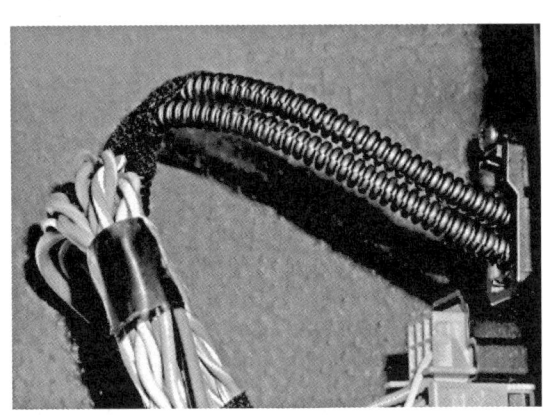

图 6-27 防弯折波形管

（2）不允许用下述方法维护光导纤维及其构件

① 热处理之类的维修方法，如钎焊、热黏结及焊接。

② 化学及机械方法，如粘贴、平接对接。

③ 两根光导纤维线绞合在一起，或者一根光导纤维与一根铜线绞合在一起。

④ 包层上打孔、切割、压缩变形等，另外装入车内时不可有物体压到包层。

⑤ 端面上不可脏污，如有液体、灰尘、工作介质等。只有在插接和检测时才可小心地取下保护盖。

⑥ 在车内敷设时不可打结，更换光导纤维时注意其长度。

2. 光纤的维修

维修设备 VAS 6223 如图 6-28 所示。维修过程如下。

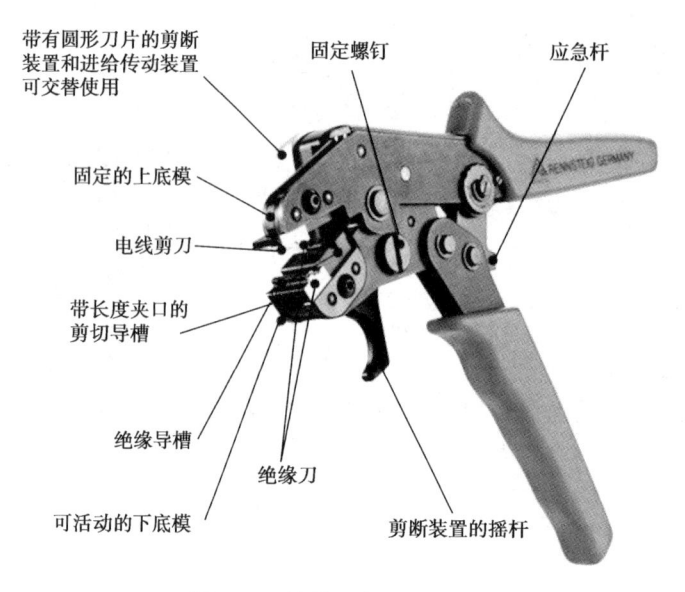

图 6-28　维修设备 VAS 6223

（1）光纤的粗剪切（如图 6-29 所示）

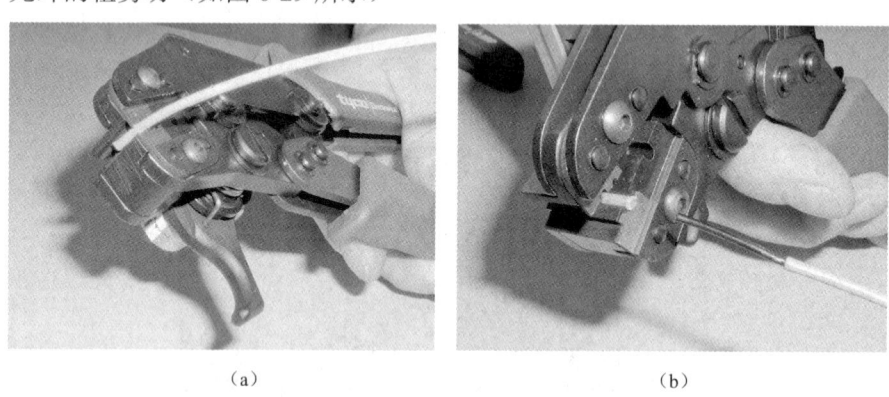

(a)　　　(b)

图 6-29　光纤的粗剪切

（2）光纤的精剪切

光纤的精剪切如图 6-30 所示，注意不要剪得太快，避免光纤折断，剪切后要达到截面平滑的效果，如图 6-31 所示。

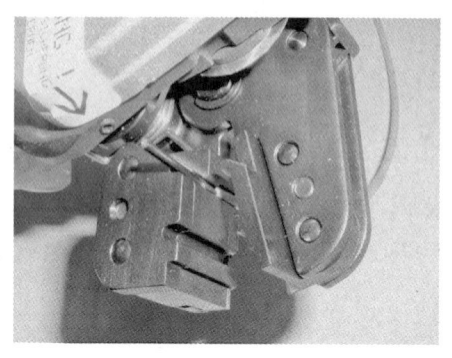

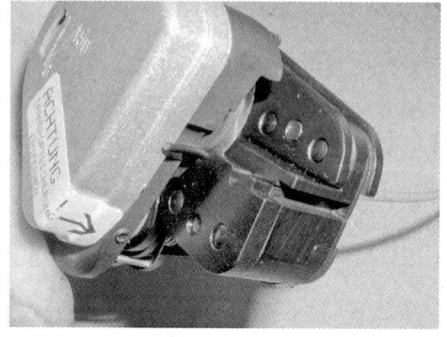

图 6-30　光纤的精剪切

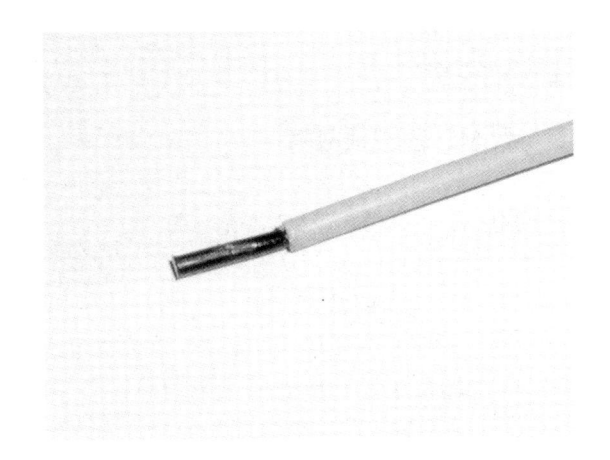

图 6-31 剪切效果

（3）安装铜制弯杆

给光纤安装铜制弯杆，如图 6-32 所示，注意不要剪得太快，避免光纤折断，安装效果如图 6-33 所示。

图 6-32 给光纤安装铜制弯杆

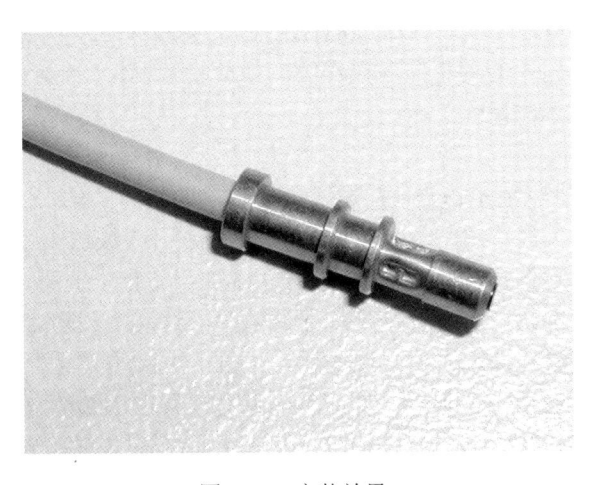

图 6-33 安装效果

6.2.3　MOST 总线故障实例

1. 控制单元内部损坏导致 MOST 总线故障

（1）故障现象

一辆奥迪 A6L 2.0T，行驶里程 10000km，MMI 无法打开。

（2）故障诊断

用 VAS 5052 诊断出 J533 有光学断路故障，其他 MOST 控制单元无法到达。J533 负责 MOST 总线的故障诊断，在系统正常的情况下它通过光环传递每个控制单元的故障信息。若 MOST 总线系统有故障，则 J533 在故障诊断线路的帮助下进行环形中断故障诊断，如图 6-34 所示。

图 6-34 中，带箭头的线代表光纤，直线代表诊断线。J533——网关，J523——MMI 操作和显示控制单元，J525——音响控制单元，R——收音机。

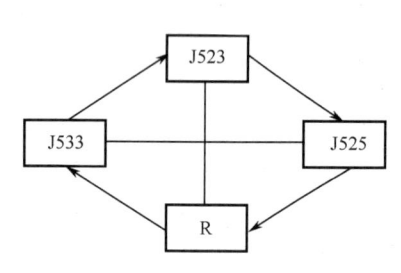

图 6-34　MOST 总线环形系统示意图

J533 通过诊断线向其他控制单元发射一个脉冲信号，然后所有控制单元发出光信号，并检查以下方面。

① 它们的电源和内部电气功能。

② 是否接收到光信号。

每个控制单元在设定的时间内进行应答，J533 根据应答时间来识别是哪个控制单元发出了应答。

用 VAS 5052 进行引导型故障查询→功能和部件选择→车身→电气设备→有自诊断功能的系统→J533 回路断路诊断，结果为 J525 电气故障。拆下 J525，用 VAS 6186 代替 J525 接在回路中，MMI 可以打开。拆解 J525 发现其中有水迹，造成了控制单元内部损坏。J525 位于后备箱左侧，在贴后风窗玻璃膜时水流到了 J525 上，造成 MMI 无法打开。

（3）故障排除

更换控制单元 J525，故障排除。

2. 控制单元电路板腐蚀导致基于 MOST 总线的车载娱乐功能失效

（1）故障现象

一辆宝马 745Li（E65）轿车，VIN 为 WBAGN63483DR13570，通过多功能转向盘、音频系统控制器或控制显示器中的菜单向导操作时，播放收音机、CD 等车载娱乐功能均无响应，而控制显示器能正常显示与操作。

（2）故障诊断

连接 GT-1 诊断仪进行全车扫描。扫描结果显示，MOST 多媒体传输系统（简称 MOST 系统）中的高保真功率放大器、CD 光盘转换匣、电话模块、天线放大/调谐器、导航模块及音频控制器等众多模块不能通信；同时 MOST 系统分析中存储有一个故障码：MOST 环形结构断裂。执行故障码清除功能，上述扫描结果均无法清除，这说明故障真实存在。

MOST 环形结构断裂，即 MOST 系统环形结构的网络通信存在断路现象。由于 MOST 系统网络通信采用的是环形结构，利用一种红色可见光信号在 MOST 总线（光缆）中进行单向的数据传输，当环形结构中某一环节出现故障造成通信断路时，必然会导致该系统中众多模块通信瘫痪。结合 GT-1 诊断仪的检测结果，应先从 MOST 环形结构断裂这一环节着手展开检修工作。

　　从车内储物箱中取出串联在 MOST 总线上的 MOST 自诊断接口，拔下环形连接器进行检查。目测发现，MOST 自诊断接口没有传输数据的红色可见光信号输出。正常情况下，光信号的传输从控制显示器依次到 CD 光盘转换匣、天线转换器、音频控制器、MOST 自诊断接口、组合仪表，再回到控制显示器形成闭环。由此说明，MOST 系统的网络通信确实处于断路状态。

　　通常情况下，造成 MOST 系统网络通信断路故障的可能因素有：连接插头未正确插好；传输光缆损坏；至少一个模块无工作电压；至少一个模块有故障。为了进一步判定故障所在的区域，将 MOST 自诊断接口的环形连接器插回，执行 GT-1 诊断仪辅助"检测计划功能"，进行 MOST 环形结构断裂诊断。根据 GT-1 诊断仪"检测计划功能"的步骤提示，将蓄电池接线断开 90s 之后再接回。此时 MOST 系统开始进行环形结构断裂的自诊断模式。等待 90s 后，诊断结果为"控制显示器存储的节点位置确定为 5"。根据环形结构断裂诊断原理，该诊断结果的含义是：控制显示器位于环形结构断裂（断路）区域之后的位置。其原理如下：当 MOST 系统处于环形结构断裂自诊断模式时，系统中的所有模块会同时向环形结构中其后面的模块发送光信号，每个模块都检查其输入端是否接收到光信号，在输入端识别不到光信号的模块，将在其存储器中存储节点位置 0，此模块之后的第 1 个模块会相应存储节点位置 1，再之后的模块会相应存储节点位置 2，以此类推。若配置有多媒体转换器或导航模块，该模块存储节点位置则相应跳数 2 个。

　　由上述原理可知，环形结构断裂区域应位于存储节点位置 0 的模块和其前面的模块之间。那么要确定环形结构断裂区域，则必须先确定存储节点位置 0 的模块，而要确定存储节点位置 0 的模块，还需视该车 MOST 系统中模块的实际配置情况而定。由于 MOST 系统中的模块大多为选装配置，为了弄清楚该车 MOST 系统的实际配置情况，可查看 GT-1 诊断仪对全车模块扫描的显示。该车 MOST 系统的模块配置显示有：控制显示器、CD 光盘转换匣、天线转换器、视频模块、高保真功率放大器、语音处理器、导航模块、电话模块、音频控制器、组合仪表。根据 MOST 系统线路图中所有模块的连接布局，结合 GT-1 诊断仪中 MOST 系统的模块配置显示，该车 MOST 系统的实际配置框架应如图 6-35 所示。

　　① CD（控制显示器）。

　　CD 是整个 MOST 总线系统的主控单元，它由安装在中控台上的多功能显示器和安装在中央扶手上的控制器组成。CD 通过光纤与其他 MOST 总线组件通信，同时作为一个网关（接口）与 K-CAN 进行通信。另外，控制显示器可以激活 MOST 总线的服务模式，即可查阅到整个 MOST 总线中所有组件的列表，包括以下信息：分类号、硬件编号、设码索引、诊断索引、系列号、生产日期、制造商代号、信息目录版本、软件版本和操作系统版本。

　　② Kombi（组合仪表）。

　　E65 采用了第四代液晶仪表总成，它集成了强大的行车控制单元、检查控制和多达 20 项的测试功能。基于安全方面的考虑，Kombi 还连接了 K-CAN。当 MOST 总线失效时，Kombi 仍能为行车提供诸如报警信号灯、车速等信息显示。

　　③ ASK（音频控制器）。

　　在 E65 上首次应用了 ASK，它安装在中控台中。ASK 作为音

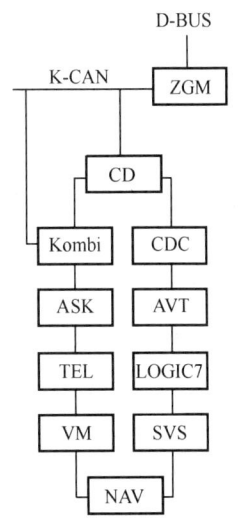

图 6-35 MOST 系统的实际配置框架

频系统的主控单元,负责把车辆中的所有音频信号进行集中处理,并进行分配。

④ TEL(电话模块)。

电话属于选装件,在 E65 上可选装一部安装在中控台中的 GSM 电话和用于后座区的串联电话,该电话的最大发射功率为 8W。

⑤ VM(视频模块)。

E65 采用宝马专为多媒体环境而设计的第五代视频模块。该模块能够完成以下功能:①接收电视信号;②提供电视台列表;③接收电视文字广播;④转换电视信号;⑤作为视频信号的控制中心。

⑥ NAV(导航模块)。

NAV 是 Mk-3 的改进版(Mk-3 之前应用在 E38 轿车上),它能提供车辆导航控制、报文(短信)服务及宝马在线服务等功能。NAV 属于选装系统。

⑦ SVS(语音处理器)。

SVS 是连接使用者与整个 MOST 总线系统的纽带,即实现了真正的人机对话。该系统是对多功能显示器的补充,使用时必须借助车载电话的话筒作为输入端,从而提高车辆操作控制的方便性,但有关安全驾驶方面的操作不受 SVS 的控制。SVS 也属于选装系统。

⑧ LOGIC7(高保真功率放大器)。

LOGIC7 杜比环绕高保真专业音响系统利用 13 个扬声器高质量地再现所有音频格式,能最大限度地降低重低音失真及改进环绕音响效果。它由 7 个中音扬声器(安装在左右两侧的前后门、后搁物架和前仪表板中央)、4 个高音扬声器(安装在左右两侧的前后门)和 2 个位于中央的低音扬声器(安装在前排座椅下面)组成。

⑨ AVT(天线转换器)。

为确保系统信号的接收效果,E65 配置了两套天线转换器,两套天线转换器用同轴电缆进行连接,安装在 C 柱后面的左右两侧。

⑩ CDC(CD 光盘转换匣)。

E65 配置了一个六碟光盘转换器,安装在靠副驾驶员座位侧的中控台饰板后面。CDC 能够提供如下功能:正常播放、快进和快退、音乐轨道的搜索、浏览、随机播放、显示光盘序号。

K-CAN 是控制诸如空调、防盗、灯光等系统的一种总线设备,其数据传输速率为 100kb/s。

ZGM 是一种接口,它连接在不同的总线系统之间,起着数据和信息中转站的作用,即允许不同的总线系统以不同的传输速率进行不同类型的数据交换,从而使不同总线系统的信息共享成为可能。

通过 D-BUS,利用宝马专用检测仪可以检测到包括 MOST 总线在内的控制系统的运行及故障存储情况,D-BUS 的数据传输速率为 115kb/s。

根据上述 MOST 系统的配置框架,再结合控制显示器存储的节点位置为 5,按照环形结构断裂诊断原理,可推算得出:组合仪表存储的节点位置应为 4、音频控制器存储的节点位置应为 3、电话模块存储的节点位置应为 2、导航模块存储的节点位置应为 0。若按此推算结果,那么环形结构断裂区域应位于导航模块与其之前的语音处理器之间。为了进一步核实上述推算,对安装在行李箱左后方的导航模块、语音处理器及它们之间的连接元件进行检查。

检查发现,MOST 总线中的红色可见光信号发送到语音处理器后,语音处理器却没有将红色可见光信号发送到其后面的导航模块。而在 MOST 系统中,为了进行 MOST 总线的数据传输,系统中的每个模块内都有一组光信号发射组件(发射器)和接收组件(接收器)。在正常情况下，每个模块都通过接收组件接收其前面模块的光信号，经过处理后，会紧接着通过发射组件发送给其后面的模块。由此说明，语音处理器内部的光信号传输存在故障而导致 MOST 系统环形结构的通信中断。同时，这也证明了上述推算与该检查结果是相符的。

接着检测语音处理器线路供电电压和搭铁，均正常。取出语音处理器，拆开其外壳，发现电路板上有明显的受潮腐蚀痕迹，并且部分电源供给电路的接点已因被腐蚀而脱焊。

（3）故障排除

进行清洁除蚀及焊接修复处理。除蚀和修复作业完毕后，将语音处理器装车，并试验其工作状况。语音处理器可正常接收与发送传输数据的红色可见光信号，与此同时，各项车载娱乐功能也自动恢复正常。利用 GT-1 再次进行全车扫描，MOST 系统的所有模块均恢复了正常通信，并且无任何当前故障码。至此，故障排除。由此可见，车载娱乐功能失效是由语音处理器硬件故障导致的。

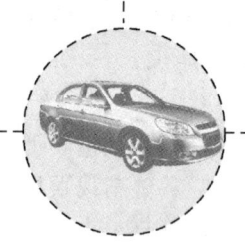

第 7 章
新型总线与电子电气架构

近年来，汽车电子电气架构越来越复杂，新型总线在车辆上的应用越来越广泛。比如，汽车电子电气架构中往往同时使用车载以太网和 CAN 总线，两者结合起来为汽车信号传输的高速率和高带宽提供了保障，如图 7-1 所示。

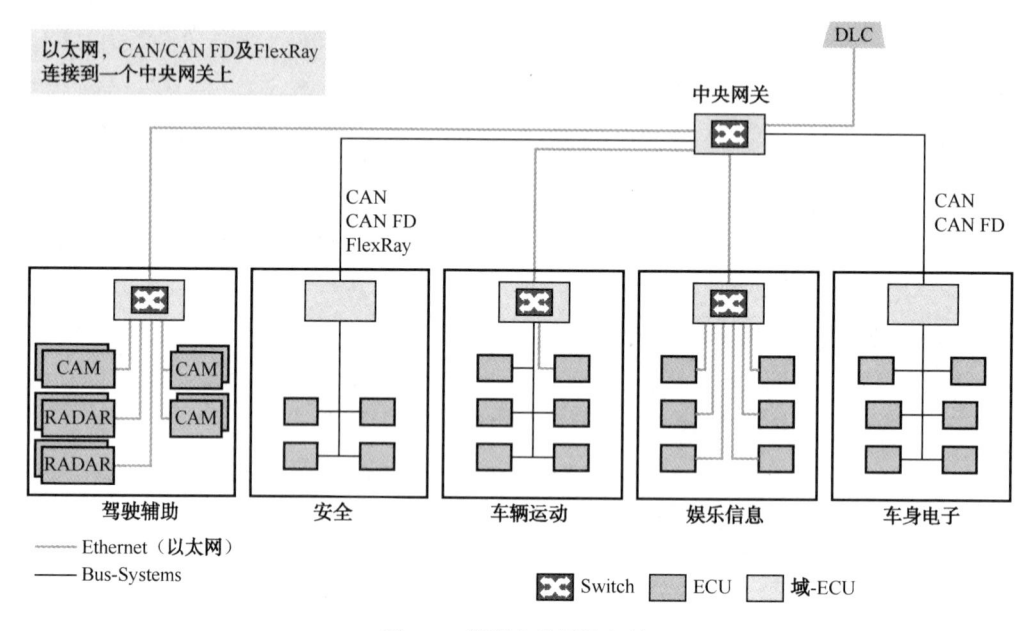

图 7-1 新型车载网络架构

7.1 CAN FD 总线技术应用

随着信息技术的不断进步，人们对生活的方方面面都提出了新的需求，汽车不再只是一个简单的代步工具。一方面，安全性仍然是人们的首要要求；另一方面，舒适性和娱乐性也成为了当代汽车不可或缺的功能。为了满足多方面需求，越来越多的 ECU 被加入汽车电子系统中，车载网络的复杂程度也随之提高，对于信息的交互频率和数据传输带宽的要求也越来越高。CAN 网络是针对早期的车载网络设计的，其传输速率（最高为 1Mbit/s）已经远远不能满足当代车载网络的需求。为了解决车载 CAN 通信总线的传输带宽和传输速率与日益增加的车载网络数据传输要求之间的矛盾，CAN FD（可变速率的 CAN）总线就出现了。

7.1.1　CAN FD 总线发展与应用

1. CAN FD 总线的发展历程

2000 年，Bosch 公司最早提出 CAN FD 总线协议，当时工业市场对这方面的需求不旺盛，因此停留在理论阶段。

2012 年，在第十三届国际交流大会上，Bosch 公司正式发布 CAN FD 总线标准，同年，正式向国际标准委员会提出国际标准授权申请，通过国际标准化组织（ISO）11898 制定国际标准，CAN FD 总线正式诞生。

2013 年，非 ISO 的 CAN FD 总线在 FPGA 上运行。

目前，大众、戴姆勒、通用、英飞凌、NI 等多家厂商支持 CAN FD 总线标准化推广。

CAN FD 总线是基于 CAN 总线提出来的，故由 CAN 总线到 CAN FD 总线的变化，在硬件方面并不需要做出特别大的改动。相对于直接将 CAN 总线替换成其他高速总线来满足车载网络日益增加的信息交互需求，车载芯片制造商只需要花费很少的代价就可以将 CAN 总线升级为 CAN FD 总线，以此来解决问题。所以，越来越多的车载网络中都开始出现 CAN FD 总线的应用。

2. CAN FD 总线应用实例

由于汽车各电控单元对总线通信吞吐量和传输速率的需求不同，同时各种汽车总线的通信特性和应用成本也有所不同。综合满足使用需求和降低应用成本两方面的考虑，往往将多种总线结合起来使用。例如，灯光、门锁和电动座椅采用 LIN 总线通信，车身、底盘、动力设备、仪表仍采用 Body-CAN、Chassis-CAN、PT-CAN、Info-CAN 多路 CAN 总线通信，高级辅助驾驶（ADAS）和电池管理系统（BMS）及诊断口（Tester）可采用 CAN FD 总线通信，多媒体娱乐设备使用以太网（Ethernet）通信，各种总线通过网关（Gateway）进行信息交互，图 7-2 所示是 CAN FD 总线在某款量产车型上的典型应用。

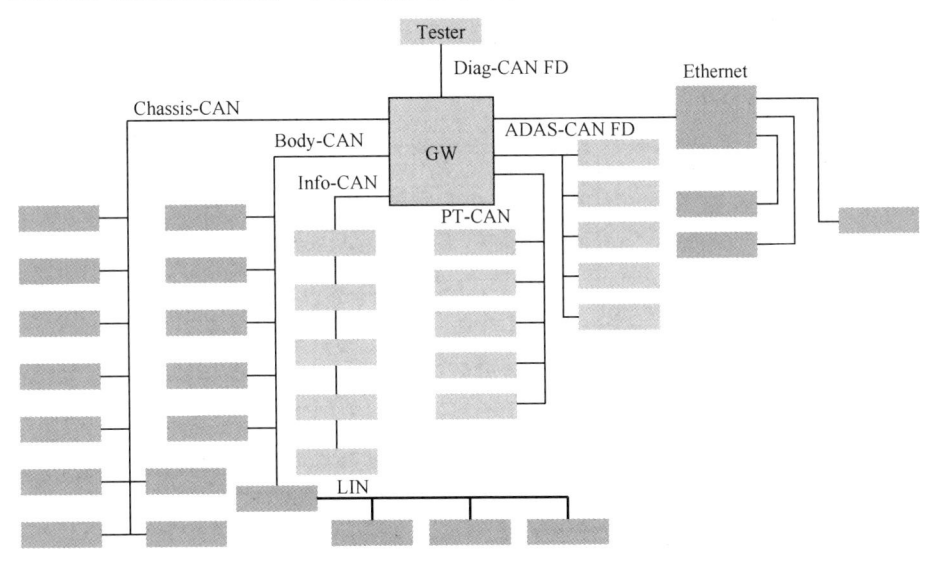

图 7-2　CAN FD 总线在某款量产车型上的典型应用

大众公司首款基于 MEB 平台（模块化电驱动平台）的大众 ID.4 车，采用了"CAN+车载以太网"双主干总线架构，9 组 CAN 网络中有 5 组 CAN FD，包括底盘 CAN、驱动 CAN、驾驶辅助 CAN、EV-CAN。

7.1.2 CAN FD 总线传输

1. CAN FD 通信模型

CAN FD 控制器位于上位机与 CAN FD 收发器之间，CAN FD 控制器通过 Wishbone 接口与上位机进行通信，并通过 CAN FD 收发器连接到总线上完成与其他控制器的通信，控制器的通信模型如图 7-3 所示。

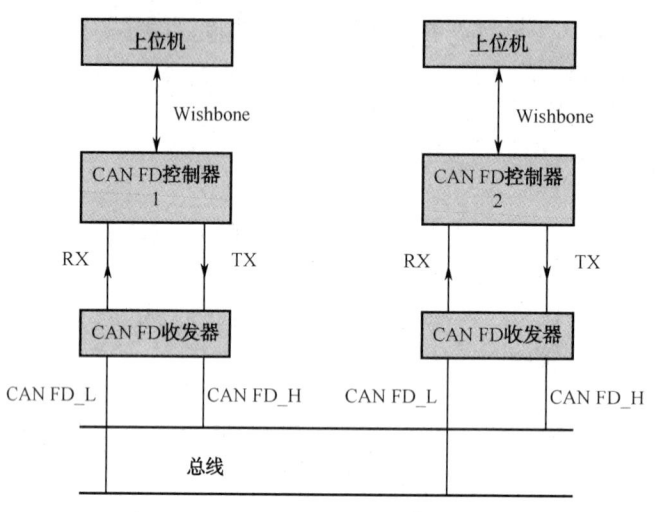

图 7-3 控制器的通信模型

在较高速率（2Mb/s 及以上）的 CAN FD 网络中，为了实现顺畅且稳定的通信，应使用专用 CAN FD 收发器，如图 7-4 所示。此外，推荐使用带有短线的线性网络拓扑。总线容性负载与 ECU 板上的容性负载越低越好。

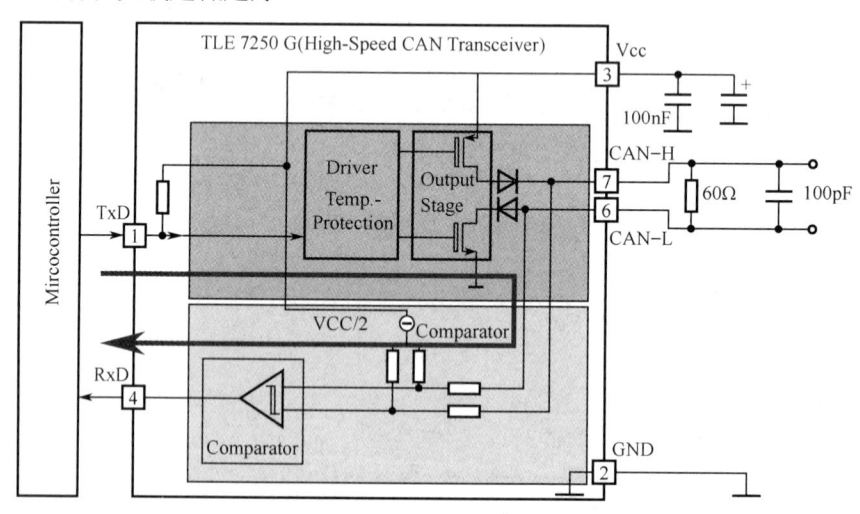

图 7-4 专用 CAN FD 收发器

2. CAN FD 数据帧

CAN FD 总线一方面继承了传统 CAN 总线的主要特性，如错误检测、错误纠正机制和非破坏性的多主仲裁机制等；另一方面除了对数据帧的长度和数据域的传输速率做了提升，对于 CRC 校验的数据内容及 CRC 域的填充机制也做了调整。

CAN FD 总线的速率可变是指将数据帧划分为两种域进行传输，一种称为 norminal 域，另一种称为 data 域。在 norminal 域中采用传统 CAN 传输速率，而在 data 域中可以采用更高的传输速率。速率可变能提高数据帧中有效数据的传输速率，解决了 CAN 总线无法满足应用领域高带宽需求的问题，同时使得 CAN FD 控制器能兼容 CAN 数据帧，降低了从 CAN 总线升级到 CAN FD 总线的硬件成本。

在 CAN FD 总线中，节点之间通过收发数据帧实现数据传输。图 7-5 所示为 CAN FD 与 CAN 数据帧基本格式对比。数据帧由帧起始（SOF）、仲裁场、控制场、数据场、CRC 场、ACK 场及帧结尾（EOF）组成。在 CAN FD 数据帧中额外引入了 EDL、BRS 与 ESI 位，EDL 是 CAN FD 数据帧的标志位，BRS 是速率切换标志位，ESI 是主动错误标志位。在 CAN FD 数据帧中从 BRS 位的采样点到 CRC-D 位的采样点之间称为 data 域，其他场则称为 norminal 域。

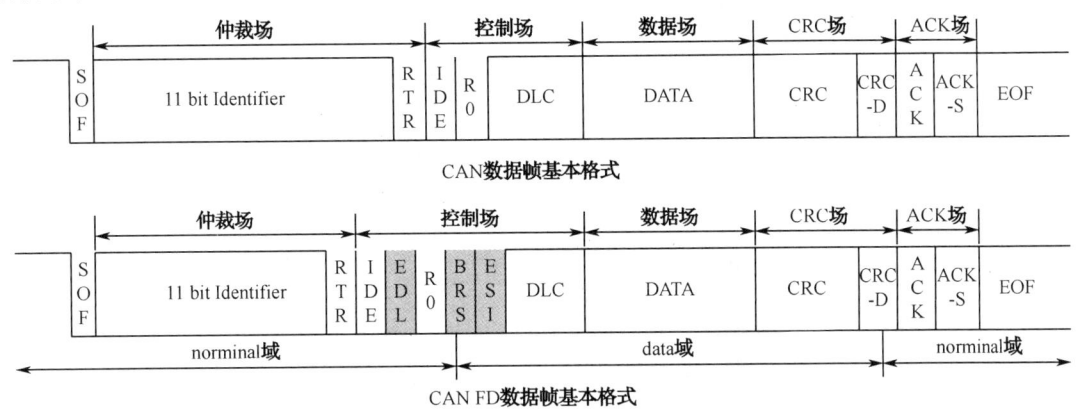

图 7-5　CAN FD 与 CAN 数据帧基本格式对比

3. CAN FD 数据帧的接收过程

CAN FD 数据帧的接收过程采用状态机的设计思想实现，如图 7-6 所示。当总线上没有数据传输时，控制器处于总线空闲状态，即 rx_idle 状态。当数据帧接收完毕后控制器进入帧间隔状态，即 rx_inter 状态。其余状态对应数据帧相应的位或者场，如 rx_id 对应接收 11 个 id 位状态，rx_rtr 对应接收 RTR 位状态，rx_data 对应接收数据状态。在总线空闲期或者帧间隔的第 3 位检测到下降沿后控制器首先进入 rx_id 状态，在该状态采样到 11 个 id 位后进入 rx_rtr 状态，接着依次跳转到后续状态。当 CAN FD 控制器在 rx_brs 与 rx_edl 状态下从 Rx 端采样到 1 时，便启动速率切换。

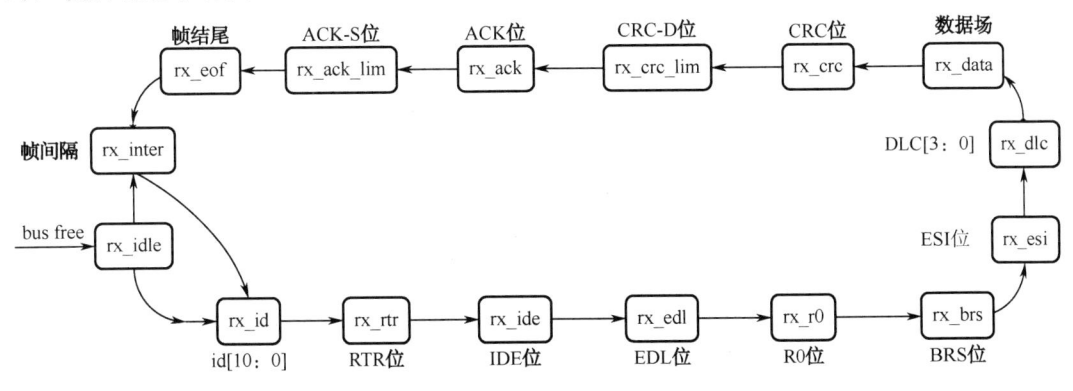

图 7-6　CAN FD 数据帧的接收过程

7.1.3 CAN FD 信号检测

1. CAN FD 信号波形特性

使用 CAN FD 总线的前提是在相应控制单元中安装了新的 CAN FD 收发器。与数据传输阶段相比,在仲裁和确认阶段采用了不同的传输速率。也就是说,它们必须在同一条消息中,将在仲裁阶段的低传输速率(500kb/s),在数据传输阶段无缝切换到 2000kb/s 的高传输速率。相反,这在过渡到确认阶段也是必要的。

通过在仲裁和确认阶段保持 500kb/s 的数据传输速率,CAN 总线的物理特性在很大程度上保持不变,如信号电压、线路反射或终端电阻。与经典 CAN 总线一样,隐性电压保持在 2.5V,显性电压保持在 3.5V(高)和 1.5V(低);在 500kb/s 的传输速率时,一个比特的传输时间为 2μs,在 2Mb/s 的传输速率时为 500ns,如图 7-7 所示。

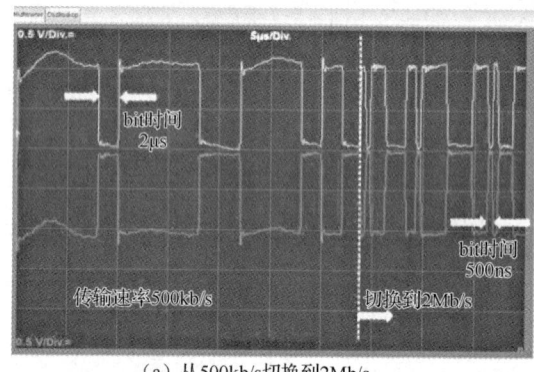

(a) 从500kb/s切换到2Mb/s

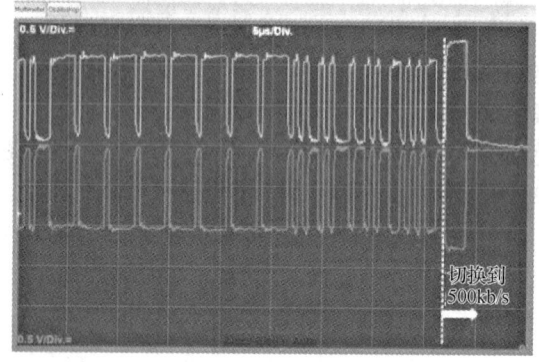

(b) 从2Mb/s切换到500kb/s

图 7-7 CAN FD 总线波形特性

CAN FD 的信号波形对应的数据帧格式及内容被解码出来,叠加在信号波形上,如图 7-8 中的起始码、ID 地址、数据、ACK、EOF 等。

2. CAN FD 总线故障波形

当 CAN FD 总线系统导线短路、断路或网关中出现故障时,一样可以结合 CAN 总线的物理特性进行故障诊断。出现不同故障时波形是不一样的,可以通过测量波形进行故障诊断。当 CAN-H 和 CAN-L 波形重叠且电压为 0V 时,诊断为 2 根线处于休眠状态,无故障;当 CAN-H 和 CAN-L 波形重叠且电压为 2.5V 左右时,诊断为线路互短(见图 7-9);当其中一个波形靠近 0V 电压变化,另一个波形电压为 0V 时,诊断为 0V 总线对搭铁短路(见图 7-10 和图 7-11);

当其中一个波形靠近蓄电池电压变化，另一个波形为蓄电池电压时，诊断为对蓄电池电压短路（见图 7-12 和图 7-13）。对于总线断路故障，可以直接使用万用表通过电阻法判断导线通断。

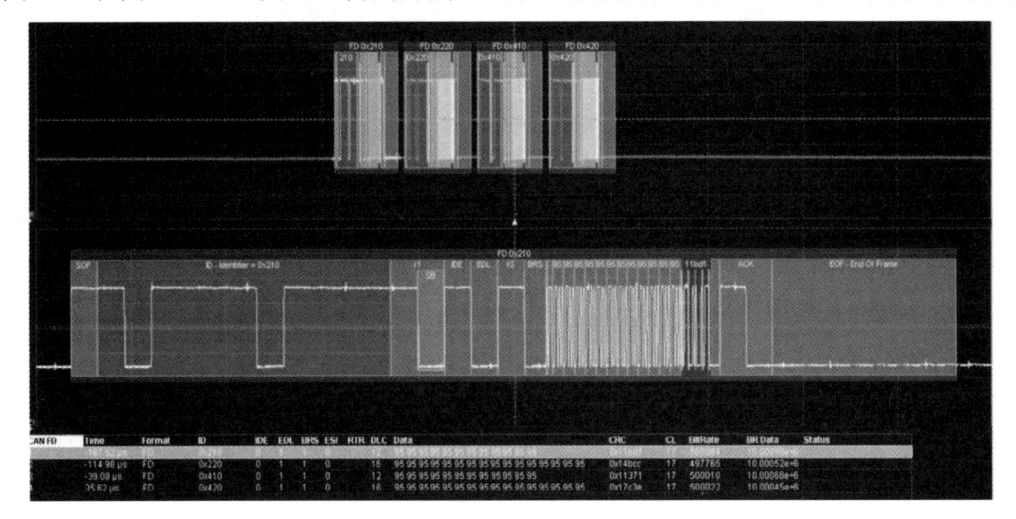

图 7-8　CAN FD 信号的解码

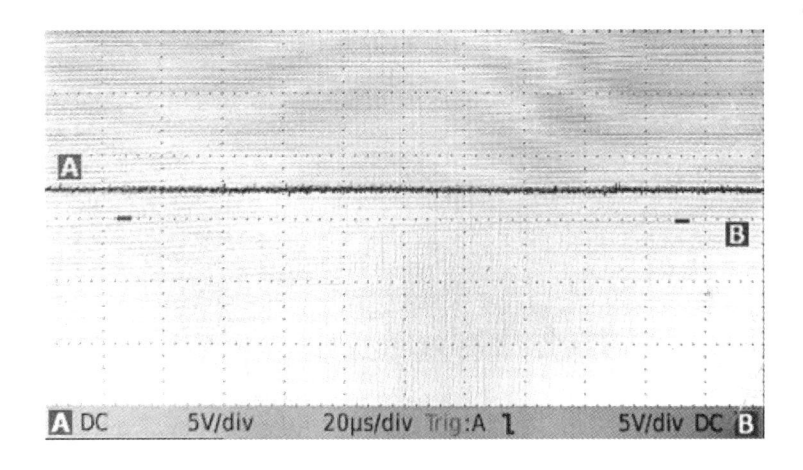

图 7-9　CAN-H 和 CAN-L 线路互短

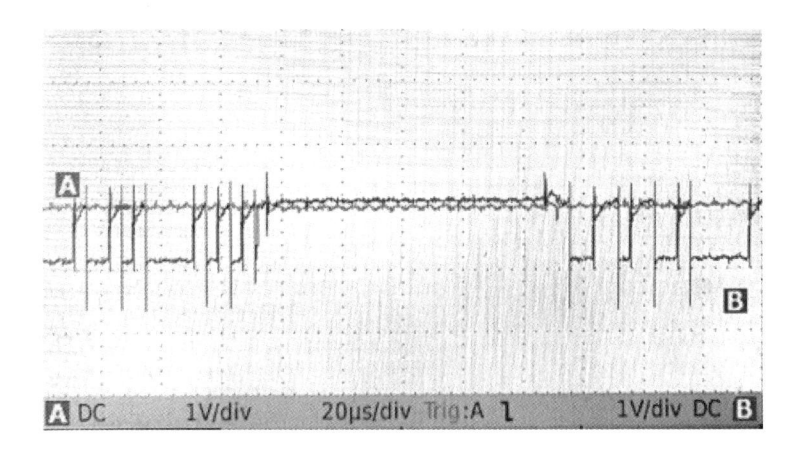

图 7-10　CAN-H 对搭铁短路

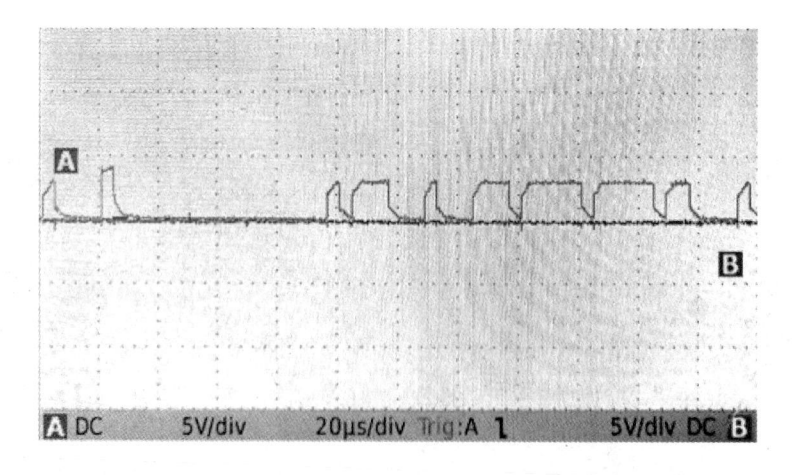

图 7-11　CAN-L 对搭铁短路

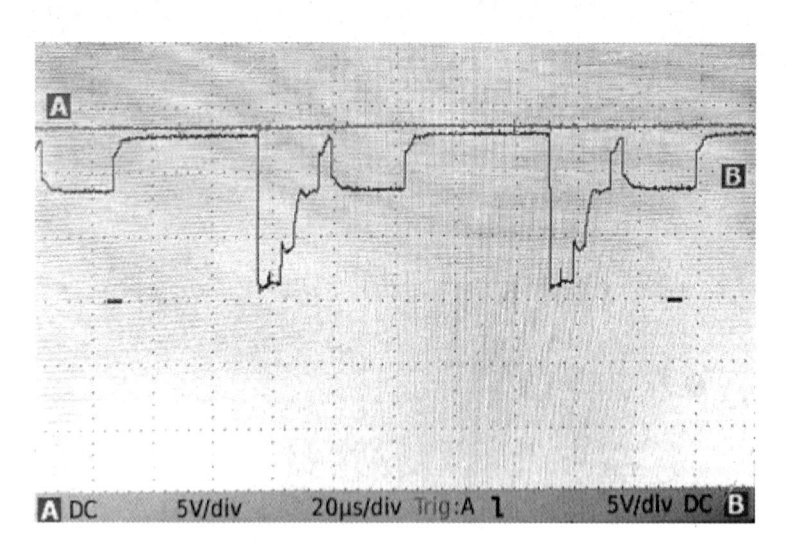

图 7-12　CAN-H 对蓄电池电压短路

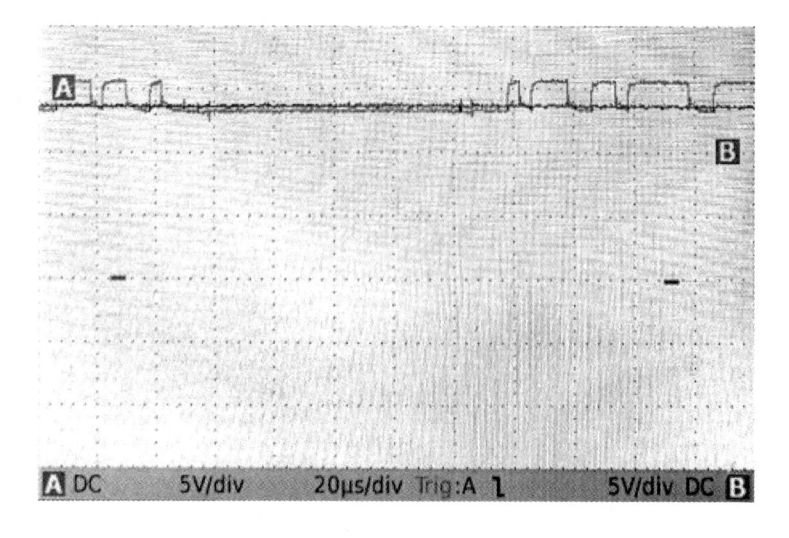

图 7-13　CAN-L 对蓄电池电压短路

7.2 车载以太网（Ethernet）技术应用

随着汽车朝着科技化、智能化、网络化方向发展，汽车 ADAS 系统、高清车载娱乐系统、车联网系统、云服务及大数据等在车辆上的应用，现有车载总线无法满足当前需求，急需一种高带宽、可开放、可扩展、兼容性强及网络聚合便捷的车载网络，同时满足车载电气环境、高可靠性要求。

为此，车载以太网就出现了。以太网的首要优势在于支持多种网络介质，因此可以在汽车领域使用；同时由于物理介质与协议无关，因此可以在汽车领域做相应的调整与拓展，形成一整套车载以太网协议，该协议将在未来不断发展并长期使用。

车载以太网在单对非屏蔽双绞线上可实现 100Mb/s 甚至 1GMb/s 的传输速率，可使电缆重量减轻 30%，连接成本可降低 80%。同时还满足汽车行业对高可靠性、低电磁辐射、低功耗、带宽分配、低延迟及同步实时性等方面的要求。车载以太网不仅具备适应 ADAS 系统、影音娱乐、汽车网联化等所需要的带宽，而且具备支持未来更高性能（如自动驾驶时代所需要的更快数据传输速率）的潜力。

7.2.1 车载以太网发展与应用

1. 车载以太网发展历程

自 1980 年至今，IEEE 组织、OPEN Aliance SIG 组织、宝马公司、博通公司等为传统以太网在汽车领域的应用拓展发挥了十分关键的作用，重要里程碑事件如下。

1980 年，Ethernet 1.0 成功发布。

1985 年，IEEE 802 小组公布 802.3 协议，推出了基于 CSMA/CD 的 10Mb/s 以太网技术。

2004 年，宝马公司考虑采用博通公司的以太网技术，并于 2008 年在宝马 7 系轿车上成功量产以太网刷写技术，其中关键点在于博通公司的单对非屏蔽以太网全双工技术，并保证 EMC 测试通过。

2013 年，BroadR-Reach 技术成功在宝马 5 系轿车的环视系统中成功量产。

2. 以太网在车载网络中的适用性

以太网成为下一代车载网络的发展趋势可以归纳为以下三个方面。

（1）以太网的成本优势

目前采用的车载网络技术，都是难以与外部设备及网络服务连接的封闭标准。究其原因，在于目前占主流的车载网络标准 CAN、LIN 及 FlexRay，以及面向媒体的系统传输标准 MOST 等都具有浓重的"汽车行业"色彩，导致其应用具有局限性。反之，以太网是一种简单、成熟的开放标准，基于以太网的应用极大地降低了应用成本。例如，使用以太网的车辆诊断标准 DoIP，规定了基于 IP 协议的车载诊断系统（OBD）和为 ECU 进行软件更新。通过 CAN 上传 81MB 的更新需要 10h，而通过以太网上传 1GB 的数据只需要 20min。显而易见，采用以太网诊断接口和软件更新更节省时间、生产及服务成本。

（2）以太网的带宽优势

现在智能电子产品与车载设备的交互越来越多，云概念兴起，搭载了 ADAS 系统、智能视觉的安全应用，如车道偏离检测、驾驶员意图预测及信息娱乐设备的新型信息平台主导了新一代汽车电子的发展趋势。从功能性的角度，车载子系统增加，不同的子系统之间对数据共享的需求越来越多；另外随着摄像头分辨率的提升，显示需求大量增加，传统车载网络在带宽上面临巨大挑战，目前主导车载网络标准的 CAN 和 FlexRay 无疑将遭遇发展的瓶颈，在这方面最有竞争力的是 MOST。MOST 总线目前最大带宽为 150Mb/s，但 MOST 常用架构为多个设备共享带宽。与 MOST 相比，以太网可以采用更为灵活的星形连接架构，每条链路都可以专享 100Mb/s 甚至更高的带宽。

（3）以太网的开放性和互联扩展优势

伴随着不断增长的 ADAS 系统的复杂性，需要一种简化和标准化的方法，在面对越来越多的互相隔离的子系统时，可以把车载系统看作一个网络去管理和运营，以收获更好的重用性和互操作性。

3．车载以太网的演进

在汽车行业，以太网在短期内无法取代现有的车载网络，因此，以太网在进入汽车网络时考虑从子系统开始逐步深入，并最终整合汽车网络。

（1）第一阶段：子系统应用阶段

单独在某个子系统中使用以太网，这一阶段的衍生产品目前已经在整车上实施，如基于 DoIP 标准的 OBD 诊断设备；或已有示例应用，如使用 IP 摄像头的驾驶辅助系统，如图 7-14 所示。

（2）第二阶段：功能集合应用阶段

将几个子系统功能整合，形成一个拥有功能集合的小系统，如图 7-15 给出的第二阶段的车载以太网，将多媒体、辅助驾驶和诊断接口结合在一起，融合了来自传感器、全景摄像头及雷达等的多种数据。因为可以保证更高的带宽和更低的延迟，在涉及安全方面的应用，摄像头可以使用更高分辨率的未压缩的数据传输，从而避免如压缩失真等导致障碍物检测失败的问题。

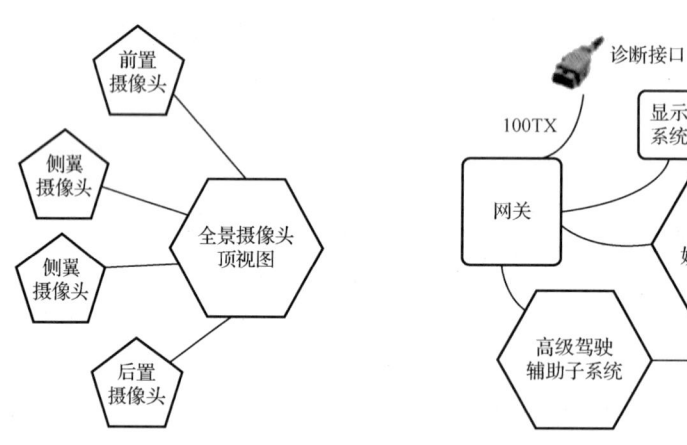

图 7-14　车载以太网子系统示例

图 7-15　车载以太网功能集合

（3）第三阶段：骨干网应用阶段

前两个阶段专注于一个特定的应用领域，第三阶段使用以太网为车载网络骨干，集成动力总成、底盘、车身、多媒体、辅助驾驶，真正形成一个域级别的汽车网络。这种网络架构引入了一个新问题：如何组织 ECU 和网络管理者之间的通信。不可否认的是，这种分层式的架构会造成控制器通过以太骨干网和交换机通信时所需的软件内容增加。车载以太骨干网架构如图 7-16 所示。

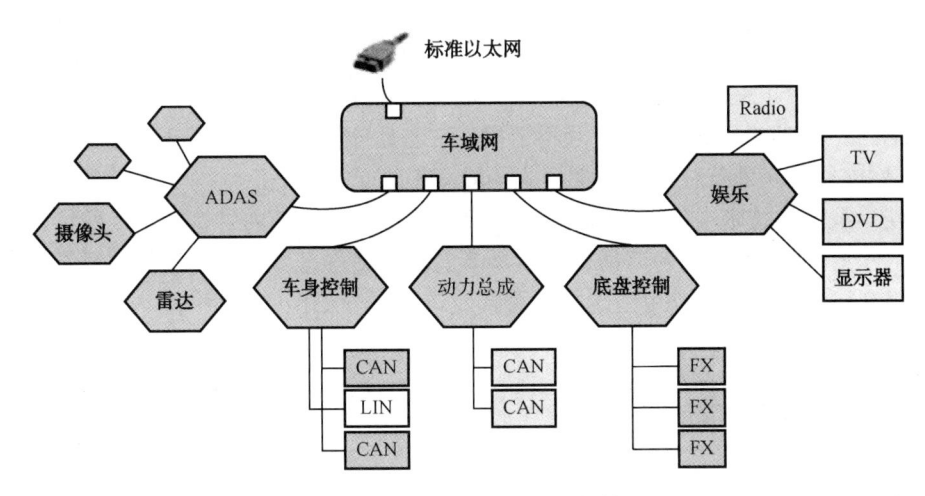

图 7-16　车载以太骨干网架构

7.2.2　车载以太网结构原理

1. 车载以太网结构与通信机制

（1）车载以太网拓扑结构

目前，以太网最重要的 4 种基本拓扑结构为：点到点拓扑、总线型拓扑、环形拓扑和星形拓扑，如图 7-17 所示。

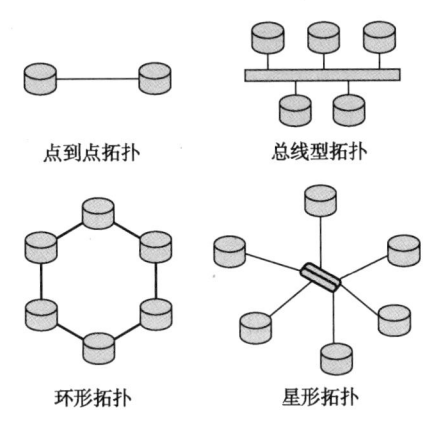

图 7-17　以太网基本拓扑结构

拥有 2 个以上的车载以太网，要求采用交换机连接终端设备，这意味着该网络采用星形拓扑结构。星形网络可以很容易地通过增加更多的连接进行扩展，唯一限制因素是交换机的端口数量，如图 7-18 所示。由于汽车经常面临组件更换及 ECU 的增加或移除等情况，因而星形网络结构对汽车行业来说更有吸引力。

（2）车载以太网交换机通信机制

CAN、FlexRay、LIN、MOST 这些较早的组网技术都基于一种共享介质，所有设备通过电缆连接在一起。缺点在于每次只有一台设备传输数据，而且网络中的任何报文都暴露在所有节点之前。星形网络结构则完全不同，在星形拓扑的分组交换功能中，多数情况下，设备发送一帧报文到交换机，由交换机通过端口将这帧报文发给唯一的目标接收方，其他端口在此过程中始终闲置。以图 7-18 为例，如果节点 2 向节点 1 发送一帧报文，该帧报文首先通过节点 2

和交换机端口 2 之间的链路被发送至交换机；不久之后，交换机复制该帧报文至端口 1，然后发送至节点 1。此时，端口 3 处于闲置状态。如果在节点 1 与节点 2 通信的同时，节点 3 也要与主机通信，所有链路将相互独立，互不干扰，这也是分组交换的全双工网络的一大优势，比传统 CAN 网络需要判断优先级再通信模式的效率提高了数倍。

与传统车载通信技术（如 CAN）相比，以太网提供了更高的带宽和交换网络，具有非常强大的通信能力。CAN 总线为广播式通信，多主方式使得每个节点发送的信息都可能占据所有的通信媒介，只是接收节点可以选择是否接收该信息，如图 7-19 所示。

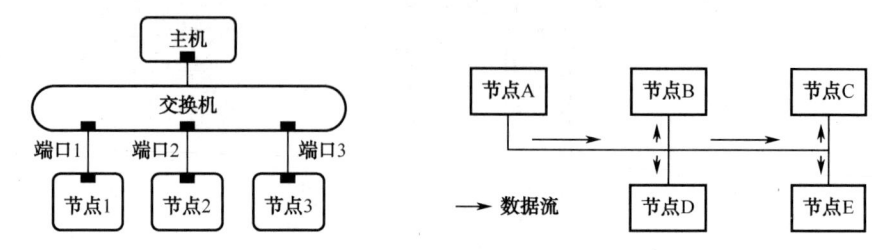

图 7-18　以太网星形拓扑分组交换　　　　图 7-19　CAN 总线通信机制

以太网以一对一或一对多两种方式进行通信，一对一的方式中发送节点的报文中涵盖自己和一个接收节点的地址；一对多的方式中发送节点的报文中涵盖自己和多个接收节点的地址，如图 7-20 所示，两者都不影响其他节点的通信。

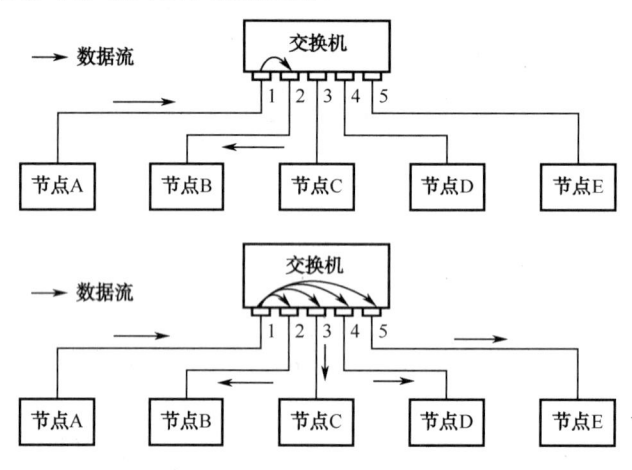

图 7-20　以太网交换机通信机制

2．车载以太网接口电路

（1）车载以太网收发器

目前行业内支持车载以太网且具有较为成熟方案的收发器芯片有博通公司的 BCM89810 与 BCM89811，以及恩智浦公司的 TJA1100。

TJA1100 是一款车载以太网专用 PHY（物理层）芯片，其 MDI 接口通过 UTP（非屏蔽双绞线）实现了 100Mb/s 带宽的数据收发，最小传输距离为 15m。BACK-TO-BACK 模式，即只利用 TJA1100 收发器芯片，通过 MII 或者 RMII 接口实现元器件 PHY 的数据互传，来验证车载以太网用于车载环境的可行性，并监测传输速率是否达到预期带宽。车载以太网收发系统结构如图 7-21 所示。

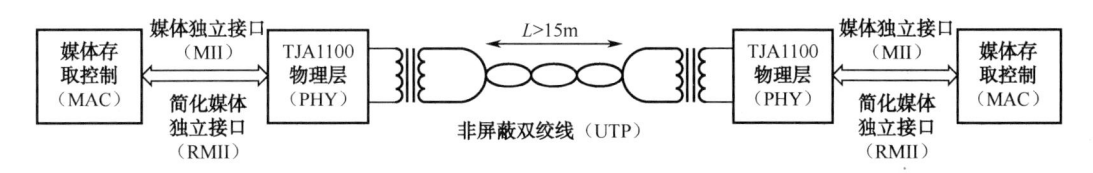

图 7-21 车载以太网收发系统结构

（2）TJA1100 外围硬件设计

① MII 或 RMII 接口。

PHY（物理层）芯片和 MAC（媒体存取控制）之间 MII 接口的具体连接细节：芯片与 MAC 之间分别通过 4bit 宽的 TXD [3:0] 和 RXD [3:0]，配合同步时钟 TXC 和 RXC 信号完成数据传输。RXC 和 TXC 信号均由 PHY 芯片 TJA1100 提供，其在 MII 接口通信中频率均为 25MHz，是 PHY 芯片通过其外部 25MHz 时钟源得来的。TXEN 和 RXDV 信号为数据传输控制信号，均是高电平有效。MII 连接细节如图 7-22 所示。

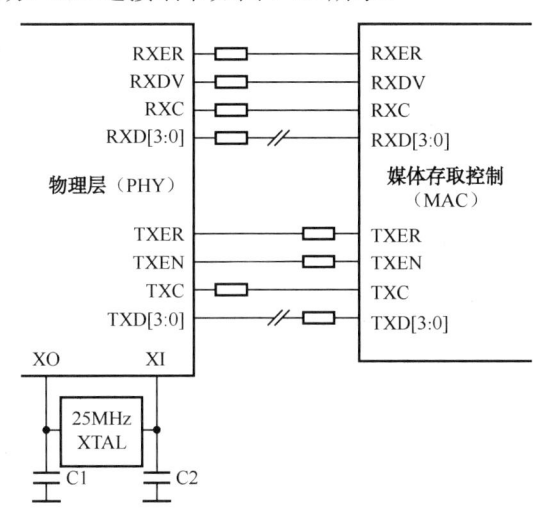

图 7-22 MII 连接细节

RMII 接口的连接细节：发送和接收通过 2bit 宽的 TXD [1:0] 和 RXD [1:0]，为了达到同样的百兆双向带宽，接口的同步时钟频率提高到 50MHz，由 PHY 芯片 TJA1100 通过 REF_CLK 信号引脚提供。与 MII 接口使用的场景一样，TJA1100 使用的时钟源一般为 25MHz 的晶体振荡器，其频率漂移范围为 ±100ppm。RMII 连接细节如图 7-23 所示。

MII 或 RMII 接口在实际 PCB 布线中要求走线尽量短，做到 PCB 走线的容性负载低于 15pF，从而保证信号线高速脉冲信号不会失真。另外，PCB 上相关高速信号线的阻抗应不低于 50Ω，走线长度延时不能大于 1ns。为了保证最好的 EMC（电磁兼容）效果，在 PCB 的走线上，阻抗匹配使用的电阻可以在 50Ω 左右微调。

② MDI 接口。

MDI 接口为 PHY 芯片和双绞线连接的接口，包括低通滤波电路、共模扼流圈、电容耦合电路、共模端接、线缆插接件。电容耦合电路及共模端接是 TJA1100 特有的，而共模扼流圈和低通滤波电路是车载以太网 PHY 芯片中使用的典型设计电路。MDI 接口作为传输端口，要求连接电缆差分阻抗为 100Ω，而差分阻抗上的偏差将直接影响某些输入信号的反射情况。信号的反射情况将通过回波损耗这个参数来度量，回波损耗的绝对值越大，其传输效果越好，反之将会影响信号的传输情况。MDI 接口如图 7-24 所示。

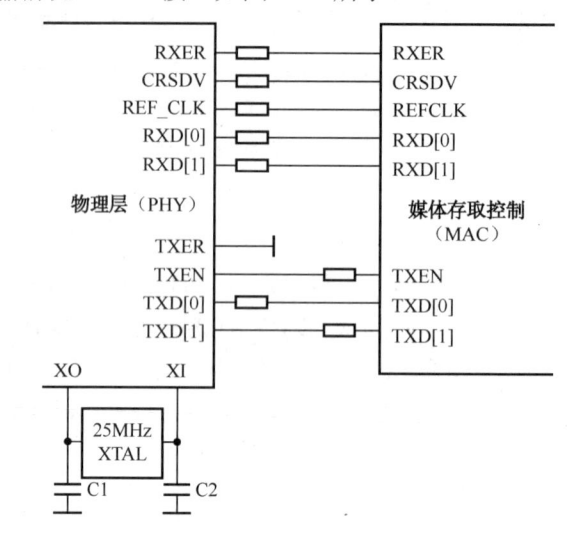

图 7-23 RMII 连接细节

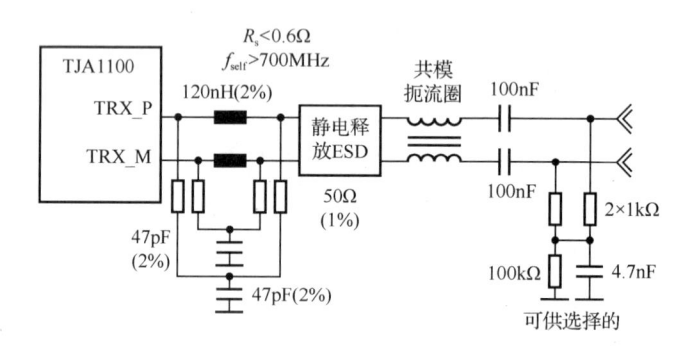

图 7-24 MDI 接口

③ TJA1100 应用电路。

双绞线上应用电容耦合实现了信号的隔离。由于汽车环境工况复杂，对电磁兼容性能要求较高，所以为了应对实际工况下的 EMC 需求，在信号路径中引入了共模扼流圈，一方面保证滤除信号线上的共模电磁干扰，另一方面抑制其本身不向外发出电磁干扰，并且将耦合电容加载在共模扼流圈和插接件之间。同样考虑电磁兼容要求，在 VDD（IO）、VDDA（3V3）和 VDDA（TX）等电源引脚上使用由感性元器件和电容搭建的 π 型滤波电路，而在插接件前端的 π 型滤波电路将根据电磁兼容实际测试结果来判断是否使用。

3. 汽车以太网的物理连接

汽车以太网的连接方案综合考虑了电性能（如射频传输、EMC、电接触等）、机械性能（如拉拔力、编码效率、对配解锁力、耐磨性等）和生产组装（压接技术、自动装配等）的要求。

（1）以太网连接类型

以太网一般有 3 种连接类型，如图 7-25 所示，没有附加屏蔽层的双绞线连接、带有屏蔽层的双绞线连接及 2 个没有

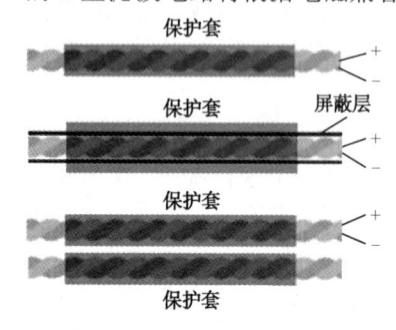

图 7-25 以太网 3 种连接类型

附加屏蔽层的双绞线连接,可以实现同步双向通信。

(2)以太网连接器

汽车以太网连接器分为非屏蔽形式的 MTD 连接器和屏蔽形式的 H-MTD 连接器,如图 7-26 所示,两者都支持百兆汽车以太网和千兆汽车以太网。H-MTD 连接器甚至可支持汽车行业所有基于差分结构的传输协议。

(a)MTD 连接器　　　　(b)H-MTD 连接器

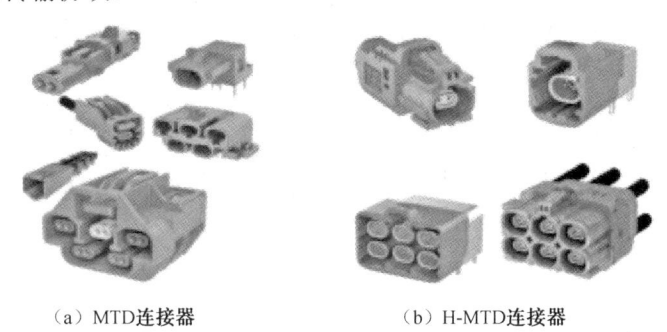

图 7-26　MTD 连接器和 H-MTD 连接器

MTD 连接器适配非屏蔽双绞线,传输频率最高达 1GHz;H-MTD 连接器同时支持非屏蔽双绞线、屏蔽双绞线和屏蔽平行线,设计传输频率最高可达 15GHz。MTD 连接器是目前市场上最小的汽车以太网专用连接器,PCB 连接器优化的接触引脚保证了高平衡、低串扰的良好 EMC 性能。对于 MTD 非屏蔽的先天要求,通过运用蜂窝状的间置结构,最大程度实现了最小的近端串扰。同时,多孔 MTD 连接器每个孔位都对应了不同的编码,确保机械防错和颜色防错功能的同步实现。在线束端,典型的传统连接器连接方式如图 7-27 所示。

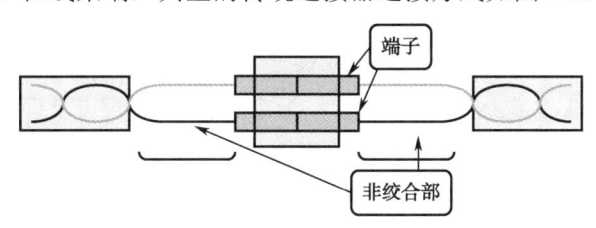

图 7-27　典型的传统连接器连接方式

受绞合的影响,压接端子后的绞合线缆,很难完成分别插入端子至塑壳中这个操作。即便 2 个平行端子克服困难插入塑壳中,端子也会因为尾端的绞合线缆,始终对塑壳有向外拖拽的应力。基于以上问题,大多数主机厂会要求绞合线缆在端子末端放开一段长度不绞。这段不受控制的非绞合线缆对于汽车以太网的应用来说是危险的。汽车行进过程中的振动,致使这段非绞合线缆一同振动,由于两个线缆之间的距离不断变动,导致特性阻抗不断变化,极易发生超标准的情形,也就极易造成较大的信号反射。

未绞合的过渡位置被设计得很短并被固定包裹在连接器壳体中,线缆绝缘外皮被紧固在保护套中,且缩短包裹尺寸并对端子前端有轻微缓冲,如图 7-28 所示。

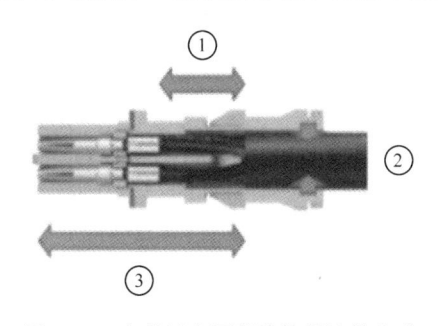

图 7-28　车载以太网的连接器连接方式

7.2.3 车载以太网协议架构

1. 开放系统互联（OSI）参考模型

车载以太网基于 ISO/IEC 74986.1.2 中规定的开放系统互联（OSI）参考模型，该模型将通信系统结构划分为 7 层。自上而下分别为应用层、表示层、会话层、传输层、网络层、数据链路层和物理层。但车载以太网一般被认为是 5 层协议，图 7-29 显示了 OSI 标准中汽车以太网协议构架。

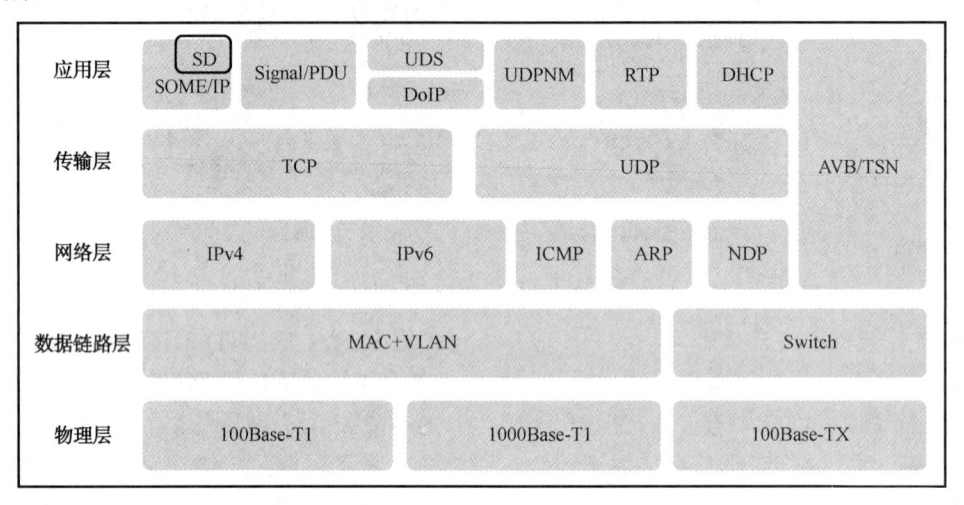

应用层	SD SOME/IP	Signal/PDU	UDS DoIP	UDPNM	RTP	DHCP
传输层	TCP			UDP		AVB/TSN
网络层	IPv4	IPv6	ICMP	ARP	NDP	
数据链路层	MAC+VLAN			Switch		
物理层	100Base-T1		1000Base-T1		100Base-TX	

图 7-29 OSI 标准中汽车以太网协议构架

每层的目的是为上层提供服务。每层的活动部分用软件、硬件或软硬件组合实现，称为实体。在 OSI 模型中，在不同节点的同一层实体之间进行通信，相同层之间的通信实体称为对等实体。由一层提供的服务在该层的服务接入点（SAP）处可用，上面的层可以通过交换数据参数来使用它们。OSI 参考模型分层对比见表 7-1。

表 7-1 OSI 参考模型分层对比

层组	层数	名称	职能	数据类型	常见协议及技术
底层	1	物理层	拓扑和物理网络设计；硬件规范；编码和信令；数据发送和接收	比特	IEEE 802.3
低层	2	数据链路层	逻辑链路控制；媒体接入控制；数据组帧；本地设备寻址；差错检测和处理，VLAN实现；服务质量；物理层定义	帧	IEEE 802.3
低层	3	网络层	逻辑寻址；数据报封装；路由选择；分片和重组；差错处理和诊断	数据报/分组	IPv6、IPv4、ICMP、路由协议
低层	4	传输层	进程寻址；多路复用和多路解复用；连接管理；分段和重组；确认接收和重传；流控	数据报/分组	TCP 和 UDP
高层	5	会话层	会话建立、管理和终止	会话	套接字、API
高层	6	表示层	数据转换，压缩和加密	经过编码的用户数据	SSL
高层	7	应用层	用户应用服务	用户数据	DHCP、SOME/IP、DoIP

物理层主要负责拓扑和物理网络设计,线缆、连接器、收发器、网络接口卡和其他硬件设备的运行细节,包括将数据位与可传输的信号进行转换。

数据链路层主要负责逻辑链路控制、媒体接入控制、硬件寻址、差错检测和处理、底层报文组帧、服务质量功能及物理层定义。

网络层负责将多个网络连接到一起,形成互联网络,进行互联网络间逻辑寻址、路由、数据报封装、分片和重组及某些类型的差错处理和诊断功能。

传输层是高层与低层之间的过渡,其下是主要基于硬件、面向数据传递的低层,其上是更为抽象、面向软件应用和功能的高层。

会话层用于建立和管理软件进程间的会话。有些会话层技术包括应用程序接口(API)的软件工具集。

表示层通过操作任务,如转换、压缩和加密等将数据从一种表示转换为另一种表示。

应用层定义了应用协议,实现用户应用和其他高层功能。应用层处于协议栈的顶端,它使用下方各层提供的服务,而不向任何层提供服务。

2. 车载以太网标准

车载以太网标准化由 IEEE 802.3 和 IEEE 802.1 工作组、AUTOSAR 联盟、OPEN 联盟及 AVnu 联盟起主要的推动作用,车载以太网标准化现状见表 7-2。

表 7-2 车载以太网标准化现状

标准化组织	主 要 内 容
IEEE 组织	物理层 PHY: IEEE 802.3bw:100BASE-T1 IEEE 802.3bp:100BASE-T1 IEEE 802.3bv:塑料光纤 POF AVB 相关: Timing and Synchronization for Timesensitive(TSN) IEEE 802.1Qat(SRP) IEEE 802.1Qav(FQTSS) IEEE 1722-2011(AVTP) 其他: IEEE 802.3bu:PoDL IEEE 802.3br:Interspersing Express Traffic(IET)
OPEN 联盟	BroadR-Reach CMC Test Specilication BroadR-Reach DUT and Test Station Requirments BroadR-Reach Interoperability Test Suite BroadR-Reach PHY Control Test Suite BroadR-Reach Specifications for Communication Channel BroadR-Reach Transceiver EMC Test Specification BroadR-Reach Physical Media Attachment Test Suite OPEN Alliance Automotive Ethernet ECU Test Specifcation 正在制定: TC11:Switch Specification TC12:Test Specification for 1000BASE-T1

续表

标准化组织	主 要 内 容
AUTOSAR 联盟	Utomotive TCP/IP/UDP Stack 一致性测试规范 Perability Test Suite 中间件：SOME/IP 等
AVnu 联盟	车载以太网 AVB 功能和互通性规范 V1.4

7.2.4 车载以太网测试

汽车的高品质、高可靠性及高安全性需要充分完整的测试来保证，在车载以太网研发过程中应尽早快速、有效地发现问题并解决问题，降低成本。

1. 传统以太网与车载以太网测试区别

以太网是计算机有线网络标准之一，一般家庭和工作单位所用的 LAN 是最常用的技术标准。传统以太网测试与车载以太网测试存在一定的差异。传统的 IT 行业对以太网一致性要求不高，无一致性测试标准，汽车行业对车载以太网测试要求较高，已由相应的组织或联盟制定了行业的一致性测试标准。传统以太网与车载以太网测试区别见表 7-3。

表 7-3 传统以太网与车载以太网测试区别

内　容	传　统　IT	汽　车　行　业
测试内容	性能测试>一致性测试	一致性测试>性能测试
测试规范	RFC 2544/2889	OPEN，AVnu
测试规模	家庭网络-广域网、拓扑不固定，有富余的接口	车内有限的节点、拓扑固定，受成本影响，交换机无富余接口连接测试设备
应用环境	对 EMC 要求低	车载电磁环境复杂，对 EMC 要求高，对物理层要求严格

2. 车载以太网测试内容

车载以太网面对迅速增加的功能和复杂度，在保证高度测试覆盖率的同时，通过标准化测试降低测试周期和成本。主要包括物理层测试、一致性测试、性能测试、功能测试、网络安全测试及一些基础测试，相关测试内容见表 7-4。

车载以太网测试分为部件测试、系统测试、实车测试几个阶段。部件测试包含 AVnu 定义的相关测试、OEM 定义的测试、OPEN TC8 定义的相关测试等；系统测试包含通信测试、诊断测试、网络管理测试、网关路由测试、刷写测试及 Feature 相关测试等；实车测试主要包含以太网 Feature 相关测试、OEM 定义的测试内容等。车载以太网的基础测试与网络安全测试贯穿于各个阶段。

表 7-4 车载以太网相关测试内容

测 试 类 别	主要测试项
物理层测试	发送器测试，接收器测试，互操作性
一致性测试	TCP/IP 测试，应用层测试，AVB 协议测试
性能测试	RFC 2544（吞吐量、丢包、延迟、背对背缓冲测试），RFC 2889（交换机性能测试），AVB 测试
功能测试	VLAN 测试，Qos 测试，MAC 测试，其他测试
网络安全测试	加密协议测试，防攻击测试，防病毒测试
基础测试	EMC 测试，电气安全测试，环境试验

7.2.5 车载以太网应用实例

1. 宝马 i3 上的以太网络

宝马 i3 车载网络架构配置的以太网主要在进行整车编程时使用以太网接口,在带有高级主控单元的车型上通过以太网接口进行导航系统地图更新,如图 7-30 所示,索引说明如表 7-5 所示。

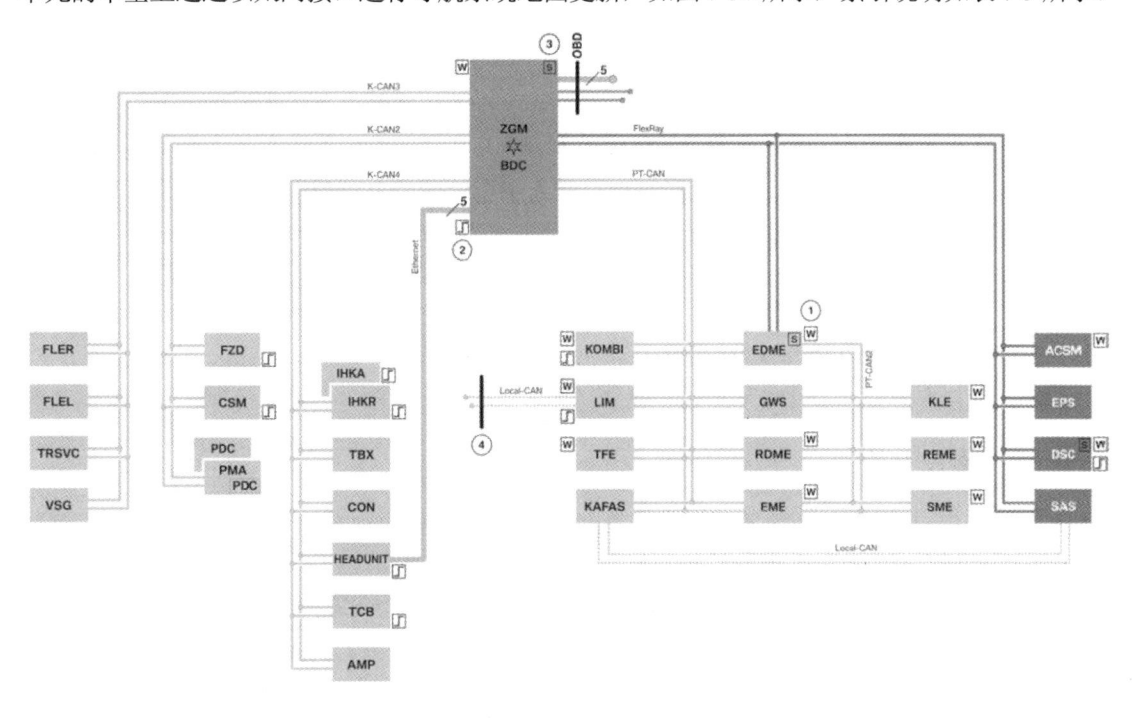

图 7-30 宝马 i3 车载网络架构

表 7-5 宝马 i3 车载网络索引说明

索 引	说 明	索 引	说 明
ACSM	碰撞和安全模块	KAFAS	基于摄像机的驾驶员辅助系统
AMP	放大器	KLE	便捷充电电子装置
BDC	车身域控制器	KOMBI	组合仪表
CON	控制器	LIM	充电接口模块
CSM	汽车共享模块	PDC	驻车距离监控系统
DSC	动态稳定控制系统	PMA	驻车操作辅助系统
EDME	数字式发动机电气电子系统	RDME	增程器数字式发动机电子系统
EME	电机电子装置	REME	增程电机电子装置
EPS	电子助力转向系统	SAS	选装配置系统
FLER	右侧前部车灯电子装置	SME	蓄能器管理电子装置
FLEL	左侧前部车灯电子装置	TFE	燃油箱功能电子系统

续表

索引	说明	索引	说明
FZD	车顶功能中心	TBX	触控盒
GWS	选挡开关	TCB	远程通信系统盒
HEADUNIT	主控单元	TRSVC	顶部后方侧视摄像机
IHKA	自动恒温空调	VSG	车辆发声器
IHKR	手动恒温空调	ZGM	中央网关模块

2. 大众 E3 架构中的以太网络

大众 ID.4 轿车基于 MEB 平台（模块化电驱动平台）采用 E3 架构，如图 7-31 所示，总线通信速率提升，控制域更清晰；E3 架构属于三域电子架构联网系统，即 3 个中央控制单元：ICAS1（J533，车辆控制器）、ICAS3（J794，信息娱乐控制器）、ICAS2（智能驾驶控制器，目前还未采用，为 L4 级别车辆配备）；目前使用的是 1.1 版本，采用集中控制方式，控制单元集成化，通信速度更快，数量更少，算力更高。

MEB 平台车辆采用新的"CAN+车载以太网"双主干网线总线架构。其中，以太网可配置不同的通信速率，在单对非屏蔽双绞线上可实现从 100Mb/s 到最大 1Gb/s 的高速传输。

（1）ICAS（中央控制单元/服务器）

ICAS 是中央控制单元/服务器，它结合了大量的基本服务和车辆功能并控制其他车辆系统。客户功能集中在服务/服务器层级，与外围设备（传感器和执行器）的功能分开。这意味着，不必由连接有传感器的控制单元提供计算能力，而是由 ICAS 提供。因此，这类中央控制单元可以在多个诊断地址下做出响应，从而减少控制单元的数量。ICAS 技术是实现自动驾驶和客户车辆中软件更新（计算机层级的车载测试仪和客户功能）的前提条件，因此不需要到访维修站或不再需要汽车故障诊断仪。

（2）ICAS1（车辆控制器，J533）

ICAS1 是位于数据总线诊断接口地址 19 下的微控制器（诊断），主要负责最多 8 个不同 CAN 消息的实现/镜像。此外，中央控制单元还集成了负责大量其他功能的高性能微处理器（性能处理器），包括防盗锁止系统、组件保护、防盗报警装置、Kessy 自适应/中央门锁、调光、疲劳识别系统、历史数据、驾驶模式选择、续航里程计算、标准车外照明灯、离车方案、显示协调器、时间周期、驻车协调器、低电压电源管理系统、高电压电源管理系统、高电压充电管理、接线端控制、可订购的功能主控制器等。在控制器本身层级上，还配备了 2 个用于 MFL-CAN 和 AFS-CAN 的 CAN 收发器。为此，ICAS1 内部划分为 4 个分区，每个分区都可以通过单独的诊断地址（8123、8124、C002、C003）进行寻址。这些分区具有下述与车辆或客户功能有关的任务。

① Adaptive 系统 1 的应用程序服务器 1（8123）。它为 ICAS3 的 3 个显示器的服务器/CAN 准备显示数据、车辆定位（用于远程服务和功能的位置）、控制充电管理服务器（用于充电程序、充电计时器、充电配置文件）和在线服务的消息存储器。

② Java 系统 2 的应用程序服务器 1（8124）。它为车载测试仪（目前在此协调控制单元的升级程序）、诊断服务和车辆状态数据服务器，控制车辆充电或温度调节的远程服务。

③ 嵌入式软件集群 1（C002）。它负责个性化管理、复杂车灯系统、动态车灯辅助系统、矩阵前照灯控制，具有为 ICAS3 准备备份记录和存储功能的里程计数器。

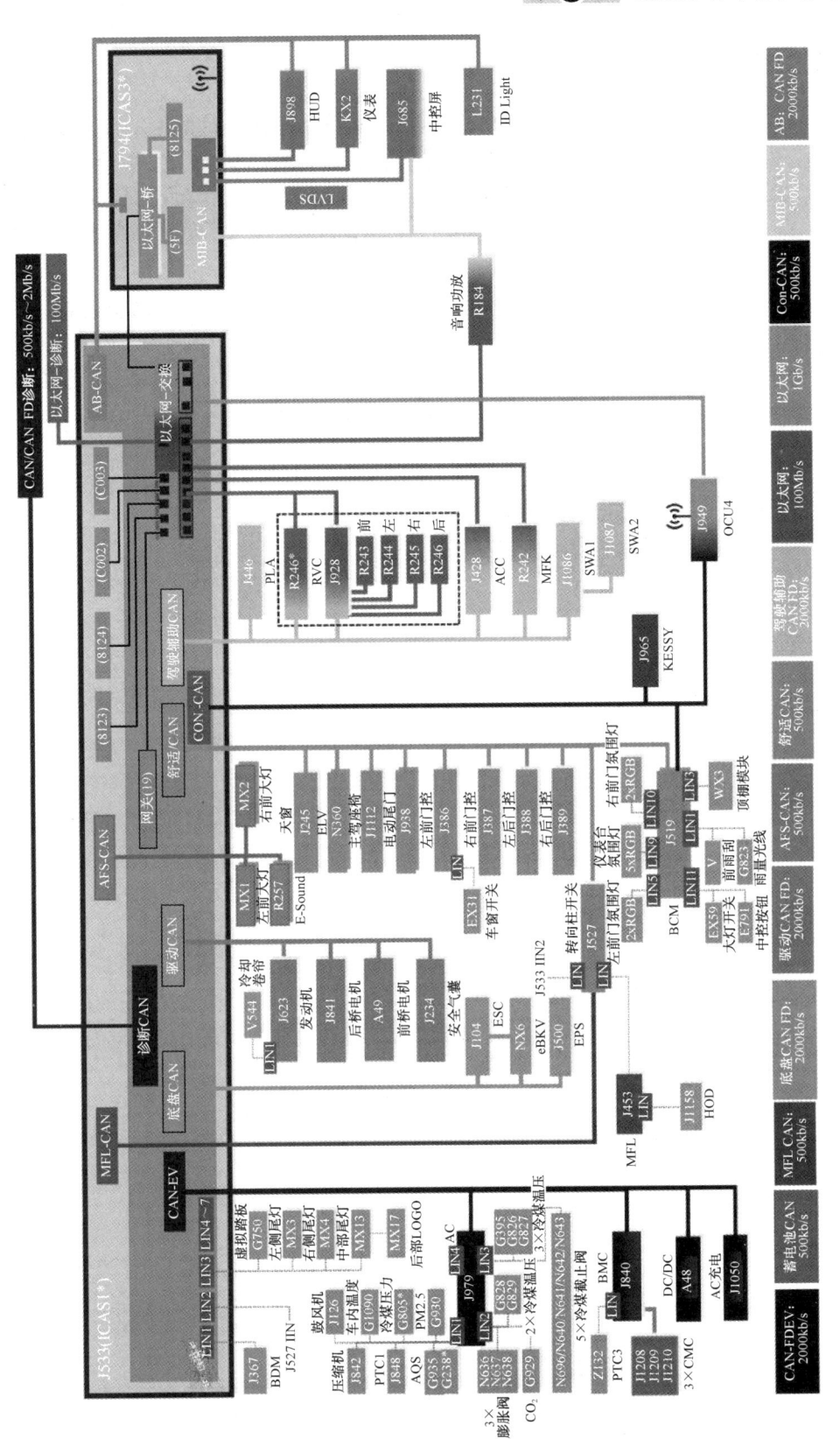

图7-31 大众ID.4轿车E3架构

④ 软件集群内务 1（C003）。它是性能处理器的"管家"，控制基础设施和 IP 路由。

（3）ICAS3（信息娱乐控制器，J794）

ICAS3 主要侧重于信息娱乐系统、车辆设置、诊断及导航服务，侧重于互动体验，通过不同的颜色、动态灯光信号给驾驶员提供操控状态反馈。处理器有 2 个分区，5F、8125。

① 信息娱乐系统电子装置 1（安全分区 5F）是"主要联系人"，包含启动时提供给客户的所有功能：针对中央显示屏、组合仪表和平视显示器的显示控制系统（包括安全带未系警示消息、电量表、保养周期显示、消耗量），控制显示语言，倒车摄像头的视频解码，控制 ID Light、控制音频驱动程序（如仪表板警告音、外置声音放大器），车辆状态和统计数据（行程计算机），诊断服务的服务器。

② 信息娱乐系统的系统 1 应用程序服务器 3（8125）是车载信息娱乐系统，它包括内存和计算密集型功能：导航系统、收音机/媒体、音频管理、智能手机集成、触摸操作、语音操作、互联网、WLan、USB 接口等。相比之下，它们需要更多的启动运行时间。除了 CAN 收发器，ICAS3 还具有一个图形处理器，该图形处理器作为 LVDS 总线参与者的网关和处理器。

7.3 汽车电子电气架构发展演进

7.3.1 汽车电子电气架构概念

1．汽车电子元器件成本占比不断提升

汽车电子元器件占 BOM 成本比例大幅提升，如图 7-32 所示。在一辆 2019 年的传统燃油车上，汽车电子产品的 BOM 成本约为 3145 美元，到 2025 年，预计在一辆中型纯电动车上，汽车电子产品的 BOM 成本将上升至 7030 美元，汽车电子元器件占 BOM 成本比例也将从 16% 提升至 35%。增量中，925 美元属于自动驾驶，主要元器件为传感器；725 美元属于数字化产品，主要元器件为汽车电子架构；2235 美元属于电气化产品，主要元器件为电驱、车载充电器、转换器和动力系统逆变器。

2．汽车电子电气架构概念由来

电子电气架构简称 E/E 架构，也称为 EEA。它是指对汽车的传感器、中央处理器、ECU、线束、信息娱乐系统及底盘系统等整车软硬件进行系统设计的方案，进而实现车内高效的信号传输、系统布置等。

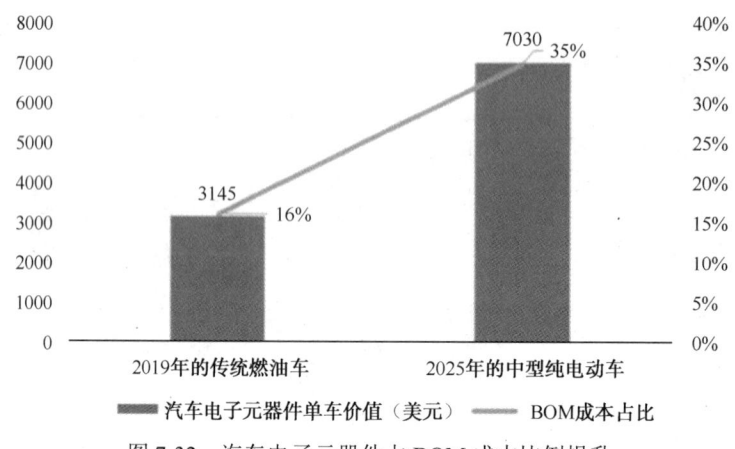

图 7-32 汽车电子元器件占 BOM 成本比例提升

最初汽车上的电子电气设备比较简单，谈不上 E/E 架构。随着电子电气系统不断增加，供应商开始设计一套整体的汽车电子电气布局方案。博世公司在 1986 年开发出了 CAN 总线，用来对 ECU 的数据进行传输。到 2007 年，德尔福公司首次提出 E/E 架构的概念，对发动机系统、车窗控制、车载娱乐系统等一切需要电力控制的软硬件进行系统设计，并不断优化，解决了汽车电子的通信和效率问题，使汽车的性能得到提升。

7.3.2 汽车电子电气架构的演进

电子电气架构的复杂性主要体现在不断增加的控制器数量、网络总线类型和线束系统复杂性，为了降低电子电气架构的复杂性，电子电气架构也需要不断升级和进化。目前行业内普遍认同的是博世公司提出的汽车电子电气架构演进趋势，该演进趋势包括三类六个阶段，三类依次是分布式电子电气架构、（跨）域集中电子电气架构、车辆集中电子电气架构。每类包含两个阶段，从而形成了六个阶段，如图 7-33 所示，依次是模块化、集成化、集中化、域融合、车载电脑和车-云计算。

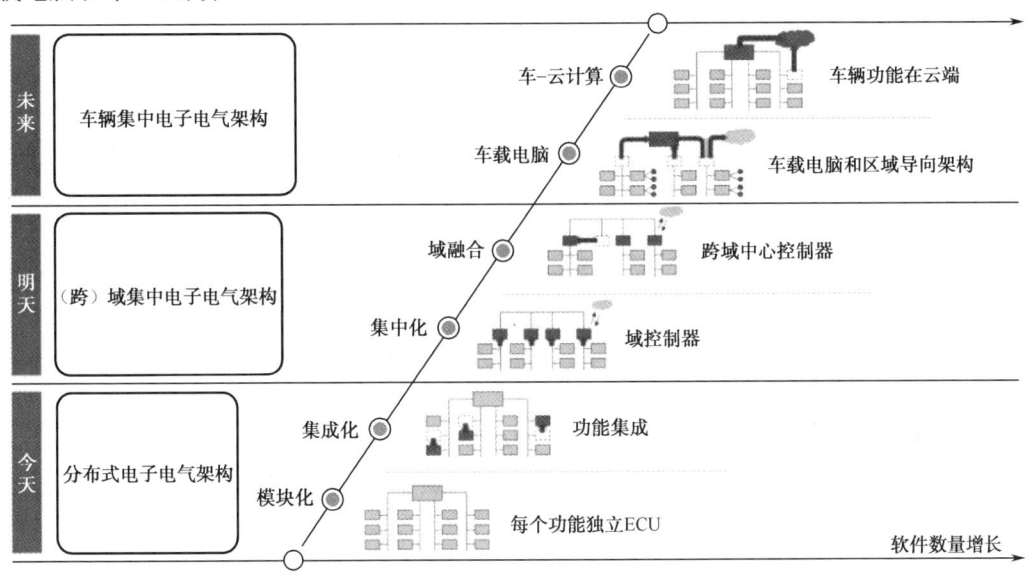

图 7-33 汽车电子电气架构发展趋势

1. 模块化阶段

该阶段功能划分明确，一个功能一个控制模块，模块与模块之间界限明确，现在大多数汽车处于该阶段。

模块的设计通常基于特定的功能，如尾门控制模块等，模块与模块之间通过 CAN 总线进行通信。由于模块间的独立性较强，模块开发者不用过多考虑其他模块的干扰问题。其局限性在于功能控制模块的独立开发模式，虽然能够确保模块自身的功能要求，但是由于传输信号带宽的局限性，导致了资源无法共享，大量运算资源浪费。

2. 集成化阶段

集成化阶段是模块化阶段的一个小规模升级，在架构上减少了功能单一的模块，将车辆功能小范围向其他控制器融合。如空调功能以往由电子空调（ECC）模块控制，无钥匙进入和无钥匙起动功能通常由 PEPS 模块控制，经过融合之后，可以将空调功能、无钥匙进入和无钥匙起动功能全部集成到车身控制模块中，而删除了 ECC 模块和 PEPS 模块。这样带来的最大收益是降低了成本，但依然无法弥补跨模块之间通信速率的不足，模块与模块之间的壁垒仍然没有打破。

3．集中化阶段

集中化架构采用了域控制器，"域"的核心思想是灵活，在系统与软件层面进行了集成，脱离了模块软件与硬件捆绑的限制。在架构中引入车载以太网高速通信，各域控制器之间采用以太网进行信息共享，打破了带宽的局限性。该架构中的核心复杂算法可以集成在域控制器中，小型的控制器可以不再关注复杂算法，而是更多地关注自身控制器的硬件和驱动，如备份驱动、电压补偿等算法都可以集成在域控制器中。这样，不但大幅度减少了冗余软件的开发量，而且大大精简和优化了其他控制器。域控制器是按照整车系统功能进行域划分的，一般可分为动力总成域、底盘系统域、车身电子域、智能座舱域和智能驾驶域。

4．域融合阶段

域融合就是采用跨域中心控制器将 2 个及以上的域控制器进行融合，核心复杂算法都集成在跨域中心控制器里，原来域下面的小型控制器都融合到跨域中心控制器里面。如果将智能座舱域和智能驾驶域进行融合，则可以形成一个包含自动驾驶及娱乐信息功能的跨域中心控制模块。这样做的好处是将车辆域控制器进一步融合，减少控制器数量从而降低成本。

5．车载电脑阶段

域控制器仍然是以功能为导向的，即将车辆的功能向域控制器里集中，但由于车辆上各执行器的位置不变，势必会导致线束长度的增加，从而增加线束成本。以车身后方的制动灯功能为例，该功能由车身前方的车身电子域模块控制，线束需要跨过 80%的车身。为了节约线束成本，而又不丢失软件集中的"域"核心概念，从而引入了区域控制器，取消了传统的功能域控制器，取而代之的是车辆物理空间上的区域控制器。这种电子电气架构主要由中央车载电脑和多个区域控制器组成，按照物理布置方案来划分的，采用就近原则，由繁至简，通过各区域控制器之间的交互来实现整车功能。

6．车-云计算阶段

车-云计算架构是最高阶段的电子电气架构，指的是在中央车载电脑和在区域控制器的基础上引入云计算的概念，将区域控制器中的部分复杂算法集成在云端，由云端算法来控制车辆的功能，从而实现车-云计算。

7.3.3 未来主流电子电气架构拓扑形式

1．域控制架构拓扑形式

域控制架构的拓扑形式如图 7-34 所示，该架构包含一个中央网关和多个功能域控制器，各域控制器之间的信息是通过中央网关进行交互的，并通过以太网来传输数据以突破带宽的限制。根据各域控制器所控制的功能范围，在域控制器的范围内再连接一些常规控制器，以实现不同的功能需求。内部控制器之间的总线通信方式比较灵活，可根据实际通信需求和成本设置成 Ethernet、CAN FD、CAN 和 LIN 总线的通信方式。外部诊断设备 Tester 可以通过 DoIP 来诊断车辆内的任何一个 ECU 模块。

联合汽车电子公司设计开发的拓展型域控制器架构，如图 7-35 所示。根据未来智能网联汽车的功能需求，顶层为云端服务平台，中间层为计算与控制层，底层为标准化执行器与传感器层。该架构分为信息娱乐域、车身域、动力总成域、底盘域、辅助/自动驾驶域。这种架构可以通过底层进行数据收集，在中间层进行数据处理与分析，最终反馈到云端，由云端服务器根据需要处理信息，为不同车辆提供灵活的调度处理。

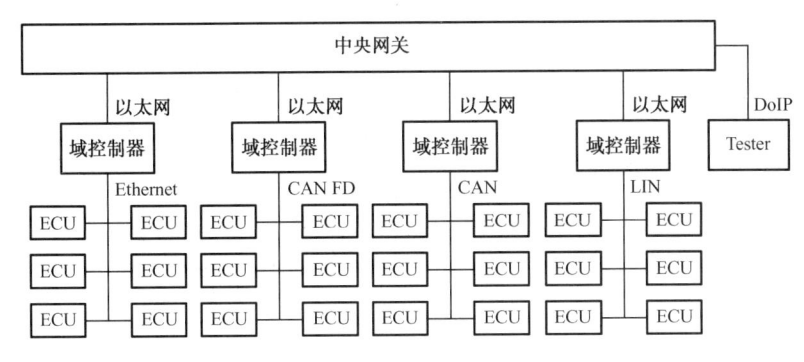

图 7-34 域控制架构的拓扑形式

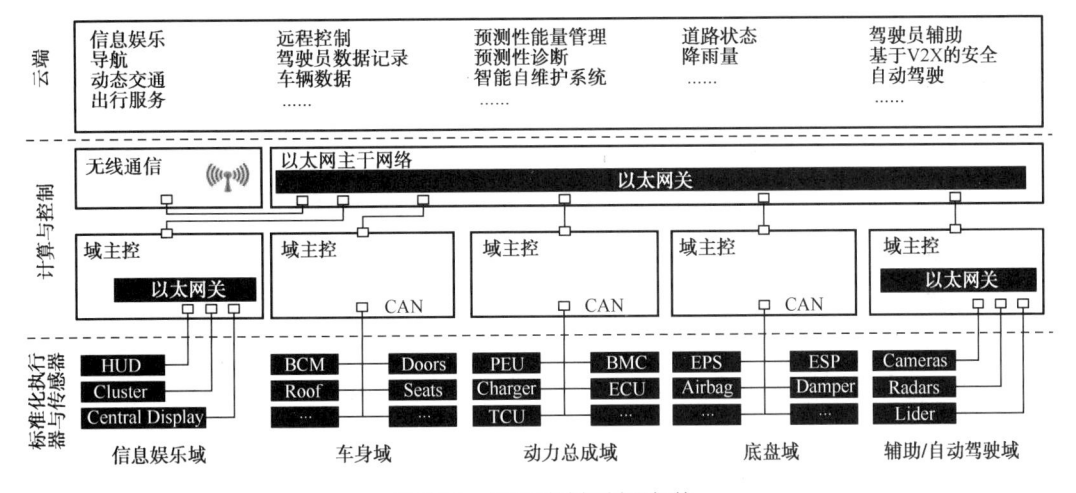

图 7-35 拓展型域控制器架构

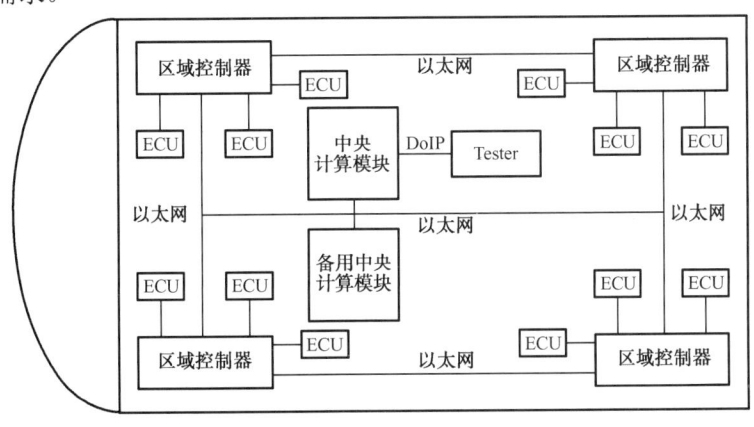

2. 中央计算架构拓扑形式

中央计算架构拓扑形式如图 7-36 所示，该架构由中央计算模块和区域控制器组成，并且区域控制器按照车辆物理空间的布置方式进行分布，各控制器之间通过以太网通信。中央计算模块集成了核心的智能驾驶和智能座舱相关的复杂算法，为避免中央计算模块故障带来车辆安全问题，需设计一个备用中央计算模块。各区域控制器则根据就近原则分布在车辆周围，区域控制器会连接一些简单的 ECU 或执行器，并接收传感器数据，通过复杂的软件算法来实现整车所有的功能需求。

图 7-36 中央计算架构拓扑形式

特斯拉 Model 3 的电子电气架构就是一种中央计算架构拓扑形式，由中央计算模块、前车身控制器、右车身控制器、左车身控制器等构成，如图 7-37 所示。按照车辆的实际分布位置对车辆控制器进行了区域划分，这样布置简化了线束，提高了系统效率。中央计算模块作为整车的决策中心，负责处理所有辅助驾驶相关的传感器，并对主要核心控制器进行数据处理和决策仲裁。

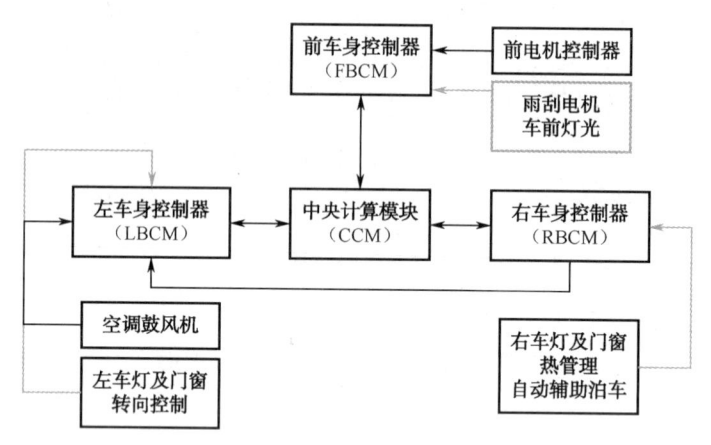

图 7-37　特斯拉 Model 3 的电子电气架构

3．域控制架构和中央计算架构对比

域控制架构和中央计算架构各有优势，如表 7-6 所示，域控制架构的功能划分明确，控制逻辑清晰，分析排查车辆问题时便于定位，同时对软件算法要求较低，实现起来较容易。中央计算架构对软件算法要求较高，算法相对集中，需要的控制器数量和线束布置较少，车辆各控制器之间的信息交互相对较简单，但因为其对软件开发的能力要求较高，实现起来较复杂。未来这两种电子电气架构将会成为主流的汽车架构，且会共存很长一段时间，但随着汽车智能网联技术的不断发展，最终将迈向中央计算架构。

表 7-6　域控制架构和中央计算架构对比

评价维度	域控制架构	中央计算架构	备注
控制器数量	较多	较少	后者算法较集中，控制器较少
线束复杂性	较强	较弱	后者线束就近布置，布线相对不复杂
通信复杂性	较强	较弱	后者内部通信较多，外部通信不复杂
软件复杂性	较弱	较强	前者比后者对代码算法的要求低
可实现性	较高	较低	前者对软件要求较低，可实现性较高
成本	较高	较低	前者控制器和线束都较多，成本较高

4．汽车电子电气架构的评价维度

（1）控制器数量

功能的集成和融合能够减少控制器的数量，因此，控制器越少，表征控制器融合越彻底。此项可由架构系统工程师进行评估。

（2）通信通道数

如果分布在不同控制器中的软件模块之间需要进行数据交换，就需要在控制器中设立相应的通信通道。此项可由总线工程师进行评估。

（3）通信复杂性

交互复杂性与功能分配密切相关，软件模块之间的逻辑接口越多，交互越复杂；在总线通信层面，可以用总线的负载率进行衡量。此项也可由总线工程师进行评估。

（4）静态电流

静态电流水平是整车性能的一项重要指标，整车静态电流过高会增加蓄电池发生馈电的风险。在进行控制器融合分析时，要识别出哪些功能需要一直保持工作，哪些功能在整车休眠后仍然会周期性地唤醒并工作。如遥控钥匙功能，其控制器会周期性地唤醒来寻找周边的钥匙。这些功能会影响控制器融合后的整体静态电流水平。此项可由测试工程师进行评估。

（5）技术开发复杂性

如果对控制器进行了融合，意味着在一个控制器中需要实现比以前更多的功能；因此，控制器硬件上需要更强的算力，软件上需要使用新的技术，如虚拟化 Hypervisor 等；同时，需要进行更严格的测试来保证相关功能在这个新的控制器中能够很好地运行。此项可由软硬件开发人员进行评估。

（6）可实现性

除了在技术上需要评估方案是否成熟，还需要考虑现有的供应商资源和能力，以及开发所需的成本和周期。此项可由产品工程师结合市场调研分析后进行评估。

7.3.4 汽车控制器的演进

ECU、DCU、MDC 可以代表汽车控制器发展的三个阶段：由控制单元（ECU）的急剧增多，到出现域控制器（DCU）的概念，再到分域控制（MDC）。

1. 域控制器

域控制器的逻辑是按照电子部件的功能将整车划分为几个域（动力总成、车辆安全、车身电子智能座舱和智能驾驶等），再采用有更加优秀处理能力的核心处理器对每个域进行控制，达到取代目前分布式汽车电子电气架构的目的，如图 7-38 所示。

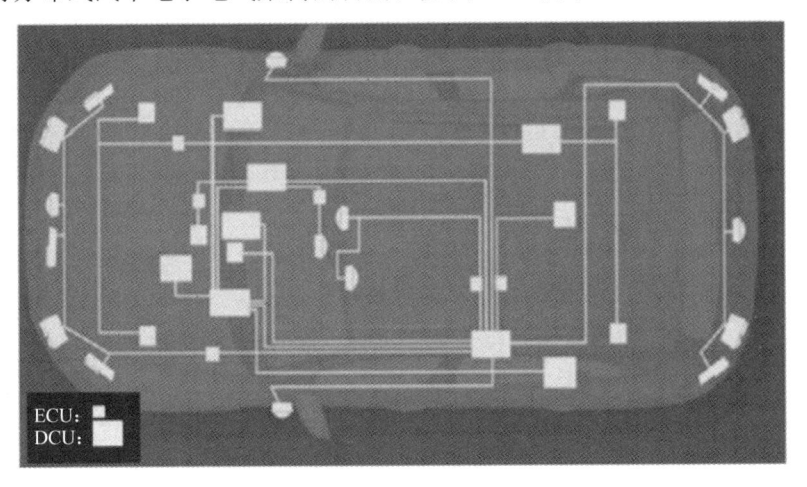

图 7-38 基于域控制器的架构

域控制器使得整车功能集成度得到提高，软件与硬件的设计有更多分离的可能性。单个 ECU 的作用被弱化，复杂的数据处理和控制功能被统一安排在核心处理器中，ECU 更多的是执行 DCU 的命令。同时，传感器模块不再需要与某个具体 ECU 相对应，因而零部件得以进行标准化生产，如图7-39所示。

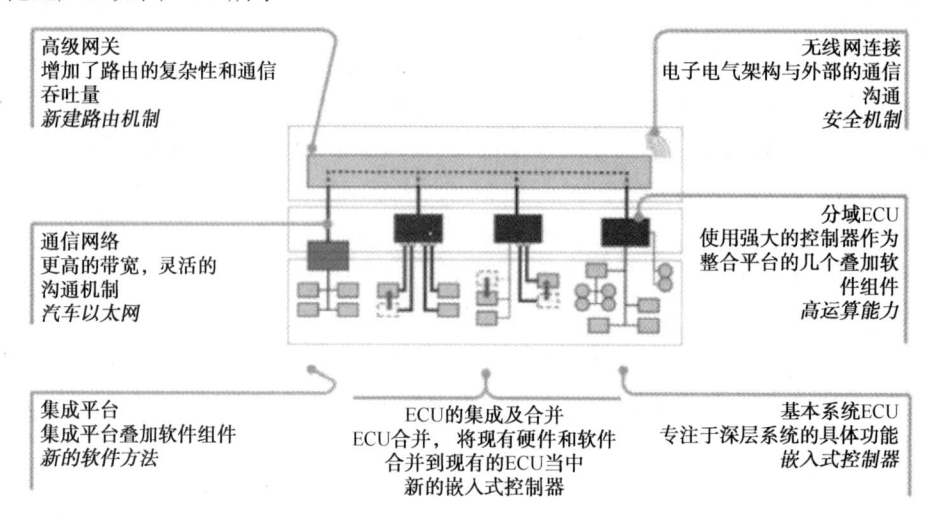

图7-39 使用域控制器提高整车功能集成度

2．多域控制器

多域控制器将是汽车电子电气架构未来发展的趋势，如图7-40所示。随着汽车行业的发展，汽车控制器需要接收和分析处理的信号变得更加复杂，数量也急剧增多。传统的功能与ECU——对应的模式，或是单一分模块的域控制器已经无法满足需求了，而多域控制器平台本身的可扩展性使其能够对接的传感器类型与数目是不固定的。

多域控制器的逻辑是通过一个ECU来接入由不同的传感器得到的数据，对其进行分析，最终发出控制指令。DCU是单一模块的域控制器，其对接的传感器是按照功能进行划分的，而多域控制器中一块ECU会接触传统意义下不同功能的传感器。

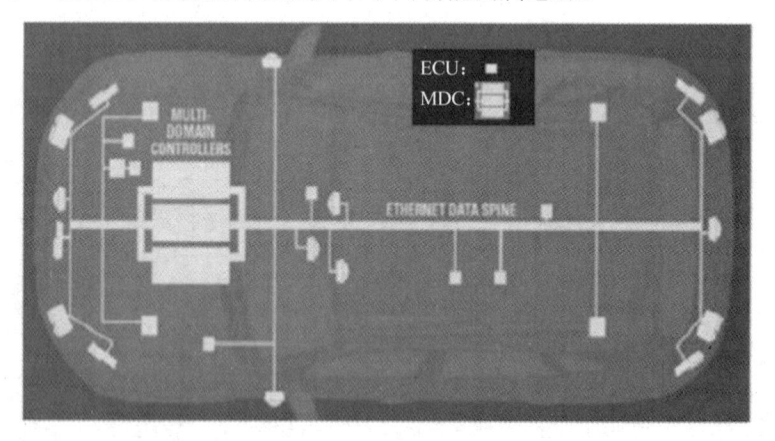

图7-40 基于多域控制器的架构

3．计算平台

未来，自动驾驶要求更高的算力和更多的传感器，尤其是5G技术的引入，将加快电子电气架构演进。目前多数车企比较认可的计算平台方案主要分为三大部分。

（1）自动驾驶计算平台，根据L3~L4级自动驾驶的不同需求来确定HPC的数量。

（2）车辆基础计算平台，原车身控制、热管理控制、通信控制等都是由各个分散的 ECU

来完成的，未来要通过基础计算平台来实现整车功能的总控制。

（3）信息和通信计算平台，主要满足人车交互方面的需求，该平台承担着非常重要的信息安全工作。

当电子电气架构演变接近终局时，这三个基础单元可能会被整合成为一个。

7.3.5 OTA 的演进

随着汽车智能化水平的不断提升，汽车内部电子控制单元的数量和复杂度不断增加。据统计，目前高级轿车上电子电气元器件的成本已经占到整车开发成本的 60%～70%，若要对控制单元软件进行开发调试、数据标定、文件更新、故障修复，就需要远程应用程序更新（OTA）技术。整车 OTA 技术在车辆量产后可降低车辆的召回成本，实现对车辆软件和车辆数据的统一管理，提高售后服务的效率和质量；为用户提供车载娱乐系统的增值服务，有效提升用户体验和用户黏度；通过车辆软件的快速更新迭代，特别是优化和加强驾驶辅助功能，实现整车系统的不断升级，让用户获得更优质的行车体验。

1. OTA 系统架构

整车 OTA 系统包括云服务器端和车辆客户端，它们之间通过 4G（5G）或 WiFi 进行数据通信。云服务器端和车辆客户端采用一对多的交互方式，云服务器端为部署在数据中心的私有云服务平台，仅借助于公有云的内容分发技术来实现位于不同区域的不同车辆的同时更新，OTA 系统架构如图 7-41 所示。

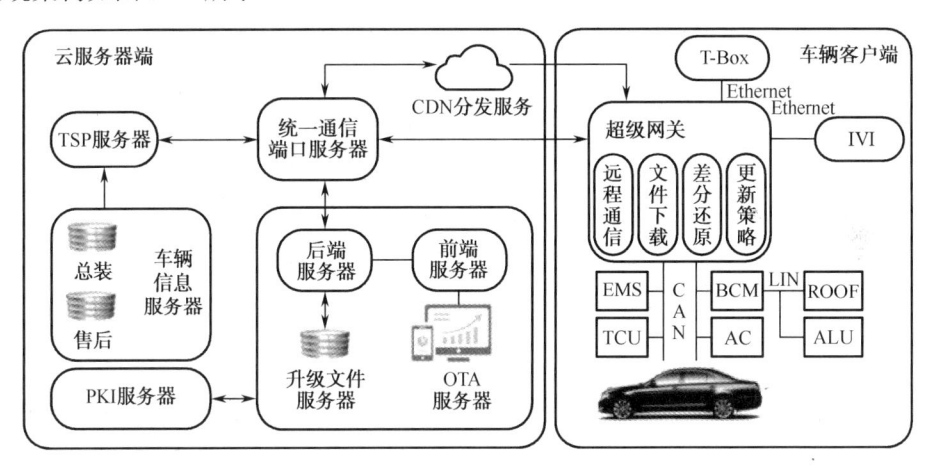

图 7-41 OTA 系统架构

（1）云服务器端

云服务器端（简称云端）部署有一套完整的信息存储系统，用来存储所有量产车辆的信息，包括车型、车系、车辆配置、VIN 码、车辆 EOL 日期、T-Box 序列号等。在这些信息的基础上，增加对车辆控制器更新状态的描述，实现对每辆车更新历史的记录，根据每辆车的更新状态，还可以对每次升级任务的过程和成功率进行统计。

（2）车辆客户端

车辆客户端（简称车端）采用目前主流的多种总线 Ethernet/CAN/LIN 融合并存、网关路由通信中枢的方式，不同总线完成不同的场景应用。在实际应用中，网关和车载通信单元集成在一起，作为一个中央网关控制单元，完成升级必需的远程通信、文件下载、数据还原模块和更新策略。

2. OTA 升级流程

OTA 升级流程如图 7-42 所示。

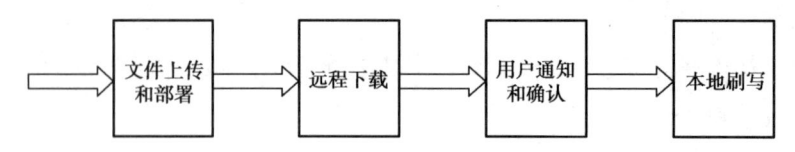

文件上传和部署 → 远程下载 → 用户通知和确认 → 本地刷写

图 7-42　OTA 升级流程

（1）文件上传和部署

升级软件先要线下进行刷写测试，刷写成功后上传到云端。云端对升级软件进行加密，通过集成的差分算法对文件进行差分，生成二进制差分文件。在此文件基础上添加升级策略、升级标识等信息到配置文件，组成一个完整的 ZIP 格式压缩包，并选择升级车辆范围、升级时间，完成升级软件在云端的部署。

（2）远程下载

在升级任务有效的时间段内，每次车辆上电会与云端建立连接，云端对车辆内部所有控制器软件版本进行收集，与云端的控制器软件版本相比较，若存在新版本，云端会将升级软件下发到车端，文件传输使用 HTTPS 协议保证文件的安全性。整个下载过程支持断点续传。

（3）用户通知和确认

云端和车端建立连接之后，云端会实时监控车辆状态，确认用户在使用车辆后，将更新信息推送到 IVI 的 HMI（带有免责声明、安装条件、注意事项）。如果用户没有更新，下次车辆上电后会继续通知升级信息。

（4）本地刷写

将升级文件下载到本地后，车辆会判断其条件是否满足升级要求，若满足，车辆就会对升级文件对应的控制器进行升级。网关和 IVI 使用自动升级方式进行升级，网关下各路 ECU 由网关作为诊断仪进行刷写。

3. OTA 车辆条件和重刷策略

（1）车辆条件

升级文件下载完后立即进入升级的场景中，车辆升级之前会对车辆条件进行判断，升级过程中车辆需满足的条件如表 7-7 所列，网关采集表 7-7 中信号并进行判断，若某一条件不满足，则 HMI 会弹出界面提示用户手动操作以满足升级条件。在预约升级的场景中，T-Box 支持定时唤醒功能，在指定的预约时间 T-Box 唤醒自己并判断车辆条件满足后，启动升级流程，对需要升级的控制器进行升级。对于动力系统不具备在 IG OFF 状态下被唤醒刷写升级能力的，需要 T-Box 唤醒 BCM 给整车上电，在 IG ON 状态下完成刷写升级。升级过程中 BCM 还需要禁止车内大功率用电负荷（空调、前照灯等）工作，避免蓄电池电量消耗过多。

表 7-7　升级条件

编号	升级条件判断项	升级条件	信号来源	备注
1	IG ON/OFF（KL30/KL15）	IG ON	T-Box	
2	车速	0	网关	
3	发动机转速	0	网关	
4	驻车制动	夹紧	网关	

续表

编号	升级条件判断项	升级条件	信号来源	备注
5	挡位	P挡	网关	
6	蓄电池电压	>升级所需最低电压（需标定）	网关	云端下发最低电压值
7	蓄电池电量	>升级所需最低电量（需标定）	网关	云端下发最低电量值
8	CAN节点	无丢失	网关	

（2）回滚重刷策略

在车辆升级过程中，如出现车辆电池电压极低、CAN总线不稳定的意外情况，升级的控制器要支持回滚，使控制器软件能够回滚到上一版本或者初始版本，保证车辆正常运行。对于带有Linux、QNX和Andriod等智能操作系统的控制器，其系统设计为A/B双系统，双系统交替升级。当A系统处于升级过程中时，B系统正常工作，如果A系统升级成功，控制器重启进入A系统，则下次升级时A系统正常工作，B系统进行升级；而如果A系统升级失败，控制器重启仍然进入B系统，并尝试再次对A系统进行升级更新。带有RTOS传统实时操作系统的控制器为网关下属CAN节点ECU，网关作为诊断仪对其进行刷写升级。升级失败后网关会调用网关Flash中存储的控制器软件的上一版本再次进行刷写，若再次刷写失败，且控制器程序区已被擦除，控制器功能丧失，则控制器内部存储的初始版本应用程序将会启动，保证控制器的基本功能。

附录 A

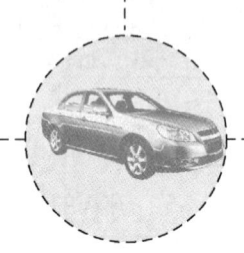

2003 款宝来 1.8L 舒适系统电路

舒适系统
- 车外后视镜（可加热并调节）
- 防盗报警装置
- 前后玻璃升降器
- 行李箱盖开启装置
- 车内灯
- 行李箱照明
- 滑动车顶
- 中央门锁（有遥控功能）

自2002年1月起

继电器及熔丝、多孔插头布置见"安装位置"

继电器盘上面的13孔附加继电器支架上的继电器位置

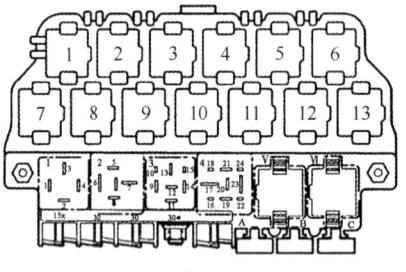

熔丝颜色

30A-绿色
25A-白色
20A-黄色
15A-蓝色
10A-红色
7.5A-棕色
5A-米色
3A-紫色

附录 A 2003 款宝来 1.8L 舒适系统电路

驾驶员车门控制单元，驾驶员车门玻璃升降开关，车内锁开关，玻璃升降器开关，后车门玻璃升降器联锁开关

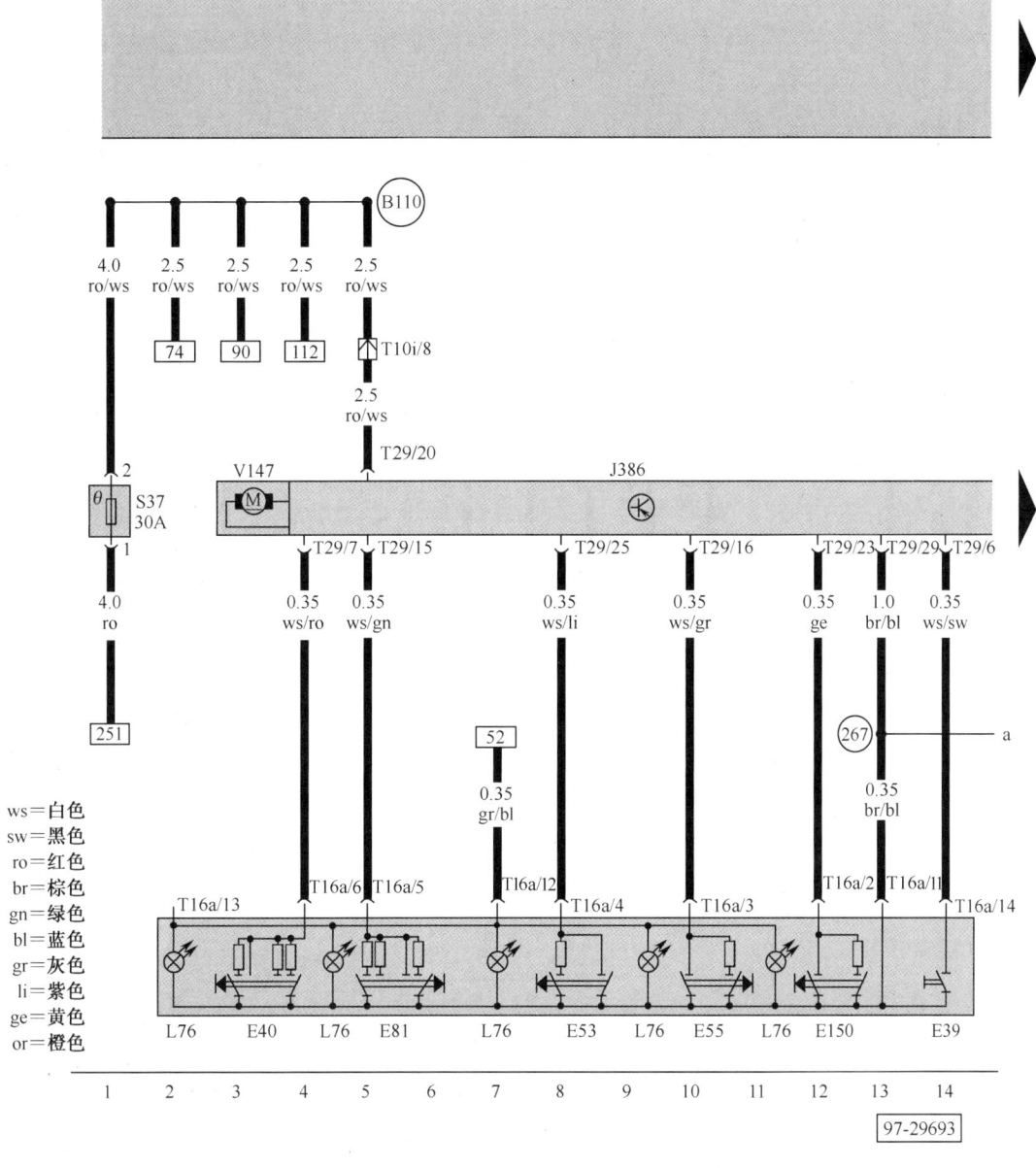

ws＝白色
sw＝黑色
ro＝红色
br＝棕色
gn＝绿色
bl＝蓝色
gr＝灰色
li＝紫色
ge＝黄色
or＝橙色

E39—后车门玻璃升降器联锁开关
E40—左前玻璃升降开关
E53—左后玻璃升降开关，驾驶员
E55—右后玻璃升降开关，驾驶员
E81—右前玻璃升降开关，驾驶员
E150—车内锁开关，驾驶员一侧
J386—驾驶员车门控制单元
L76—开关照明
S37—玻璃升降器熔丝，在附加继电器支架上

T10i—插头，10孔，黑色，左侧A柱分线器
T16a—插头，16孔
T29—插头，29孔
V147—玻璃升降器电动机，驾驶员一侧
(267)—接地连接-2-，在驾驶员车门线束内
(B110)—连接（30，玻璃升降器）在车内线束内

驾驶员车门控制单元，驾驶员一侧中央门锁，中央门锁指示灯，左车门警报灯

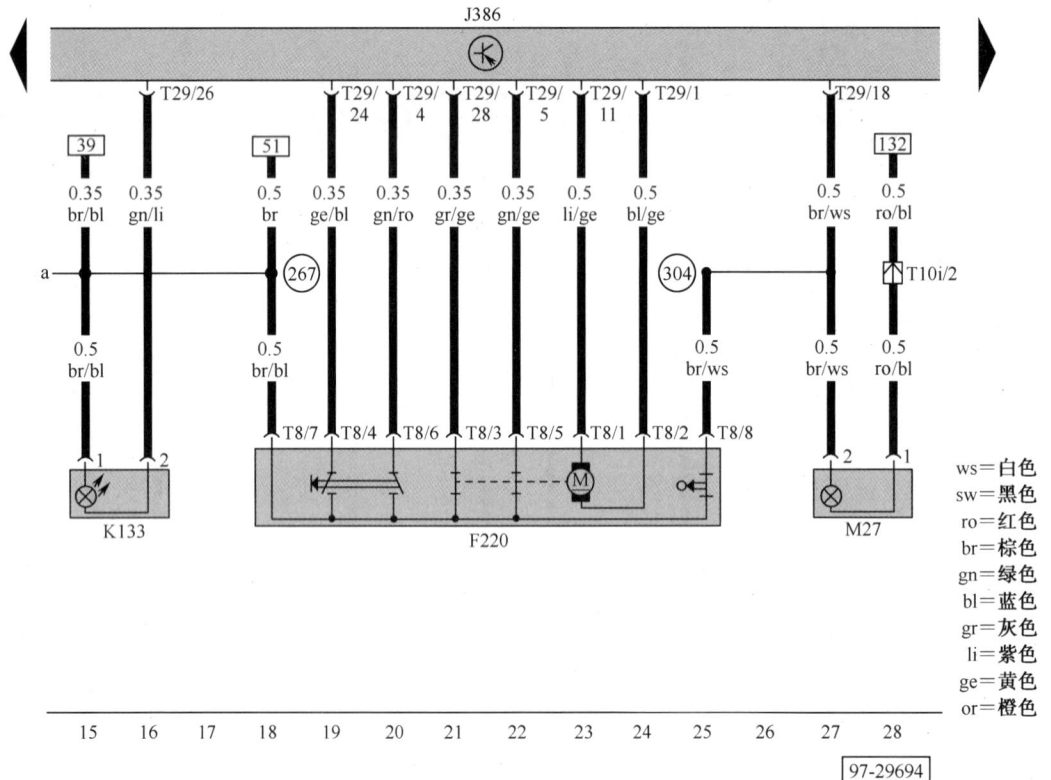

ws＝白色
sw＝黑色
ro＝红色
br＝棕色
gn＝绿色
bl＝蓝色
gr＝灰色
li＝紫色
ge＝黄色
or＝橙色

F220—驾驶员一侧中央门锁
J386—驾驶员车门控制单元
K133—中央门锁指示灯
M27—左车门警报灯
T8—插头，8孔
T29—插头，29孔
T10i—插头，10孔，黑色，左侧A柱分线器
(267)—接地连接-2-，在驾驶员车门线束内
(304)—接地连接-3-，在驾驶员车门线束内

附录 A　2003 款宝来 1.8L 舒适系统电路

驾驶员车门控制单元，后视镜调节开关，车外后视镜加热开关，后视镜折起开关

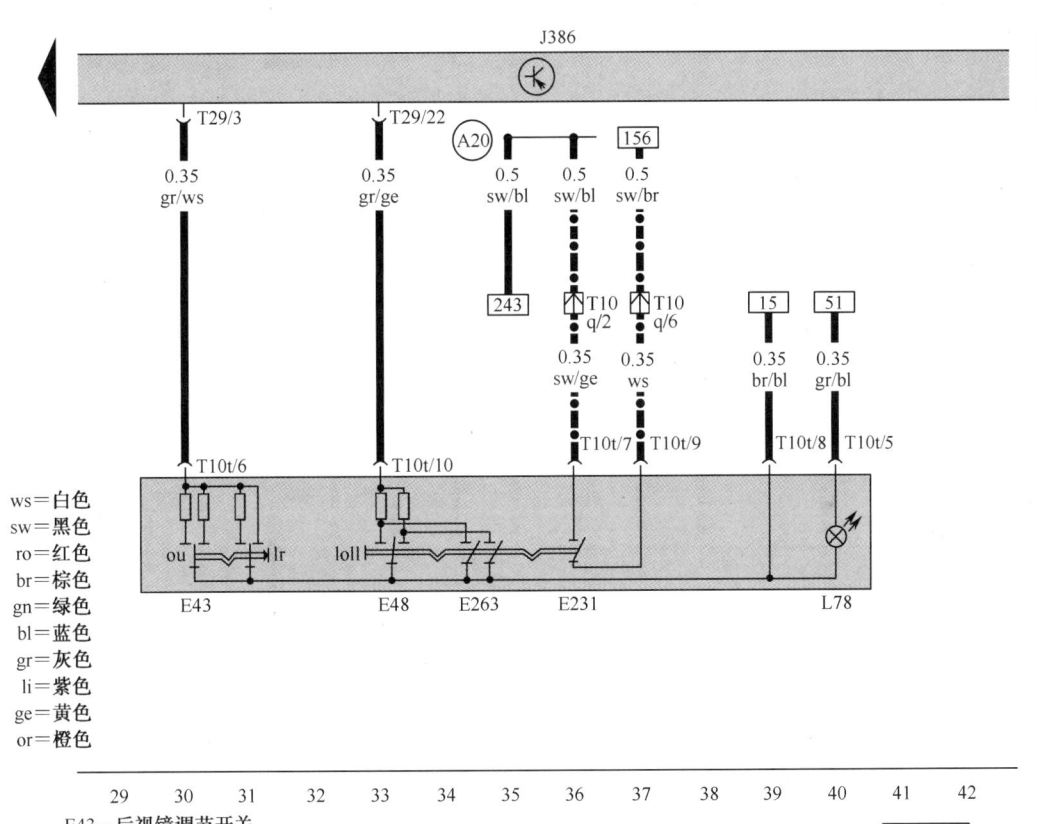

ws＝白色
sw＝黑色
ro＝红色
br＝棕色
gn＝绿色
bl＝蓝色
gr＝灰色
li＝紫色
ge＝黄色
or＝橙色

E43—后视镜调节开关
E48—后视镜调节转换开关
E231—车外后视镜加热开关
E263—后视镜折起开关
J386—驾驶员车门控制单元
L78—后视镜调节开关照明
T10q—插头，10孔，蓝色，左侧A柱分线器
T10t—插头，10孔
T29—插头，29孔
(A20)—连接（15a），在仪表板线束内
■●■—仅指有单独后视镜加热装置的车

173

驾驶员车门控制单元，驾驶员车门外后视镜（电动调节）

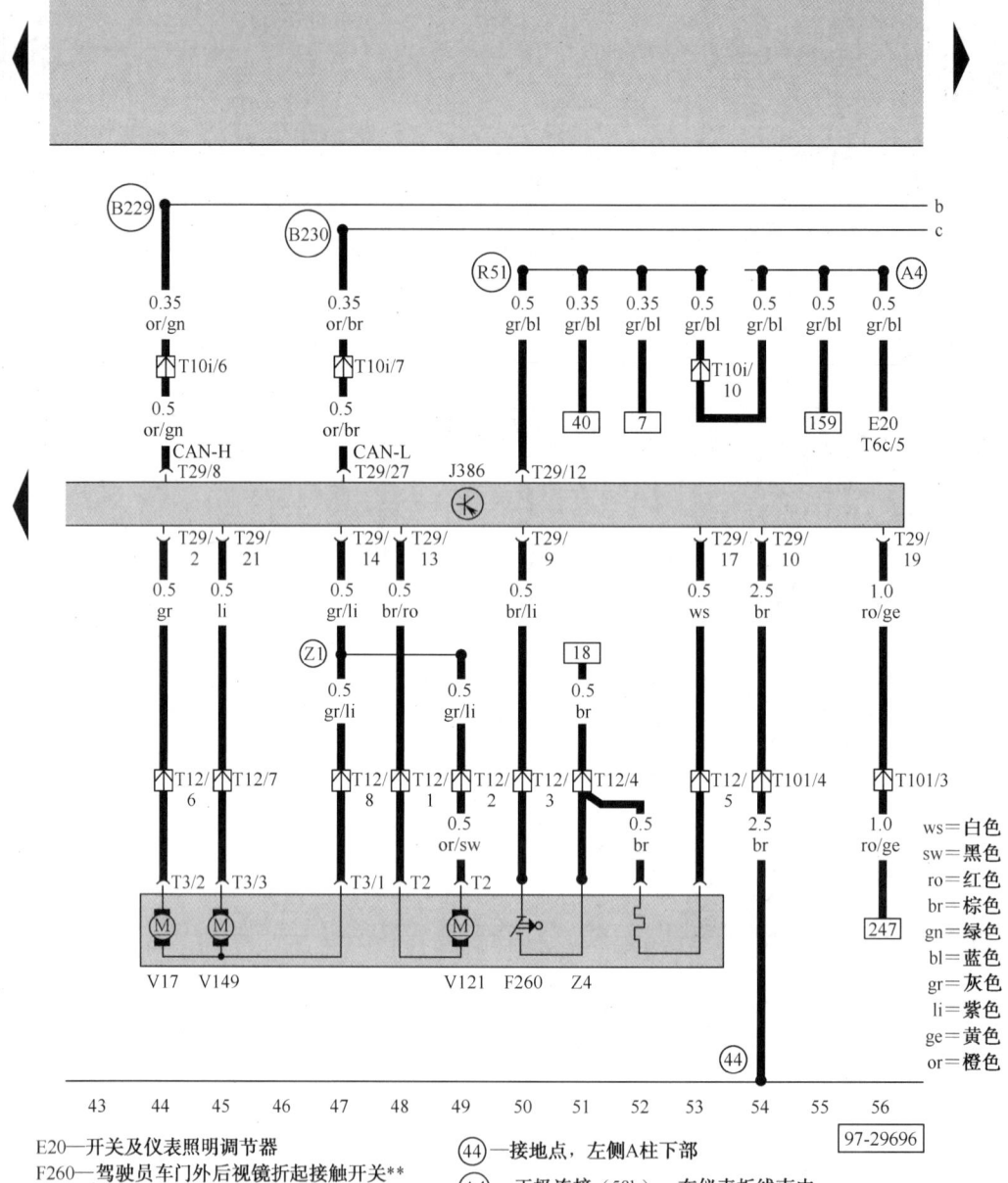

ws＝白色
sw＝黑色
ro＝红色
br＝棕色
gn＝绿色
bl＝蓝色
gr＝灰色
li＝紫色
ge＝黄色
or＝橙色

E20—开关及仪表照明调节器
F260—驾驶员车门外后视镜折起接触开关**
J386—驾驶员车门控制单元
T2—插头，2孔
T3—插头，3孔
T6c—插头，6孔
T10i—插头，10孔，黑色，左侧A柱分线器
T12—插头，12孔，在驾驶员车门内
T29—插头，29孔
V17—后视镜调节电动机（驾驶员一侧）
V121—后视镜折起电动机（副驾驶员一侧）**
V149—后视镜调节电动机（驾驶员一侧）
Z4—加热式外后视镜（驾驶员一侧）

(44)—接地点，左侧A柱下部
(A4)—正极连接（58b），在仪表板线束内
(B229)—连接（High-Bus），在车内线束内
(B230)—连接（Low-Bus），在车内线束内
(R51)—连接（58b），在车内线束内（驾驶员一侧）
(Z1)—连接-1-，在后视镜调节及加热线束内
**—后视镜折起功能只在某些进口车上才有

附录Ⓐ **2003 款宝来 1.8L 舒适系统电路**

副驾驶员车门控制单元，副驾驶员车门玻璃升降开关，副驾驶员一侧中央门锁

ws=白色
sw=黑色
ro=红色
br=棕色
gn=绿色
bl=蓝色
gr=灰色
li=紫色
ge=黄色
or=橙色

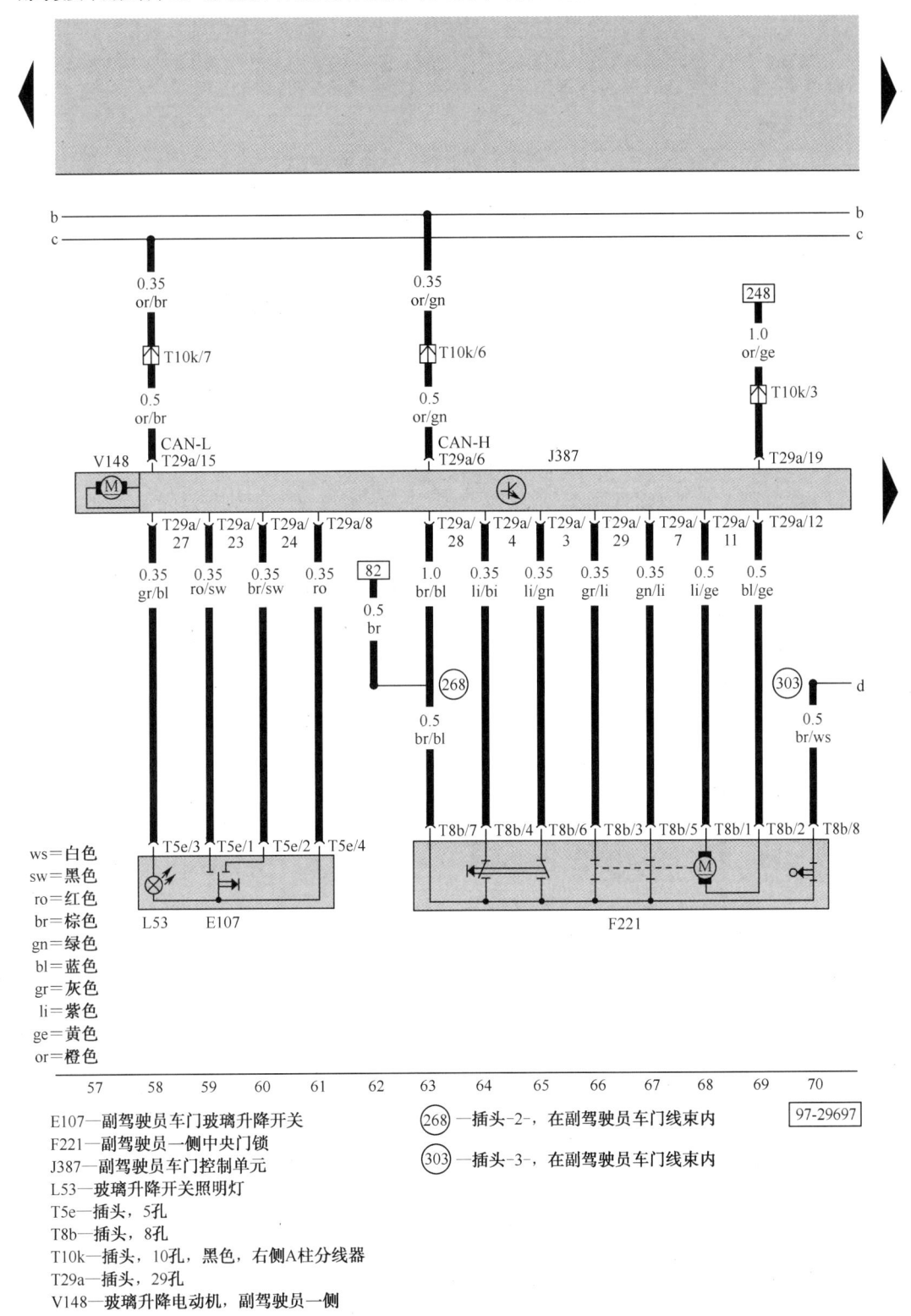

E107—副驾驶员车门玻璃升降开关
F221—副驾驶员一侧中央门锁
J387—副驾驶员车门控制单元
L53—玻璃升降开关照明灯
T5e—插头，5孔
T8b—插头，8孔
T10k—插头，10孔，黑色，右侧A柱分线器
T29a—插头，29孔
V148—玻璃升降电动机，副驾驶员一侧

(268)—插头-2-，在副驾驶员车门线束内
(303)—插头-3-，在副驾驶员车门线束内

97-29697

副驾驶员车门控制单元，副驾驶员车门外后视镜（电动调节），右车门警报灯

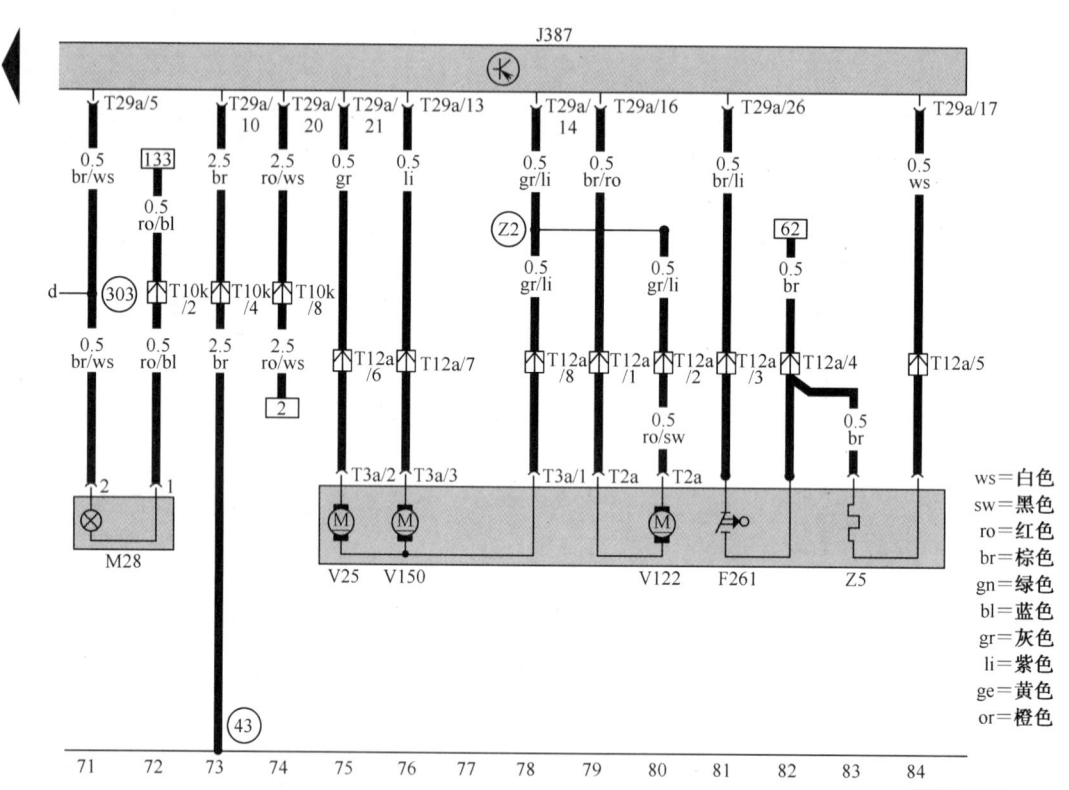

F261—副驾驶员车门外后视镜折起接触开关**
J387—副驾驶员车门控制单元
M28—右车门警报灯
T2a—插头，2孔
T3a—插头，3孔
T10k—插头，10孔，黑色，右侧A柱分线器
T12a—插头，12孔，在副驾驶员车门内
T29a—插头，29孔
V25—后视镜调节电动机（副驾驶员一侧）
V122—后视镜折起电动机（副驾驶员一侧）

V150—后视镜调节电动机（副驾驶员一侧）
Z5—加热式外后视镜（副驾驶员一侧）

(43)—接地点，在右侧A柱下部
(303)—接地连接-3-，在副驾驶员车门线束内
(Z2)—连接-2-，在后视镜调节线束内

**—仅用于进口车的可折起式后视镜

ws＝白色
sw＝黑色
ro＝红色
br＝棕色
gn＝绿色
bl＝蓝色
gr＝灰色
li＝紫色
ge＝黄色
or＝橙色

97-29698

附录 A 2003 款宝来 1.8L 舒适系统电路

左后车门控制单元，左后车门玻璃升降开关，左后车门中央门锁

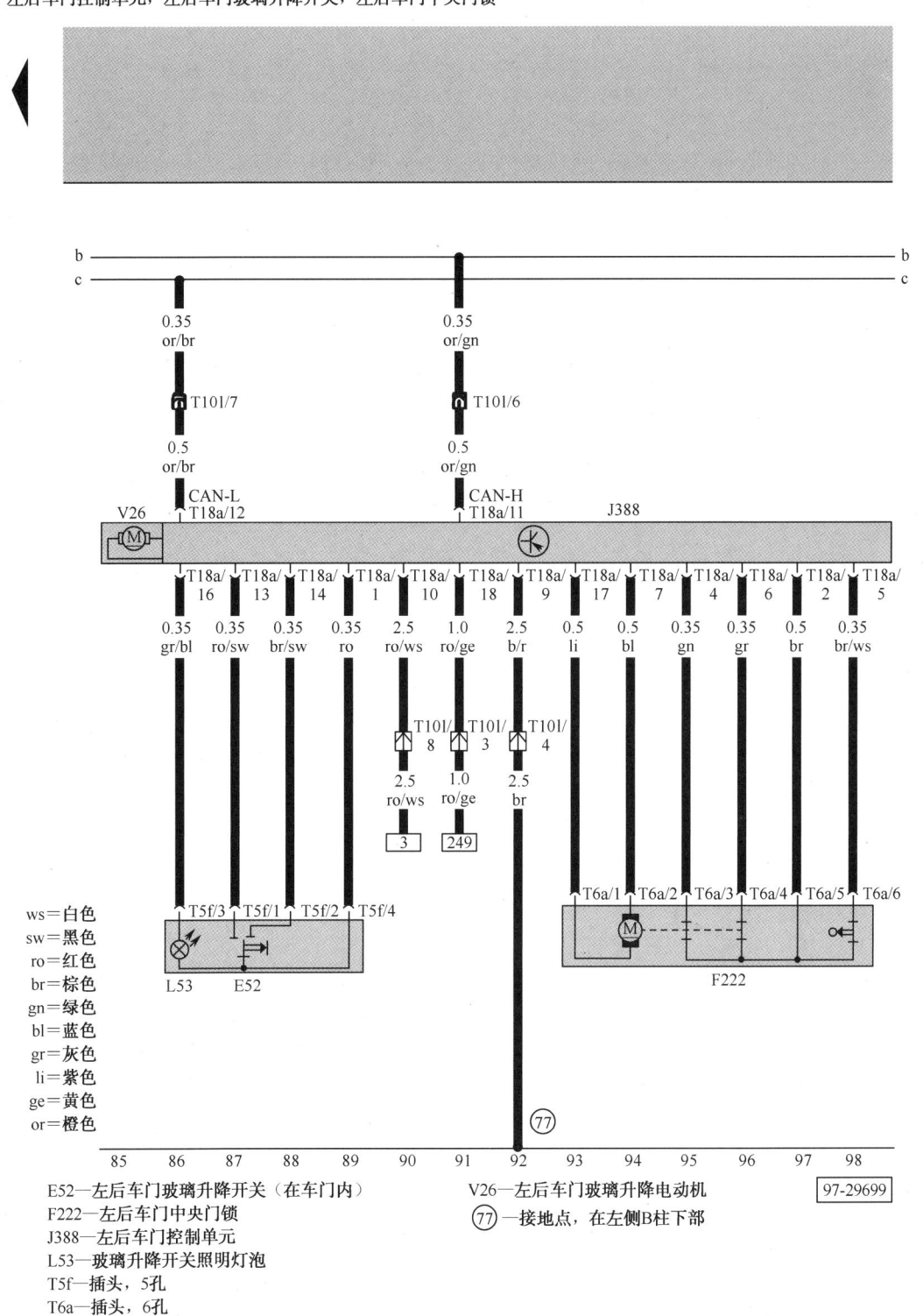

ws=白色
sw=黑色
ro=红色
br=棕色
gn=绿色
bl=蓝色
gr=灰色
li=紫色
ge=黄色
or=橙色

E52—左后车门玻璃升降开关（在车门内）
F222—左后车门中央门锁
J388—左后车门控制单元
L53—玻璃升降开关照明灯泡
T5f—插头，5孔
T6a—插头，6孔
T101—插头，10孔，黑色，左侧B柱分线器
T18a—插头，18孔

V26—左后车门玻璃升降电动机
(77)—接地点，在左侧B柱下部

97-29699

177

右后车门控制单元，右后车门玻璃升降开关，右后车门中央门锁

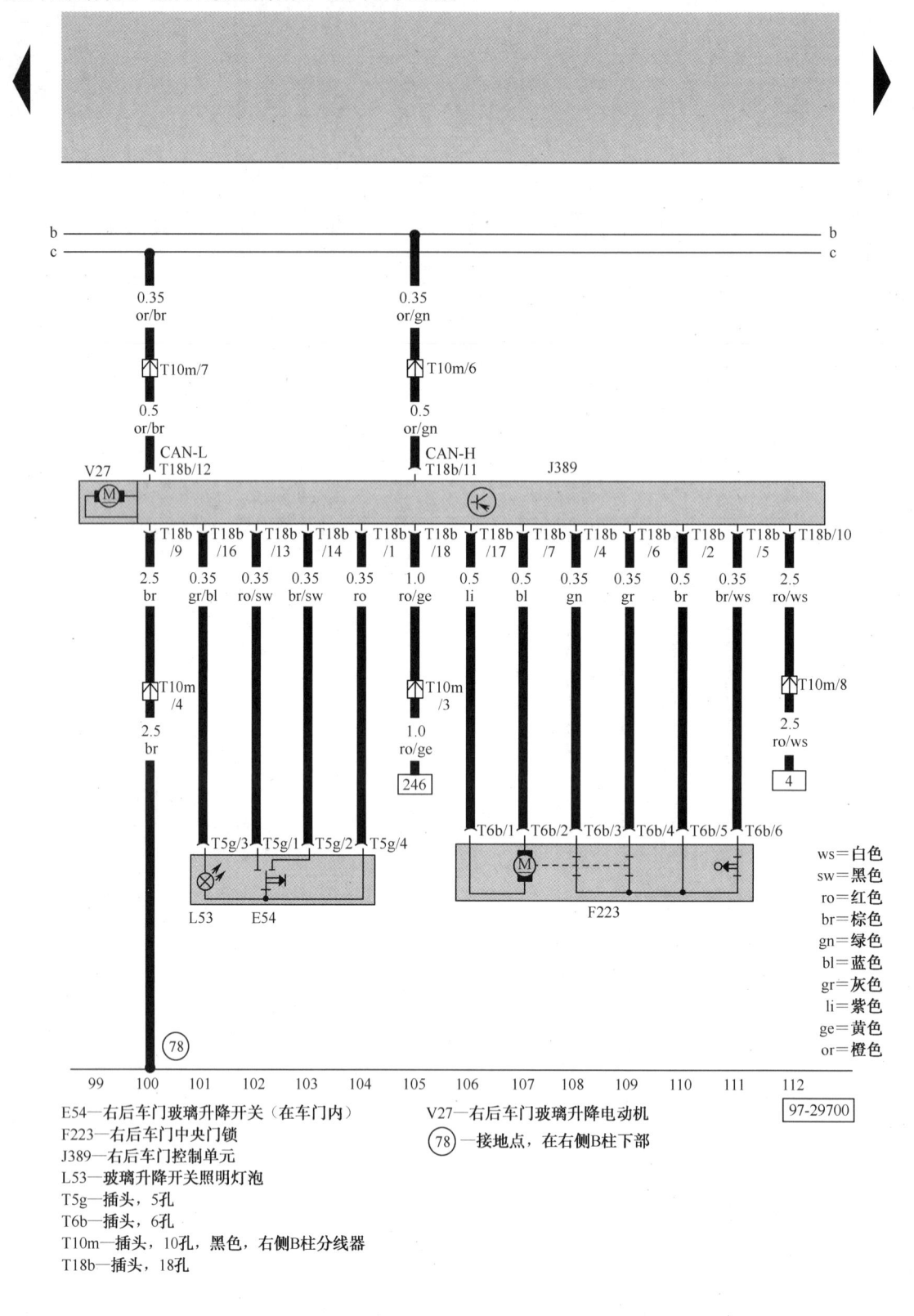

E54—右后车门玻璃升降开关（在车门内）
F223—右后车门中央门锁
J389—右后车门控制单元
L53—玻璃升降开关照明灯泡
T5g—插头，5孔
T6b—插头，6孔
T10m—插头，10孔，黑色，右侧B柱分线器
T18b—插头，18孔

V27—右后车门玻璃升降电动机
⑦⑧—接地点，在右侧B柱下部

ws=白色
sw=黑色
ro=红色
br=棕色
gn=绿色
bl=蓝色
gr=灰色
li=紫色
ge=黄色
or=橙色

97-29700

附录 A 2003 款宝来 1.8L 舒适系统电路

前部车内灯，前、后阅读灯，驾驶员及副驾驶员化妆镜（有照明）

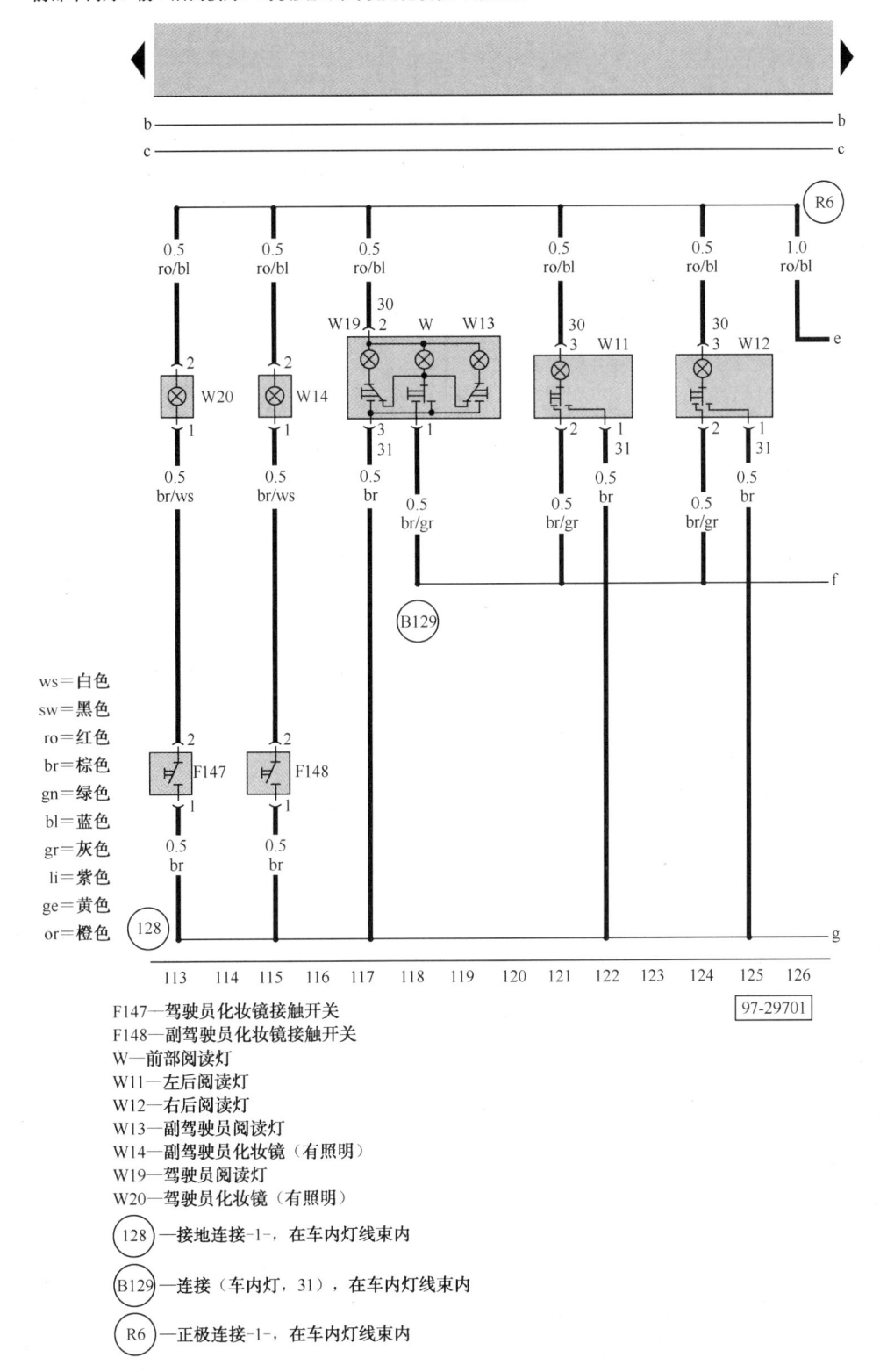

ws＝白色
sw＝黑色
ro＝红色
br＝棕色
gn＝绿色
bl＝蓝色
gr＝灰色
li＝紫色
ge＝黄色
or＝橙色

F147—驾驶员化妆镜接触开关
F148—副驾驶员化妆镜接触开关
W—前部阅读灯
W11—左后阅读灯
W12—右后阅读灯
W13—副驾驶员阅读灯
W14—副驾驶员化妆镜（有照明）
W19—驾驶员阅读灯
W20—驾驶员化妆镜（有照明）

(128)—接地连接-1-，在车内灯线束内

(B129)—连接（车内灯，31），在车内灯线束内

(R6)—正极连接-1-，在车内灯线束内

179

舒适系统中央控制单元

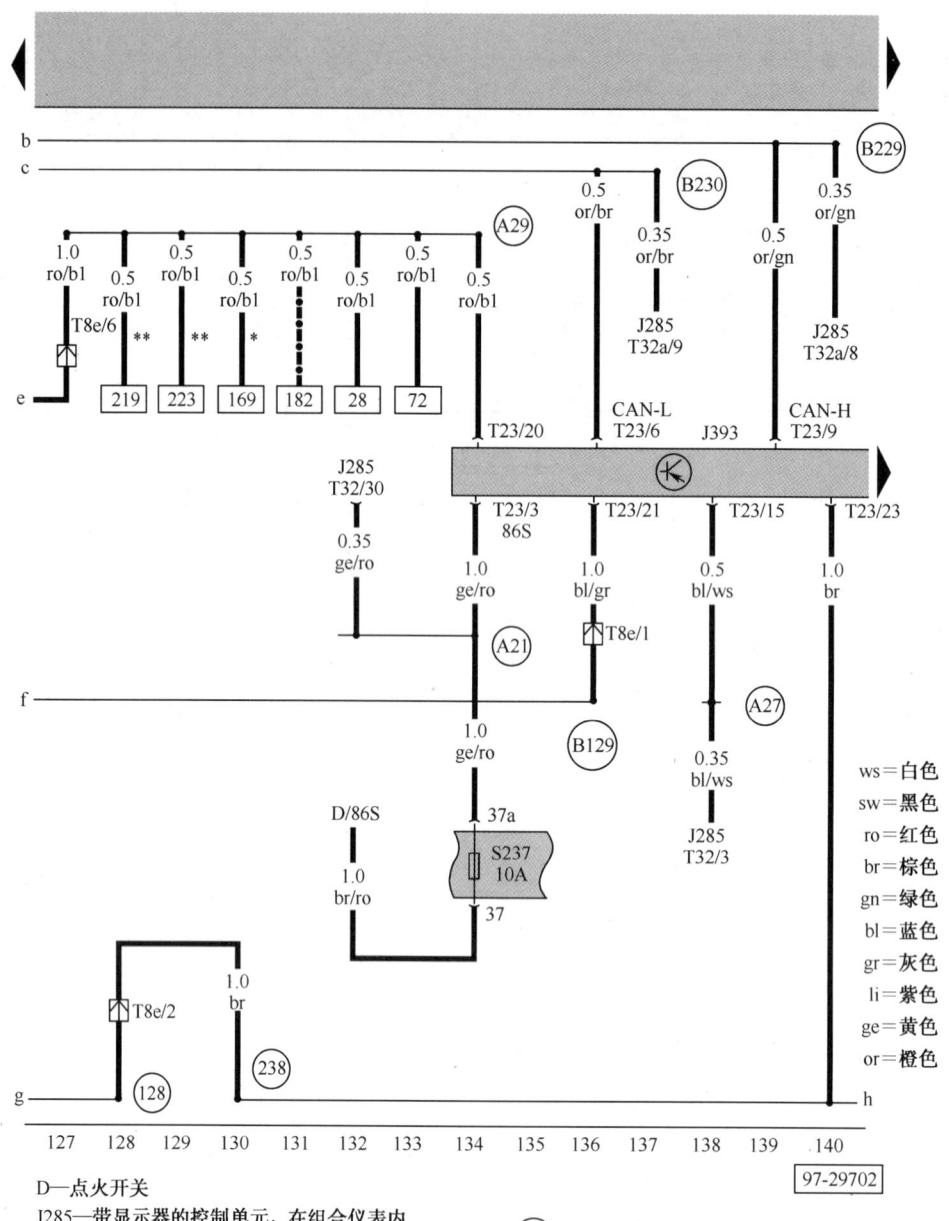

D—点火开关
J285—带显示器的控制单元，在组合仪表内
J393—舒适系统中央控制单元，在仪表板左后部
S237—熔丝支架上37号熔丝
T8e—插头，8孔，在仪表板左后部
T23—插头，23孔
T32—插头，32孔，蓝色
T32a—插头，32孔，绿色

(128)—接地连接-1-，在车内灯线束内
(238)—接地连接-1-，在车内灯线束内
(A21)—连接（86S），在仪表板线束内

(A27)—连接（车速信号），在仪表板线束内
(A29)—连接（车内灯），在仪表板线束内
(B129)—连接（车内灯，31），在车内线束内
(B229)—连接（High-Bus），在车内线束内
(B230)—连接（Low-Bus），在车内线束内

*—仅指Bora车
**—仅指Golf Variant/Bora Variant车
■●■—仅指Golf车

ws=白色
sw=黑色
ro=红色
br=棕色
gn=绿色
bl=蓝色
gr=灰色
li=紫色
ge=黄色
or=橙色

97-29702

附录 A 2003 款宝来 1.8L 舒适系统电路

舒适系统中央控制单元，滑动车顶控制单元，滑动车顶调节器

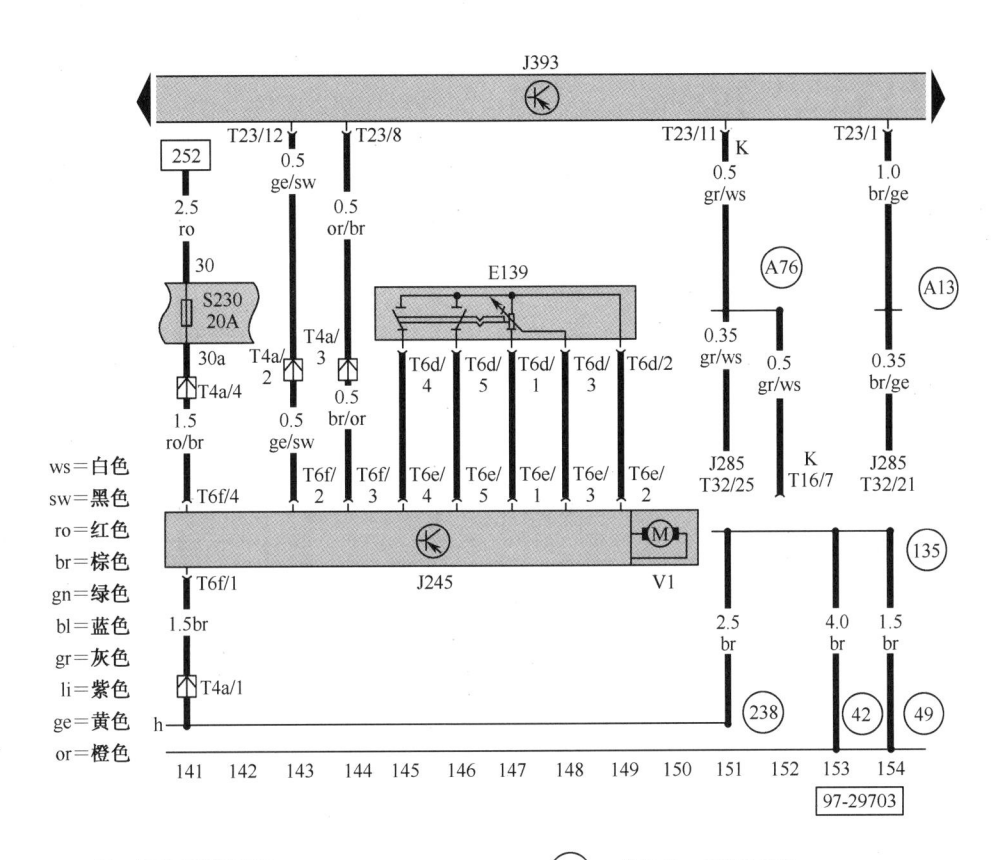

ws＝白色
sw＝黑色
ro＝红色
br＝棕色
gn＝绿色
bl＝蓝色
gr＝灰色
li＝紫色
ge＝黄色
or＝橙色

E139—滑动车顶调节器
J245—滑动车顶控制单元
J285—带显示器的控制单元，在组合仪表内
J393—舒适系统中央控制单元，在仪表板左后部
S230—熔丝支架上30号熔丝
T4a—插头，4孔，在仪表板左侧
T6d—插头，6孔
T6e—插头，6孔
T6f—插头，6孔
T16—插头，16孔，在仪表板中部，自诊断接口
T23—插头，23孔
T32—插头，32孔，蓝色
V1—滑动车顶电动机

(42)—接地点，在转向柱旁
(49)—接地点，在转向柱上
(135)—接地连接-2-，在仪表板线束内
(238)—接地连接-1-，在车内线束内
(A13)—连接（车门接触开关），在车内线束内
(A76)—连接（自诊断K线），在仪表板线束内

舒适系统中央控制单元，行李箱盖中央门锁电动机，行李箱盖开启电动机

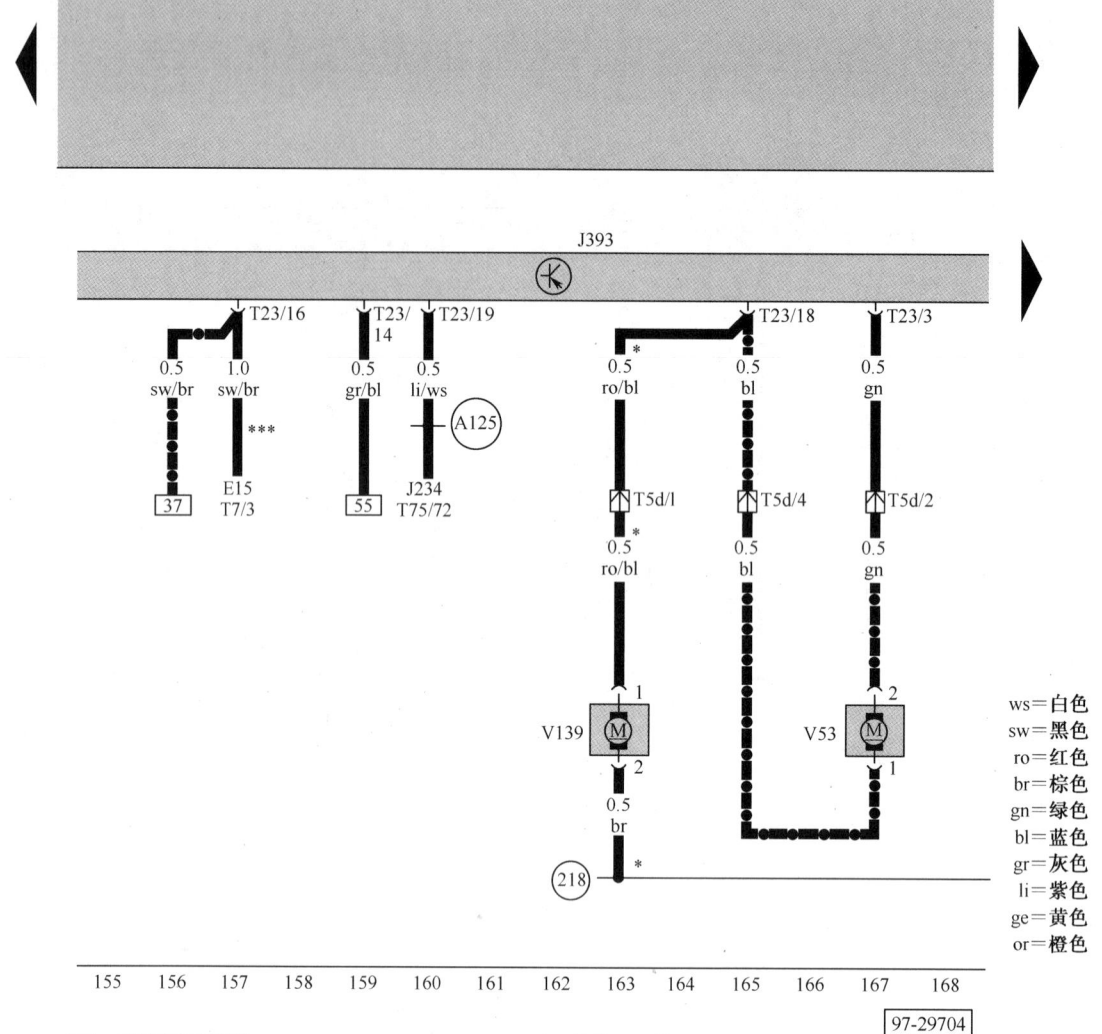

| ws＝白色 |
| sw＝黑色 |
| ro＝红色 |
| br＝棕色 |
| gn＝绿色 |
| bl＝蓝色 |
| gr＝灰色 |
| li＝紫色 |
| ge＝黄色 |
| or＝橙色 |

97-29704

E15—后风窗加热开关
J234—安全气囊控制单元
J393—舒适系统中央控制单元，在仪表板左后部
T5d—插头，5孔，棕色，左侧C柱分线器
T7—插头，7孔
T23—插头，23孔
T75—插头，75孔
V53—行李箱盖中央门锁电动机
V139—行李箱盖开启电动机*

(218)—接地连接-1-，在行李箱盖线束内

(A125)—连接（撞车信号），在仪表板线束内

*—仅指Bora车
■●■—仅指Golf车
—Variant车行李箱盖开启装置 ⇒ Nr.25/16
***—不用于有单独后视镜加热装置的车

附录 A　2003 款宝来 1.8L 舒适系统电路

舒适系统中央控制单元，行李箱照明开关（仅指Golf/Bora）

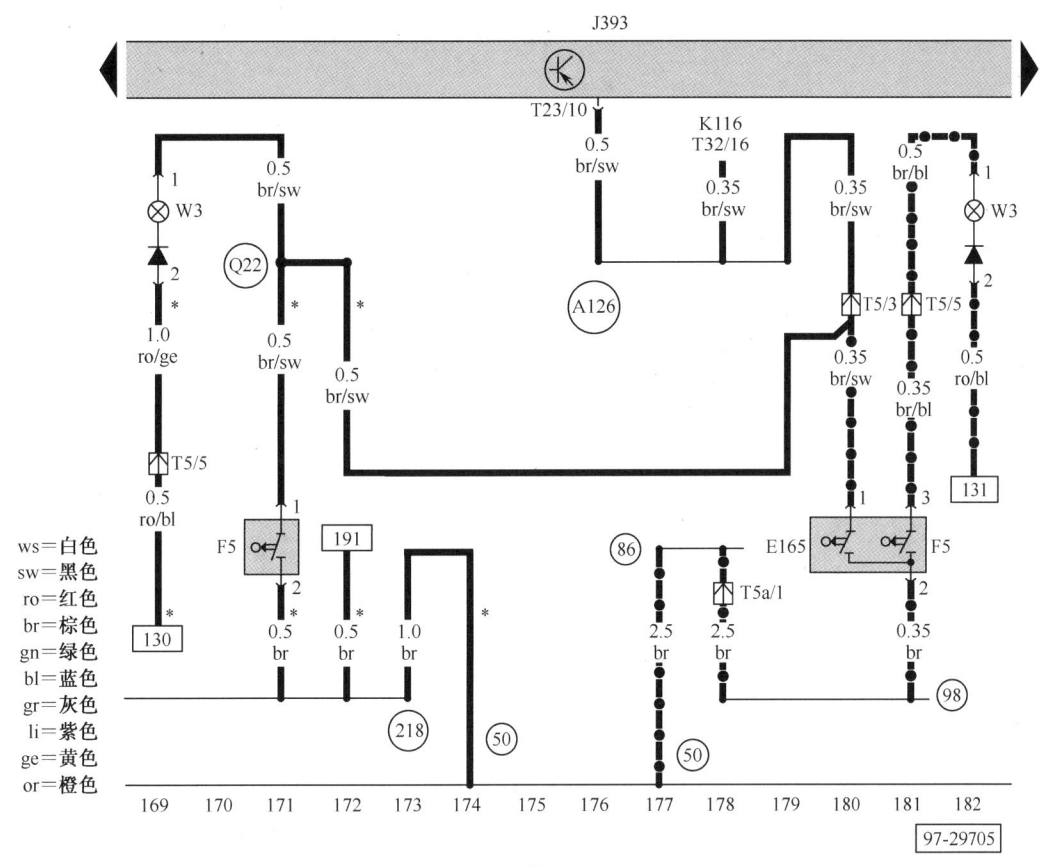

ws＝白色
sw＝黑色
ro＝红色
br＝棕色
gn＝绿色
bl＝蓝色
gr＝灰色
li＝紫色
ge＝黄色
or＝橙色

E165—行李箱盖开启开关
F5—行李箱照明开关
J393—舒适系统中央控制单元，在仪表板左后部
K116—行李箱盖打开指示灯
T5—插头，5孔，黑色，左侧C柱分线器
T5a—插头，5孔，粉色，左侧C柱分线器
T23—插头，23孔
T32—插头，32孔，蓝色
W3—行李箱灯

(50)—接地点，在行李箱左侧
(86)—接地连接-1-，在后部线束内
(98)—接地连接，在行李箱盖线束内
(218)—接地连接-1-，在行李箱盖线束内
(A126)—连接（接触开关在行李箱盖内），在仪表板线束内
(Q22)—连接-1-，在行李箱盖线束内

＊—仅指Bora车
■●■—仅指Golf车
—Variant车行李箱照明 ⇒ Nr.24/17

舒适系统中央控制单元，开启按钮（行李箱盖把手），行李箱盖开启装置锁止开关

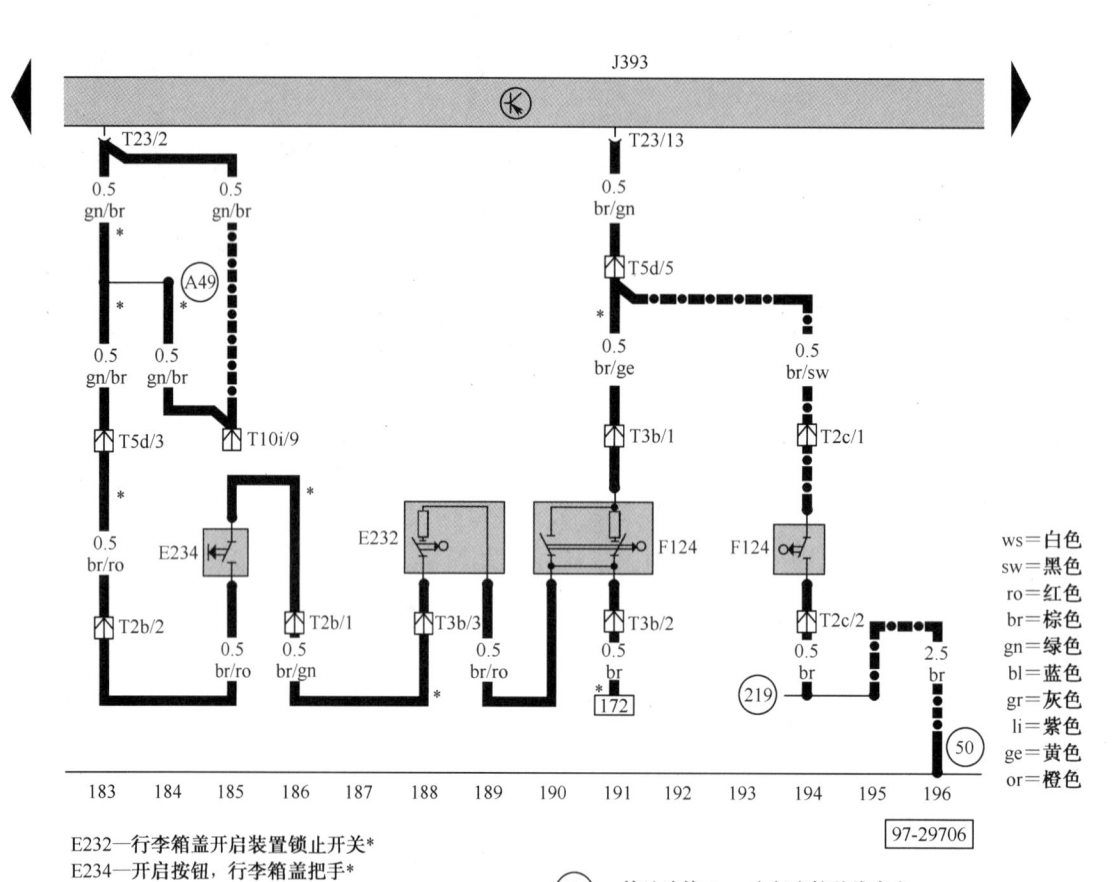

E232—行李箱盖开启装置锁止开关*
E234—开启按钮，行李箱盖把手*
F124—行李箱/防盗警报装置/中央门锁接触开关
J393—舒适系统中央控制单元，在仪表板左后部
T2b—插头，2孔，在行李箱盖内
T2c—插头，2孔，在行李箱盖内
T3b—插头，3孔，在行李箱盖内
T5d—插头，5孔，棕色，左侧C柱分线器
T10i—插头，10孔，黑色，左侧A柱分线器
T23—插头，23孔

(50)—接地点，在行李箱左侧

(219)—接地连接-2-，在行李箱盖线束内
(A49)—连接-1-，在仪表板线束内
*—仅指Bora车
■■■—仅指Golf车
—Variant车行李箱盖开启装置⇒Nr.24/16

ws＝白色
sw＝黑色
ro＝红色
br＝棕色
gn＝绿色
bl＝蓝色
gr＝灰色
li＝紫色
ge＝黄色
or＝橙色

附录 A 2003 款宝来 1.8L 舒适系统电路

舒适系统中央控制单元，行李箱盖开启电动机，开启按钮（行李箱盖把手）

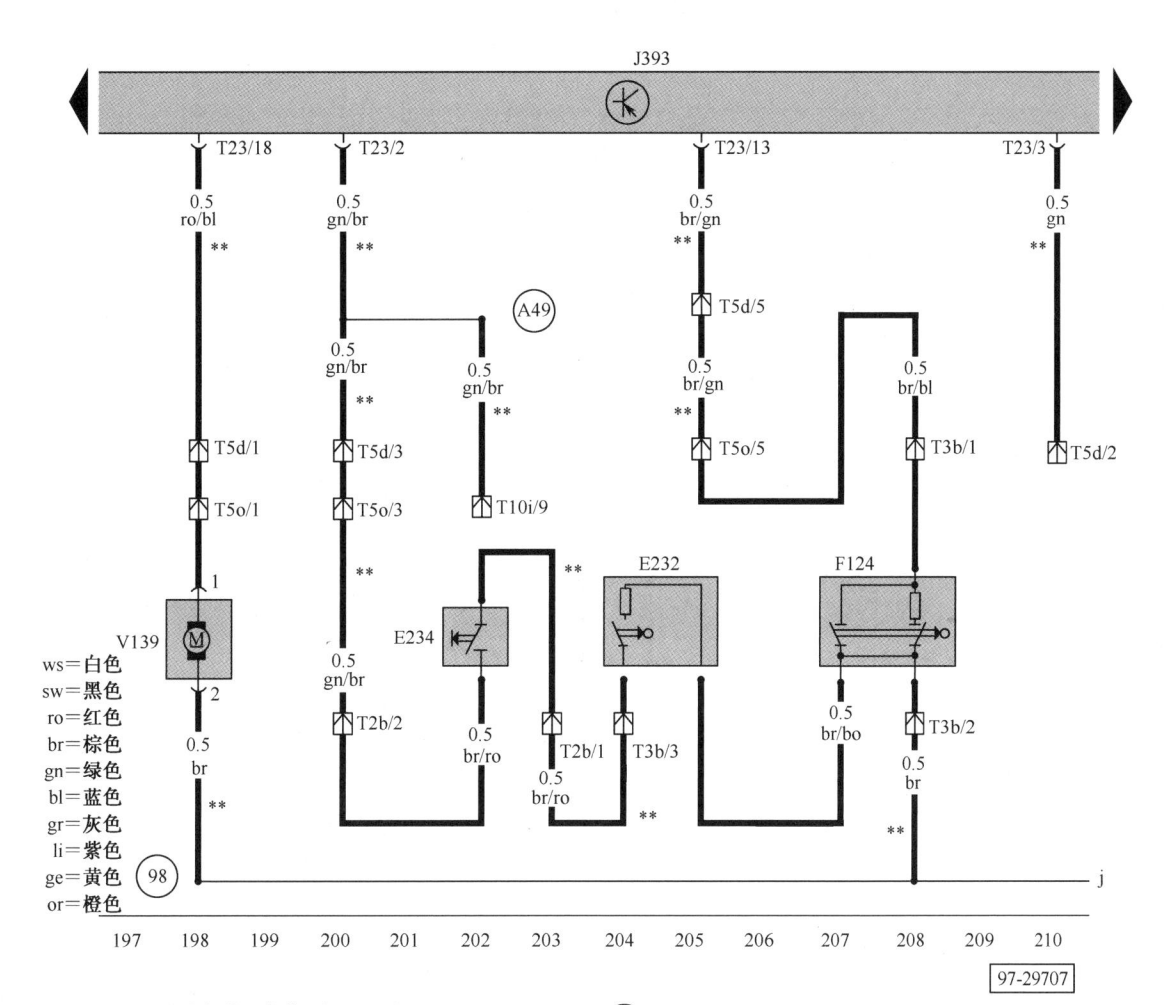

ws＝白色
sw＝黑色
ro＝红色
br＝棕色
gn＝绿色
bl＝蓝色
gr＝灰色
li＝紫色
ge＝黄色
or＝橙色

E232—行李箱盖开启装置锁止开关**
E234—开启按钮，行李箱盖把手**
F124—行李箱/防盗警报装置/中央门锁接触开关
J393—舒适系统中央控制单元，在仪表板左后部
T2b—插头，2孔，在行李箱盖内
T3b—插头，3孔，在行李箱盖内
T5d—插头，5孔，棕色，右侧D柱分线器
T5o—插头，5孔，棕色，在行李箱盖内
T10i—插头，10孔，黑色，左侧A柱分线器
T23—插头，23孔
V139—行李箱盖开启电动机

(98) —接地连接，在行李箱盖线束内

(A49) —连接-1-，在仪表板线束内

** —仅指Golf Variant/Bora Variant车
— Limousine车行李箱盖开启装置
⇒ Nr.24/13及Nr.24/15

舒适系统中央控制单元，行李箱照明开关（仅指Golf Variant/Bora Variant）

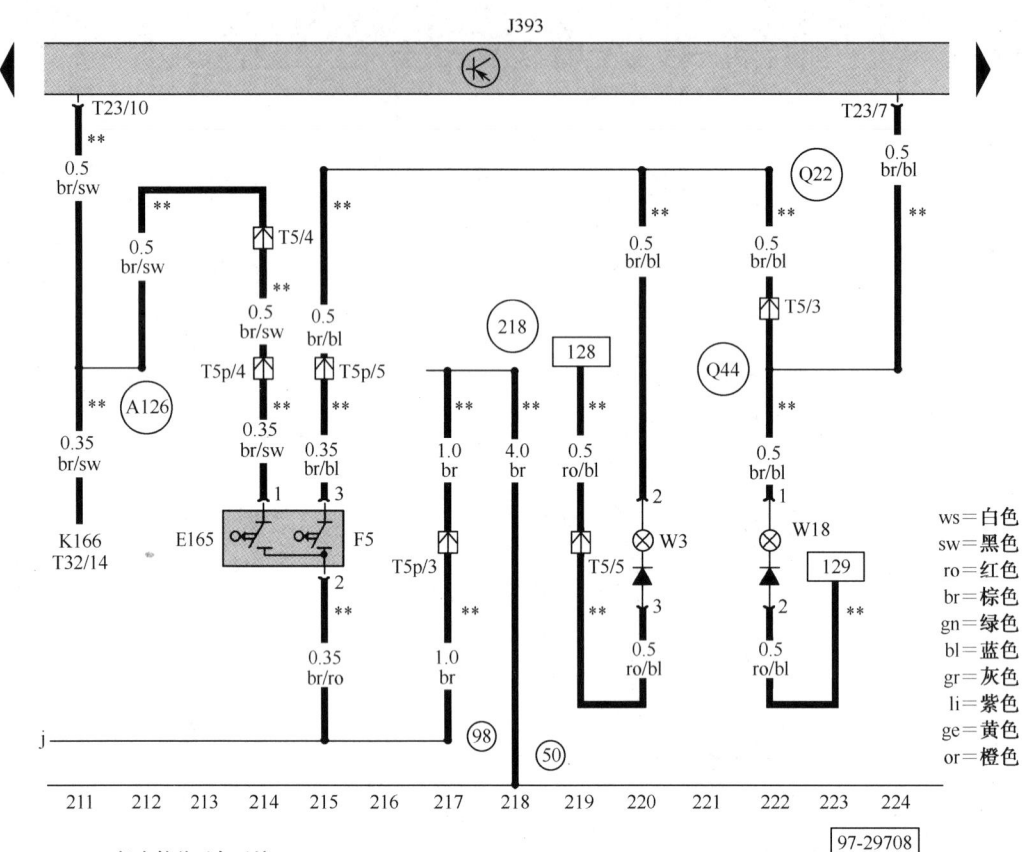

颜色代码	
ws	白色
sw	黑色
ro	红色
br	棕色
gn	绿色
bl	蓝色
gr	灰色
li	紫色
ge	黄色
or	橙色

97-29708

E165—行李箱盖开启开关
F5—行李箱照明开关
J393—舒适系统中央控制单元，在仪表板左后部
K166—行李箱盖打开指示灯
T5—插头，5孔，黑色，左侧D柱分线器
T5p—插头，5孔，黑色，在行李箱盖内
T23—插头，23孔
T32—插头，32孔，蓝色
W3—行李箱灯
W18—行李箱灯（左侧）

㊿—接地点，在行李箱左侧
⑱—接地连接，在行李箱盖线束内
⑱—接地连接-1-，在行李箱盖线束内
Ⓐ126—连接（行李箱盖内接触开关），在仪表板线束内
Q22—连接-1-，在行李箱盖线束内
Q44—连接-2-，在行李箱盖线束内

**—仅指Golf Variant/Bora Variant
—Limousine车行李箱照明
⇒ Nr.24/4

附录 A 2003 款宝来 1.8L 舒适系统电路

舒适系统中央控制单元，防盗警报喇叭，中央门锁及防盗警报天线，发动机舱盖接触开关

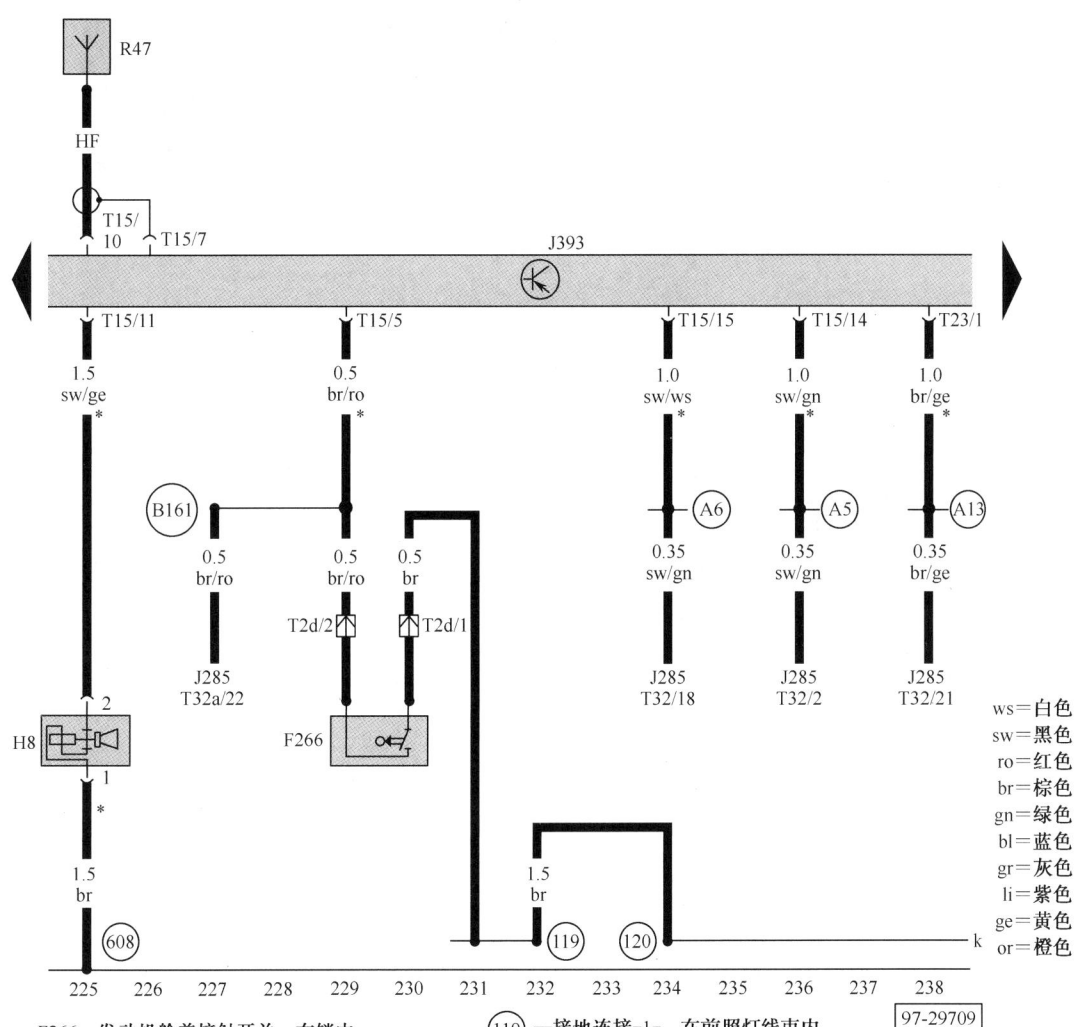

端子	线径/颜色
T15/11	1.5 sw/ge
T15/5	0.5 br/ro
T15/15	1.0 sw/ws
T15/14	1.0 sw/gn
T23/1	1.0 br/ge

ws=白色
sw=黑色
ro=红色
br=棕色
gn=绿色
bl=蓝色
gr=灰色
li=紫色
ge=黄色
or=橙色

225 226 227 228 229 230 231 232 233 234 235 236 237 238

97-29709

F266—发动机舱盖接触开关，在锁内
H8—防盗警报喇叭
J285—带显示器的控制单元，在组合仪表内
J393—舒适系统中央控制单元，在仪表板左后部
R47—中央门锁及防盗警报天线
T2d—插头，2孔，在右大灯附近
T15—插头，15孔
T23—插头，23孔
T32—插头，32孔，蓝色
T32a—插头，32孔，绿色

(119)—接地连接-1-，在前照灯线束内
(120)—接地连接-2-，在前照灯线束内
(608)—接地点，在流水槽中部
(A5)—正极连接（右转向灯），在仪表板线束内
(A6)—正极连接（左转向灯），在仪表板线束内
(A13)—连接（车门接触开关），在仪表板线束内
(B161)—连接（防盗警报装置），在车内线束内
*—仅指有防盗警报装置的车

舒适系统中央控制单元

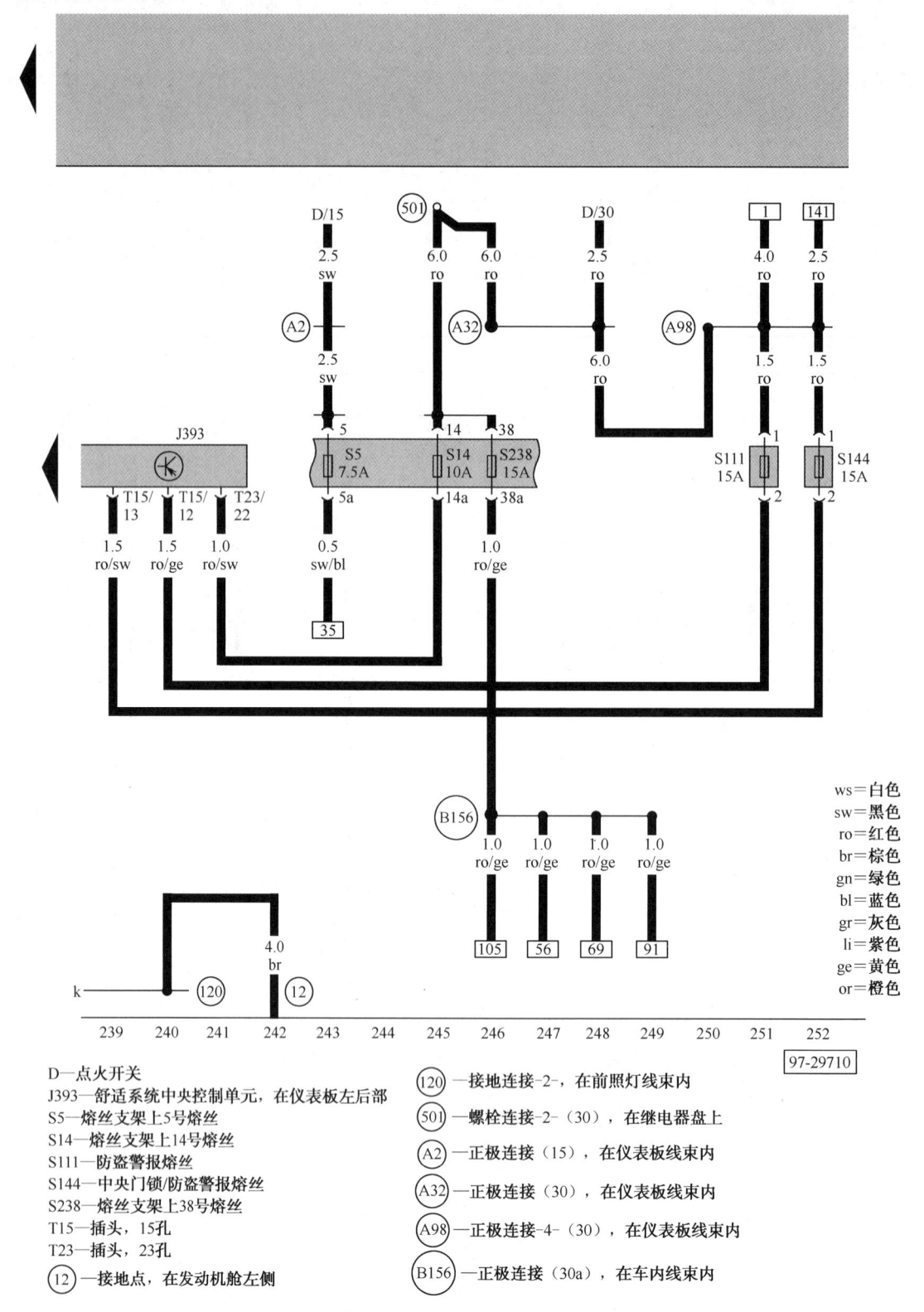

舒适系统中央控制单元

ws＝白色
sw＝黑色
ro＝红色
br＝棕色
gn＝绿色
bl＝蓝色
gr＝灰色
li＝紫色
ge＝黄色
or＝橙色

97-29710

D—点火开关
J393—舒适系统中央控制单元，在仪表板左后部
S5—熔丝支架上5号熔丝
S14—熔丝支架上14号熔丝
S111—防盗警报熔丝
S144—中央门锁/防盗警报熔丝
S238—熔丝支架上38号熔丝
T15—插头，15孔
T23—插头，23孔
(12)—接地点，在发动机舱左侧

(120)—接地连接-2-，在前照灯线束内
(501)—螺栓连接-2-（30），在继电器盘上
(A2)—正极连接（15），在仪表板线束内
(A32)—正极连接（30），在仪表板线束内
(A98)—正极连接-4-（30），在仪表板线束内
(B156)—正极连接（30a），在车内线束内

附录 B

2005款奥迪A6轿车MMI系统电路

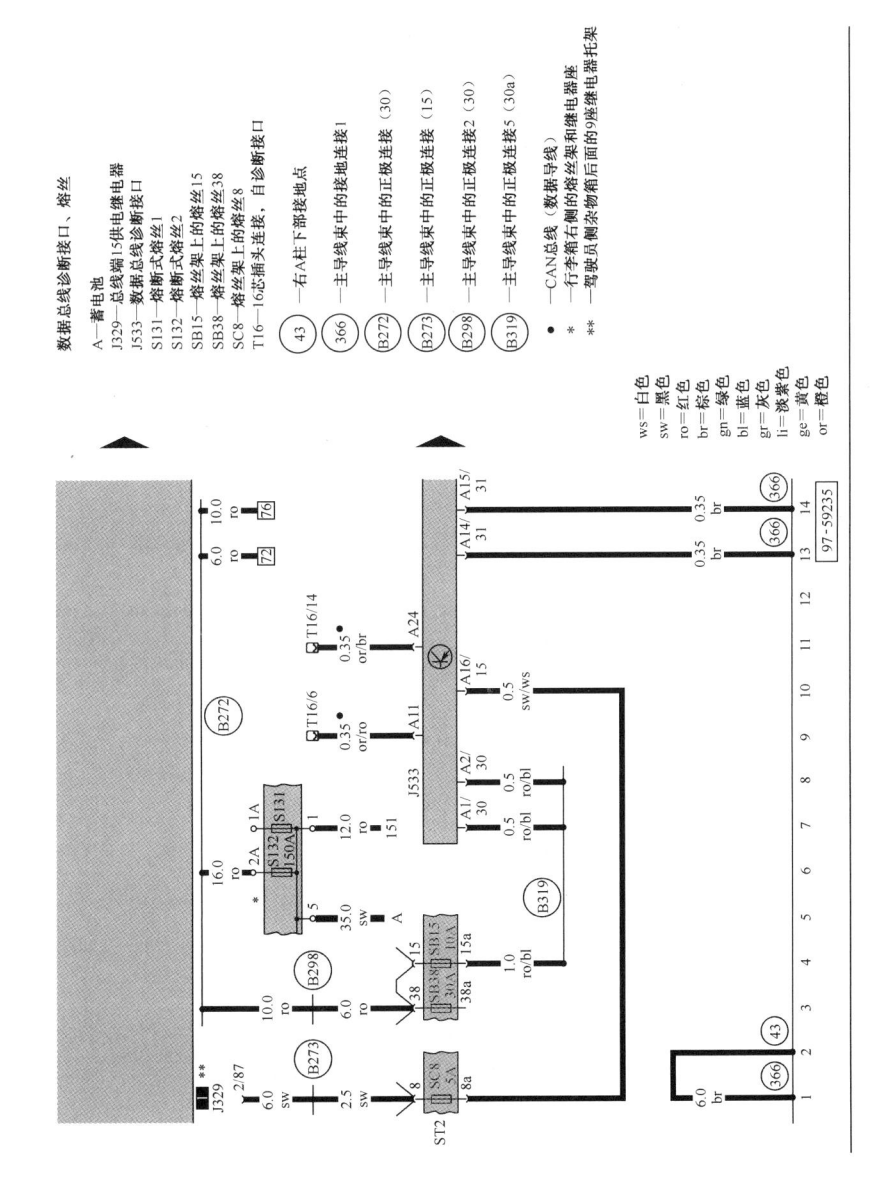

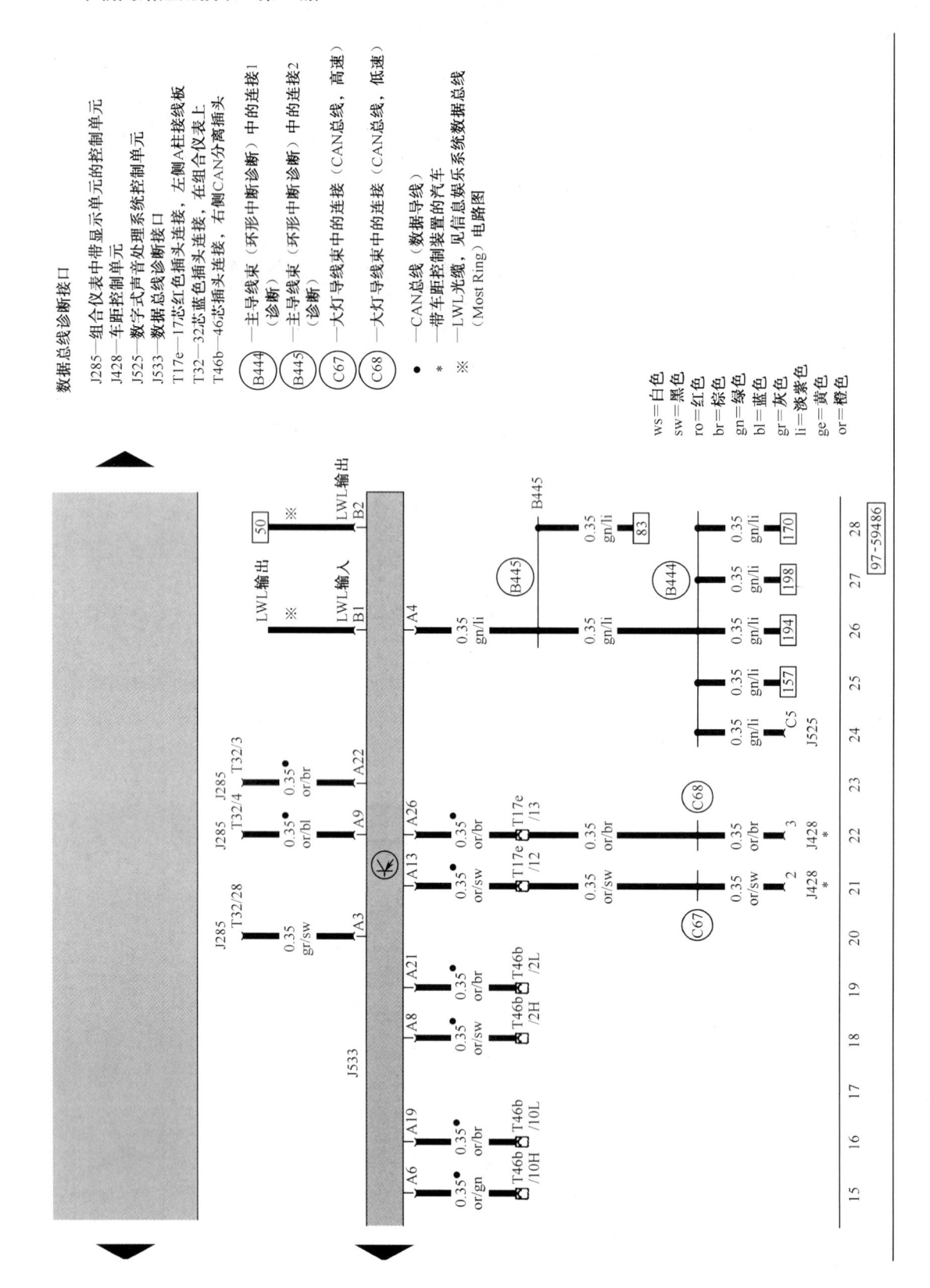

数据总线诊断接口
J285—组合仪表中带显示单元的控制单元
J428—车距控制单元
J525—数字式声音处理系统控制单元
J533—数据总线诊断接口
T17e—17芯红色插头连接，左侧A柱接线板
T32—32芯蓝色插头连接，在组合仪表上
T46b—46芯插头连接，右侧CAN分离插头
B444—主导线束（环形中断诊断）中的连接1
B445—主导线束（环形中断诊断）中的连接2
C67—大灯导线束中的连接（CAN总线，高速）
C68—大灯导线束中的连接（CAN总线，低速）
— CAN总线（数据导线）
— 带车断控制装置的汽车
※ — LWL光缆，见信息娱乐系统数据总线（Most Ring）电路图

ws=白色
sw=黑色
ro=红色
br=棕色
gn=绿色
bl=蓝色
gr=灰色
li=浓紫色
ge=黄色
or=橙色

附录 B 2005 款奥迪 A6 轿车 MMI 系统电路

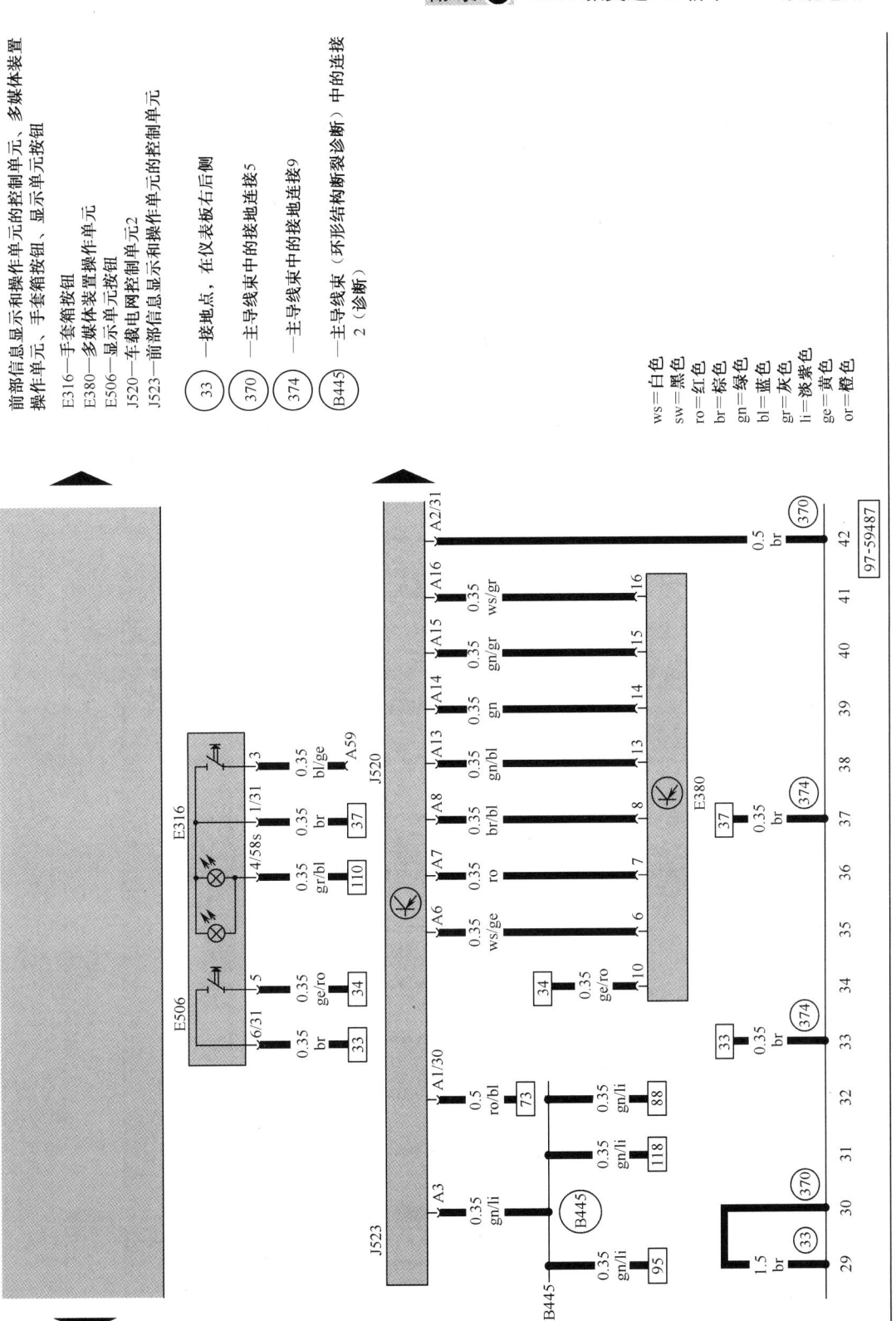

前部信息显示和操作单元的控制单元、前部信息显示和操作单元控制单元的显示单元
J523—前部信息显示和操作单元的控制单元
J685—前部信息显示和操作单元控制单元的显示单元
*—LWL光缆，见信息娱乐系统数据总线（Most Ring）电路图

ws=白色
sw=黑色
ro=红色
br=棕色
gn=绿色
bl=蓝色
gr=灰色
li=淡紫色
ge=黄色
or=橙色

97-59488

附录 **B** 2005 款奥迪 A6 轿车 MMI 系统电路

前部信息显示和操作单元的控制单元、前部信息显示和操作单元控制单元的显示单元

J523—前部信息显示和操作单元的控制单元
J685—前部信息显示和操作单元控制单元的显示单元

* —不带DVD播放器的汽车
** —带DVD播放器的汽车
*** —插头外壳上的屏蔽

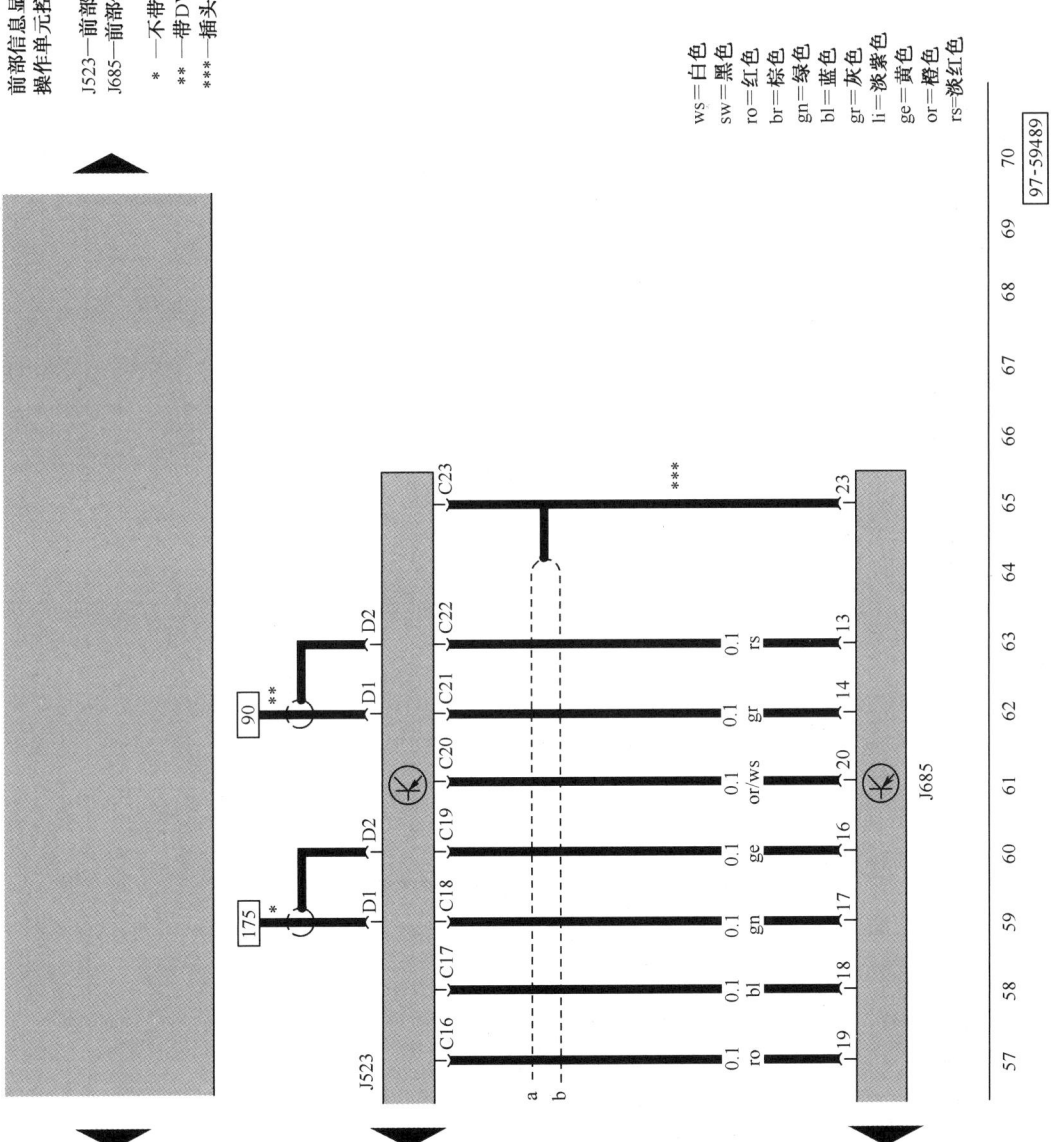

ws=白色
sw=黑色
ro=红色
br=棕色
gn=绿色
bl=蓝色
gr=灰色
li=淡紫色
ge=黄色
or=橙色
rs=淡红色

97-59489

车载网络应用技术（第4版）

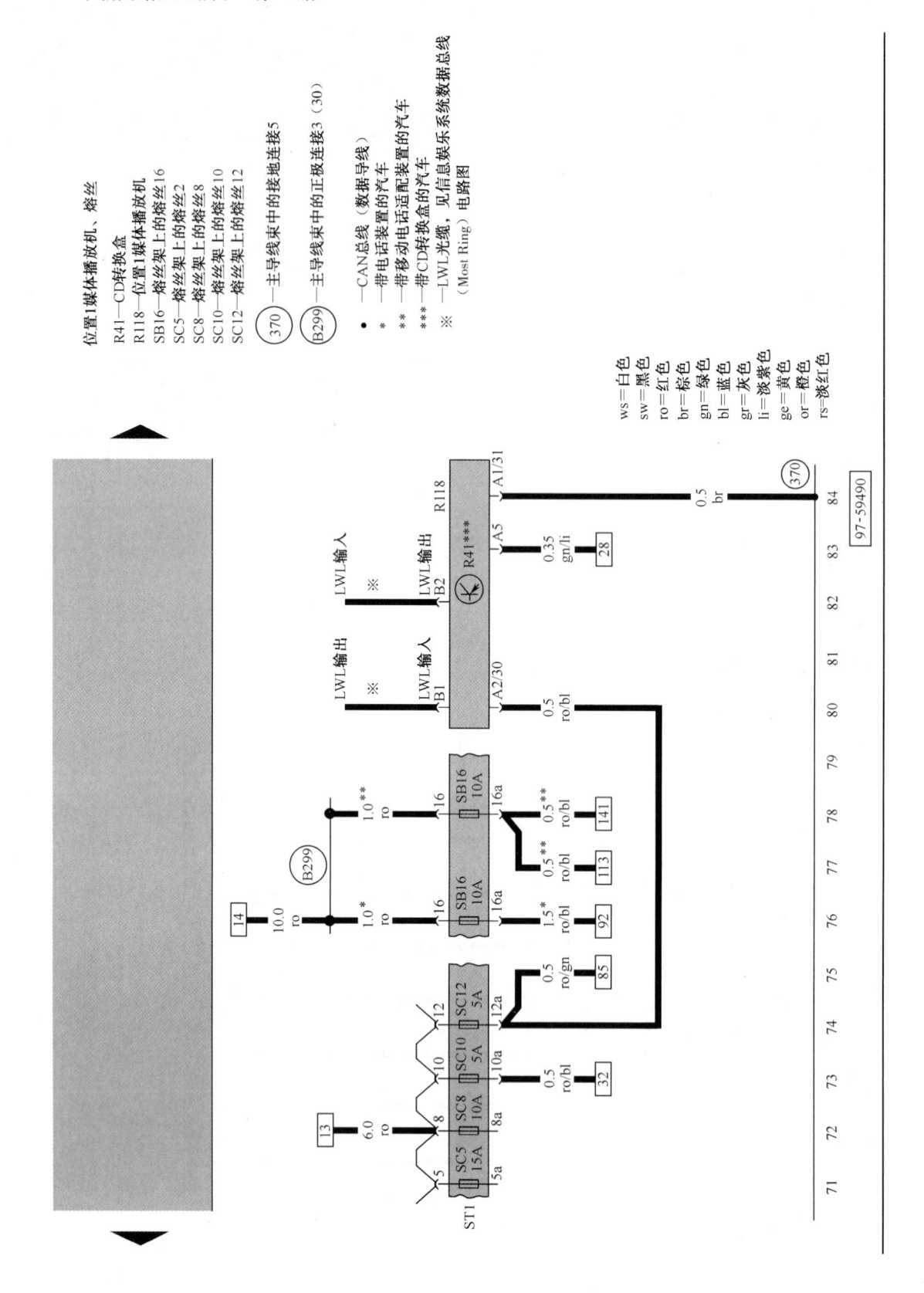

位置1媒体播放机，熔丝
R41—CD转换器
R118—位置1媒体播放机
SB16—熔丝架上的熔丝16
SC5—熔丝架上的熔丝2
SC8—熔丝架上的熔丝8
SC10—熔丝架上的熔丝10
SC12—熔丝架上的熔丝12

370 —主导线束中的接地连接5
B299 —主导线束中的正极连接3（30）

● —CAN总线（数据导线）
* —带电话装置的汽车
** —带移动电话适配装置的汽车
*** —带CD转换盒的汽车
※ —LWL光缆，见信息娱乐系统数据总线（Most Ring）电路图

ws=白色
sw=黑色
ro=红色
br=棕色
gn=绿色
bl=蓝色
gr=灰色
li=浓紫色
ge=黄色
or=橙色
rs=浅红色

附录 B　2005 款奥迪 A6 轿车 MMI 系统电路

电话的发射接收器，DVD播放器

R36—电话的发射接收器
R41—CD转换盒
R119—位置2媒体播放机
R129—摄像机，DVD播放器
R153—Mini Disk（迷你光盘）驱动器
T42—42芯插头连接，在电话的发射接收器上

370 — 主导线束中的接地连接5
382 — 主导线束中的接地连接17
B322 — 主导线束中的正极连接8（30a）

* —带DVD播放器的汽车
** —带Mini Disk（迷你光盘）驱动器的汽车
*** —带CD转换盒的汽车
\# —带电话的汽车
※ —LWL光缆，见信息娱乐系统数据总线（Most Ring）电路图

ws=白色
sw=黑色
ro=红色
br=棕色
gn=绿色
bl=蓝色
gr=灰色
li=淡紫色
ge=黄色
or=橙色

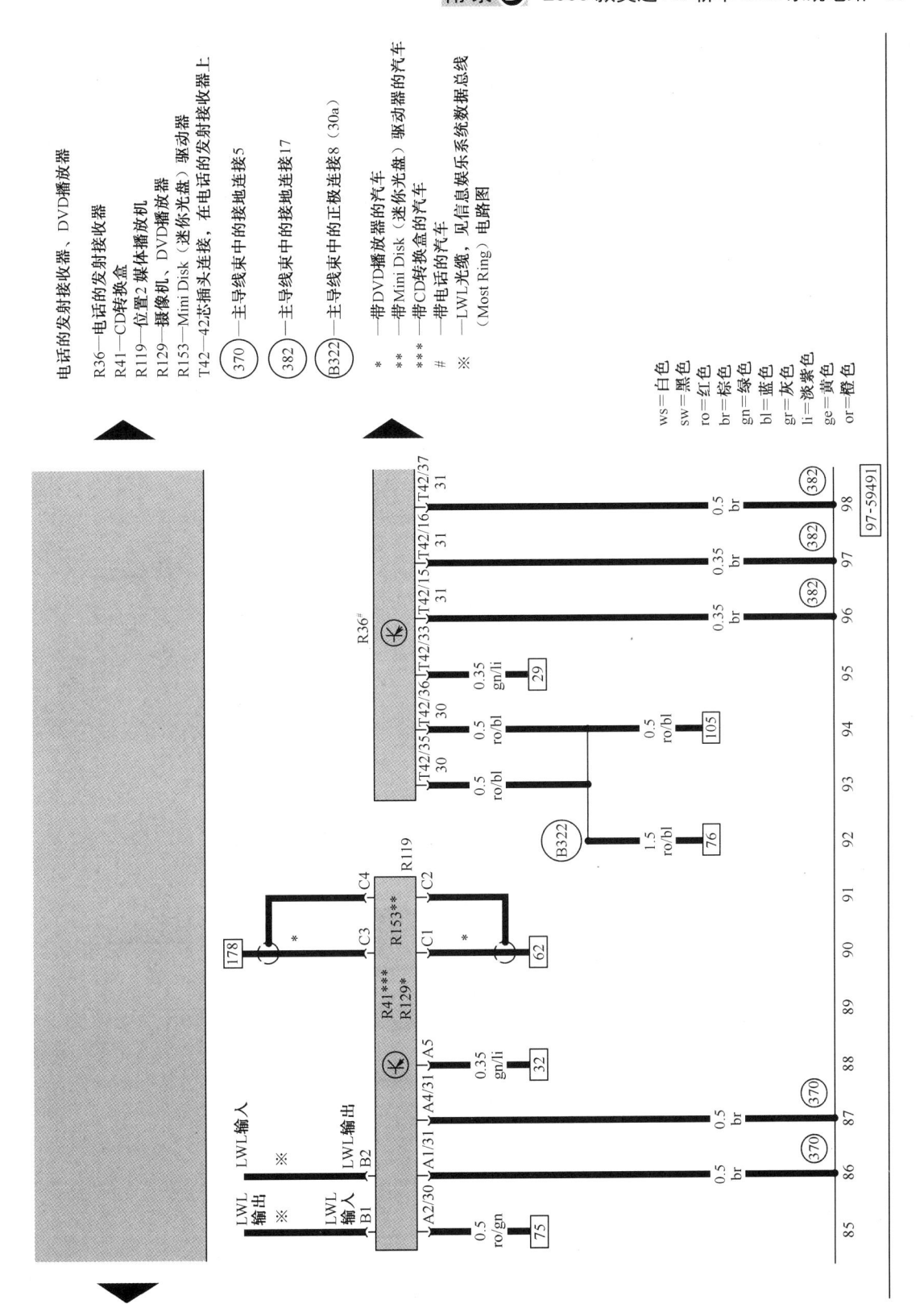

J285—组合仪表中带显示单元的发射接收器
R36—电话的发射接收器
R37—电话手持话机
R52—用于收音机、电话、导航系统的天线
R126—电话固定支架
R152—蓝牙天线
R164—前车顶模块中的话筒单元
T4k—4芯黑色插头连接，车顶模块中的话筒连接端
T12g—12芯插头连接，在电话手持话机上
T32—32芯蓝色插头连接，在组合仪表上
T42—42芯插头连接，在电话的发射接收器上

659—后窗玻璃右侧附近的接地点1
B340—主导线束中的连接1（58s）
B341—主导线束中的连接2（58s）

* — 车顶天线
\# — 带电话的汽车
※ — LWL光缆，见信息娱乐系统数据总线（Most Ring）电路图

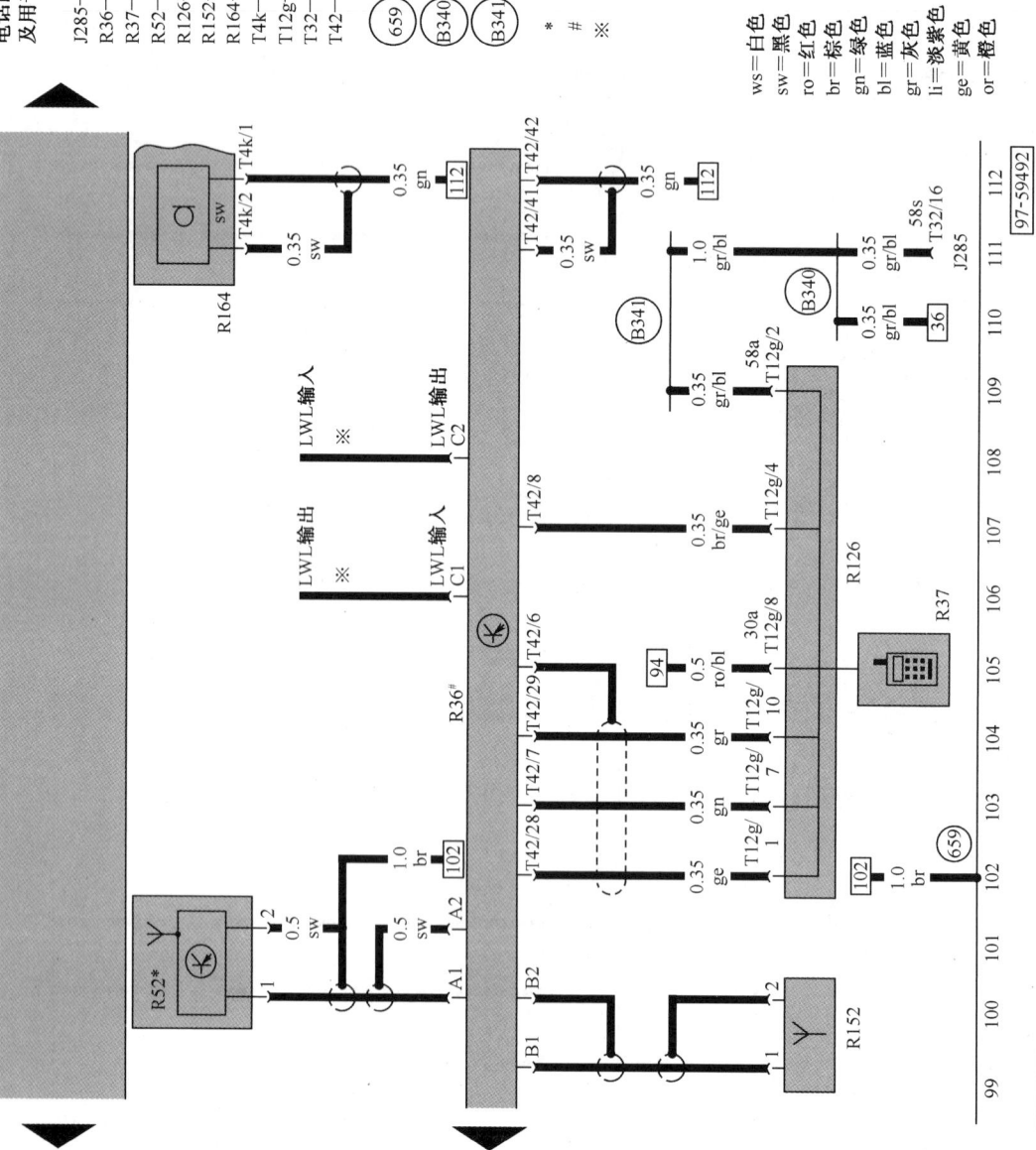

ws=白色　sw=黑色
ro=红色　br=棕色
gn=绿色　bl=蓝色
gr=灰色　li=淡紫色
ge=黄色　or=橙色

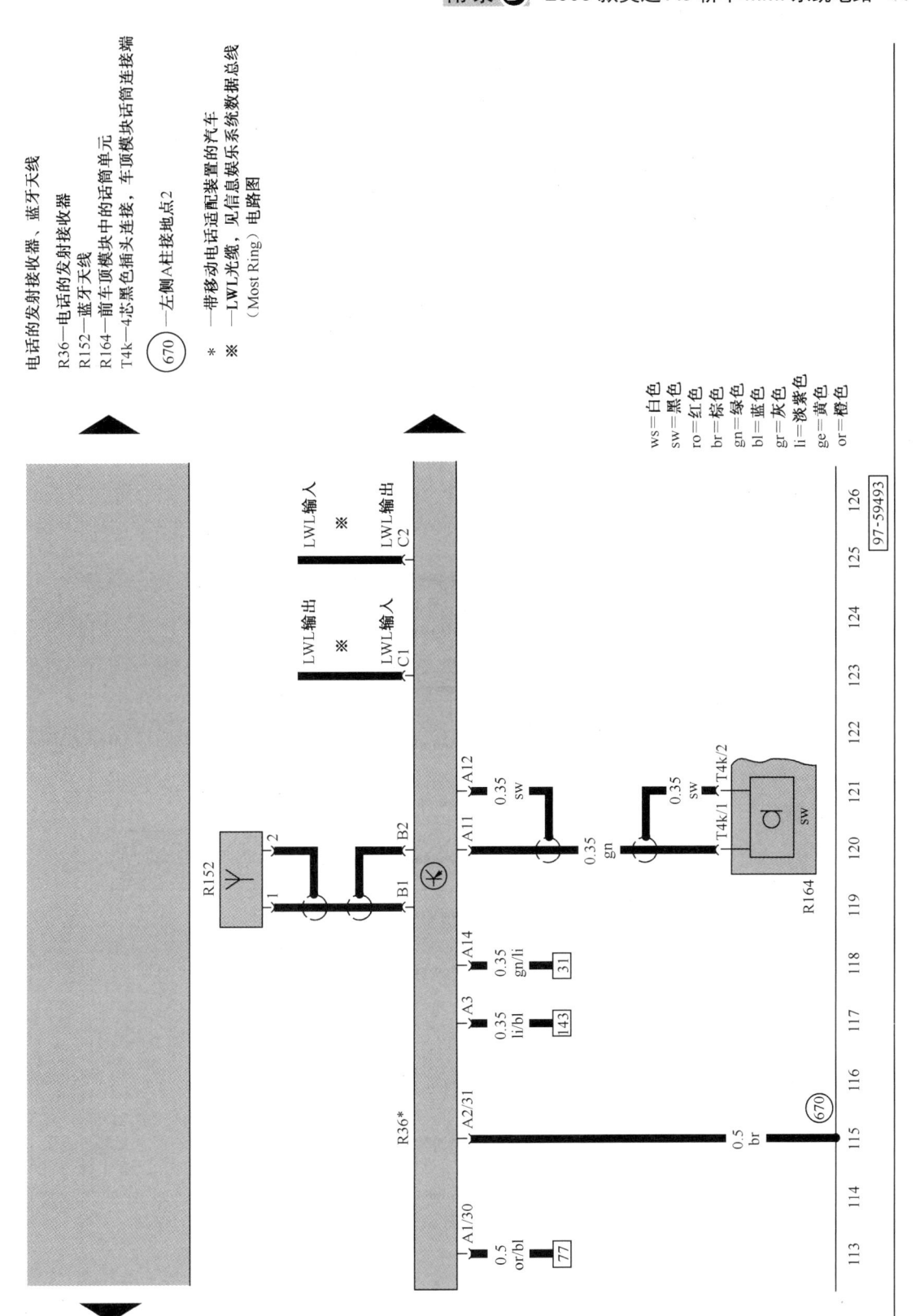

附录 B 2005 款奥迪 A6 轿车 MMI 系统电路

电话的发射接收器，蓝牙天线
R36—电话的发射接收器
R152—蓝牙天线
R164—前车顶模块中的话筒单元
T4k—4芯黑色前车顶模块捅头连接，车顶模块话筒连接端
(670)—左侧A柱接地点2
＊—带移动电话适配装置的汽车
※—LWL光缆，见信息娱乐系统数据总线（Most Ring）电路图

ws=白色
sw=黑色
ro=红色
br=棕色
gn=绿色
bl=蓝色
gr=灰色
li=淡紫色
ge=黄色
or=橙色

97-59493

电话的发射接收器，移动电话
R36—电话的发射接收器
R54—移动电话
R126—电话固定支架
T12f—12芯插头连接，在移动电话上
*—带移动电话适配装置的汽车

ws=白色
sw=黑色
ro=红色
br=棕色
gn=绿色
bl=蓝色
gr=灰色
li=浅紫色
ge=黄色
or=橙色

附录 B 2005款奥迪A6轿车MMI系统电路

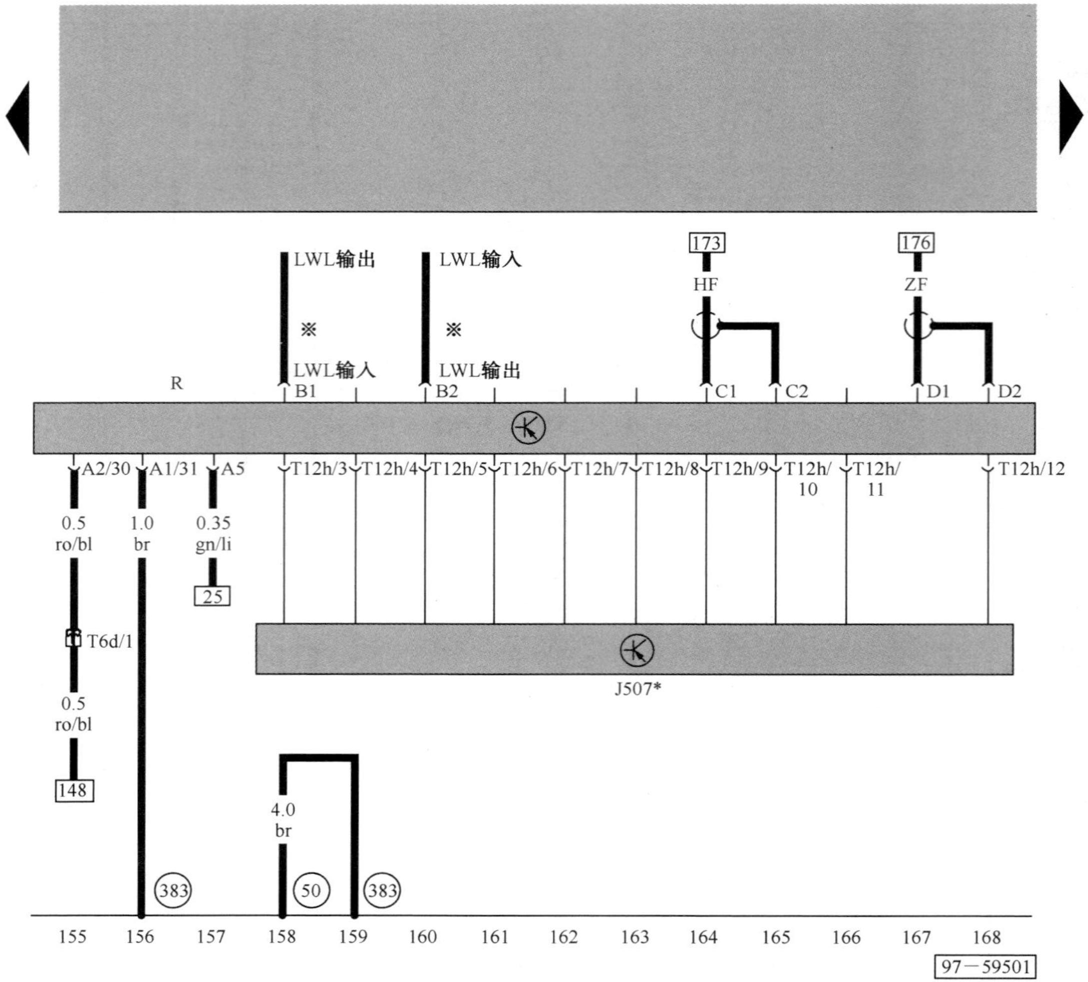

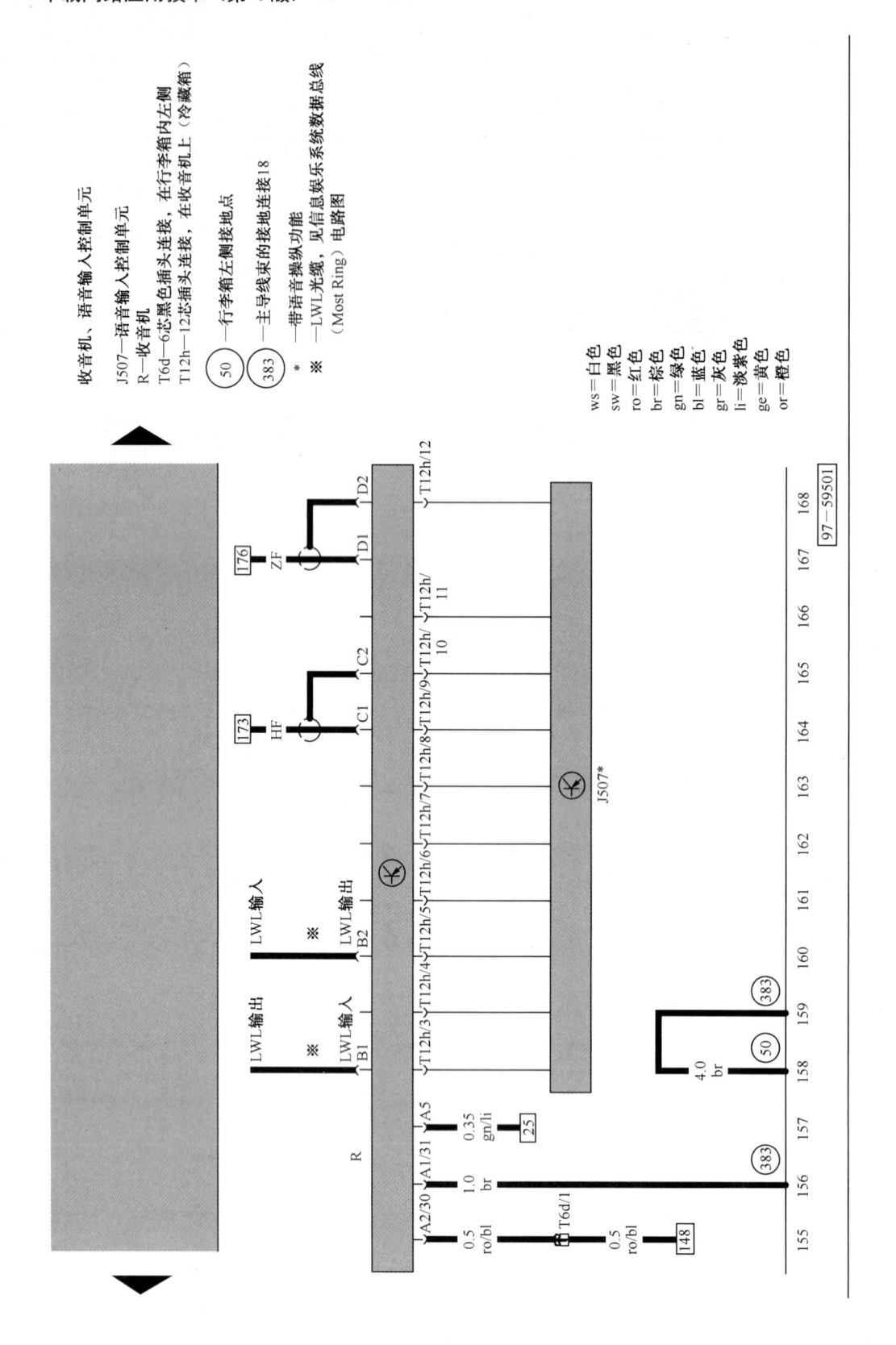

收音机、语音输入控制单元

J507—语音输入控制单元
R—收音机
T6d—6芯黑色插头连接，在行李箱内左侧
T12h—12芯插头连接，在收音机上（冷藏箱）

(50) —行李箱左侧接地点
(383) —主导线束的接地连接18
* —带语音操纵功能
※ —LWL光缆，见信息娱乐系统数据总线（Most Ring）电路图

ws＝白色
sw＝黑色
ro＝红色
br＝棕色
gn＝绿色
bl＝蓝色
gr＝灰色
li＝淡紫色
ge＝黄色
or＝橙色

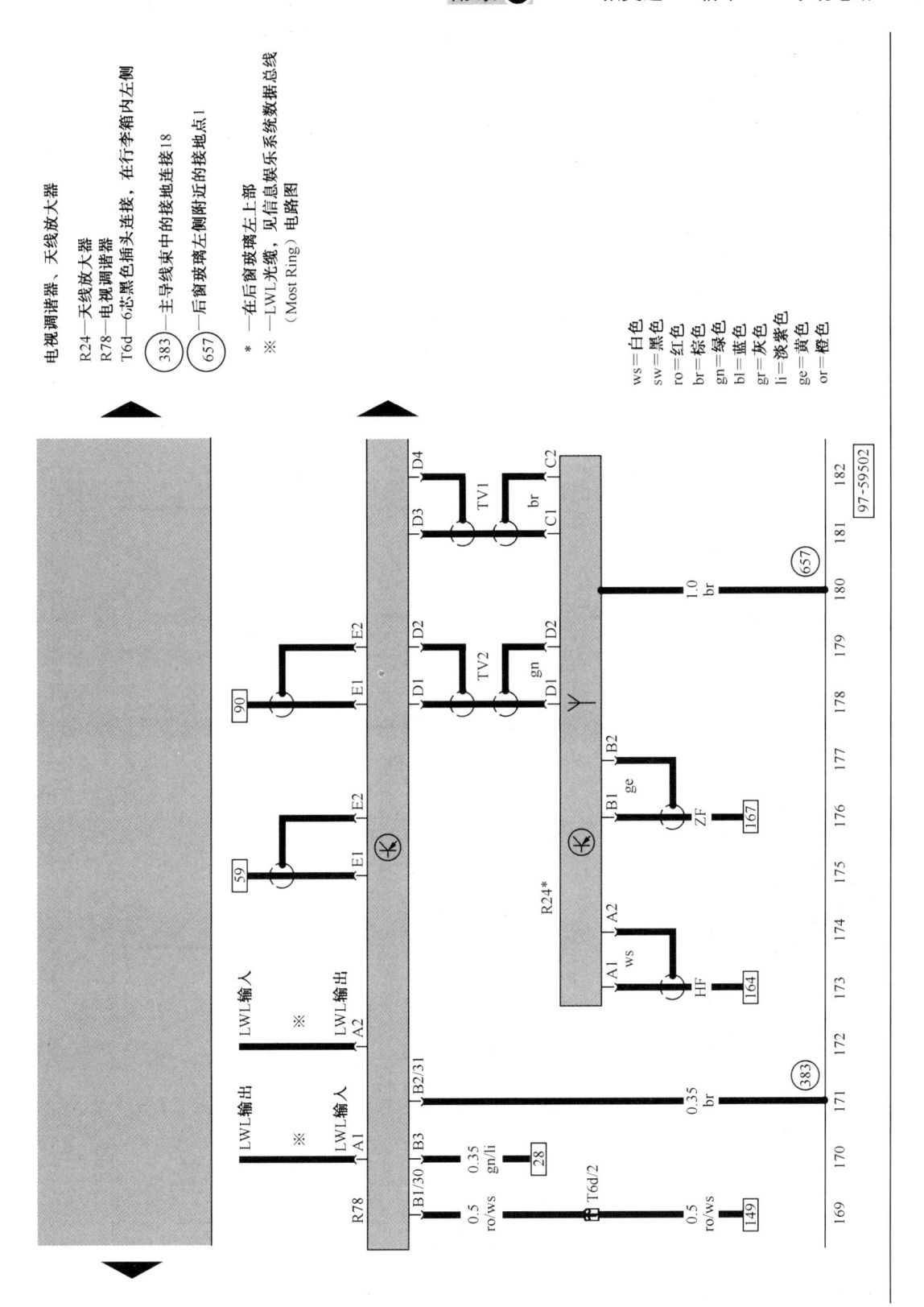

附录 B 2005款奥迪A6轿车MMI系统电路

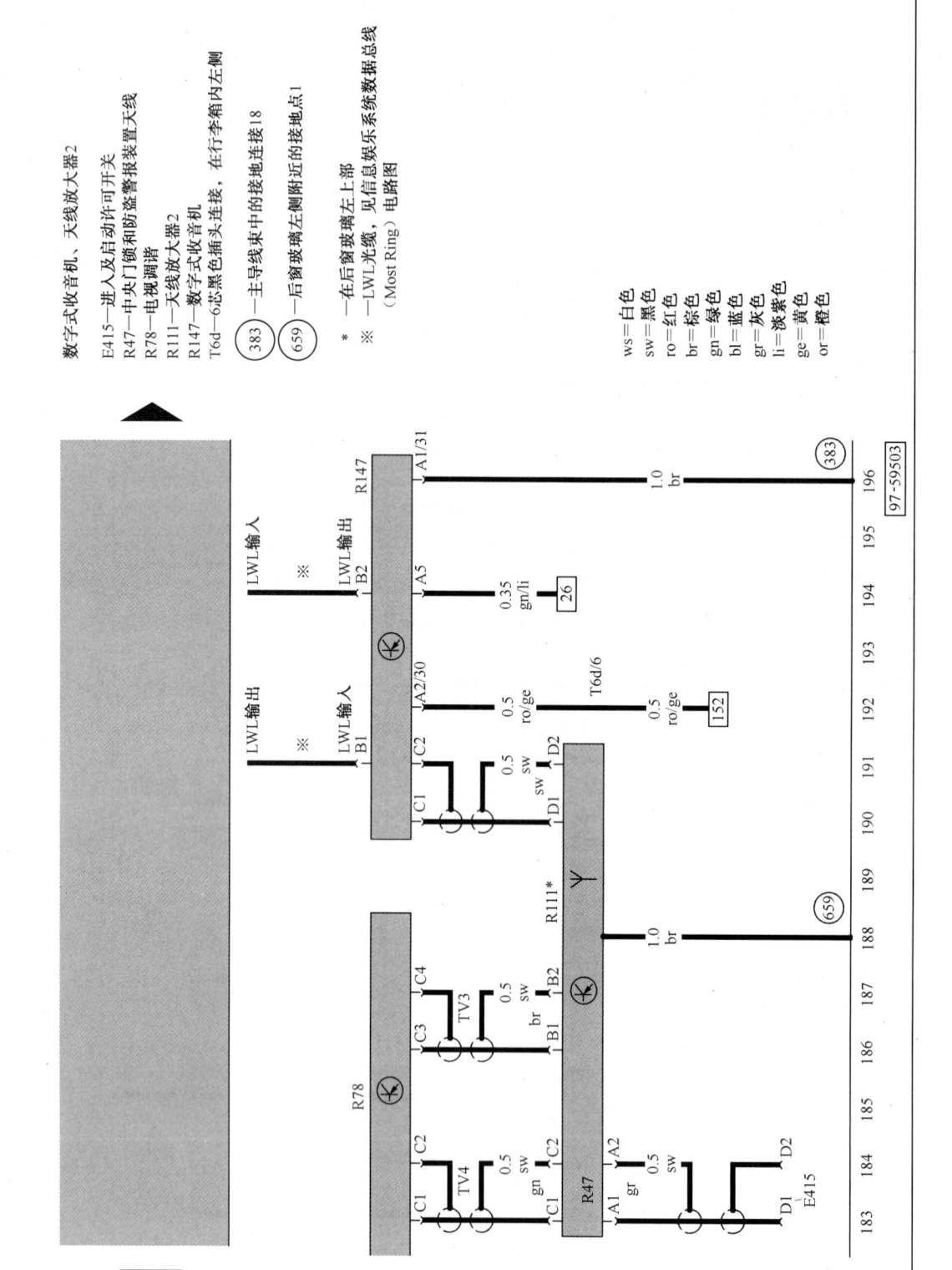

车载网络应用技术（第4版）

附录 B 2005 款奥迪 A6 轿车 MMI 系统电路

带CD驱动器的导航系统控制单元、导航系统控制单元、电话、导航系统的天线、导航系统的天线、导航系统GPS的天线

J401—带CD光盘驱动器的导航系统控制单元
R36—电话的发射接收器
R50—导航系统GPS的天线
R52—用于收音机、电话、导航系统的天线
R86—移动电话功率放大器

383 —主导线束中的接地连接18
384 —主导线束中的接地连接19

* —带电话装置的汽车
** —带移动电话适配装置的汽车
*** —不带电话的汽车
\# —在车顶内饰下面
\#\# —车顶天线
※ —LWL光缆，见信息娱乐系统电路图（Most Ring）

数据总线

ws=白色
sw=黑色
ro=红色
br=棕色
gn=绿色
bl=蓝色
gr=灰色
li=淡紫色
ge=黄色
or=橙色

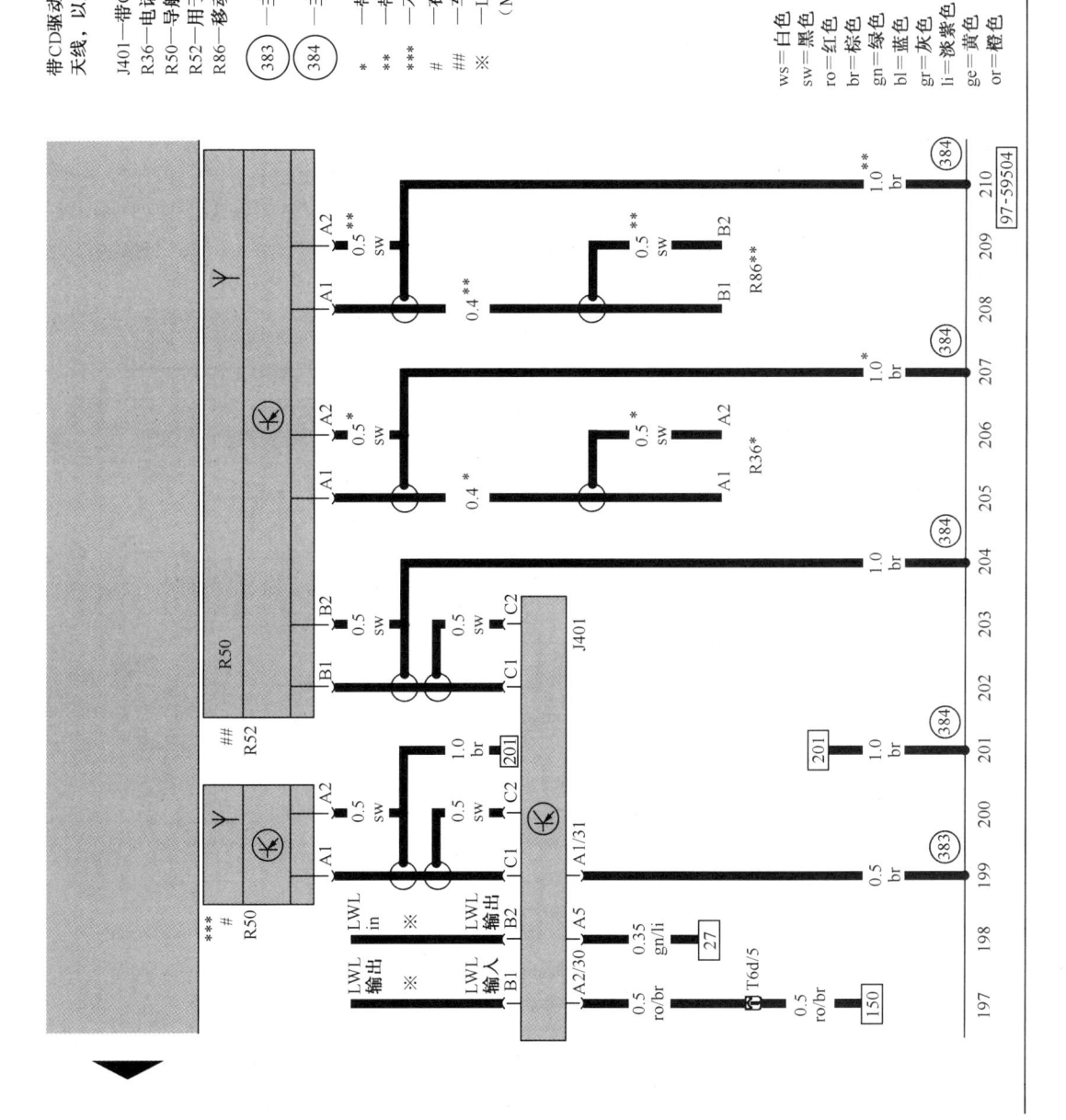

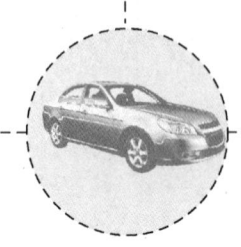

附录 C

CAN 总线系统波形检测工单

1. 高速 CAN 总线波形检测

（1）正常状态

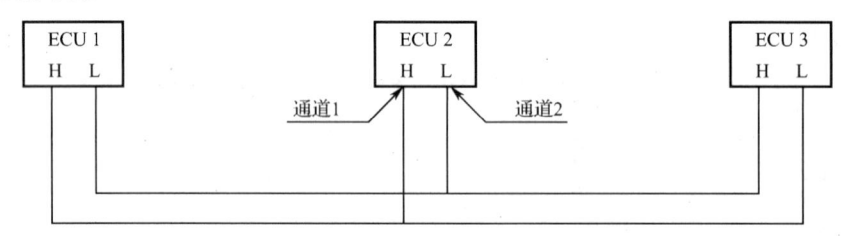

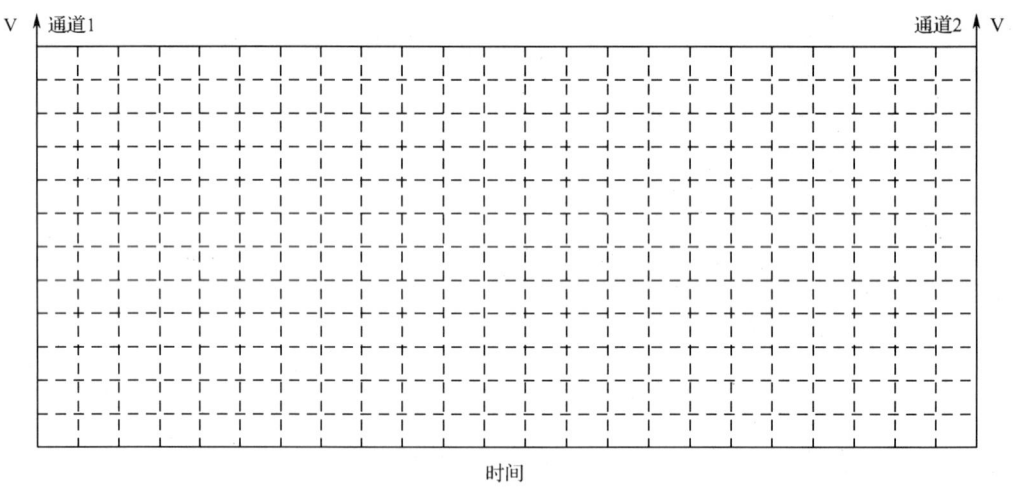

（2）CAN-High 断路

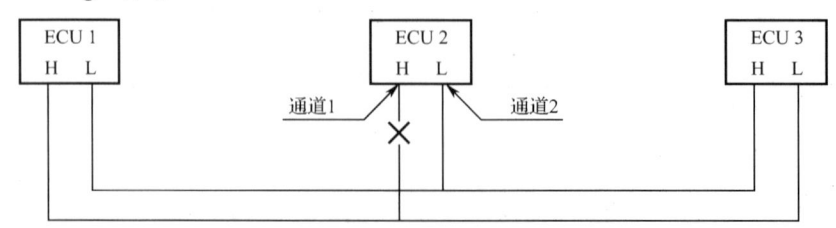

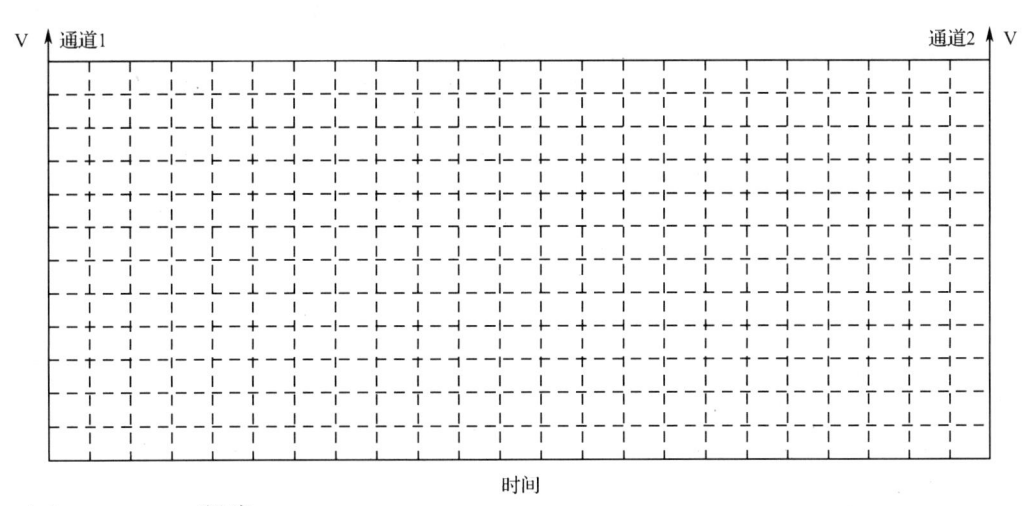

（3）CAN-Low 断路

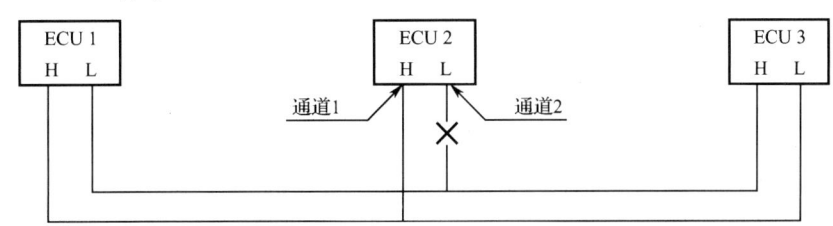

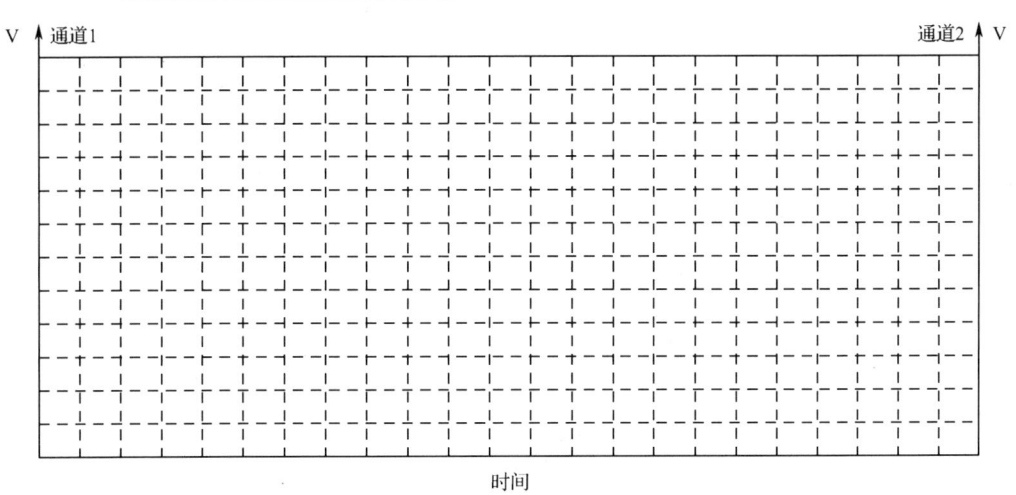

（4）CAN-High 对电源正极短路

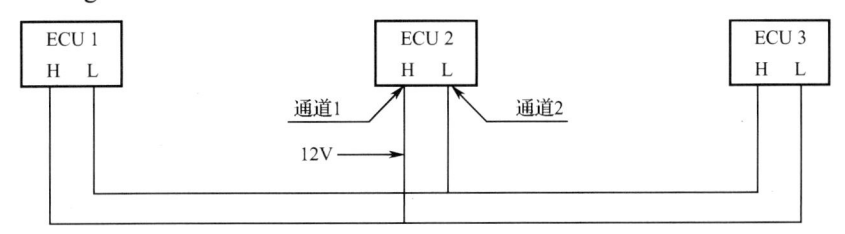

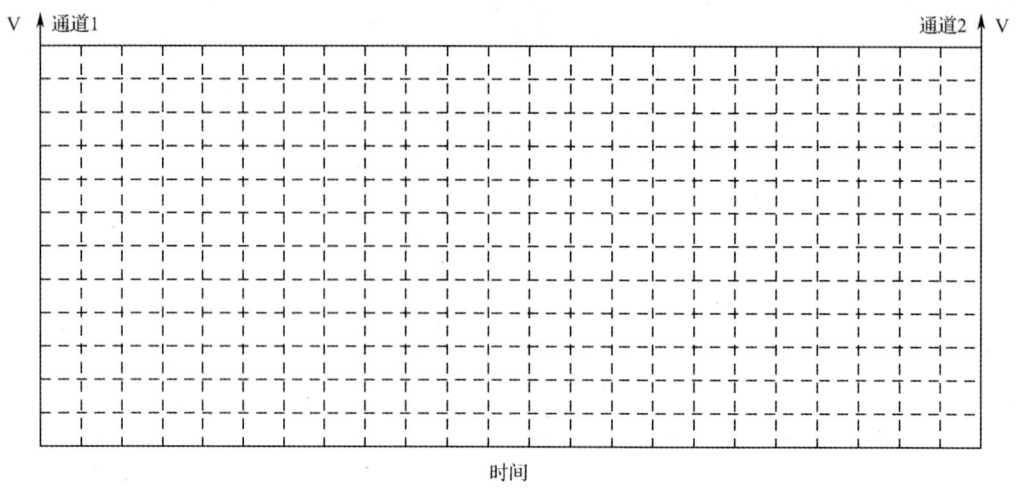

（5）CAN-High 通过电阻对电源正极短路

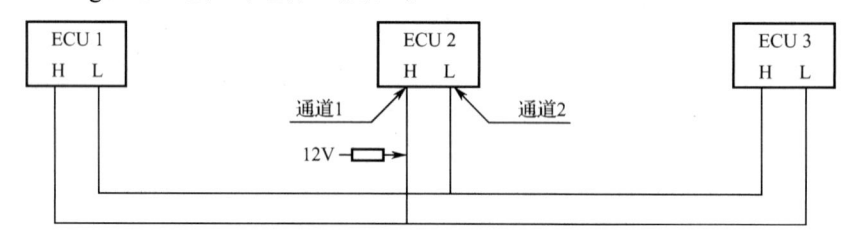

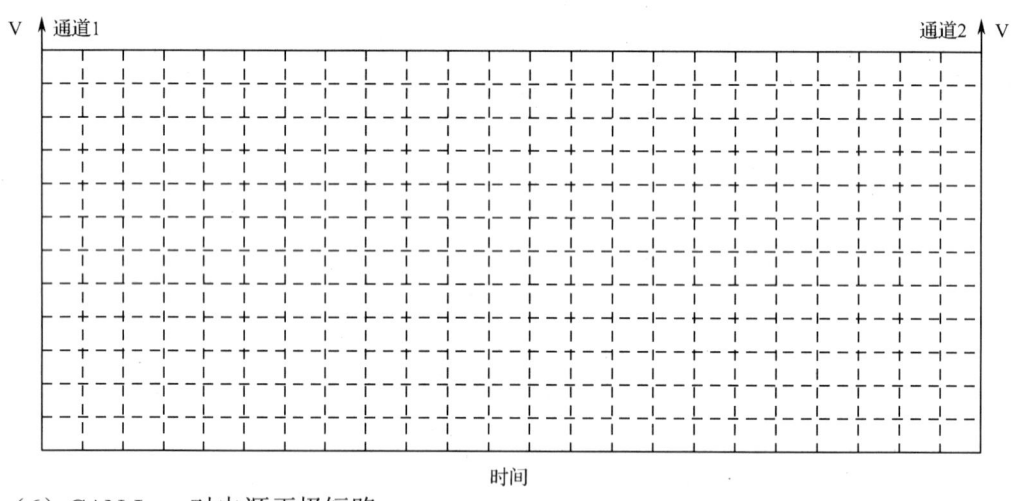

（6）CAN-Low 对电源正极短路

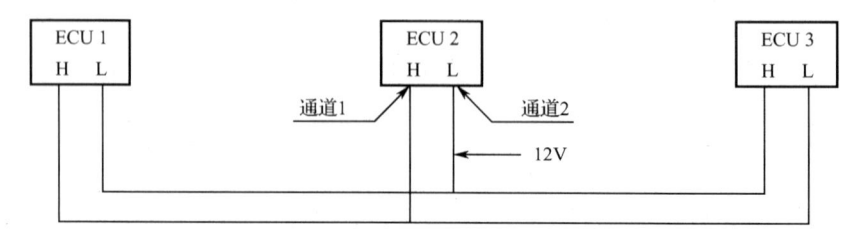

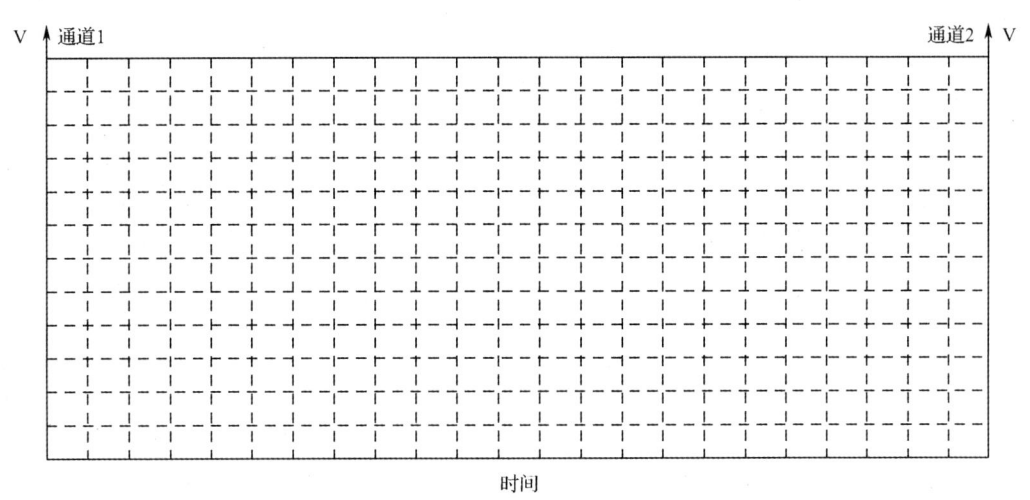

（7）CAN-Low 通过电阻对电源正极短路

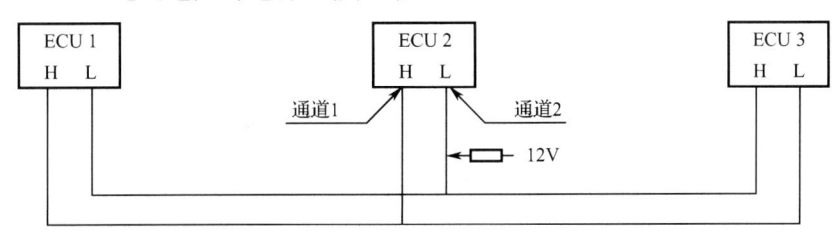

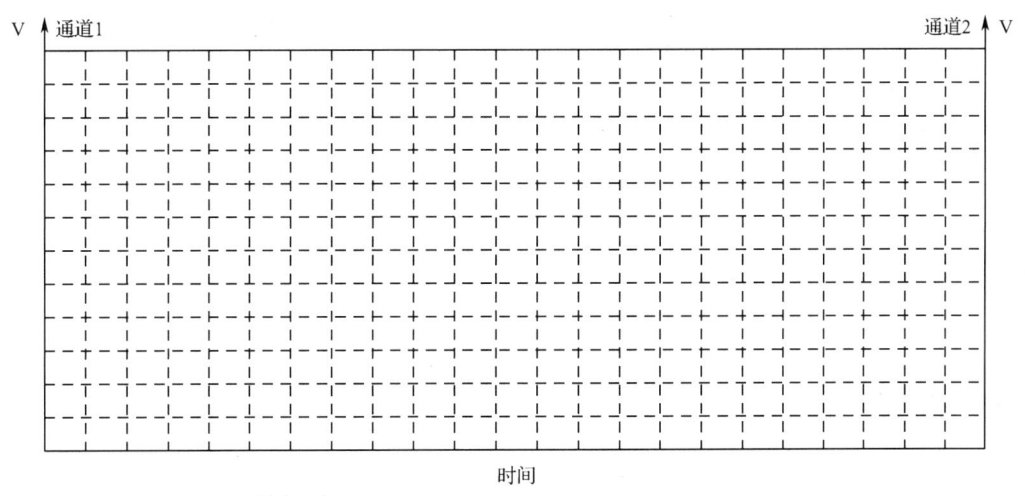

（8）CAN-High 对搭铁短路

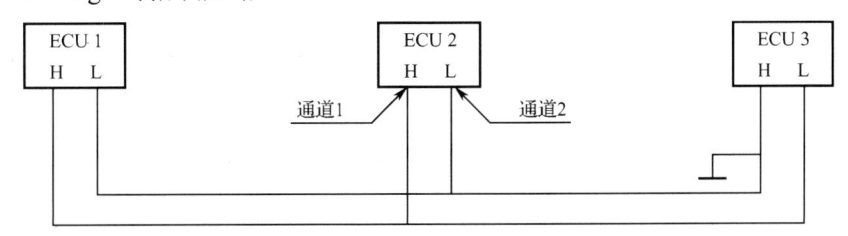

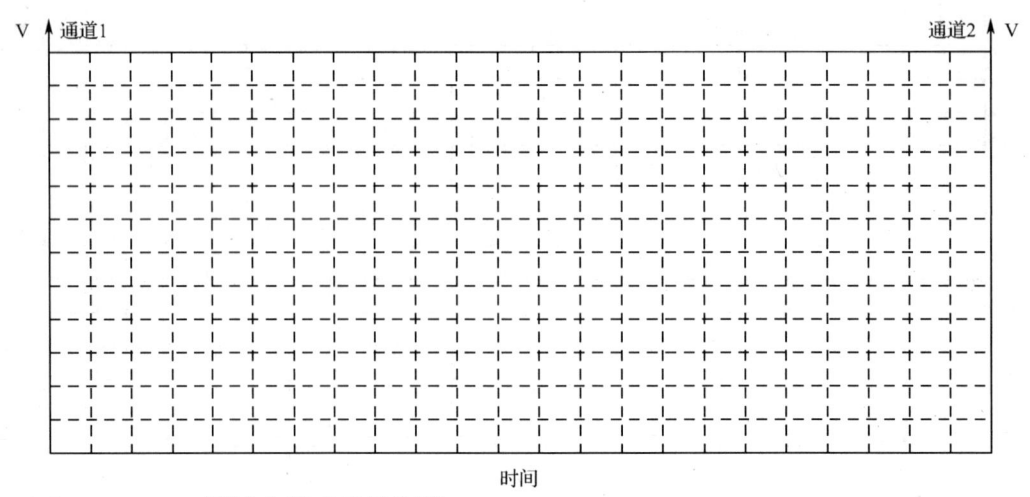

（9）CAN-High 通过电阻对搭铁短路

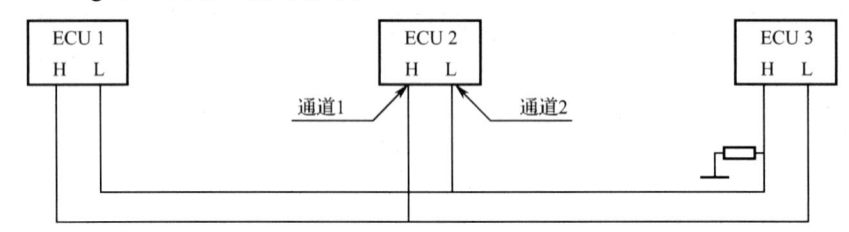

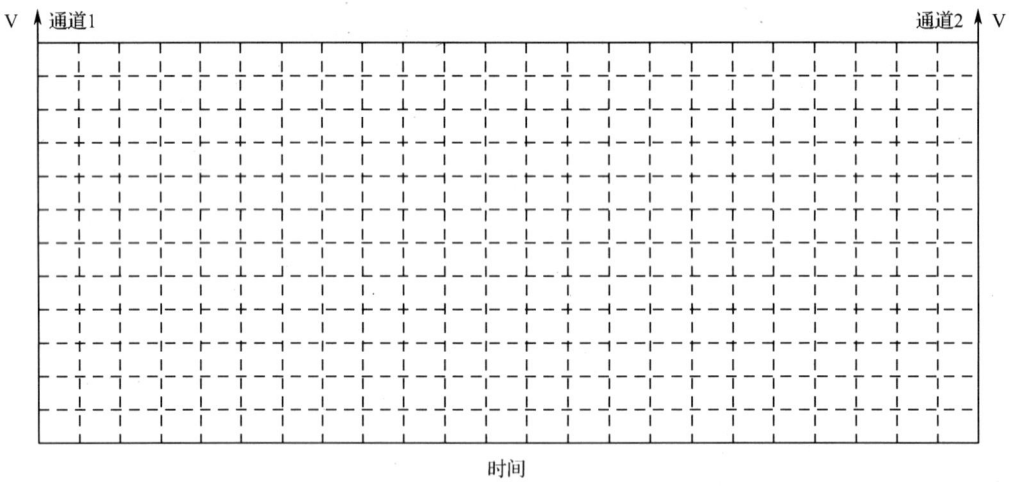

（10）CAN-Low 对搭铁短路

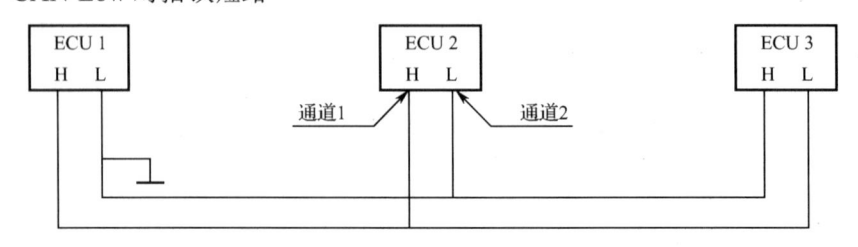

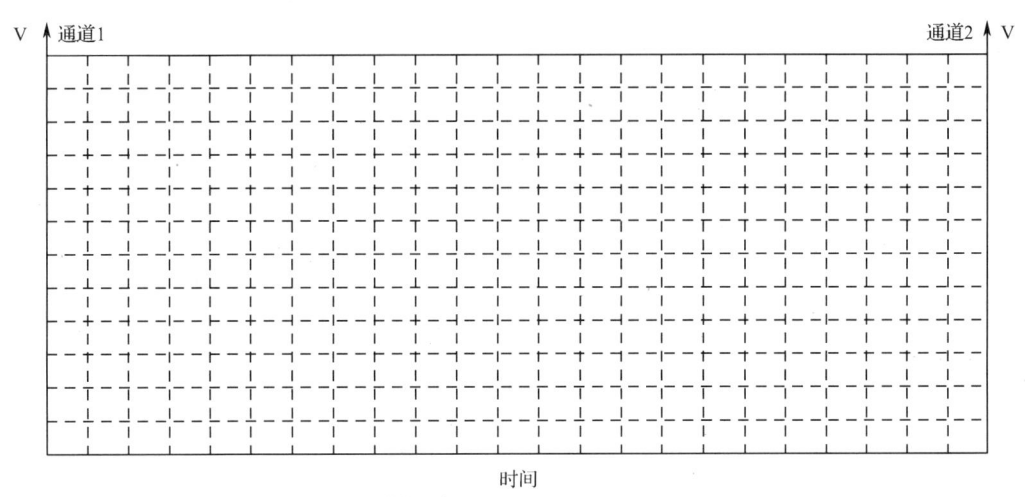

(11) CAN-Low 通过电阻对搭铁短路

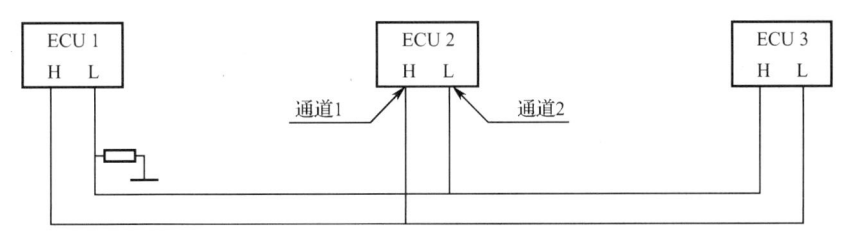

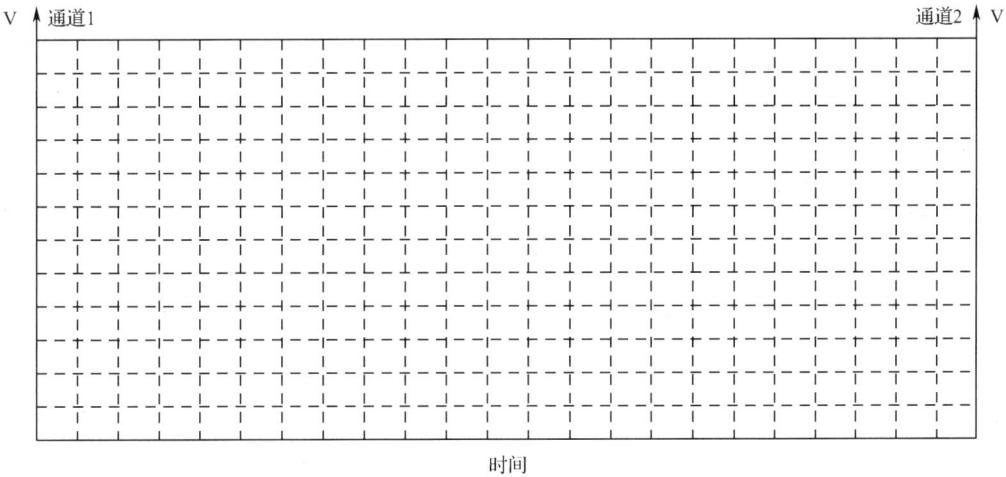

(12) CAN-Low 与 CAN-High 之间短路

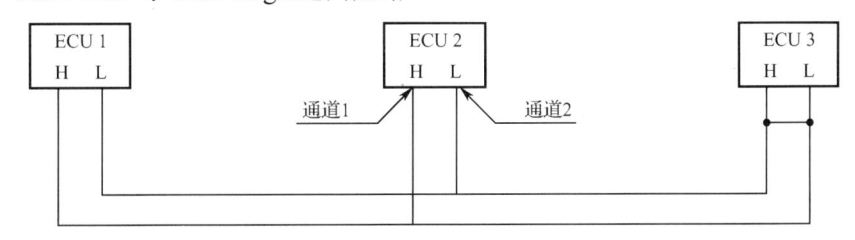

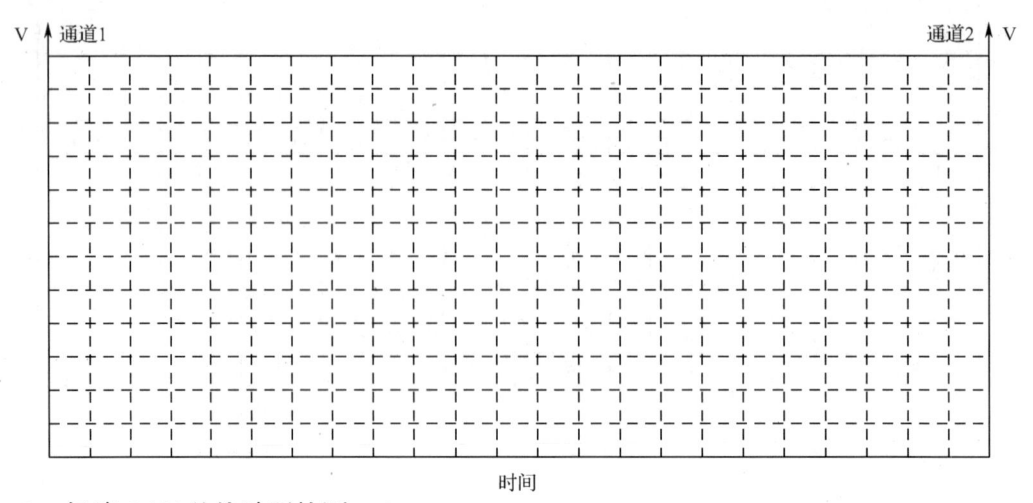

2. 低速 CAN 总线波形检测

（1）正常状态

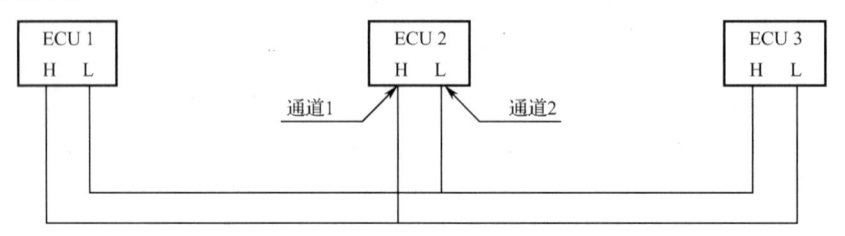

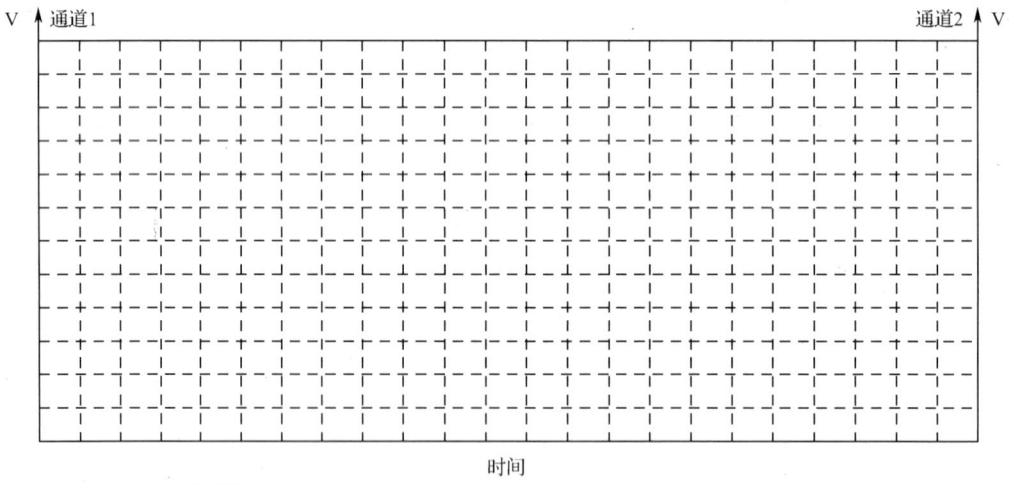

（2）CAN-High 断路

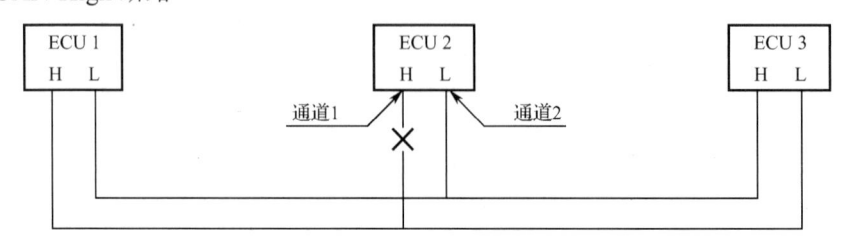

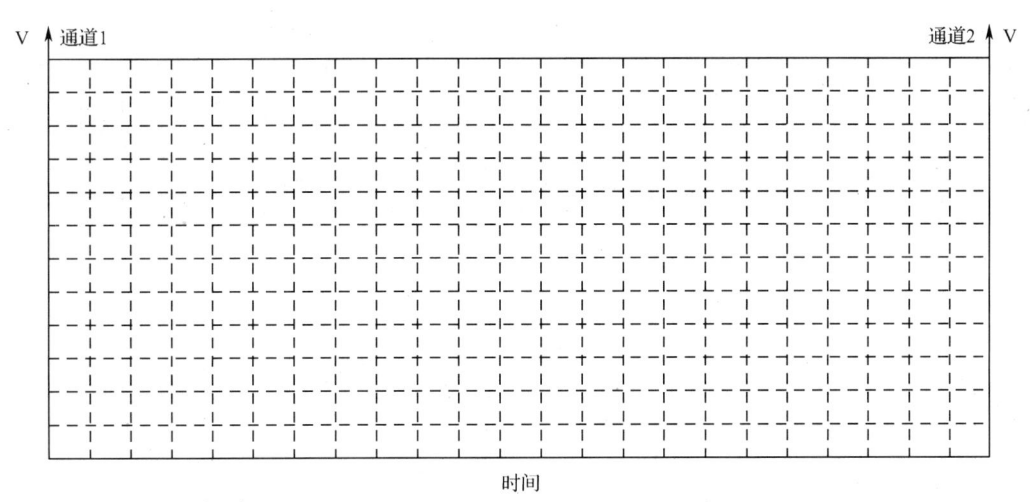

(3) CAN-Low 断路

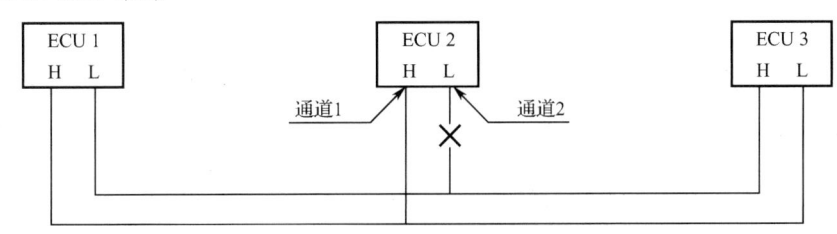

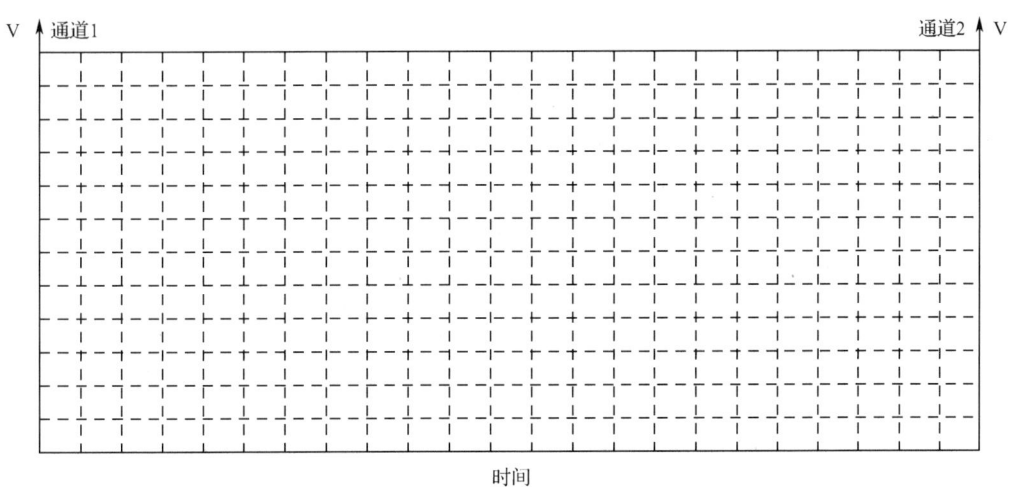

(4) CAN-High 对电源正极短路

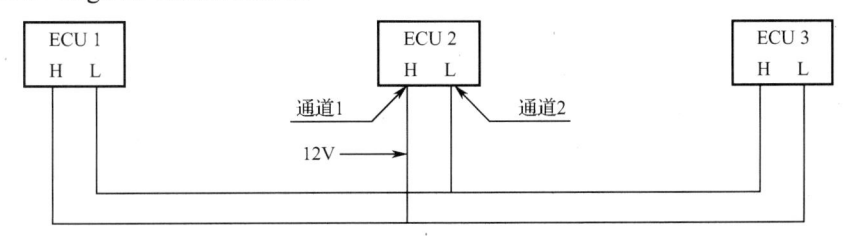

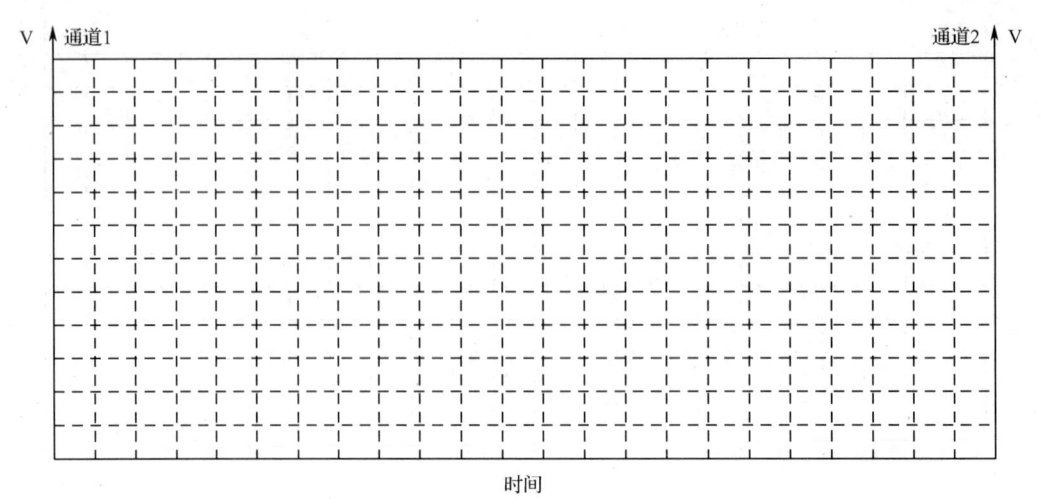

（5）CAN-High 通过电阻对电源正极短路

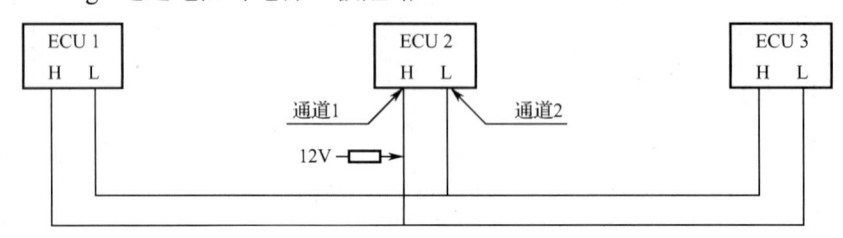

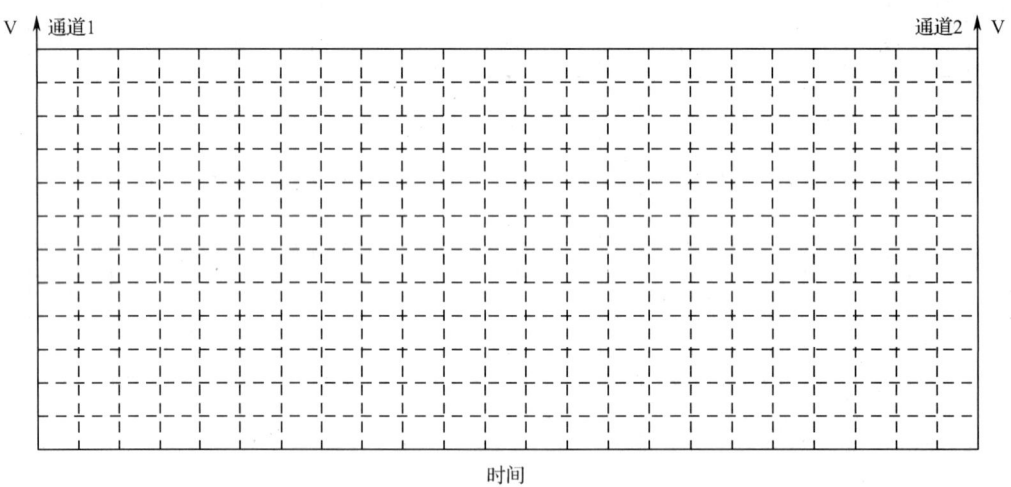

（6）CAN-Low 对电源正极短路

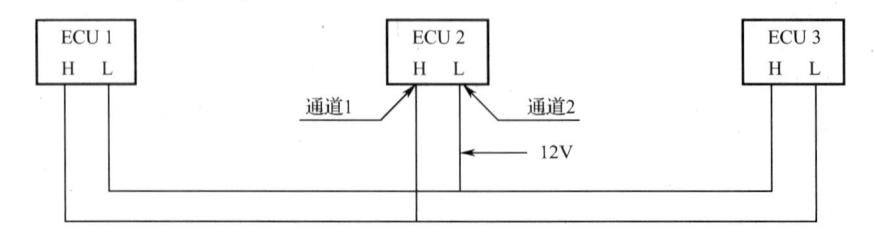

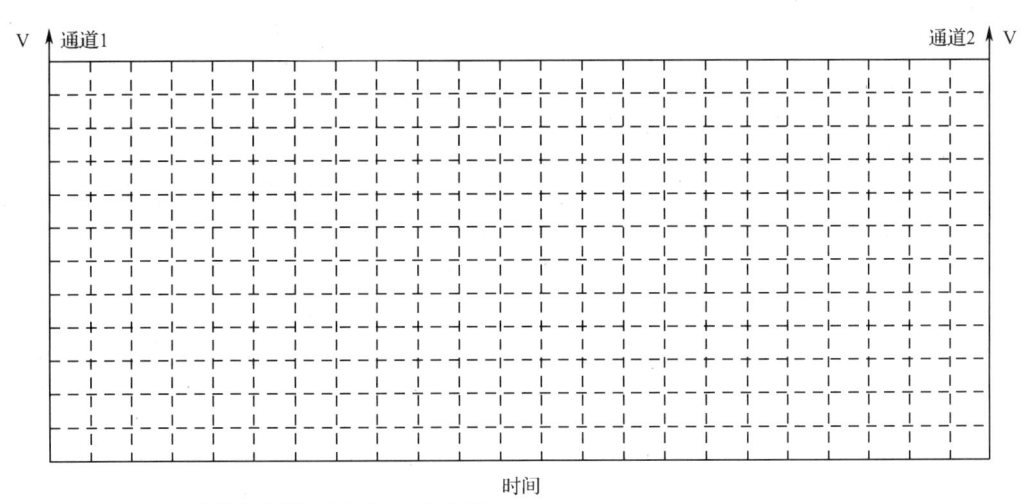

附录 C　CAN 总线系统波形检测工单

时间

（7）CAN-Low 通过电阻对电源正极短路

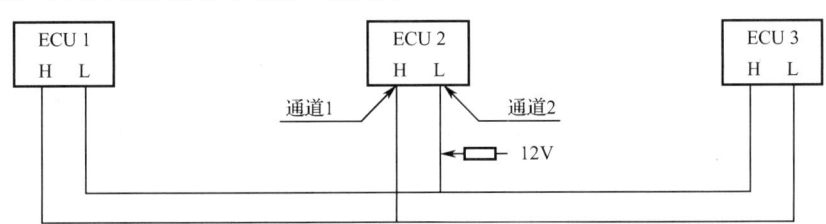

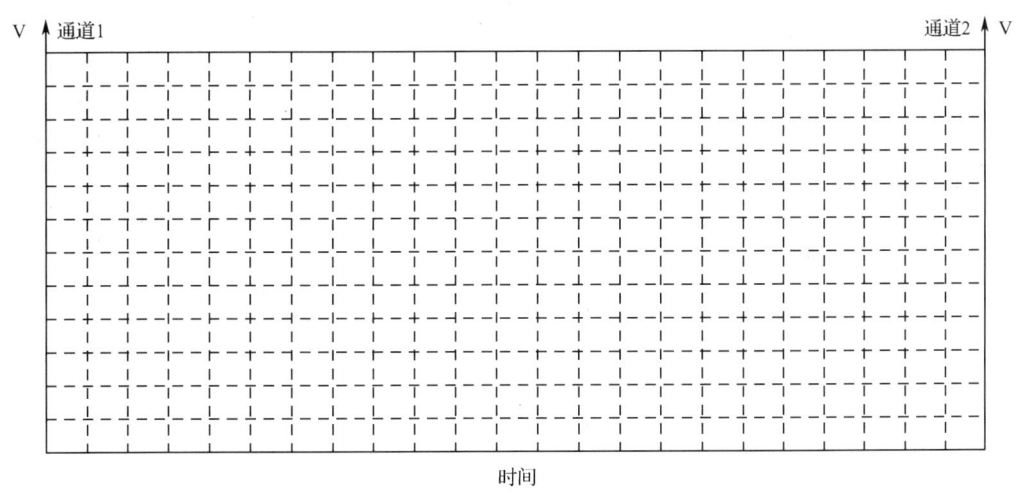

时间

（8）CAN-High 对搭铁短路

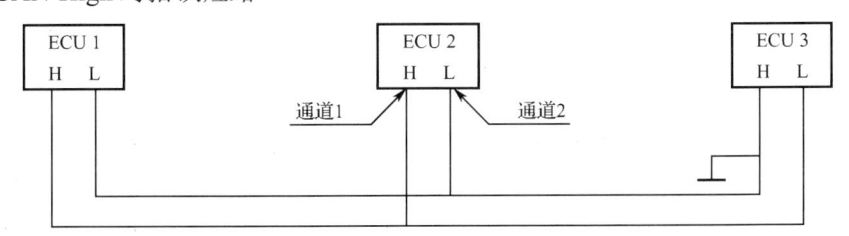

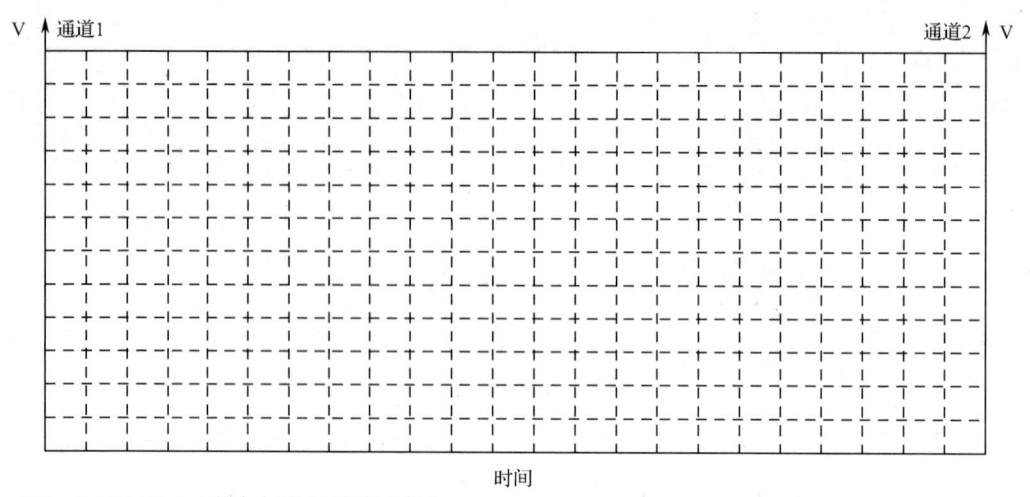

(9) CAN-High 通过电阻对搭铁短路

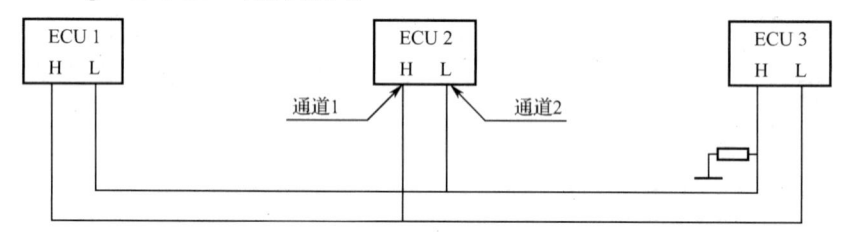

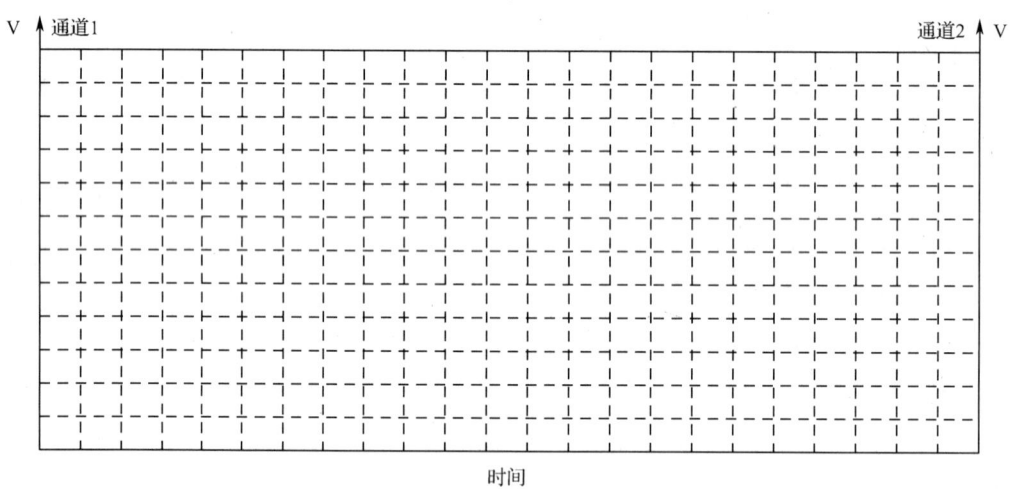

(10) CAN-Low 对搭铁短路

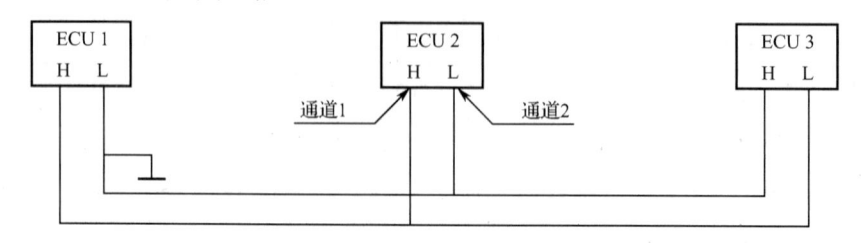

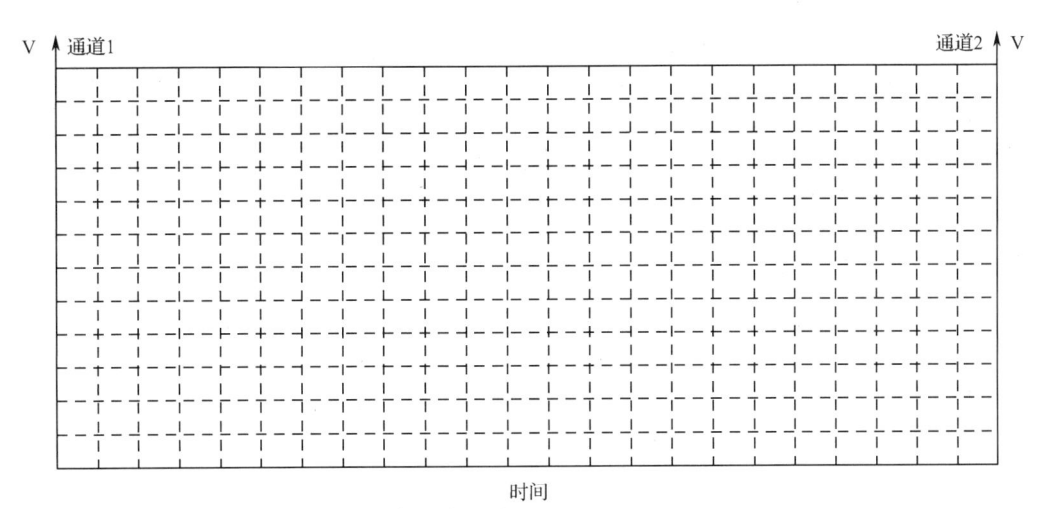

（11）CAN-Low 通过电阻对搭铁短路

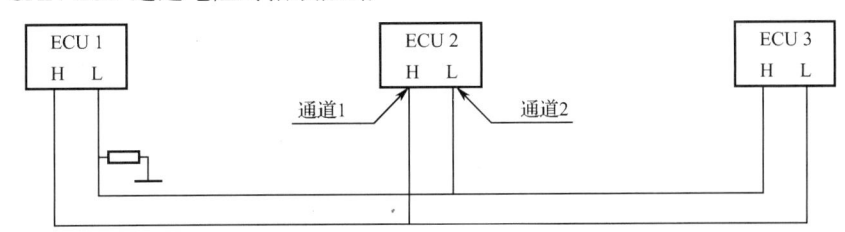

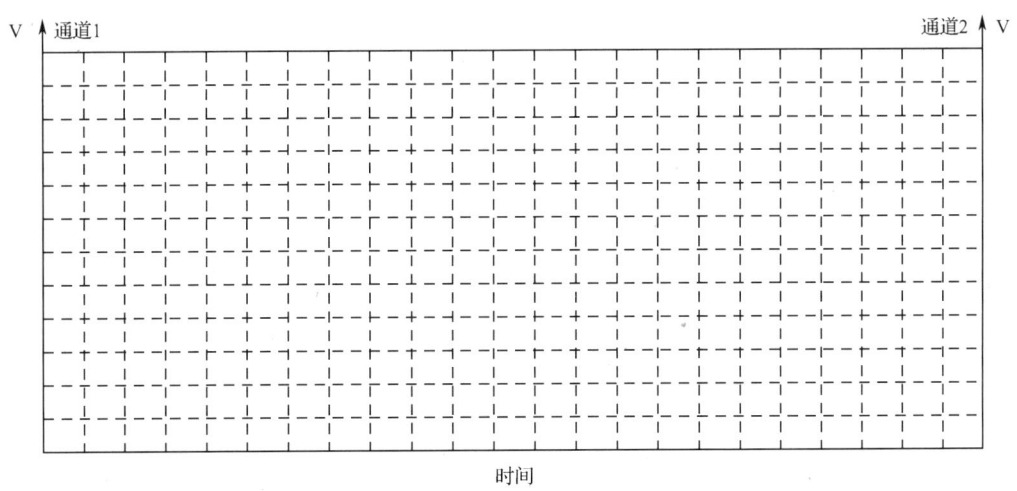

（12）CAN-Low 与 CAN-High 之间短路

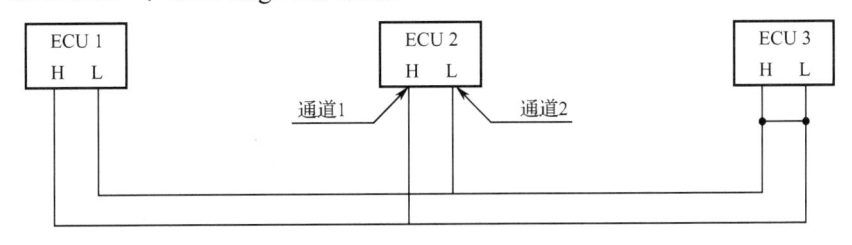

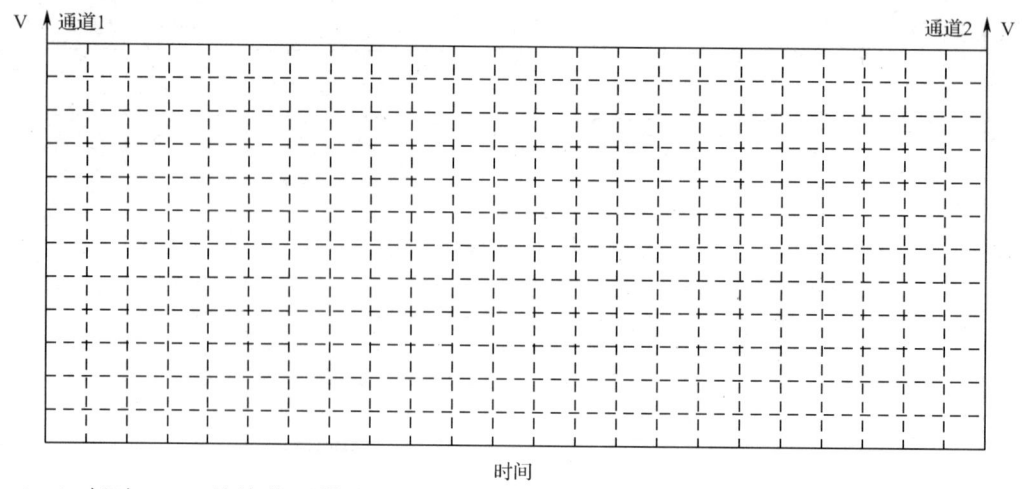

（13）低速 CAN 总线休眠模式

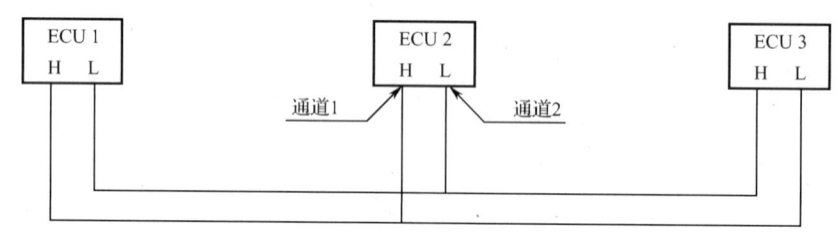

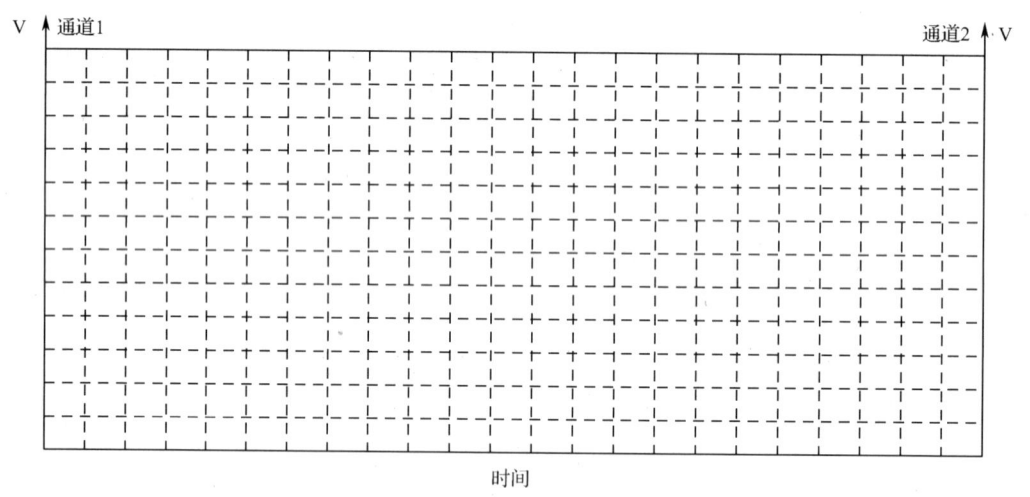

附录 D 缩略语

ADAS	Advanced Driver Assistance Systems
OTA	Over the Air Transmission
V2X	Vehicle to Everything
CAN	Controller Area Network
CANFD	CAN With Flexible Data-rate
LIN	Local Interconnect Network
MOST	Media Oriented System Transport
OSI	Open Systems Interconnection
AVB	Audio Video Bridge
TSN	Time Sensitive Networking
ECU	Electronic Control Unit
SD	Service Discovery
PDU	Protocol Data Unit
UDS	Unified Diagnostic Services
UDP	User Datagram Protocol
UDPNM	UDP Network Management
RTP	Real-time Transport Protocol
SAP	Service Access Point
API	Application Program Interface
VLAN	Virtual Local Area Network
MAC	Media Access Control address
IPv6	Internet Protocol Version 6
IPv4	Internet Protocol Version 4
ICMP	Internet Control Message Protocol
ARP	Address Resolution Protocol
NDP	Neighbor Discovery Protocol
TCP	Transmission Control Protocol
SSL	Secure Sockets Layer
DHCP	Dynamic Host Configuration Protocol
SOME/IP	Scalable service-Oriented Middleware over IP

DOIP	Diagnostic communication over Internet Protocol
T-BOX	Telematics BOX
BCM	Body control Module
IVI	In-Vehicle Infotainment
AP	Access Point
STA	Station
OBD	On Board Diagnosis
OS	Operation System

参 考 文 献

[1] 付晓光. 单片机原理与实用技术（修订本）. 北京：清华大学出版社，2008.
[2] 马家辰，孙玉德，张颖. MCS-51 单片机原理及接口技术（修订版）. 哈尔滨：哈尔滨工业大学出版社，2001.
[3] 张毅刚. 新编 MCS-51 单片机应用设计. 哈尔滨：哈尔滨工业大学出版社，2008.
[4] 艾运阶. MCS-51 单片机项目教程. 北京：北京理工大学出版社，2012.
[5] 杨宝玉. 汽车电脑. 北京：人民交通出版社，2004.
[6] 侯树梅. 汽车单片机及局域网技术. 北京：高等教育出版社，2004.
[7] 金雷. 汽车电脑维修. 北京：中国人民大学出版社，2010.
[8] 祁栋玉. 汽车发动机电脑控制系统故障与维修. 北京：机械工业出版社，2011.
[9] 刘立. 导航启用时声音时有时无. 汽车维修技师，2009.
[10] 封友国. 宝马 745Li 车载娱乐功能失效. 汽车维护与修理，2009.
[11] 张宏彬. 宝马 E65 MOST 总线光纤传输技术及其故障分析. 客车技术与研究，2008.
[12] 曲直. 奔驰 S350 COMAND 中央液晶显示屏不显示. 汽车维修技师，2007.
[13] 任良峰. 2008 款奥迪 A8 后备箱盖电动开启和关闭功能缺失. 汽车维修技师，2009.
[14] 李明诚. 大众车系电控系统匹配的原理与方法. 汽车维修与保养，2011.
[15] 陆建平. 奥迪 Q5 车天窗打不开. 汽车维护与修理，2010.
[16] 李明诚. 汽车电控系统休眠模式的检修要领. 汽车维修与保养，2010.
[17] 曹守军. 波罗车电动车窗不能升降. 汽车维护与修理，2010.
[18] 杨维俊. 怎样维修汽车车载网络系统. 北京：机械工业出版社，2006.
[19] 李东江，张大成. 汽车车载网络系统（CAN-BUS）原理与检修. 北京：机械工业出版社，2005.
[20] 南金瑞，刘波澜. 汽车单片机及车载总线技术. 北京：北京理工大学出版社，2005.
[21] 陆耀迪. 宝来轿车实用维修手册. 北京：机械工业出版社，2006.
[22] 廖向阳. 车载网络系统检修（第二版）. 北京：人民交通出版社，2011.
[23] 朱建风，李国忠. 常见车系 CAN-BUS 原理与检修. 北京：机械工业出版社，2006.
[24] 李东江，张大成. 大众/奥迪车系故障诊断与排除技巧. 北京：机械工业出版社，2007.
[25] 李玉茂. 宝来、捷达轿车故障实例与分析. 北京：机械工业出版社，2008.
[26] 谭本忠. 大众车系维修经验集锦. 北京：机械工业出版社，2007.
[27] 奥迪 A8 轿车维修手册. 2005.
[28] 车载自诊断系统的部件监控及认证试验流程. 武汉理工大学硕士学位论文，2006.
[29] 李明诚. 车载电脑编码的认知与实践. 汽车维修与保养，2011.
[30] 李明诚. 关于故障诊断仪操作的分类及其应用. 汽车维修与保养，2012.
[31] 杨波. 2009 款上海通用新君威玻璃升降的奇特故障. 汽车维修技师，2010.
[32] 张建伟. 奔驰 ML320 越野车空调无暖风. 汽车维修技师，2009.
[33] 乌福尧. 浅析汽车总线系统故障诊断思路. 汽车维护与修理，2017.

[34] 张宪辉. 浅谈车载网络态势下的修车新思维. 汽车维修与保养，2015.

[35] 罗峰，苏剑，袁大宏. 汽车网络与总线标准. 汽车工程，2003.

[36] 周泉. CAN 的基本知识—协议概述. 汽车电器，2004.

[37] 李明诚. 汽车电控系统休眠模式的检修要领. 汽车维修与保养，2010.

[38] 吴猛. 起亚 K4 车发动机无法起动. 汽车维护与修理，2017.

[39] 张庆文. 马自达汽车控制区域网络（CAN）相关故障诊断. 汽车维修，2017.

[40] 牛本宽，牛宾强. 总线技术在雪铁龙汽车上的应用. 汽车维护与修理，2014.

[41] 匡小军，唐香蕉，李桂伟等. 汽车电子电气架构需求分析及优化研究. 汽车电器，2019(8): 45-46.

[42] 吴成东. 传统汽车应用域控制器与主干网技术路线探讨. 汽车电器，2021(3): 43-45.

[43] 叶日良，姜立标. 汽车电子电气架构设计中的控制器融合分析. 汽车实用技术，2021(6): 197-200.

[44] WALLA G, GABRIEL D, BARTHELS A, et al. Automotive E/E Architecture Evaluation by High-level Simulation and Hardware Prototyping[C]//DAC Workshop on System to Silicon Performance Modeling and Analysis, 2014.

[45] 徐平，彭立恩，张海涛. 基于虚拟设计的汽车电子电器架构开发实践. 上海汽车，2018(7): 53-57.

[46] CHRETIEN B, NOUVELIERE L, OUFROUKH A, et al. A Vehicle Simulator for an Efficient Electronic and Electrical Architecture Design[J]. IEEE transactions on intelligent transportation systems, 2013, 14(4): 1967-1982.

[47] MIELKE T, NEGREAN M, LU W, et al.Managing Distributed Systems Development through Model-Based E/E-Architecture Design[C]//Symposium on International Automotive Technology, 2015.

[48] NAVALE V M, WILLIAMS K, LAGOSPIRIS A,et al. (R) evolution of E/E Architectures [J]. SAE International Journal of Passenger Cars: Electronic and Electrical Systems, 2015, 8(2): 282-288.

[49] 刘佳熙，丁锋. 面向未来汽车电子电气架构的域控制器平台. 中国集成电路，2019, 28(9): 87-92.

[50] REGER L.The EE architecture for autonomous driving a domain-based approach[J]. ATZelektronik Worldwide, 2017(12): 16-21.

[51] 华一丁，龚进峰，戎辉等. 国外智能汽车电子电气架构综述及分析. 汽车电器，2018(12): 6-13.

[52] GRAF S, GLASS M, TEICH J, et al. Design Space Exploration for Automotive E/E Architecture Component Platforms [C]// Digital System Design.IEEE, 2014.

[53] 邵宁华，张庆余，王增喜等. 汽车电子电气架构发展演进. 科学技术创新，2020(35): 103-105.

[54] REINHARDT D, KAULE D, KUCERA M.Achieving a Scalable E/E-Architecture Using AUTOSAR and Virtualization[J]. SAE International Journal of Passenger Cars-Electronic and Electrical Systems, 2013, 6(2): 489-497.

[55] 华一丁，龚进峰，戎辉等. 基于模型的智能汽车电子电气架构发展综述. 汽车零部件，

2019, 128(2): 63-66.

[56] BRUNNER S, RODER J, KUCERA M, et al. Automotive E/E-architecture enhancements by usage of Ethernet TSN [C]// Workshop on Intelligent Solutions in Embedded Systems. IEEE, 2017:9-13.

[57] 张政. 车辆电子电气架构演进趋势研究. 汽车文摘，2021 年第 12 期，29-33.

[58] 叶日良，姜立标. 汽车电子电气架构设计中的控制器融合分析. 汽车实用技术，2021 年第 6 期，197-200.

[59] 张文斌，王涛，丁万兴等. 重型商用车电子电气架构的规划. 汽车电器，2021 年第 1 期，30-34.

[60] 王栋梁，汤利顺，陈博等.智能网联汽车整车 OTA 功能设计研究. 汽车技术，2018 年第 10 期，29-33.

[61] 郑子健，张殿明，丁光林等. 浅析基于车载以太网的总线拓扑结构. 汽车电器，2016(12): 66-68.

[62] 刘旭，郑子健，张殿明等. 浅析基于车载以太网的 BACK-TO-BACK 电路板设计. 汽车电器. 2018(2): 24-26.

[63] 张启帆，许喆宁. 汽车网络：车载以太网数据通道. 汽车电器，2019(9): 5-7.

[64] 李志涛. 车载以太网的研究与分析. 汽车电器，2018(3): 9-12.

[65] 谭婷. 大众 ID.4 车电气联网系统技术浅析. 汽车维护与修理，2022(3): 1-5.

[66] 尹荣彬，陈博，孔祥明. 智能网联汽车车载以太网技术应用研究. 汽车文摘，2019(11): 1-5.

[67] 龙雅文，谢亮，金湘亮. CAN FD 控制器中可变速率的实现. 中国集成电路，2021(1-2): 37-41.

[68] 胡为东. CAN FD 总线介绍及力科的测试解决方案. 中国集成电路，2015(8): 50-53.

[69] 郑志超，南金瑞，南江峰. 车载网络 CAN FD 总线的应用前景和技术研究. 现代电子技术，2021, 44(1): 5-9.

反侵权盗版声明

电子工业出版社依法对本作品享有专有出版权。任何未经权利人书面许可，复制、销售或通过信息网络传播本作品的行为，歪曲、篡改、剽窃本作品的行为，均违反《中华人民共和国著作权法》，其行为人应承担相应的民事责任和行政责任，构成犯罪的，将被依法追究刑事责任。

为了维护市场秩序，保护权利人的合法权益，我社将依法查处和打击侵权盗版的单位和个人。欢迎社会各界人士积极举报侵权盗版行为，本社将奖励举报有功人员，并保证举报人的信息不被泄露。

举报电话：（010）88254396；（010）88258888
传　　真：（010）88254397
E-mail：　dbqq@phei.com.cn
通信地址：北京市海淀区万寿路173信箱
　　　　　电子工业出版社总编办公室
邮　　编：100036